高等农林教育"十三五"规划教材

生物学综合实验教程

蔡永萍　江海洋　张宽朝　主编

中国农业大学出版社
· 北京 ·

内容简介

全书共收集了37个实验项目，内容涵盖细胞与形态、生理生化生态、生物工程、发酵工程、生物育种、生物制药、生物组学、动物科学等生物学相关的综合实验研究技术。书后附录包括实验室规则与安全防护知识、试剂的配制与保存、常用缓冲溶液的配制、实验室常用参考数据等内容，便于读者查阅。

在编写风格上，本书坚持以技术方法为主线，增加与现代生物科学研究密切相关的新实验，体现内容的创新性、实践性、先进性，侧重科学研究问题的解决，突出实验内容与科研的结合，形成科研课题化的实验项目，以模拟科研过程的思路统领教学全程。

本书适用于高等农业院校、高等师范类院校、综合性大学生物科学类、植物生产类、食品工程类、环境科学类、动物生产类等相关专业的本科生和研究生的教学实验，也可供相关领域的科技工作者参考使用。

图书在版编目(CIP)数据

生物学综合实验教程／蔡永萍，江海洋，张宽朝主编. — 北京：中国农业大学出版社，2020.8

ISBN 978-7-5655-2410-3

Ⅰ.①生…　Ⅱ.①蔡…②江…③张　Ⅲ.①生物学－实验技术－教材　Ⅳ.①Q－33

中国版本图书馆CIP数据核字(2020)第152606号

书　名　生物学综合实验教程

作　者　蔡永萍　江海洋　张宽朝　主编

策划编辑　张秀环　　**责任编辑**　韩元凤

封面设计　郑　川

出版发行　中国农业大学出版社

社　址　北京市海淀区圆明园西路2号　　**邮政编码**　100193

电　话　发行部 010-62733489,1190　　读者服务部 010-62732336

编辑部 010-62732617,2618　　出　版　部 010-62733440

网　址　http://www.caupress.cn　　**E-mail** cbsszs@cau.edu.cn

经　销　新华书店

印　刷　北京鑫丰华彩印有限公司

版　次　2020年9月第1版　2020年9月第1次印刷

规　格　787×1 092　16开本　22印张　540千字

定　价　65.00元

前 言

随着生命科学日新月异的发展，生物学实验技术已经成为推动现代生命科学迅猛发展的重要研究工具。如何培养具有实践能力和创新思维的生物专业人才，提升学生在实际工作中对专业知识的综合运用能力，成为生物科学类相关专业教育工作者急需探讨的问题。

安徽农业大学以教学改革为突破口，在验证性、基础性实验的基础上，进行教学内容的整合，突出实验内容的综合化、项目化和科研渗入化改革目标，强化生物学实验技能的综合性、设计性训练，构建了特色鲜明的生物学综合实验技术教学体系。生物学综合实验技术的开设，注重以学生为主体，对全面培养学生观察、分析和解决问题的能力，提升团队合作意识，培养严谨科学的态度等都有十分重要的作用。

本教材共收集 37 个实验，内容涵盖细胞与形态、生理生化生态、生物工程、发酵工程、生物育种、生物制药、生物组学、动物科学等生物学相关的综合实验研究技术。书后附录包括实验室规则与安全防护知识、试剂的配制与保存、常用缓冲溶液的配制、实验室常用参考数据等内容，便于读者查阅。

全书坚持以技术方法为主线，加入了与现代生物科学研究密切相关的新实验，力争体现课程内容的创新性、实践性与先进性，侧重科学研究问题的解决，突出实验内容与科研的结合，形成科研课题化的实验项目，以模拟科研过程的思路统领教学全程。

本教材融合了编者们多年从事教学实践的心得和对一些实验方法改进所做的有益尝试，同时也参考了一些相关报道的其他研究方法，这些方法均为成熟的操作。

本书可用于高等农业院校、高等师范院校、综合性大学生物科学类、植物生产类、食品工程类、环境科学类、动物生产类等相关专业的本科和研究生实验教学，也可供相关领域的科技工作者参考使用。

本教材在编写中借鉴和引用了国内外一些优秀教材与资料，在此对相关作者表示衷心感谢！

本教材在编写出版过程中得到了安徽农业大学教务处、教材中心和中国农业大学出版社的大力支持、指导和帮助，在此一并致以衷心感谢！

在教材编写出版过程中，编委们精益求精，突出基础，力求简明，注重实用，保持系统，以便于教学，但鉴于编者水平有限，书中错误及疏漏之处难免，敬请批评指正。

编　者

2020 年 1 月于安徽农业大学

前 言

编写人员

主　编　蔡永萍　江海洋　张宽朝

副主编　金　青　高俊山　韩国民　李大辉　王丽萍　赖崇德

参　编　（以姓氏笔画为序）

马　欢　王云生　田胜尼　孙　旭　孙　锋　孙乐妮
刘亚军　朱保建　张　琛　张玉琼　余　梅　余江流
陈晓琳　汪　曙　赵　阳　郭　宁　钱　岑　倪敬田
黄世霞　曹媛媛　蒋晓岚　薛　挺　魏练平　魏国清

目 录

实验一　植物次生代谢产物的分离与纯化

一、实验目的

通过实验掌握天然产物化学常用的经典方法的原理及操作，其中包括液-固提取法（浸渍、渗漉、回流提取等）、液-液萃取法（简单萃取法、梯度萃取法、反流分布法）；掌握薄层色谱、柱色谱的原理和基本操作，掌握一般定性反应在鉴定中的用途，了解 UV、IR、NMR、MS 在天然物结构测定中的应用。

二、实验技术路线

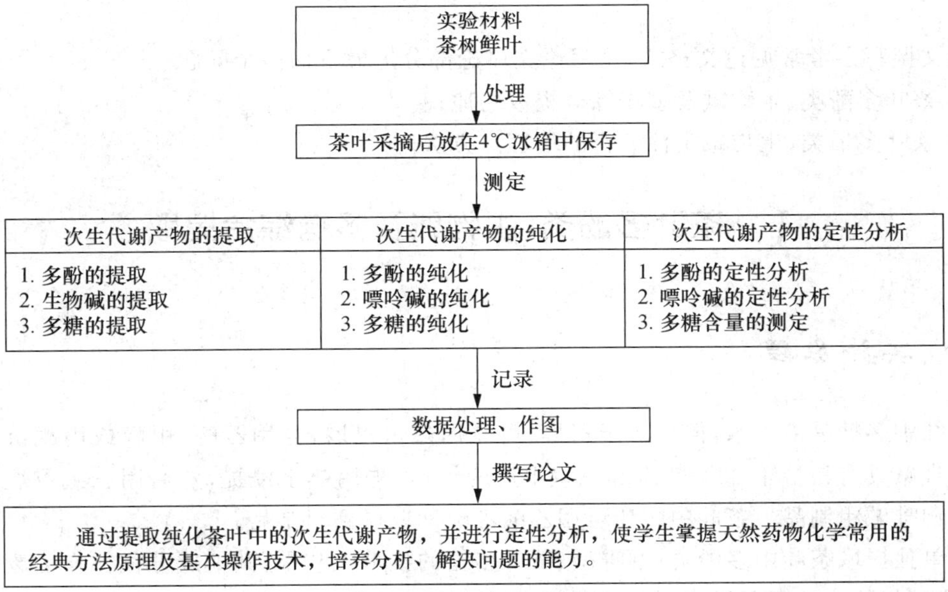

三、实验材料预处理

市场上购买的当年收获绿茶干茶。

四、实验内容

1. 茶叶多酚类、生物碱及多糖综合提取。

2. 茶多糖的纯化。

3. 茶叶多酚的纯化、定性分析。

4. 茶叶生物碱的纯化、定性分析。

5. 苯酚-硫酸法测定多糖含量。

五、数据记录、处理、作图

1. 称量茶叶多酚类、咖啡碱、多糖粗品的重量,描述茶叶各粗品的性状(颜色、手感、状态)。

2. 计算茶叶多酚、咖啡碱、多糖的得率,得率=粗品重量/茶粉重量×100%。

3. 记录茶多糖分离纯化的洗脱曲线,比较分离纯化前后多糖的得率变化,外观颜色变化。

4. 绘制标准曲线,计算样品中多糖含量。

5. 记录定性实验中颜色的反应,计算薄层层析的 R_f 值。记录硅胶层析分离茶树儿茶素分离效果。

六、撰写实验论文

论文撰写参考常见论文格式,撰写论文讨论部分考虑下面两个问题。

1. 茶叶多酚类、生物碱及多糖综合提取的原理。

2. 茶叶多酚类、生物碱定性分析的原理与方法。

Ⅰ 茶叶多酚类、生物碱及多糖综合提取

一、实验原理

茶叶中多糖易溶于水,但不溶于乙醇,可先用热水提取,再用乙醇、甲醇或丙酮沉淀。茶叶中咖啡碱具有易溶于80℃热水和三氯甲烷的性质,先用热水浸提,然后用三氯甲烷萃取即可得到咖啡碱粗制品。茶叶中多酚可用乙酸乙酯萃取得到粗制品。

在单独提取茶叶中多酚类、咖啡碱、茶叶多糖的技术工艺中,其他成分往往作为废物未加利用,这不仅使茶叶资源得不到充分利用,而且还对环境造成污染。综合提取工艺技术,能够从一次性投料的中低档茶叶中提取出1%～2%咖啡碱、4%～7%茶多酚、1%～4%的茶叶多糖。

二、实验用品

1. 材料

市场上购买的当年收获绿茶干茶。

2. 器材

电炉，离心机，旋转蒸发仪，烘箱，分液漏斗，烧杯，量筒。

3. 试剂

试剂Ⅰ：三氯甲烷或二氯甲烷；试剂Ⅱ：乙酸乙酯；试剂Ⅲ：乙醇、甲醇或丙酮。

三、实验步骤

(1)将绿茶烘干、粉碎。取茶粉 10 g，按重量比 1∶20 的比例加沸水，煮沸 5～10 min，浸提过程搅拌数次。纱布过滤，残渣再用 1∶5 重量比的沸水浸提 5 min，过滤。合并、浓缩滤液。离心($4\ 000\ r \cdot min^{-1}$，10 min)得到上清液。

(2)用 1 倍体积的试剂Ⅰ分 3 次萃取，合并试剂层，萃取摇匀过程注意缓慢多次，以免生成乳浊液，难以分层。减压浓缩，得到咖啡碱粗品，移至已称量的 50 mL 小烧杯中，在 60℃左右温度下干燥 2～3 h。回收试剂Ⅰ，以便重复使用。

(3)用 1 倍体积的试剂Ⅱ分 3 次萃取上一步骤的水层。收集乙酸乙酯并在 60℃左右减压回收至少量时，移至真空干燥箱中，在 60℃左右温度下干燥，即得乳黄色的多酚类粗制品。该制品纯度可达 85%以上，得率可在 8%～10%。回收试剂Ⅱ，以便重复使用。

(4)用 3～4 倍的试剂Ⅲ(乙醇)加入经试剂Ⅱ萃取过的水层中，沉淀多糖。沉淀物经乙醇多次洗涤，经滤纸膜抽滤后，在 60℃真空干燥箱中干燥，得到茶叶多糖粗品。回收试剂Ⅲ，以便重复使用。

四、注意事项

1. 使用电炉时要远离有机试剂。

2. 三氯甲烷、二氯甲烷、乙酸乙酯、丙酮等有机试剂有毒，使用时避免溅到耳鼻眼中。

Ⅱ　茶多糖的纯化

一、实验原理

茶叶多糖粗品中常有蛋白质、脂类、果胶、灰分等成分，可以通过除去这些成分而得到较纯净的多糖部分。茶叶多糖的分离纯化技术较为繁杂，根据生产目的可分为初步分离纯化和完全分离纯化。初步分离的纯化可用 Sevag 方法除蛋白质。完全分离纯化则利用葡聚糖凝胶三维网状结构分子筛的过滤作用将多糖按分子量大小不同进行分离。在茶叶多糖分离时多选用 Sephadex G50-200 型，它们的工作范围在分子量为 $500 \sim 2 \times 10^5$ u，因此，完全能满足茶叶多糖分离纯化之需要。一般先用 Sephadex G-50 以分离相对分子质量在 1 万 u 以下的各组分，然后选用 Sephadex G150-200 进一步纯化。

二、实验用品

1. 器材

Sephadex G-75(北京百灵克生物科技有限公司),紫外-可见分光光度计,台式电子天平(0.001 g),部分收集器(Phamacia Bio-Tech Ltd),监测仪(LKB 公司),恒流泵(Phamacia LKB-Pumb P1)。

2. 试剂

Sevag 液:三氯甲烷∶正丁醇=4∶1(体积比)。

三、实验步骤

(一)Sevag 法除蛋白

按 1∶10 将多糖粗品,配制成粗糖水溶液。再用等体积的 Sevag 液加至处理样中,振摇 20 min,处理样中的蛋白质与混合液就形成了凝胶。静置直至清晰分层后分离,亦可用离心法除去试剂层。保留水相。在水相溶液中加入 2.5 倍体积的乙醇,沉淀物为多糖初步纯化品。烘干称重。

除蛋白后还需透析,以除去有机试剂或小分子的成分。透析是用半透性膜先在自来水下透析 1 d,然后再在蒸馏水下透析 12 h。

(二)多糖的纯化:葡聚糖凝胶分离法

(1)Sephadex G-75 凝胶的准备　称取约 40 g Sephadex G-75 凝胶干粉(膨胀系数为 7.5),加入 600 mL 蒸馏水,4℃条件下浸泡 48 h 后,用蒸馏水反复漂洗除去凝胶中的大颗粒部分。也可将凝胶放入 0.1 mol·L^{-1} NaCl 洗脱液充分溶胀 1~2 d。

(2)凝胶柱的预装　取一段 1.7 cm×60 cm 的柱子,洗净,固定于 4℃的低温操作柜中,用铅垂线矫正柱子于垂直状态。夹紧出水端管子,检验管子不漏水,保留约 10 cm 高的蒸馏水,沿着玻璃棒慢慢将 Sephadex G-75 凝胶不间歇地注入柱子中。约 10 min 后,打开出水管并使出水管和柱子中液面相对高度不超过 10 cm,待液面快要到达凝胶,关闭出水管,用玻璃棒于凝胶下搅拌几下,继续灌胶至柱子中达 50 cm,待柱子中液体下降至 1 cm 高时,关闭出水管。

(3)样品过柱　上柱时将凝胶床面上的洗脱液吸掉,面上留下一些洗脱液从柱的出口流出,等到凝胶床面上已快流干时,用吸管将样品滴到床面中间部位。注意不要将床面凝胶冲起。待样品快流干时加少量洗脱液,待其快干后再加洗脱液并使凝胶床面上始终有 5 cm 的洗脱液。这样,滴入洗脱液时,不会冲动凝胶床面。注意:样品上柱体积与柱床体积的比例要恰当,一般在 1.5∶200(V/V),如要分离制备某成分样品,样品上柱体积较大,故多选择粗长的玻璃柱(上样量为 3 mg·mL^{-1}粗糖溶液,9 mL)。

(4)样品检测　用 0.1 mol·L^{-1} NaCl 洗脱液洗脱,一般以 10 min 左右流量 2~7 mL 为宜(1 滴/2 s),分部收集(5~6 h),按苯酚-硫酸法检测多糖,收集单一组分洗脱液,在旋转蒸发器上减压浓缩,最后醇析、干燥、称重即可。

值得注意的是，对于茶叶多糖的纯化，其纯度是相对的，不可能像某些成分那么纯一。在这里所提的纯化仅是指通过上述措施可得到分子量在较小范围的均一多糖。如果不是为了研究茶叶多糖结构、组成，不必如此反复纯化。

四、注意事项

Sephadex G-75 属于多糖，容易长菌，注意及时回收干燥保存。

Ⅲ　茶叶多酚的纯化、定性分析

一、实验原理

茶多酚类的主要成分是黄烷醇类，而黄烷醇类中 70％左右是儿茶素类。儿茶素类结构中B 环上羟基在提取时，由于反反复复受到较高温度及接触空气中氧等影响极易氧化成醌型结构，这些醌型物质在非酶活性的条件下也能形成茶黄素和茶红素。加上粗制品酸中还夹杂有非酚性物质，因此多酚类的粗制品常常呈粉红色或浅褐色。为满足生产及科研上对高纯度多酚类的需要，需要进一步纯化。从粗多酚中制备儿茶素，目前主要用硅胶和亲脂性凝胶过滤材料。薄层层析既可以达到分离儿茶素各组分的目的，也可定量分析。

二、实验用品

1. 材料

Ⅰ中提取的茶多酚粗品。

2. 器材

亲脂性凝胶 Sephadex LH-20，恒温水浴，紫外层析灯，电吹风，微量注射器，真空干燥器，层析缸，紫外-可见分光光度计。

3. 试剂

丙酮，乙醇，乙酸乙酯，硅胶 FCP(200～300 目)或 0.45 μL 有机滤膜。

三、实验步骤

(一)定性反应

取粗制品 3～4 mg，加乙醇 5～6 mL 使其溶解，分成三份做下述试验：

(1)取上述溶液 1～2 mL，加 2 滴浓盐酸，再酌加少许镁粉，注意观察颜色变化情况。

(2)取上述溶液 1～2 mL，然后滴加 1％三氯化铝溶液，注意观察颜色变化情况。

(3)取上述溶液 1～2 mL，然后再加入 1％三氯化铁溶液，注意观察颜色变化情况。

(二)儿茶素类组成的薄层层析分析

(1)试剂

①展开剂　常用三氯甲烷：甲醇：甲酸＝28：10：1。配制过程应注意避开接触水，配制好后及时密封。

②显色剂　1%香荚蓝盐酸溶液：称香荚蓝素1 g，溶于100 mL盐酸，现配现用。1%银氨溶液：称硝酸银1 g，溶于100 mL热蒸馏水，滴加10%氢氧化铵，起初形成黑色沉淀，后开始溶解，当沉淀刚刚溶解，立刻终止氢氧化铵的加入。

(2)点样　将硅胶板裁成5 cm×20 cm大小，在离硅胶一段1 cm处用铅笔轻轻画线，标记点样位置。用毛细管吸取样品，点样于标记处，形成直径约1 mm的点样点，吹风机吹干。

(3)展谱　用镊子将点样后硅胶板轻轻放入展开槽内，依靠于展开槽内壁。待溶剂前沿到达边缘0.5～1.0 cm时，取出，吹风机吹开。

(4)显色　用玻璃喷雾器喷布香荚蓝素显色剂，儿茶素显红色，没食子酸酯儿茶素显紫红色，其他儿茶素显橘红色。但随着盐酸的挥发，红色渐退。一般茶叶显4个斑点，由上至下第一个斑点是C(儿茶素)、EC(表儿茶素)的混合体；第二个斑点则是EGC(表没食子儿茶素)；第三、四个斑点分别是ECG(表儿茶素没食子酸酯)、EGCG(表没食子儿茶素没食子酸酯)。

儿茶素的紫外光谱解析　点样时，平行点两个样，其中一半显色，记录各斑点的R_f，将另一半相同R_f的斑点硅胶刮下，溶于色谱纯甲醇中，加入规定的试剂，测定其UV光谱，试解析光谱并初步判断各斑点结构。

(三)儿茶素制备

取多酚类粗制品用少量甲醇溶解后与硅胶FCP(200～300目)混合拌样，40℃下干燥。称取硅胶FCP(200～300目)20 g加入200 mL展开剂(三氯甲烷：甲醇：甲酸＝28：10：1)搅拌均匀后灌柱，平衡3个柱体积后上样分离。粗多酚经硅胶FCP层析后，可进一步分离出简单儿茶素(非酯型儿茶素)和复杂儿茶素(酯型儿茶素)。

四、注意事项

多酚容易氧化，整个纯化过程应该控制在低温下。

Ⅳ　茶叶生物碱的纯化、定性分析

一、实验原理

升华法原理是利用咖啡碱具有升华特性，一次或多次升华即可得到白色针状结晶的咖啡碱纯品。全萃取法提取的咖啡碱往往含有少量的杂质，因此咖啡碱粗制品的纯化多要用升华法。以硅胶G为固定相，以丙酮-三氯甲烷-正丁醇-氨水为流动相，使咖啡碱、可可碱和茶碱得以较好的分离。

二、实验用品

1. 材料

Ⅰ中提取的茶叶生物碱粗品。

2. 器材

层析槽(15 cm×25 cm×31.5 cm,内置两个 20 cm×5 cm 溶剂槽),756MC 紫外分光光度计(上海第三分析仪器厂),火柴,刀片。

3. 试剂

三氯甲烷,丙酮,正丁醇,氨水,酒石酸,硅胶。

三、实验步骤

(一)咖啡碱的纯化

将咖啡碱粗品磨碎,并按粗品∶石英砂=1∶5 的比例使两者混合,倒入蒸发皿,在蒸发皿上倒扣一个漏斗盖,缓慢加热,至出现大量烟后,停止加热,用余热升华咖啡碱。待漏斗上出现大量白色毛状晶体,取出。如果需要纯度更高的咖啡碱可反复升华。

(二)生物碱的定性实验

取液 1 mL,分别加硅钨酸试剂、碘化钾试剂、碘化铋钾试剂数滴,观察沉淀颜色。

(三)咖啡碱的薄层层析

(1)薄层板的制备　将硅胶 G 加入 2.5 倍水匀浆 10 min 后,在 20 cm×20 cm 玻璃板上铺成 0.5 mm 厚的薄层,自然干燥后,刮去板边各 0.5 cm 的硅胶,点样前在 120℃活化 1 h。

(2)点样　用毛细管吸取试液,在距层析板底边 2.5 cm 处点样,样点直径 2 mm。

(3)展谱　以丙酮∶三氯甲烷∶正丁醇∶氨水(3∶3∶4∶1)为展开剂,单向上行展谱。待溶剂达到距薄板前缘 2 cm 左右时,取出薄板晾干,层析时间约为 20 min。

(4)定性　咖啡碱、可可碱和茶碱在紫外光区均有荧光,咖啡碱、可可碱和茶碱在上述薄层系统中 R_f 值分别为 0.74、0.47 和 0.27。咖啡碱与标准样比较定性,茶碱、可可碱用特异显色剂定性。取各斑点溶于色谱纯甲醇中,观测各种生物碱的紫外光谱特点。

四、注意事项

三氯甲烷、正丁醇有毒,使用时注意安全。

V 苯酚-硫酸法测定多糖含量

一、实验原理

苯酚-硫酸试剂可与游离的寡糖、多糖中的己糖、糠醛酸(或者甲苯衍生物)起显色反应,己糖在 490 nm 处(戊糖及糖醛酸在 480 nm)有最大吸收峰,吸光值 OD 与糖含量成正比。

二、实验用品

1. 器材

烧杯,容量瓶,量筒,紫外-可见分光光度计。

2. 试剂

95%分析纯浓硫酸;80%苯酚:80 g 苯酚(分析纯熏蒸试剂)加 20 g 水溶解,可置冰箱中长期保存;6%苯酚:临用前用 80%苯酚稀释;标准葡萄糖(分析纯)。

三、实验步骤

1. 制作标准曲线

准确称取标准葡萄糖 20 mg 于 500 mL 容量瓶中,加水至刻度,分别吸取 0.4、0.6、0.8、1.0、1.2、1.4、1.6、1.8 mL,各加水补到 2.0 mL,然后加入 6%苯酚 1 mL,慢慢加入浓硫酸 5.0 mL,静放 10 min,摇匀,室温放置 20 min 后,在 490 nm 处以 2.0 mL 水为空白测定吸光度,横坐标为多糖的微克数,纵坐标为吸光值,绘制标准曲线。

2. 样品糖含量测定

吸取样品液 2 mL(相当于 40 μg 左右的糖),然后加入 6%苯酚 1 mL,慢慢加入浓硫酸 5.0 mL,静放 10 min,摇匀,室温放置 20 min 后,在 490 nm 处以 2.0 mL 水为空白测定吸光度,对照标准曲线计算多糖含量。

四、注意事项

1. 制作标准曲线宜用相应的标准多糖,如用葡萄糖制作标准曲线,应以校正系数 0.9 校正糖的微克数,其他同多糖亦如此。

2. 对杂多糖,分析结果可根据单糖的组成比及主要组成多糖的标准曲线的校正系数加以校正,可得较满意的结果。

参考文献

1. 刘湘,汪秋安. 天然产物化学[M]. 北京:化学工业出版社,2010.
2. 宋晓凯. 天然药物化学[M]. 北京:化学工业出版社,2004.
3. Mann J,Davidson R S,et al. Natural Products[M]. 北京:世界图书出版公司,1994.
4. 徐任生. 天然药物化学[M]. 北京:科学出版社,2004.

执笔人:刘亚军

实验二　烟草愈伤组织诱导及植株再生

一、实验目的

植物组织培养技术即植物无菌培养技术，又称离体培养技术，是根据植物细胞具有全能性的理论，利用植物体离体的器官（如根、茎、叶、茎尖、花、果实等）、组织（如形成层、表皮、皮层、髓部细胞、胚乳等）或细胞（如大孢子、小孢子、体细胞等）以及原生质体，在无菌和适宜的人工培养基及环境条件下，能诱导出愈伤组织、不定芽、不定根，最后形成完整植株的技术。通过植物组织培养的理论和实验操作，掌握植物培养基的配制、灭菌，外植体的消毒、接种，愈伤组织、芽、根的诱导分化等植物组织培养的基本流程和操作技术。

二、实验技术路线

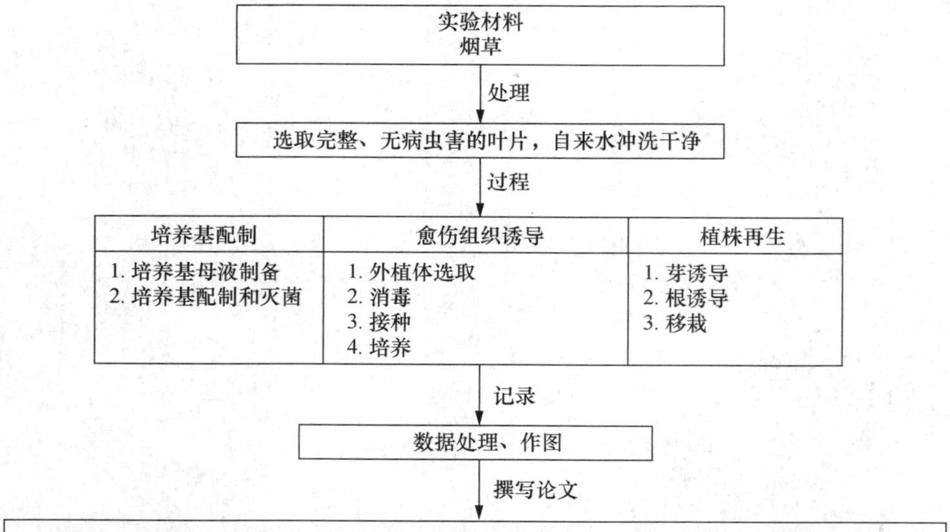

三、实验材料预处理

烟草（*Nicotiana tabacum* L.）取自盆栽植株。选择完整、无病虫害的叶片，自来水冲洗干净，用剪刀剪成适宜大小，再消毒处理。

四、实验内容

1. 培养基母液的配制。
2. 培养基的配制和灭菌。
3. 愈伤组织诱导。
4. 不定芽诱导。
5. 不定根诱导。
6. 炼苗移栽。

五、数据记录、处理、作图

1. 记录培养基配制和灭菌的基本流程及其注意事项。
2. 记录外植体消毒和无菌操作的流程和注意事项。
3. 记录不定芽、不定根诱导时间。

六、撰写实验论文

论文撰写参考常见论文格式，撰写论文讨论部分考虑下面两个问题。

1. 植物组织培养技术的基本操作过程及关键技术。
2. 植物组织培养的注意事项。

Ⅰ　培养基母液配制

一、实验原理

在配制培养基之前，为了使用方便、简化操作、用量准确，减少每次称量各种化学药品所花费的时间和误差，常常将配制培养基所需无机大量元素、微量元素、铁盐、有机物、激素成分分别配制成比需要量大若干倍的浓缩母液，置于冰箱中保存。当配制培养基时，按预先计算好的量分别吸取各种母液即可。

二、实验用品

1. 材料

烟草叶片。

2. 器材

电子天平（检测灵敏度 0.000 1 g），pH 计，托盘电子秤（检测灵敏度 0.01 g），冰箱，烧杯（1 000 mL、500 mL、250 mL、50 mL），量筒（2 000 mL、1 000 mL、100 mL、50 mL），试剂瓶

(1 000 mL、250 mL、150 mL),药匙,玻璃棒,电炉等。

3. 试剂

蒸馏水,1 mol·L^{-1} HCl,1 mol·L^{-1} NaOH,95%酒精,各种所需化学药品(分析纯)等。

三、实验步骤

(一)MS 无机大量元素母液的配制

按培养基配方的需要量,将各种化合物的量扩大 20 倍,用托盘电子秤称取,并用 200 mL 蒸馏水溶解于 250 mL 烧杯中,如溶解速度慢,可稍加热。$CaCl_2$ 单独用 100 mL 纯水溶解。溶解后将以上溶液倒入容量瓶中定容至 500 mL,装入试剂瓶中并贴好标签,保存于冰箱冷藏室待用。见表 2-1。

表 2-1　MS 无机大量元素母液配制

母液名称	化合物名称	配方规定量/(g·L^{-1})	贮备液的倍数	配制母液称取量/g	母液体积/mL	配培养基时取母液量/mL
大量元素	NH_4NO_3	1.65	20	16.5	500	50
	KNO_3	1.9	20	19	500	50
	$CaCl_2$	0.332	20	3.32	500	50
	$MgSO_4 \cdot 7H_2O$	0.37	20	3.7	500	50
	KH_2PO_4	0.17	20	1.7	500	50

(二)MS 无机微量元素母液的配制

按培养基配方的需要量,将各种化合物的量扩大 200 倍,用电子天平称取,并用 200 mL 蒸馏水溶解于 250 mL 烧杯中,如溶解速度慢,可稍加热。溶解后将以上溶液倒入容量瓶中定容至 500 mL,装入试剂瓶中并贴好标签,保存于冰箱冷藏室待用。见表 2-2。

表 2-2　MS 无机微量元素母液配制

母液名称	化合物名称	配方规定量/(g·L^{-1})	贮备液的倍数	配制母液称取量/g	母液体积/mL	配培养基时取母液量/mL
微量元素	KI	0.000 83	200	0.083	500	5
	H_3BO_3	0.006 2	200	0.62	500	5
	$MnSO_4 \cdot H_2O$	0.019 6	200	1.96	500	5
	$ZnSO_4 \cdot 7H_2O$	0.008 6	200	0.86	500	5
	$Na_2MoO_4 \cdot 2H_2O$	0.002 5	200	0.25	500	5
	$CuSO_4 \cdot 5H_2O$	0.000 25	200	0.025	500	5
	$CoCl_2 \cdot 6H_2O$	0.000 25	200	0.025	500	5

(三)MS 铁盐母液的配制

按培养基配方的需要量,将各种化合物的量扩大 200 倍,用电子天平称取,并分别用

20 mL 蒸馏水溶解于 50 mL 烧杯中，溶解后将以上溶液倒入容量瓶中定容至 100 mL，装入棕色试剂瓶中（因铁盐不稳定，易分解）并贴上标签，置于冰箱中保存。见表 2-3。

表 2-3　MS 铁盐母液配制

母液名称	化合物名称	配方规定量/($g \cdot L^{-1}$)	贮备液的倍数	配制母液称取量/g	母液体积/mL	配培养基时取母液量/mL
铁	$FeSO_4 \cdot 7H_2O$	0.027 8	200	0.556	100	5
盐	$Na_2 \cdot EDTA \cdot 2H_2O$	0.037 3	200	0.746	100	5

（四）MS 有机母液配制

按培养基配方需要量，将各种化合物的量扩大 200 倍，用电子天平称取，用 300 mL 蒸馏水溶解于 500 mL 烧杯中，溶解后将以上溶液倒入容量瓶中定容至 1 000 mL，装入试剂瓶中并贴上标签，置于冰箱冷藏备用。见表 2-4。

表 2-4　MS 有机母液配制

母液名称	化合物名称	配方规定量/($g \cdot L^{-1}$)	贮备液的倍数	配制母液称取量/g	母液体积/mL	配培养基时取母液量/mL
有	肌醇	0.1	200	2	100	5
机	烟酸	0.000 5	200	0.1	1 000	5
附	盐酸吡哆醇（维生素 B_6）	0.000 5	200	0.1	1 000	5
加	盐酸硫胺素（维生素 B_1）	0.000 1	200	0.02	1 000	5
物	甘氨酸	0.000 2	200	0.04	1 000	5

（五）激素母液配制

各类激素用量较小，为了方便和准确，也配制成母液。母液浓度可根据需要灵活确定。但注意各激素均不能直接用蒸馏水溶解，而用各种不同溶剂先溶解后再用蒸馏水定容。

NAA 母液配制：称取 20 mg NAA，用少量 95%酒精或 1 $mol \cdot L^{-1}$ NaOH 溶解后，再用温热水定容至 100 mL，此时，该激素母液浓度为 0.2 $mg \cdot mL^{-1}$。

6-BA 母液配制：称取 200 mg 6-BA，用 1 $mol \cdot L^{-1}$ HCl 或 1 $mol \cdot L^{-1}$ NaOH 溶解后，再用温热水定容至 100 mL，此时，该激素母液浓度为 2 $mg \cdot mL^{-1}$。

NAA、IAA、IBA 等生长素一般都是醇溶性的，均可用少量 95%酒精先溶后再蒸馏水定容，而 KT、6-BA、ZT 等细胞分裂素可先用少量 1 $mol \cdot L^{-1}$ HCl 或 1 $mol \cdot L^{-1}$ NaOH 溶解后再用蒸馏水定容。

四、注意事项

1. 配制母液时各个成分要称取准确，完全溶解。
2. 上述各种母液保存时间不宜过长，储藏中如发现母液中出现沉淀或霉团时，应弃之。

Ⅱ 培养基的配制和灭菌

一、实验原理

培养基是根据植物生长发育的需要进行设计和配制的，配制好的培养基由于含有丰富的营养物质，有利于微生物的生长繁殖，因此配制好的培养基要立即进行灭菌。采用高压灭菌锅对培养基进行灭菌的主要原理是在高温高压下使微生物的蛋白质变性，从而达到杀灭微生物的目的。

二、实验用品

1. 器材

电磁炉，不锈钢汤锅（3 L），烧杯，药匙，托盘电子秤，培养瓶，高压灭菌锅，烘箱，记号笔，量筒，移液管，吸球，玻璃棒，pH 计等器具。

2. 试剂

大量元素、微量元素、铁盐、有机物、激素等母液，蔗糖，琼脂粉，0.1 mol・L^{-1} HCl，0.1 mol・L^{-1}NaOH。

三、实验步骤

（一）培养基的配制

1. 培养基配方

以烟草愈伤组织诱导培养基为例：

MS＋2.0 mg・L^{-1}6-BA＋0.2 mg・L^{-1}NAA＋8 g・L^{-1}琼脂＋30 g・L^{-1}蔗糖

2. 配制方法

(1)洗涤各种玻璃器皿，如培养瓶、量筒、烧杯、移液管、玻璃棒等。

(2)将所需的各种贮存母液按顺序放好，并检查配制时间。

(3)根据所需配制培养基的量及各种母液的扩大倍数，按照公式：吸取量＝需要配制培养基的体积×需要配制浓度/母液浓度，分别计算需吸取各母液的体积。见表 2-5。

表 2-5 配制 1 L MS 培养基各母液的吸取量

母液类型	MS 培养基的吸取量/mL	母液类型	MS 培养基的吸取量/mL
大量元素	50	有机附加物	5
微量元素	5	NAA	1
铁盐	5	6-BA	1

(4)取 500 mL 烧杯一只，用各母液专用移液管分别吸取各母液，置于烧杯中备用(注意：各母液移液管不能混用)，然后用纯水定容至 1 000 mL。

(5)取 1 000 mL 烧杯一只，将(4)中的溶液倒入，在液面处做好标记。将溶液倒入汤锅中，加入蔗糖 30 g 和琼脂 8 g 煮沸，煮沸过程中用玻璃棒不断搅拌，以免结底。

(6)用 1 mol・L^{-1} HCl 或 1 mol・L^{-1} NaOH 将培养基的 pH 调至 5.8～6.0。用酸、碱调节 pH 时，应用玻璃棒不断搅拌后，再用 pH 计测试培养基的 pH。

(7)将培养基倒入(5)1 000 mL 做好标记的烧杯中，补足水至 1 L，然后将培养基分装入培养瓶中(注意：切勿将培养基倒在瓶口或瓶外壁上)。

(8)培养基分装完后，应随即用专用的耐高温高压的塑料盖盖上，并用记号笔注明培养基的名称、配制日期，待灭菌。

(二)培养基的灭菌(高压蒸汽灭菌锅)

(1)把分装好的培养基及其他需灭菌的各种用具(如用牛皮纸包扎好的不锈钢盘、培养皿和蒸馏水等)，放入高压灭菌锅的消毒桶内，将外层锅内加入适量的水，以水位与锅内三角搁架平行为宜(注意加水量不可过少，以防灭菌锅烧干而引起炸裂事故)。然后盖上锅盖，并将盖上的排气软管插入消毒桶壁的排气槽内，上好螺丝，拧紧后，调节灭菌温度和时间，接通电源加热。

(2)当灭菌锅盖上的压力表指针移至 0.05 MPa 时，打开放气阀门排除锅内冷空气，待压力表指针回复到零位后，关闭放气阀门继续加热。连续放气两次后，当灭菌锅的压力表指针移至 0.1 MPa(121℃)时，通过调节放气阀，控制热源，使压力表保持在该压力 15～20 min。

(3)灭菌所需时间到后，应先切断电源，让灭菌锅内温度自然下降，待灭菌锅压力表的压力降低至“0”时，才能打开排气阀，旋松螺栓，开启锅盖，取出已灭菌的培养基。

(4)刚灭过菌的培养基应在室温下放置 2～3 d 后，观察有无菌类生长，以确定培养基是否彻底灭菌。经检查没有杂菌生长污染，方可使用。

四、注意事项

1. 要根据不同的物种、不同的材料，选择合适的培养基，最好通过实验确定。
2. 配制培养基时注意调节 pH。
3. 灭菌锅使用过程中应防蒸汽烫伤，有些高温分解的激素等要过滤灭菌。

Ⅲ　愈伤组织诱导

一、实验原理

以植物体幼嫩的器官组织为外植体，在人工培养基和一定的激素诱导下形成愈伤组织。

二、实验用品

1. 材料

烟草叶片。

2. 器材

超净工作台，枪式镊子，解剖刀，酒精灯，酒精缸，玻璃记号笔，脱脂棉，火柴，加盖小烧杯，废液杯等。

3. 试剂

70%酒精，灯用酒精，0.1% $HgCl_2$ 溶液，已灭菌培养基及无菌水，过氧乙酸等。

三、实验步骤

(一)接种前准备

(1)培养基准备　取出事先配好灭菌的烟草愈伤组织诱导培养基：MS＋NAA(0.2 mg·L^{-1})＋6-BA(2 mg·L^{-1})。

(2)接种室准备　提前一天用过氧乙酸熏蒸接种室。接种前，打开超净工作台和接种室紫外灯照射15～20 min，杀死空气中的微生物。关闭紫外灯，15 min后才能进入。超净工作台内用70%酒精棉球擦拭干净(或喷雾消毒)，台面上放置以下用具：酒精灯、70%酒精缸、酒精棉球瓶、加盖小烧杯、废液杯、枪式镊子、解剖刀、无菌水、无菌纸、培养皿、培养基、烟草叶片。

(二)外植体灭菌

灭菌时，将选出的健壮无病、幼嫩的茎叶材料稍处理后放入加盖小烧杯中，倒入0.1%升汞浸没材料，盖盖灭菌10 min(具体时间依材料而定)，其间稍加摇动以充分灭菌，倒出废液，再倒入无菌水清洗除去残留在叶片上的升汞，随后用70%酒精浸10～30 s，立刻用无菌水清洗3次以上。

(三)接种

(1)接种前用消毒液洗手(穿工作服，戴口罩和工作帽)，然后用70%酒精棉球擦手表面消毒。

(2)将超净工作台上培养瓶的封口橡皮筋打开，整齐排列在接种台左侧。

(3)点燃酒精灯，将所用镊子、解剖刀在酒精缸内浸蘸70%酒精后，在酒精灯火焰上灼烧灭菌，灼烧灭菌后放在支架上以防污染。在整个接种过程中，应每隔一段时间便将刀、镊子蘸酒精灼烧灭菌，冷却后再用。

(4)用无菌镊子取出已灭菌的外植体，置于灭菌培养皿上进行切割，切取0.5 cm×0.5 cm大小的叶片。

(5)在酒精灯上方,左手握住培养瓶,右手轻轻打开瓶盖并拿掉包头纸,将纸盖外面朝上置于台面上。右手用镊子将叶片平摆放于培养基表面,注意接种材料要摆放均匀且保持一定密度,完毕后将培养瓶瓶口在酒精灯火焰上灼烧一下,然后用瓶盖封口,扎好橡皮筋,并用玻璃记号笔在瓶下方注明材料名称、培养基、接种日期及姓名等。

(6)将接种好的培养瓶放入培养室指定培养架上25℃、2 000 lx光强下培养。

四、注意事项

1. 在超净工作台上接种时,应尽量避免说笑、打喷嚏。

2. 打开瓶盖和包头纸时,注意不要污染瓶口,并进行瓶口灼烧灭菌。

3. 操作细心,保证无菌环境,手臂切勿从培养基、无菌材料、切割用的无菌纸、接种器械上方经过,以避免再度污染。

Ⅳ　芽诱导

一、实验原理

离体培养形成的愈伤组织通过调节培养基中生长素和细胞分裂素的浓度和比例,愈伤组织细胞会再分化形成不定芽。

二、实验用品

1. 材料

已诱导形成的愈伤组织。

2. 器材

超净工作台,枪式镊子,解剖刀,酒精灯,酒精缸,记号笔,脱脂棉,火柴,培养皿等。

3. 试剂

70%酒精,灯用酒精,无菌水,已配制好的培养基。

三、实验步骤

将烟草愈伤组织在无菌培养皿上切割成5 mm×5 mm大小,转移至生芽培养基MS+6-BA(2.0 mg·L^{-1})+NAA(0.2 mg·L^{-1})上分化形成不定芽。

四、注意事项

选择长势良好的愈伤组织,切块不能太小。

Ⅴ 根诱导与移栽

一、实验原理

通过调节培养基中生长素和细胞分裂素的浓度和比例，诱导分化小苗生根，形成完整植株后，经过炼苗移栽至温室或大田中。

二、实验用品

1. 材料

已增殖分化的芽丛。

2. 器材

超净工作台，枪式镊子，解剖刀，酒精灯，酒精缸，记号笔，脱脂棉，火柴等。

3. 试剂

70%酒精，灯用酒精，无菌水，已配制好的培养基。

三、实验步骤

(1)将烟草小苗，转移至生根培养基 MS+0.2 mg·L^{-1}NAA 上诱导生根。

(2)待烟草小丛根长出 1～2 周，打开封口膜，在培养室炼苗 1～2 d。随后将小苗取出放在自来水中轻轻清洗除去培养基，移栽到大田中，遮阴一周后揭去遮阴网。

四、注意事项

选择生长健壮的芽，尽可能分离单株。

参考文献

1. 杨淑慎．细胞工程[M]．北京：科学出版社，2009.

2. 王蒂．细胞工程学[M]．北京：中国农业出版社，2003.

3. 周维燕．植物细胞工程原理与技术[M]．北京：中国农业大学出版社，2001.

执笔人：高俊山

实验三　植物花药培养及单倍体植株鉴定

一、实验目的

利用花药离体培养技术诱导产生单倍体植株，再通过某种手段使染色体组加倍（如秋水仙素处理），从而使植物恢复正常染色体数。经过后代选择，从中选出的优良纯合二倍体，后代不分离，表现整齐一致，可缩短育种年限。本实验以烟草、小麦等植物的花药为材料，通过组织培养技术诱导单倍体植株，由隐性基因控制的性状容易显现，为诱变育种和突变遗传研究提供新的遗传资源和选择材料。将组织培养技术与杂交育种、诱变育种、远缘杂交等相结合，在作物品种改良上具有重要的应用意义。

二、实验技术路线

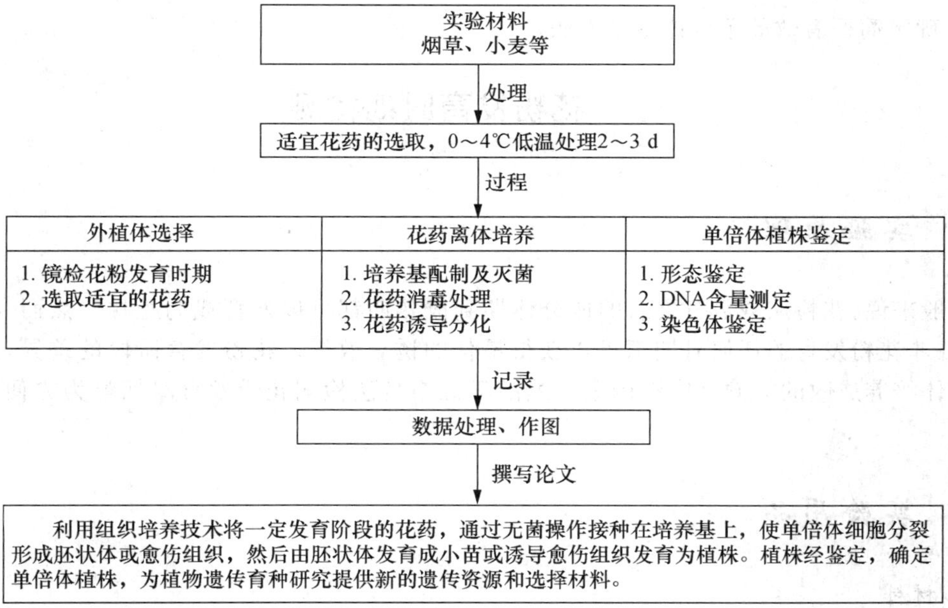

三、实验材料预处理

烟草（*Nicotiana tabacum*）、小麦（*Triticum aestivum* L.）分别种植于温室，正常栽培条件。选取一定发育时期的适宜花药为材料，进行适当的低温处理。

四、实验内容

1. 适宜花药外植体选择
2. 花药离体培养
3. 单倍体植株鉴定

五、数据记录、处理、作图

1. 明确植物花药培养的最佳花粉发育时期。
2. 筛选花药培养的优化条件。
3. 计算单倍体诱导频率。
4. 比较单倍体植株鉴定的方法。

六、撰写实验论文

论文撰写参考常见论文格式，撰写论文讨论部分考虑下面三个问题。
1. 花药离体培养的基本过程。
2. 分析花药培养的影响因素。
3. 确定简便有效的单倍体鉴定方法。

Ⅰ　花粉发育时期检测

一、实验原理

一般来说，花粉从减数分裂后的四分体期到成熟期都可以发育成为植株。然而，在此范围内，并非花粉发育的任何时期都可以获得最佳的诱导效果。花粉发育阶段的差异，是影响花药离体培养成败的关键性内在因素。醋酸洋红染色法检测花粉发育时期最为方便、快捷、可靠。

二、实验用品

1. 材料
烟草，小麦花药。
2. 器材
显微镜，载玻片，盖玻片，酒精灯，吸水纸，镊子，解剖针，滴瓶。
3. 试剂
醋酸洋红，铁明矾；蒸馏水。

三、实验步骤

(1)取不同发育时期的花药，置于载玻片上，用解剖针将花药轻轻压碎。

(2)加1～2滴1%醋酸洋红溶液，盖上盖玻片染色20 min，在酒精灯火焰上迅速来回轻烤几次，破坏染色质，使细胞核着色。

(3)吸去多余染液，将制片置于显微镜下观察。

(4)记录花粉发育的各个时期，找出单核靠边期的花粉与植株外部形态的关系。

四、注意事项

1. 去除花药壁、花丝残渣的干扰。

2. 轻烤时注意不可过热或煮沸。

Ⅱ　花药离体培养

一、实验原理

利用组织培养技术对特定发育时期的花药进行离体培养，可诱导产生单倍体植株。单倍体植株经染色体加倍后，在一个世代中即可出现纯合的二倍体，从中选出的优良纯合系作为新的遗传资源和育种材料。

二、实验用品

1. 材料

烟草、小麦等花药。

2. 器材

电子天平，磁力加热搅拌器，普通光学显微镜，微波炉，pH计，培养箱，超净工作台，高压灭菌锅，镊子，剪刀，解剖针，烧杯，试剂瓶，三角瓶，封口膜，橡皮筋，低温冰箱。

3. 试剂

MS培养基；H培养基；W14或C17培养基；酒精；2,4-D；NAA；KT；6-BA；蔗糖；活性炭；次氯酸钠；$HgCl_2$；蒸馏水。

三、实验步骤

1. 取材

根据镜检花粉的发育时期，选取大小适宜的花蕾或麦穗，适当地低温预处理。

2. 消毒

取适期的烟草花蕾或小麦麦穗，用 70%酒精浸泡 15～30 s，然后用 1%次氯酸钠溶液或 0.1%氯化汞溶液浸泡 8～10 min，再用无菌水冲洗 3～5 次。

3. 接种

按照无菌操作在显微镜下用镊子剥开花萼或内外颖，露出花药部分，小心取下，烟草花药接种在 MS 或 H 培养基（MS 或 H 基本成分＋6-BA 2 $mg \cdot L^{-1}$＋NAA 0.2 $mg \cdot L^{-1}$＋30 $g \cdot L^{-1}$蔗糖＋7 $g \cdot L^{-1}$琼脂＋1 $g \cdot L^{-1}$活性炭，pH 5.5～5.8）。小麦花药接种在 W14 或 C17 培养基（W14 或 C17 基本成分＋2,4-D 2 $mg \cdot L^{-1}$＋KT 0.5 $mg \cdot L^{-1}$＋10%蔗糖，pH 5.5～5.8）。

4. 培养

在 28～30℃培养箱中培养 3 d，然后转至 28℃、12 h 光照、光强为 30～36 $\mu mol \cdot m^{-2} \cdot s^{-1}$ 光照培养至形成胚状体或诱导愈伤组织，再转到分化培养基上分化成苗。

四、注意事项

1. 提高诱导效率。
2. 降低白化苗的发生频率。

Ⅲ　单倍体植株鉴定

一、实验原理

通过花药培养获得的再生植株的染色体数目也常发生变异，其后代常是混倍体，所以必须对其后代进行鉴定。鉴定方法既可以根据形态特征进行间接鉴定，也可以镜检体细胞中的染色体数或花粉母细胞中染色体数以及染色体配对情况和 DNA 含量检测等进行直接鉴定，此外还可以根据花粉的育性或利用遗传标记性状进行鉴定。本实验通过镜检再生植株体细胞中的染色体数进行直接鉴定。

二、实验用品

1. 材料

烟草、小麦再生植株根尖或茎尖。

2. 器材

显微镜，载玻片，盖玻片，酒精灯，表面皿，吸水纸，镊子，滴瓶。

3. 试剂

卡诺氏液，醋酸洋红，盐酸，蒸馏水。

三、实验步骤

1. 取材

再生植株根尖或茎尖。

2. 预处理

冷冻处理。根尖或茎尖置于冰水浴中，放到4℃的冰箱中处理24 h。

3. 固定

冲洗干净处理的材料，卡诺氏液(冰乙酸∶无水乙醇=1∶3或冰乙酸∶氯仿∶无水乙醇=1∶3∶6)固定24 h。

4. 解离

取出4～5条根置于表面皿中，用蒸馏水冲洗3～4次，加入数滴1 $mol \cdot L^{-1}$盐酸于表面皿中，在酒精灯上间歇式加热2～4 min。

5. 染色

加几滴醋酸洋红于表面皿内，在灯上加热。取一根已染过色的根放在载玻片上，加一滴1%醋酸洋红溶液，盖上盖玻片轻敲盖玻片，使根尖压成一薄层。

6. 镜检

先在10倍下找到分裂相后，再换40倍观察。

四、注意事项

1. 预处理时需注意勿使材料结冰。

2. 材料固定后立即使用，若不立即使用，置于95%酒精30 min后，再置入80%酒精中30 min，4℃下保存，若保存时间较长需要重新固定后再用。

3. 解离至根尖已变软，否则继续解离，变为透明状。

4. 压片时注意不要再移盖片，否则会造成更多细胞层重叠。

参考文献

1. 杨淑慎. 细胞工程[M]. 北京:科学出版社,2009.
2. 周维燕. 植物细胞工程原理与技术[M]. 北京:中国农业大学出版社,2001.
3. 胡含,王恒立. 植物工程与作物育种[M]. 北京:北京工业大学出版社,1990.
4. 张志良. 植物生理学实验指导[M]. 2版. 北京:高等教育出版社,1990.

执笔人:高俊山

实验四　植物功能基因的代谢工程菌株的构建及代谢产物分析

一、实验目的

植物次生代谢物不仅在植物生命活动中起重要作用，而且具有重要商业价值。随着近年来次生代谢途径和调控机理研究的深入，代谢工程已成为提高次生代谢物产量的重要途径。植物类黄酮物质种类多样、含量丰富，是植物体中极其重要的次生物质之一，如在茶叶中类黄酮含量高达干重的12%～24%。有关植物类黄酮生物合成途径已基本探明，利用已探明功能的类黄酮途径关键基因开展代谢工程研究是当今研究的热点。本实验以植物 cDNA 为模板，采用 RT-PCR 技术，获得了植物次生代谢关键基因的开放阅读框；并将该基因重组到表达载体上，在大肠杆菌 BL21 中进行原核表达；通过优化目标基因的原核表达体系，开展功能基因的代谢工程研究。

二、实验技术路线

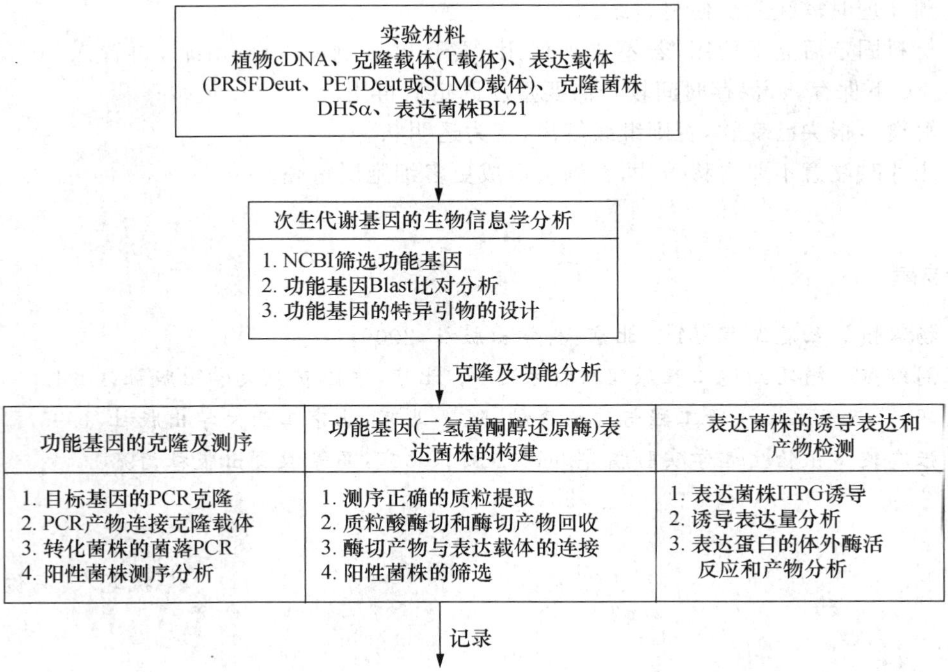

琼脂糖凝胶电泳图谱、
SDS-PAGE凝胶电泳图谱

↓ 撰写论文

从目标基因生物信息学分析、基因克隆、表达载体构建和表达菌株诱导表达和功能分析等方面研究植物次生代谢基因的功能，了解植物功能基因代谢工程的基本策略和步骤，开展目标基因的体外功能研究。

三、实验材料预处理

茶树 cDNA 为实验室提取获得；克隆载体（T 载体）、表达载体（PRSFDuet、PETDuet 或 SUMO 载体），克隆菌株 DH5α、表达菌株 BL21 为公司购买。

四、实验内容

1. 次生代谢基因的生物信息学分析。
2. 功能基因的克隆及测序。
3. 功能基因表达菌株的构建。
4. 表达菌株的诱导表达和产物检测。

五、数据记录、处理、作图

1. PCR 产物、双酶切产物、菌落 PCR 的电泳图谱分析。
2. 表达菌株诱导表达的蛋白 SDS-PAGE 分析。
3. 表达菌株代谢产物的薄层分析和分光光度计检测。

六、撰写实验论文

论文撰写参考常见论文格式，撰写论文讨论部分考虑下面 3 个问题。
1. 次生代谢基因的生物信息学分析。
2. 植物次生代谢基因的克隆、表达载体构建。
3. 植物次生代谢基因的体外功能分析。

Ⅰ　次生代谢基因的生物信息学分析

一、实验原理

利用相关生物信息学方法分析植物次生代谢基因及其编码蛋白的结构，为深入研究基因的生物学功能研究奠定基础。本实验利用 NCBI 的 BLAST 工具，进行功能基因的同源性比对分析，寻找近源物种基因序列。利用 Clustal X 软件进行不同物种基因的序列比对，并利用 MEGA 软件为比对序列构建进化树，分析基因的同源进化关系。

二、实验用品

1. 功能基因的 CDS 序列。
2. 可连接网络的计算机。

三、实验步骤

（一）植物次生代谢基因序列的获得

以植物类黄酮功能基因为目标基因，根据 GenBank 数据库中登录信息，获得的基因全长碱基和氨基酸信息。见表 4-1。

表 4-1　植物类黄酮功能基因的汇总表

基因名	基因缩写	底物	产物
苯丙氨酸解氨酶	PAL	*L*-苯丙氨酸	反式肉桂酸
肉桂酸 4-羟化酶	C4H	肉桂酸	*p*-香豆酸
4-香豆酰 CoA 连接酶	4CL	*p*-香豆酸	4-香豆酰辅酶 A
查耳酮合成酶	CHS	丙二酰辅酶 A 4-香豆酰辅酶 A	查耳酮
查耳酮异构酶	CHI	查耳酮	柚皮素
黄烷酮-3-羟化酶	F3H	黄烷酮	二氢黄酮醇
黄烷酮-3′-羟化酶	F3′H	柚皮素	圣草酚
黄烷酮-3′,5′-羟化酶	F3′5′H	柚皮素	圣草酚 五羟黄酮
黄酮醇合成酶	FLS	二氢黄酮醇	黄酮醇
黄酮醇磺基转移酶	FST	黄酮醇	磺基黄酮醇
二氢黄酮醇还原酶	DFR	二氢黄酮醇	无色花青素
无色花青素还原酶	LAR	无色花青素	儿茶素
花青素合成酶	ANS	无色花青素	花青素
花青素还原酶	ANR	花青素	儿茶素
UDP-葡萄糖黄酮类 3-O-葡糖基转移酶	UFGT	花青素 黄酮醇	花青素-3-O-糖苷 黄酮醇-3-O-糖苷
咖啡酰辅酶 A 甲基转移酶	CCoAOMT	咖啡酰辅酶 A	阿魏酰辅酶 A

（二）功能基因的同源性分析

以获得的靶基因氨基酸序列为 query 序列，利用 NCBI 信息库的 BLAST 工具（http://

blast. st-va. ncbi. nlm. nih. gov/Blast. cgi)进行同源比对，获得与靶基因同源性较高的同源基因。

(三)相关同源基因的进化树分析

(1)首先利用 Clustal X 软件，对靶基因和其他物种的同源基因序列进行序列比对，比对后的序列用于后续进化树构建。

(2)将比对的序列输入到 MEGA 软件中，选择默认设置，进行序列的两两比对和多序列比对。

(3)选择主界面中的 Phylogeny 菜单，利用 Bootstrap Test of Phylogeny 进行 Neighbor joining 进化树分析。

四、注意事项

1. 同源基因的选择应尽量具有代表性，尽量涵盖模式植物基因和已有文章发表的基因。
2. 应利用已选基因的氨基酸序列构建进化树，掌握进化树构建方法。

Ⅱ 植物功能基因的克隆及测序

一、实验原理

植物类黄酮功能基因对植物体内儿茶素合成积累起到关键调节作用。本实验以植物 cDNA 为模板，利用靶基因的特异引物，完成靶基因的全长克隆。将回收的 PCR 产物连接到 T 载体，转化大肠杆菌 DH5α，获得阳性克隆。通过公司测序验证克隆序列的正确性。

二、实验用品

1. 材料

茶树 cDNA，T 载体，DH5α。

2. 器材

PCR 仪，电泳仪，水平电泳槽，凝胶成像系统。

3. 试剂

琼脂糖，氨苄青霉素(Amp)，胶回收试剂盒，质粒回收试剂盒。

三、实验步骤

(一)引物设计

根据靶基因的序列，利用 Primer Premier 软件进行序列的酶切位点分析和特异引物设计。

(二)靶基因的全长克隆

以茶树鲜叶提取的RNA合成cDNA一链为模板，利用高保真DNA聚合酶扩增目的基因，PCR程序为：98℃预变性30 s；98℃变性15 s，63℃复性20 s，72℃延伸50 s，共计30个循环；最后72℃延伸10 min。目的条带经胶回收(方法参见胶回收试剂盒说明书)纯化后，连接到T载体上。

(三)阳性克隆筛选

将重组质粒转化到大肠杆菌DH5α中，利用氨苄青霉素抗性筛选获得阳性菌株。

(1)转化步骤　质粒1 μL，DH5α感受态细胞25 μL，混合均匀后冰浴30 min，然后42℃热激42 s，冰浴2 min，加200 μL LB培养基培养1 h，涂含有Amp LB平板，37℃培养12 h。

(2)菌落PCR程序　其程序为94℃预变性3 min；94℃变性30 s，55℃复性30 s，72℃延伸1.5 min，共计30个循环；最后72℃延伸10 min。

(四)测序分析

阳性克隆通过生物公司完成测序。根据测序序列比对，获得序列正确的阳性克隆(靶基因-T载体)，利用质粒提取试剂盒提取质粒(其方法常见试剂盒说明书)，−20℃储藏备用。

四、注意事项

1. 抗性筛选平板应在4℃储藏，防止抗性失效。
2. 全长克隆引物应含有酶切位点，以便于后续表达载体构建。

Ⅲ　植物功能基因的表达菌株的构建

一、实验原理

本实验对靶基因-T载体和表达载体PRSFDuet、PETDuet或SUMO进行胶回收。利用T_4DNA连接酶，将酶切产物和质粒进行连接。将连接产物转化大肠杆菌BL21，获得阳性克隆。并通过公司测序验证克隆序列的正确性。

二、实验器材

1. 材料

靶基因-T载体，PRSFDuet载体，表达菌株BL21。

2. 器材

PCR 仪，电泳仪，水平电泳槽，凝胶成像系统。

3. 试剂

琼脂糖，卡那霉素（Kan），胶回收试剂盒，质粒回收试剂盒。

三、实验步骤

（一）基因和载体的双酶切

30 μL 双酶切体系：酶切缓冲液 3 μL，牛血清蛋白溶液 0.3 μL，NdeⅠ 1 μL，XhoⅠ 1 μL，胶回收溶于 20 μL 水中（约 18 μL），超纯水 6.7 μL，37℃酶切过夜。

（二）T_4 连接反应

10 μL 连接体系：质粒 1 μL，PCR 回收产物 3 μL，10 倍 T_4 缓冲液 1 μL，T_4 连接酶 0.5 μL，超纯水 4.5 μL，室温下连接 1 h。

（三）表达载体的构建

将连接产物转化到大肠杆菌 DH5α 中，利用 Kan 抗性筛选获得阳性菌株。

（1）转化步骤　质粒 1 μL，DH5α 感受态细胞 25 μL，混合均匀后冰浴 30 min，然后 42℃热激 42 s，冰浴 2 min，加 200 μL LB 培养基培养 1 h，涂含有 Amp LB 平板，37℃培养 12 h。

（2）菌落 PCR 程序　其程序为 94℃预变性 3 min；94℃变性 30 s，55℃复性 30 s，72℃延伸 1.5 min，共计 30 个循环；最后 72℃延伸 10 min。

（3）测序分析　阳性克隆通过生物公司完成测序。根据测序序列比对，获得序列正确的阳性克隆菌株。

（四）阳性克隆筛选

将重组质粒转化到大肠杆菌 BL21 中，利用 Kan 抗性筛选获得阳性菌株。

四、注意事项

1. 为了提高双酶切的效果，可以适当延长酶切时间。
2. 限制性内切酶选择应根据基因序列和酶切效率进行选择，以降低表达载体构建难度。

Ⅳ　表达菌株的诱导表达和产物检测

一、实验原理

本实验通过诱导时间、诱导 IPTG 浓度和诱导温度的优化，获得表达菌株最佳诱导条件。

利用 SDS-PAGE 电泳检测目的蛋白的表达水平，利用 HPLC 方法检测对酶活产物进行定性和定量分析。

二、实验用品

1. 材料

含有靶基因表达载体，表达菌株 BL21。

2. 器材

SDS-PAGE 电泳系统，电泳仪，脱色摇床。

3. 试剂

丙烯酰胺/甲叉双丙烯酰胺溶液，过硫酸铵，Tris，HCl 和 SDS。

三、实验步骤

(一)表达菌株诱导条件的优化

1. 最佳诱导时间

将过夜培养的菌液以 1∶50(V/V)转入 LB 液体培养基中继续培养，待菌液 OD_{600} 为 0.6 左右时，加入 IPTG 至终浓度为 1 $mmol \cdot L^{-1}$，置于 37℃摇床中震荡培养，每隔 1 h 取一次样，用 SDS-PAGE 检测重组蛋白表达情况。

2. 最佳诱导 IPTG 浓度

将过夜培养的菌液以 1∶50(V/V)转入含氨苄青霉素(50 μg/mL)的 LB 液体培养基中继续培养，待菌液 OD_{600} 为 0.6 左右时，分别加入 IPTG 至终浓度为 0.1 $mmol \cdot L^{-1}$、0.2 $mmol \cdot L^{-1}$、0.5 $mmol \cdot L^{-1}$、1 $mmol \cdot L^{-1}$ 和 2 $mmol \cdot L^{-1}$，置于 37℃摇床中震荡培养，5 h 后取样用于 SDS-PAGE 分析。

3. 最佳诱导温度

将过夜培养的菌液以 1∶50(V/V)转入含氨苄青霉素(50 μg/mL)的 LB 液体培养基中继续培养，待菌液 OD_{600} 为 0.6 左右时，加入 IPTG 至终浓度为 1 $mmol \cdot L^{-1}$，分别置于 37℃、25℃和 15℃摇床中震荡培养，5 h 后取样用于 SDS-PAGE 分析。

(二)目的蛋白检测

选择合适的诱导时间、诱导温度、IPTG 浓度诱导目的蛋白表达，将菌液离心，收集菌体，用含 300 $mmol \cdot L^{-1}$ NaCl 的 0.2 $mol \cdot L^{-1}$(pH=7.0)磷酸缓冲液重悬菌体，于冰上超声破碎。超声破碎后 12 000 $r \cdot min^{-1}$，4℃离心 10 min，收集上清液，蛋白表达情况利用 SDS-PAGE 检测，并用核酸蛋白定量检测仪检测纯化蛋白的浓度。

(三)酶活测定

配制 3 mL 酶活测定体系，其中包括 0.1 $mol \cdot L^{-1}$ 的 PBS(pH=6.5)、2 $mmol \cdot L^{-1}$ 的

NADPH、0.1 mmol·L^{-1} Dihydroquercetin(DHQ,AXXORA,Switzerland)或 Dihydromyricetin(DHM,AXXORA,Switzerland)、0.1 mg 纯化后的重组蛋白,37℃反应 1 h,加入等体积醇：HCl(95：5)溶液终止反应,95℃水浴 1 h,分离正丁醇相,旋转蒸发后,用色谱甲醇定容至 0.25 mL,用薄层层析的方法检测花青素产物(包括矢车菊色素(cyanidin,CYA)和飞燕草色素(delphinidin,DEL))。

薄层层析条件:以硅胶为层析支持剂,以乙酸乙酯：甲酸：2 mol·L^{-1} HCl＝85：6：9 为展开剂分离不同花青素产物,利用分光光度法对酶活产物进行定量分析。

四、注意事项

1. 蛋白质电泳时上槽电极缓冲液最好使用新鲜电极缓冲液,下槽电极缓冲液可重复利用 3～4 次。

2. HPLC 分析色谱柱前应连接保护柱,使用时实时观测柱压的改变,防止色谱柱的残留污染和损伤。

参考文献

1. 江昌俊,王朝霞,李叶云,等．茶树中提纯总 RNA 的研究[J]．茶叶科学,2000,20(1)：27-29.

2. 夏涛,高丽萍．类黄酮及儿茶素生物合成途径及其调控研究进展[J]．中国农业科学,2009,42(8)：2899-2908.

3. 骆洋,王弘雪,王云生,等．茶树花青素还原酶基因在大肠杆菌中的表达及优化[J]．茶叶科学,2011,31(4)：326-332.

4. 王云生,许玉娇,胡晓婧,等．茶树二氢黄酮醇 4-还原酶基因的克隆、表达及功能分析[J]．茶叶科学,2013,33(3)：193-201.

5. 胡晓婧,许玉娇,高丽萍,等．茶树黄烷酮 3-羟化酶基因(F3H)的克隆及功能分析[J]．农业生物技术学报,2014,22(3)：309-316.

执笔人:王云生

实验五　环境胁迫对植物幼苗光合特性及相关生理指标的影响

一、实验目的

环境胁迫是指对植物生长或生存不利的环境因子总称，这些因素影响着植物生长发育的整个过程。多数植物在其生长发育过程中都将经历很多环境变化，环境胁迫对植物光合特性及相关生理过程产生影响，从而制约着植物的生长发育，影响作物的生物量和产量，是植物生理和农业生产中的重要研究领域。通过实际操作测定不同条件下植物光合活性，学会分析植物光合特性与环境变化的关系。

二、实验技术路线

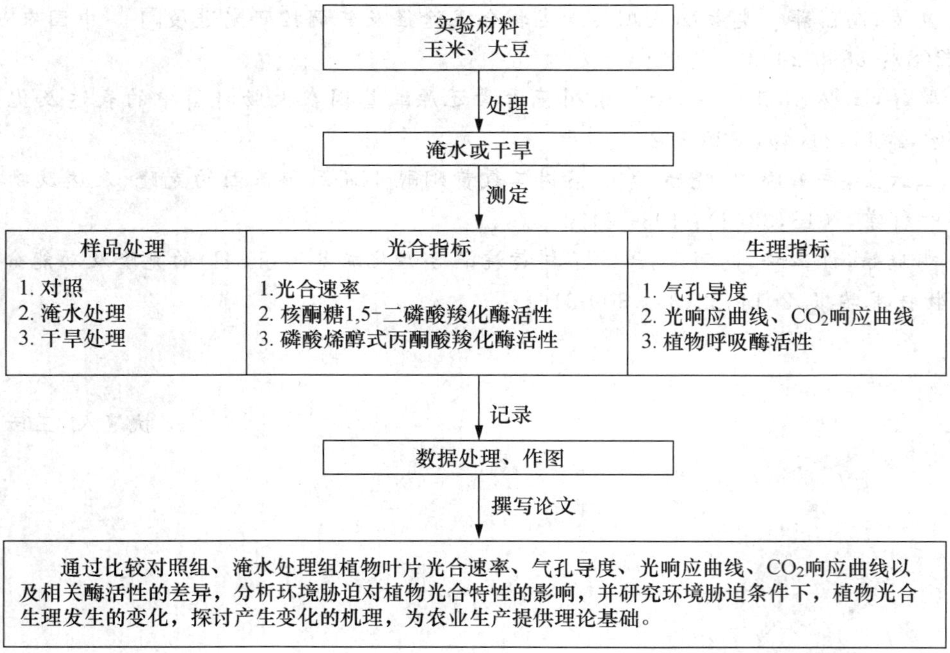

三、实验材料预处理

(1)购置花盆,土壤与肥料拌匀后分装于各花盆中。

(2)选取籽粒饱满的玉米和大豆种子,浸泡催芽,种植于花盆中,常规管理。待植物生长到3叶期,剔除长势较差植株,到4叶期左右,进行涝害处理,水层保持2 cm左右。

(3)试验设计:以涝害为例,设对照、涝害2个处理、3次重复。盆栽试验,每天上午、下午各补水一次,保持水位达到设计要求。也可以设计干旱实验,比照进行。

四、实验内容

1. 玉米和大豆播种与管理。
2. LI-6400XT光合仪测定玉米或大豆光合速率、气孔导度。
3. LI-6400XT光合仪测定植物光响应曲线、CO_2响应曲线。
4. 核酮糖1,5-二磷酸羧化酶(Rubisco)活性的测定。
5. 磷酸烯醇式丙酮酸羧化酶活性的测定。
6. 植物呼吸系列酶活性的测定。

五、数据记录、处理、作图

1. 记录数据,绘制对照组、淹水处理组植物叶片的光合速率、气孔导度、光响应曲线、CO_2响应曲线。

2. 作图比较对照组、淹水处理组植物光合及生理特性的差异。

六、撰写实验论文

论文撰写参考常见论文格式,撰写论文讨论部分考虑下面两个问题。

1. 比较对照组、淹水处理组植物叶片光合速率、气孔导度、光响应曲线、CO_2响应曲线以及核酮糖1,5-二磷酸羧化酶、磷酸烯醇式丙酮酸羧化酶和呼吸酶活性的差异,分析环境胁迫对植物光合特性的影响。

2. 研究环境胁迫条件下,植物光合生理发生的变化,分析产生变化的机理。

Ⅰ　LI-6400XT光合仪测定光合速率、气孔导度、光响应曲线和CO_2响应曲线

一、实验原理

植物在生命活动过程中,常伴有CO_2的释放与吸收,CO_2量的变化反应植物生理生化代

谢的强弱。常规的化学分析与气体测压技术，虽然能定量测定 CO_2 的吸收或释放，但操作复杂，难以实现自动化，更难实现在整体状态下测定。利用 CO_2 气体能强烈吸收红外线特定波段能量的特性，设计、制造出红外线 CO_2 气体分析仪，目前已广泛用于植物生理学及农业科学各个领域。

红外线 CO_2 气体分析仪(IRGA)的工作原理：红外线(infrared)是波长在 0.75～400 μm 范围内的电磁波。CO_2 气体吸收红外线辐射能时，其分子结构会由对称型转变为伸缩型或弯曲型。CO_2 气体能吸收红外线四个区段的能量，吸收峰的波长分别在 2.66 μm、2.77 μm、4.26 μm、14.99 μm，其吸收率分别为 0.54%、0.31%、23.2%、3.1%，峰值为 4.26 μm 的吸收率最高。在 CO_2 浓度较低时，在特定波长(4.26 μm)下，被 CO_2 气体吸收的红外线辐射能量与 CO_2 气体的浓度呈线性关系，即红外线经过 CO_2 气体分子时，其辐射能量减少，被吸收的红外线辐射能量的多少与该气体的吸收系数(K)、气体浓度(C)和气体层的厚度(L)有关。

开放式气路系统，该系统用双气室 IRGA，以气泵为动力，将流经同化室前的空气(参比气体)泵入参比气室，流经同化室后的空气(样本气体)泵入分析气室，最后将气体排出，由仪器测出参比气体和样本气体的 CO_2 浓度差，根据气体流量、同化室中叶片的面积，求出叶片的光合速率。

二、实验用品

1. 材料

植物叶片，玉米、大豆等。

2. 器材

配置冷光源的 LI-6400XT 光合仪，橡皮管(内径 6～7 mm)，剪刀，带盖搪瓷盘，纱布。

3. 试剂

无水氯化钙(无水硫酸钙)，烧碱石棉(10 目)或碱石灰，CO_2 标准气体。

三、实验步骤

(一)LI-6400XT 光合仪的基本测量步骤——非控制环境条件的测量步骤

(1)装好化学药品，连接硬件(如果使用 CF 卡，则插入主机后面固定小槽内)。

(2)开机，配置界面选择 Factory default，连接状态按"Y"，进入主菜单，预热约 20 min。

(3)进行日常检查。

(4)打开叶室，夹好测量的植物叶片。

(5)按 F1(Open LogFile)，选择将数据存入的位置(主机 or CF 卡)，建立一个文件，enter，输入一个 remark，enter。

(6)等待 a 行参数稳定，b 行 ΔCO_2 值波动 $<0.2\ \mu mol \cdot mol^{-1}$，Photo 参数稳定在小数点之后一位；c 行参数在正常范围内($0<Cond<1$、$Ci>0$、$Tr>0$)。

(7)按 F1(Log)记录数据。

(8)更换另一叶片,按 F4,添加 remark,重复(4)～(7)步骤,进行测量。至少 0.5 h 进行一次 Match。

(9)按 F3(Close file),保存数据文件。

(10)导出数据。数据卡的数据请用读卡器导出,机器中的数据有两种方式导出。一种网线方式导出:取出数据卡,插入网络适配器,连接网线到电脑,在电脑上预先安装 LI-6400XTerm 软件,双击打开图标后,选择以太网连接机器,打开 Windows 下的 File,右面窗口选择 User 下的数据,左面窗口选择计算机的存储位置。拖动右面窗口数据到指定位置即可。

(11)断开连接,关机后把化学管旋钮旋至中间松弛状态;旋转叶室固定螺丝,保持叶室处于打开状态。

(二)LI-6400XT 光合仪的基本测量步骤——控制环境条件的测量步骤

(1)检查化学药品,硬件连接(如果使用 CF 卡,则插入主机后面固定小槽内),安装 LED 光源和 CO_2 注入系统。

(2)开机,配置界面选择使用 LED 光源配置,连接状态按"Y",进入主菜单,预热约 20 min。

(3)按 F4 进入测量菜单。

(4)进行日常检查。

(5)将 CO_2 化学管拧到完全 Scrub 位置,Dessicant 化学管拧到完全 Bypass 位置,按 F2,再按 F3(Mixer),设定需要 CO_2 浓度。按 F5,选择"Q) Quantum Flux XXX mol/m2/s",enter,输入需要光强,enter。

(6)控制叶片温度。按 F4,选择 Block 温度,enter,输入测定温度,enter,回到测量界面。按 F1(area)输入实际测量的叶片面积。

(7)打开叶室,夹好测量的植物叶片。

(8)按 F1,Open LogFile,选择将数据存入的位置(主机 or CF 卡),建立一个文件,enter,输入一个 remark,enter。

(9)等待 a 行参数稳定,b 行 ΔCO_2 值波动$<0.2\ \mu mol \cdot mol^{-1}$,Photo 参数稳定在小数点之后一位;c 行参数在正常范围内($0<Cond<1$、$Ci>0$、$Tr>0$)。

(10)按 F1(Log)记录数据。

(11)更换另一叶片,按 F4,添加 remark,重复 7～10 步骤,进行测量。至少 0.5 h 进行一次 Match。

(12)F3(Close file),保存数据文件。

(13)导出数据。数据卡的数据请用读卡器导出,机器中的数据有两种方式导出。一种网线方式导出:取出数据卡,插入网络适配器,连接网线到电脑,在电脑上预先安装 LI-6400XTerm 软件,双击打开图标后,选择以太网连接机器,打开 Windows 下的 File,右面窗口选择 User 下的数据,左面窗口选择计算机的存储位置。拖动右面窗口数据到指定位置即可。

(14)断开连接,关机后把化学管旋钮旋至中间松弛状态;旋转叶室固定螺丝,保持叶室处于打开状态。

(三)植物叶片光响应曲线的测量

(1)硬件安装与连接:安装红蓝光源;装好化学药品;连接硬件(如果使用 CF 卡,则插入主机后面固定小槽内)。

(2)开机,配置界面选择红蓝光源,连接状态按"Y",进入主菜单,机器进行预热。

(3)预热的同时按 F4 进入测量菜单;进行日常检查。

(4)在测量界面下,按 2,再按 F3(CO_2 Mixer),按上下箭头键选择 R)Ref CO_2XXX μmol · mol^{-1},按 enter,设定 CO_2 浓度为环境 CO_2 浓度(约 400 μmol · mol^{-1}),按 enter。(可选择用钢瓶或者不用钢瓶,不用钢瓶时接好缓冲瓶)。

(5)打开叶室,夹好叶片,闭合叶室。

(6)按 1,F1,Open LogFile,选择将数据存入的位置(主机 or CF 卡),建立一个文件,enter,输入一个 remark,enter。

(7)按 5,F1(Auto prog),进入自动测量界面,按上下箭头键选择 LightCurve2,按 F5,Select 进入,命名文件,enter,添加 remark,enter,出现 Summary,lamp control 选择控制光 lamp,选择 Setpts,点击 Edit 后将光标移到最左边,输入光强梯度,查看完整的光强梯度,可以自高到低设定光强梯度如 1 500 1 200 1 000 800 600 400 200 150 100 50 20 0(注意数值间一定空格间隔,上面数值仅供参考),enter 后,出现 Stability wait 在 Minimum wait time(secs)下点击 Edit:设定 120,enter,在 Maximum wait time(secs)下点击 Edit:设定 200,enter,在 Match before log 下选择"always",设定 Post-match recovery min 为 15 s,Post-match recovery max 为 30 s。按 START,进入自动测量,等待测量结束,J 行的 Progprgs 运行结束,而且功能行第 5 行的 * 消失。

(8)按 1,F3(Close file)保存文件。

(9)更换叶片,重复(4)~(8)步骤。

(10)导出数据。数据卡的数据请用读卡器导出,机器中的数据有两种方式导出。一种网线方式导出:取出数据卡,插入网络适配器,连接网线到电脑,在电脑上预先安装 LI-6400XTerm 软件,双击打开图标后,选择以太网连接机器,打开 Windows 下的 File,右面窗口选择 User 下的数据,左面窗口选择计算机的存储位置。拖动右面窗口数据到指定位置即可。

(11)断开连接,关机后把化学管旋钮旋至中间松弛状态;旋转叶室固定螺丝,保持叶室处于打开状态。

(四)植物叶片 CO_2 响应曲线的测量

(1)硬件安装与连接:安装红蓝光源;装好化学药品;连接硬件(如果使用 CF 卡,则插入主机后面固定小槽内)。

(2)开机,配置界面选择红蓝光源,连接状态按"Y",进入主菜单,预热约 20 min。

(3)按 F4 进入测量菜单;进行日常检查。

(4)安装 CO_2 钢瓶(O 形圈),将苏打管调节旋钮拧到完全 Scrub 位置,干燥剂管调节旋钮拧到完全 Bypass 位置。

(5)CO_2 混合器校准。在主菜单下,按 F4 进入测量菜单,按 2,F3,按上下箭头键选择 Reference CO_2,按 OK,设定参比室 CO_2 浓度为环境 CO_2 浓度(约 400 μmol · mol^{-1}),按 enter。将注入系统进行预热 1 min 左右。按 Esc，退回主菜单。按 F3 进入 Calib Menu，选择 CO_2 Mixer，回车，按 F1 拉开内容，选中"calibrate…"，enter，按 Y，系统开始自动校准，当 CO_2 浓度高于 2 000 $\mu mol \cdot mol^{-1}$，且达到稳定，系统出现"The Max CO_2 is about…ppm，Is this OK?"的提示时，按"Y"，系统自动进行 8 点校准，完成后提示"Plot this? (Y/N)"，按"Y"，观察图像，如果是平滑斜线，则按 Esc 退出图像，系统会再自动提示"implement this calibrate?"按"Y"，保存，完成 CO_2 注入系统的校准。然后按 Esc 退出校准菜单。

(6)按 2，F5(Lamp)，按上下箭头键在 contrl 项选择 PAR，在 Target 项 Edit，设定为饱和光强(根据光响应曲线确定)，按 Keep。

(7)打开叶室，夹好叶片，闭合叶室。

(8)按 1，F1(Open LogFile)，选择将数据存入的位置(主机 or CF 卡)，建立一个文件，enter，输入一个 remark，Enter。

(9)按 5，F1(Auto prog)，进入自动测量界面，按上下箭头键选择 A-Ci Curve2，enter 进入，命名文件，enter，添加 remark，enter，出现 Summary 展开设定 Reference CO_2，对 CO_2 梯度进行编辑 Edit，为 400 300 200 100 50 400 400 600 800(当然，亦可自高到低设定 CO_2 梯度，如 800 600 400 300 200 100 50，这是另一种测量方法)(注意数值间一定要有空格间隔，上述数值仅供参考)，enter 后，出现 Stability wait 在最小等待时间 Minimum wait time(secs)下点击 Edit：设定 120，enter，在最大等待时间 Maximum wait time(secs)下点击 Edit：设定 300，enter，在 Match before log 下选择"always"，设定 Post-match recovery min 为 15 s，Post-match recovery max 为 30 s。按 START，进入自动测量，等待测量结束，J 行的 Progprgs 运行结束，而且功能行第 5 行的 * 消失。

(10)按 1，F3(Close file)保存文件。

(11)更换叶片，重复(6)～(10)步骤。

(12)导出数据(参考上节)。

四、注意事项(使用 LI-6400XT 测定之前注意事项)

1. 叶片生长环境一致，且能代表满足实验目的需要的叶片生长微环境。主要针对光环境。

2. 叶龄一致。避免使用衰老和不成熟叶片，例如，在叶芽状态时标记一批叶片。

3. 叶片之间无相互遮阴的叶片。

4. 生长状况良好叶片，包括无病虫害、无损伤、水分和营养状况良好。

5. 测定过程中尽量保持叶片原来状态，包括位置，角度等。

6. 最适测量时间为上午 9:00—11:00，即双峰植株第一个光合状况最佳时间，如果是单峰植株，则可以适当延长测定时间。

7. 进行同一个实验时，为了增加对比性，需要把不同叶片的外部控制环境设置相同。如流速、叶温、湿度等。

8. 测定光响应和 CO_2 响应曲线之前，进行光诱导。在饱和光强下诱导至稳定的最大净光合速率(P_{max})。此饱和光强不能太大，否则可能产生光抑制。提前确定最适光合诱导光强和诱导时间。

9. 光下平衡时间。不同植株的净光合速率(P_n)稳定时间可能不同,为了准确测定不同植株之间的光合能力差异,需要提前摸索光下稳定时间。

10. 饱和光强需要进行预备实验确定。主要针对CO_2响应曲线。

11. 测定表观量子产量(AQY)时应注意:①高CO_2和低O_2的条件下测定,以消除光呼吸的影响;②植株无光抑制和光破坏的情况,否则AQY大大降低;③在用光响应曲线计算时注意取点数和取点范围,一般取点数为5~8最适宜,取点范围在20 $\mu mol \cdot m^{-2} \cdot s^{-1}$<PPFD<100 $\mu mol \cdot m^{-2} \cdot s^{-1}$为最佳。尽量保持Ci恒定。

12. 测定光响应曲线时,在20 $\mu mol \cdot m^{-2} \cdot s^{-1}$<PPFD<100 $\mu mol \cdot m^{-2} \cdot s^{-1}$范围内,设定较多的点。阴生植物或叶片至少设定5个点,阳生植物或叶片在20 $\mu mol \cdot m^{-2} \cdot s^{-1}$<PPFD<150 $\mu mol \cdot m^{-2} \cdot s^{-1}$范围内至少设定5个点。

13. 同一天测定光响应和CO_2响应曲线时,尽量使用不同叶片。这两个叶片要求叶龄、生长状况、生长环境尽可能一致。

14. 用于其他实验的取样叶片应为测定叶片,测定完成后,立即取下,在液氮中冷冻,−70℃低温保存。用于色素含量和种类、矿质元素、同工酶以及生物化学和分子生物学方面的分析。

15. 每个测定需要重复,至少3次,具体重复次数应使用统计学的方法来确定。

Ⅱ 核酮糖1,5-二磷酸羧化酶(Rubisco)活性的测定

一、实验原理

植物光合作用中,C_3途径是所有植物共有的光合碳同化途径。核酮糖1,5-二磷酸羧化酶(ribulose-1,5-bisphosphate carboxylase,RuBPCase)是植物在CO_2同化过程中的关键酶,该酶活力的大小反映了植物光合能力的强弱。RUBP羧化酶是光合作用碳代谢中的重要的调节酶,主要存在于叶绿体的可溶部分,总量占叶绿体可溶蛋白50%~60%。在植物叶片发育过程中,此酶活性呈规律性的变化,在植物衰老或遭受环境胁迫时,酶活性呈下降趋势。RuBPCase活力也是反映植物叶片生长状态、发育程度以及光合碳同化能力的重要生理指标。本实验用分光光度法测定酶的羧化能力。

在RuBPCase的催化下,1分子的核酮糖-1,5-二磷酸(RuBP)与1分子的CO_2结合,产生2分子的3-磷酸甘油酸(PGA),PGA可通过外加的3-磷酸甘油酸激酶和甘油醛-3-磷酸脱氢酶的作用,产生甘油醛-3-磷酸,并使NADH氧化,反应如下:

$$RuBP + CO_2 + H_2O \xrightarrow[Mg^{2+}]{RuBPCase} 2PGA$$

$$PGA + ATP \xrightleftharpoons{\text{3-磷酸甘油酸激酶}} \text{甘油酸-1,3-二磷酸} + ADP$$

$$\text{甘油酸-1,3-二磷酸} + NADH + H^+ \xrightleftharpoons{\text{甘油醛-3-磷酸脱氢酶}} \text{甘油醛-3-磷酸} + NAD^+ + Pi$$

这样1分子CO_2被固定,就有2分子NADH被氧化。因此,由NADH氧化的量就可计算RuBPCase的活性,由340 nm吸光度的变化可计算NADH氧化的量。

为了使 NADH 的氧化与 CO_2 的固定同步，需要加入磷酸肌酸（Cr～P）和磷酸肌酸激酶的 ATP 再生系统。

$$ADP+Cr\sim P \xrightarrow{\text{磷酸肌酸激酶}} ATP+Cr$$

二、实验用品

1. 材料

大豆叶片。

2. 器材

紫外分光光度计，冷冻离心机，匀浆器，移液管，秒表。

3. 试剂

5 mmol・L^{-1} NADH；25 mmol・L^{-1} RuBP；0.2 mol・L^{-1} $NaHCO_3$；RuBPCase 提取介质：40 mmol・L^{-1} Tris-HCl（pH 7.6）缓冲液，内含 10 mmol・L^{-1} $MgCl_2$、0.25 mmol・L^{-1} EDTA、5 mmol・L^{-1} 谷胱甘肽；反应介质：100 mmol・L^{-1} Tris-HCl 缓冲液，内含 12 mmol・L^{-1} $MgCl_2$ 和 0.4 mmol・L^{-1} EDTA-Na_2，pH 7.8；160 U・mL^{-1} 磷酸肌酸激酶溶液；160 U・mL^{-1} 甘油醛-3-磷酸脱氢酶溶液；50 mmol・L^{-1} ATP；50 mmol・L^{-1} 磷酸肌酸；160 U・mL^{-1} 磷酸甘油酸激酶溶液；大豆的 RuBPCase 提取液。

三、实验步骤

（一）酶粗提液的制备

取新鲜大豆叶片 10 g，洗净擦干，放匀浆器中，加入 10 mL 预冷的提取介质，高速匀浆 30 s，停 30 s，交替进行 3 次；匀浆经 4 层纱布过滤，滤液于 20 000 *g* 4℃下离心 15 min，弃沉淀；上清液即酶粗提液，置 0℃保存备用。

（二）RuBPCase 活力测定

按下表配制酶反应体系。

mL

试剂	加入量	试剂	加入量
5 mmol・L^{-1} NADH	0.2	160 U・mL^{-1} 磷酸肌酸激酶	0.1
50 mmol・L^{-1} ATP	0.3	160 U・mL^{-1} 磷酸甘油酸激酶	0.1
酶提取液	0.1	160 U・mL^{-1} 甘油醛-3-磷酸脱氢酶	0.1
50 mmol・L^{-1} 磷酸肌酸	0.2	蒸馏水	0.3
0.2 mol・L^{-1} $NaHCO_3$	0.2		
反应介质	1.4		

将配制好的反应体系摇匀，倒入比色杯内，以蒸馏水为空白，在紫外分光光度计上 340 nm 处反应体系的吸光度作为零点值。将 0.1 mL RuBP 加于比色杯内，并马上计时.每隔 30 s 测一次吸光度，共测 3 min。以零点到第一分钟内吸光度下降的绝对值计算酶活力。

由于酶提取液中可能存在 PGA，会使酶活力测定产生误差，因此除上述测定外，还需做一个不加 RuBP 的对照。对照的反应体系与上述酶反应体系完全相同，不同之处只是把酶提取液放在最后加，加后马上测定此反应体系在 340 nm 处的吸光度，并记录前一分钟内吸光度的变化量，计算酶活力时应减去这一变化量。

(三)结果计算

$$\text{RuBPCase 的酶活力}[\mu\text{mol}\cdot(\text{mL}\cdot\text{min})^{-1}]=\frac{\Delta A\times N\times 10}{6.22\times 2\times d\times \Delta t}$$

式中：ΔA 为反应最初 1 min 内 340 nm 处吸光度变化的绝对值(减去对照液最初 1 min 的变化量)；N 为稀释倍数；6.22 为每微摩尔 NADH 在 340 nm 处的吸光系数；2 为表示每固定 1 mol CO_2 有 2 mol NADH 被氧化；Δt 为测定时间 1 min；d 为比色皿光程(cm)。

四、注意事项

1. 提取酶的过程应在冰浴条件下进行。

2. RuBP 很不稳定，特别在碱性环境下，因而应在 pH 5.0～6.5 之间于－20℃保存，最好现配现用。

Ⅲ 磷酸烯醇式丙酮酸羧化酶(PEP)活性的测定

一、实验原理

PEP 羧化酶是 C_4 植物和 CAM 植物固定 CO_2 的关键酶。在 Mg^{2+} 存在下，PEP 羧化酶可催化 PEP 与 HCO_3^- 形成草酰乙酸(OAA)，后者在苹果酸脱氢酶(MDH)催化下，可被 NADH 还原为苹果酸(Mal)。其反应如下：

$$\text{PEP}+\text{HCO}_3^- \xrightarrow{\text{PEP 羧化酶}} \text{OAA}+\text{Pi}$$

$$\text{OAA}+\text{NADH} \xrightarrow{\text{MDH}} \text{Mal}+\text{NAD}^+$$

在此反应体系中，每吸收 1 分子 CO_2 伴随 1 分子 NADH 氧化；可通过在 340 nm 处测定反应体系吸光度的变化，计算出 NADH 的消耗速率进一步推算出 PEP 羧化酶的活性。

二、实验用品

1. 材料

玉米等 C_4 植物的叶片。

2. 器材

紫外分光光度计，冷冻离心机，组织捣碎机，Sephadex G-25 柱（2 cm×45 cm），DEAE（二乙胺基乙基）-纤维素（DE-52，1 cm×30 cm）柱，紫外监测仪，部分收集器，蠕动泵。

3. 试剂

提取缓冲液：0.1 mol·L^{-1} Tris-H_2SO_4 缓冲液（pH 7.4），内含 7 mmol·L^{-1} 巯基乙醇，1 mmol·L^{-1} EDTA，5%甘油；平衡缓冲液：10 mol·L^{-1} Tris-H_2SO_4 缓冲液（pH 8.2），内含 0.2 mmol·L^{-1} EDTA，0.2 mol·L^{-1} DTT（二硫苏木糖醇），5%甘油；反应缓冲液：0.1 mol·L^{-1} Tris-H_2SO_4 缓冲液（pH 9.2），内含 0.1 mol·L^{-1} $MgCl_2$；反应试剂：100 mmol·L^{-1} $NaHCO_3$，40 mmol·L^{-1} PEP，1 mg·mL^{-1} NADH（pH 8.9），苹果酸脱氢酶（MDH）。

三、实验内容

（一）粗酶液提取

将叶片洗净并吸去水分，去掉中脉，称取 20 g，放入冰箱中过夜，次日剪碎放入组织捣碎机中，加入提取缓冲液（已预冷）80 mL，20 000 r·min^{-1} 匀浆 2 min（运行 30 s、间歇 10 s，反复匀浆），用 4 层纱布过滤，取滤液于高速冷冻离心机上 15 000 *g* 离心 10 min，上清液即为 PEP 羧化酶的粗酶提取液。以上过程均在 0～4℃下进行。

（二）酶的纯化

（1）硫酸铵分步沉淀　将上述粗酶液装入烧杯，于搅拌器上搅拌，缓慢加入固体硫酸铵粉末达到 35%饱和度，在冰箱中静置 1 h，于 15 000 *g* 下离心 10 min。取上清液再缓慢加入固体硫酸铵粉末达到 55%饱和度，冰箱静置 1 h，再于 15 000 *g* 下离心 10 min，弃上清液，沉淀用平衡缓冲液 8 mL 复溶。

（2）Sephadex G-25 柱层析　先用平衡缓冲液平衡 Sephadex G-25 柱（2 cm×45 cm）。将上述复溶溶液上柱，压样 2 次，用平衡缓冲液洗脱，洗脱速度为 50 mL·h^{-1}，通过检测仪，收集有酶活性的部分，于 15 000 *g* 下离心 10 min，上清液即为 PEP 羧化酶的部分纯化酶液。

（3）DEAE-纤维素柱层析　把转型的 DEAE-52 装入 1 cm×30 cm 的层析柱，用平衡缓冲液平衡 2 h，将上述已部分纯化的酶液上 DEAE-52 柱，压样 2 次，用平衡缓冲液洗脱，通过紫外检测仪，用部分收集器收集。用平衡缓冲液配制 0.0～0.6 mol·L^{-1} NaCl 溶液进行连续性梯度洗脱（速度为 30 mL·h^{-1}），收集有酶活性的部分即为纯化的 PEP 羧化酶，用于酶活性的测定。

（三）酶活性测定

取试管 1 支，依次加入 1.0 mL 反应缓冲液，0.1 mL 40 mmol·L^{-1} PEP，0.1 mL 1 mg·mL^{-1} NADH（pH 8.9），0.1 mL 苹果酸脱氢酶和 0.1 mL PEP 羧化酶（已纯化的提取液），1.5 mL 蒸馏水，在所测温度（如 30℃）下恒温水浴保温 10 min，在 340 nm 下测定吸光度

值 A_{340}（A_0）；然后加入 0.1 mL 100 mmol·L^{-1} $NaHCO_3$ 启动反应，立即计时，每隔 30 s 测定一次吸光度值（A_1），记录其变化。

(四)实验结果

$$\text{PEP 羧化酶活性}(\mu mol \cdot mL^{-1} \cdot min^{-1}) = \frac{\Delta A \times m \times V}{L \times a \times 0.1}$$

式中：V 为测定混合液总体积（3 mL）；L 为比色杯光程（cm）；0.1 是反应混合液中酶液用量（mL）；m 是酶液稀释倍数；$\Delta A = A_0 - A_1$；a 为 NADH 于 340 nm 处的摩尔消光系数（$6.22\times10^3 mol^{-1} \cdot cm^{-1}$）。

四、注意事项

测定时的酶液用量需事先试验，苹果酸脱氢酶的用量视丙酮酸羧化酶活性大小而定，也可事先通过实验确定最佳用量。

Ⅳ 植物呼吸系列酶活性的测定

一、实验原理

环境胁迫如干旱、高温或水涝严重影响植物的细胞结构和代谢活动。农田渍害和雨量过多等易造成植物根系缺氧，根系呼吸降低是植物对缺氧的最早反应之一。低氧诱导植物产生了许多参与无氧呼吸的酶，包括苹果酸脱氢酶（MDH）、丙酮酸脱羧酶（PDC）、乙醇脱氢酶（ADH）和乳酸脱氢酶（LDH）等，这些酶活力的变化可以反映植物根系对缺氧的敏感和耐受程度。

苹果酸脱氢酶（malate dehydrogenase，MDH）是合成苹果酸的关键酶之一，催化苹果酸和草酰乙酸的相互转化，参与众多生理代谢途径如 TCA 循环、C_4 循环、脂肪酸的氧化呼吸作用、氮同化等，因此 MDH 在植物的生长发育中发挥着重要的作用。

PDC、ADH 是乙醇发酵途径的关键酶。缺氧条件下 PDC、ADH 活性均升高；PDC 活性通常比 ADH 活性低，是乙醇合成的限速酶。无氧呼吸途径代谢产物的过量积累对细胞产生毒性，影响线粒体结构和三羧酸循环的相关酶活性，PDC 以硫胺素焦磷酸为辅酶，催化丙酮酸脱羧生成乙醛和二氧化碳，乙醛在乙醇脱氢酶的作用下，以 NADH 为辅酶生成乙醇。

LDH 是乳酸发酵途径的关键酶，催化丙酮酸还原生成乳酸和 NAD^+。乳酸积累引起细胞质酸化是造成低氧胁迫下细胞伤害的主要原因之一，并引起液泡膜和线粒体结构的破坏。

$$COOHCH_2COCOOH + NADH + H^+ \xrightleftharpoons{\text{苹果酸脱氢酶}} COOHCH_2CHOHCOOH + NAD^+$$

$$CH_3COCOOH \xrightarrow{\text{丙酮酸脱羧酶}} CO_2 + CH_3CHO$$

$$CH_3CHO + NADH + H^+ \xrightarrow{\text{乙醇脱氢酶}} CH_3CH_2OH + NAD^+$$

$$CH_3COCOOH + NADH + H^+ \xrightarrow{\text{乳酸脱氢酶}} CH_3CHOHCOOH + NAD^+$$

在各自的酶反应体系中，MDH、PDC、ADH 和 LDH 酶活力可以通过 NADH 氧化速度程度，在 340 nm 处测定反应体系吸光度的变化，计算出 NADH 的消耗速率，进一步推算出各自酶的活性。

二、实验用品

1. 材料

玉米或大豆植物的根系或叶片。

2. 器材

紫外分光光度计，冷冻离心机，移液器，秒表。

3. 试剂

Tris，HCl，巯基乙醇，EDTA，甘油，二硫苏木糖醇，$MgCl_2$，TES(N-三(羟甲基)甲基-2-氨基乙磺酸)，NADH，MES(吗啉乙磺酸)，草氨酸钠，ADH，磷酸。

三、实验步骤

(一)试剂配制

1. 提取缓冲液

0.1 mol・L^{-1} Tris-HCl 缓冲液(pH 6.8)，内含 7 mmol・L^{-1} 巯基乙醇，1 mmol・L^{-1} EDTA，5%甘油，0.2 mol・L^{-1} DTT(二硫苏木糖醇)，5 mmol・L^{-1} $MgCl_2$。

2. 反应混合液

(1)MDH 活性测定　反应混合液为 50 mmol・L^{-1} Tris-HCl(pH 7.8)，2 mmol・L^{-1} $MgCl_2$，0.5 mmol・L^{-1} EDTA，0.2 mmol・L^{-1} NADH，2 mmol・L^{-1} OAA，定容到 4 mL 加入 50 μL 提取的酶液立即混匀，3 min 内每隔 30 s 测定在 340 nm 的吸光值，酶活力单位 U 定义为在 30℃以每分钟氧化 1 μmol NADH 的酶量为 1 个单位，根据 NADH 标准曲线来计算 NADH 的变化量，从而计算出 MaMDH 酶活力(U/g FW)。不做 NADH 标准曲线时，也可以每分钟 NADH 氧化吸光度变化 0.01 为 1 个酶活力单位，以下同。

(2)ADH 活性测定　反应混合液为 50 mmol・L^{-1} TES(N-三(羟甲基)甲基-2-氨基乙磺酸)(pH 7.5)，含 2.5 μmol・L^{-1} NADH，用 0.125 μmol・L^{-1} 乙醛启动反应。

(3)PDC 活性测定　反应混合液为 50 mmol・L^{-1} MES(吗啉乙磺酸)(pH 6.8)，含 25 mmol・L^{-1} NaCl、1 mmol・L^{-1} $MgCl_2$、0.5 mmol・L^{-1} TPP、2 mmol・L^{-1} DTT、0.17 mmol・L^{-1} NADH、50 mmol・L^{-1} 草氨酸钠、10 U ADH，用 10 mmol・L^{-1} 的丙酮酸启动反应。

(4)LDH 活性测定　反应混合液为 100 mmol・L^{-1} 磷酸(pH 7.0)，含 4 μmol・L^{-1} NADH，0.24 mmol・L^{-1} 丙酮酸，用酶提取液启动反应。

(二)粗酶液提取

将玉米或大豆根系洗净并吸去水分，分别取生长根和褐色木质根，各称取 0.5 g，剪碎放入预冷研钵中，再加入预冷的酶提取液：50 mmol · L^{-1} Tris-HCl(pH 6.8)，内含 5 mmol · L^{-1} $MgCl_2$、5 mmol · L^{-1} β-巯基乙醇、15%(V/V)甘油、1 mmol · L^{-1} EDTA 和 0.1 mmol · L^{-1} 苯甲基磺酰氟，冰浴研磨后，于 4℃ 12 000 *g* 离心 20 min，上清液即为提取粗酶液，置 0℃保存备用。以上过程均在 0～4℃下进行。

(三)呼吸系列酶活力测定

用紫外分光光度计测定苹果酸脱氢酶(MDH)、丙酮酸脱羧酶(PDC)、乙醇脱氢酶(ADH)和乳酸脱氢酶(LDH)在 340 nm 处吸光值变化。

MDH 活性测定时各溶剂含量及配制如下表。

mL

试剂	加入量	试剂	加入量
2 mmol · L^{-1} NADH	0.4	0.5 mol · L^{-1} Tris-HCl(pH 7.8)	0.4
20 mmol · L^{-1} OAA	0.4	20 mmol · L^{-1} $MgCl_2$	0.4
酶提取液	0.05	5 mmol · L^{-1} EDTA	0.4
蒸馏水	2		
总体积	4.0		

$$\text{MDH 的酶活力}[\text{U} \cdot (\text{g FW} \cdot \text{min})^{-1}] = \frac{\Delta A/0.01}{t \times \text{样品鲜重或干重}}$$

ΔA 为反应最初 1 min 内 340 nm 处吸光度变化的绝对值(减去对照液最初 1 min 的变化量)；0.01 为以每分钟 NADH 氧化吸光度变化 0.01 为 1 个酶活力单位；t 为反应时间(min)。

其他各酶活性测定与计算比照进行。

四、注意事项

1. 实验材料应新鲜，如取材后不立即用，应贮存在－80℃低温冰箱中。

2. 酶液的稀释度及加入量应控制 A_{340}/min 下降在 0.1～0.2 之间，以减少实验误差，加入酶液后应立即计时，准确记录每隔 1 min A_{340} 下降值。

3. NADH 溶液应在临用前配制，如其纯度为 75%，则应折合到 100%，增加试剂的称量。加酶液前 NADH A_{340} 控制在 0.8 左右。

参考文献

1. 赵海泉. 基础生物学实验指导-植物生理学分册[M]. 北京：中国农业大学出版社，2008.

2. 高俊凤. 植物生理学实验指导[M]. 北京：高等教育出版社，2006.

3. 陈建勋，王晓峰. 植物生理学实验指导[M]. 2 版. 广州：华南理工大学出版社，2006.

4. 郝再彬，苍晶，徐仲. 植物生理学实验[M]. 哈尔滨：哈尔滨工业大学出版社，2004.

5. 张宪政，陈凤玉，王荣富．植物生理学实验技术[M]. 沈阳：辽宁科学技术出版社，1994.

6. 王学奎，黄见良．植物生理生化实验原理与技术[M]. 3版．北京：高等教育出版社，2015.

7. 高俊山，蔡永萍．植物生理学实验指导[M]. 2版．北京：中国农业大学出版社，2018.

执笔人：张玉琼

实验六　紫甘蓝花青素的分离提取与纯化

一、实验目的

通过实验掌握天然产物化学常用的经典方法的原理及操作，其中包括液-固提取法；掌握柱色谱的原理和基本操作；掌握酸水解方法在糖苷水解中的运用；了解花青素颜色随着 pH 变化而变化的规律；了解 UV、MS 在天然物结构测定中的应用。

二、实验技术路线

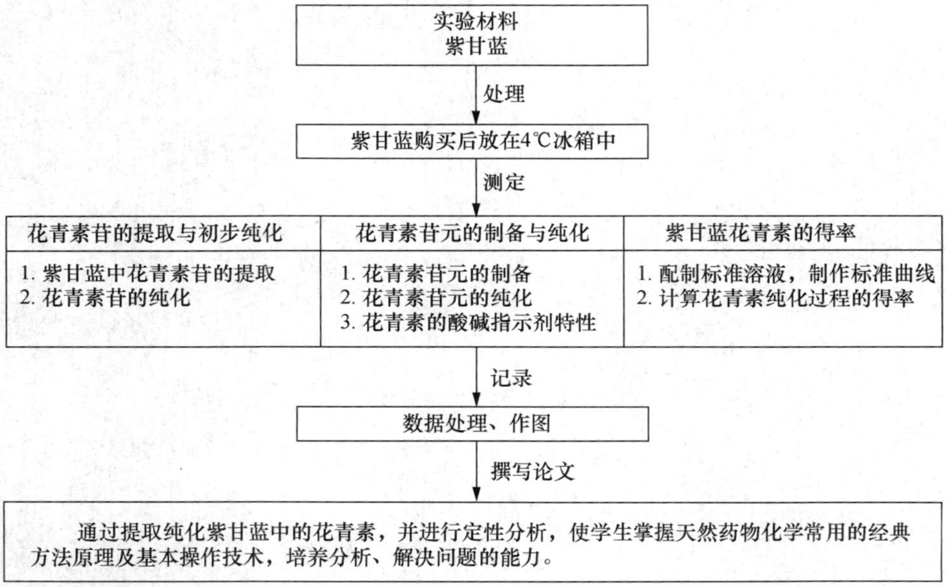

三、实验材料预处理

紫甘蓝购买后放在 4℃冰箱中备用。

四、实验内容

1. 紫甘蓝中花青素苷的提取与纯化。
2. 花青素苷元的制备与纯化。

3. 花青素的酸碱指示剂特性。
4. 制作标准曲线,计算花青素纯化过程的得率。

五、数据记录、处理、作图

1. 紫甘蓝花青素提取过程颜色变化。
2. 紫甘蓝花青素纯化后得率。
3. 花青素标准曲线。
4. 紫甘蓝中花青素的含量。
5. 花青素在不同 pH 下色泽变化。

六、撰写实验论文

论文撰写参考常见论文格式,撰写论文讨论部分考虑下面两个问题。
1. 花青素在不同 pH 下色泽变化的规律及对花青素定量结果的影响。
2. AB-8 大孔树脂柱层析的原理。

Ⅰ　紫甘蓝中花青素苷的提取与纯化

一、实验原理

花青素(Anthocyanidin)是一类广泛存在于植物中的天然色素,如紫甘蓝、紫薯、葡萄、玫瑰花、蓝莓、茄子等都富含花青素。花青素属于类黄酮化合物,其基本结构如图 6-1 所示,由于取代基的不同,可形成多种花青素,如天竺葵色素、飞燕草色素、矢车菊色素等,在 530 nm 左右有最大吸收波。食用蔬菜紫甘蓝来源丰富,色素含量很高,很多研究报道了花青素的稳定性,以及花青素作为酸碱指示剂的特性。同其他花青苷类色素一样,紫甘蓝色素具有很强

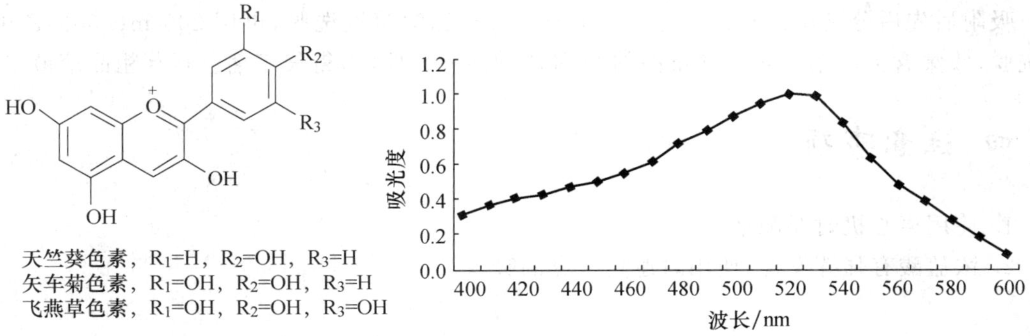

A　　B

图 6-1　花青素类化合物基本结构(A)和花青素酸性条件下的吸收波谱图(B)

的抗氧化能力，还有抗肿瘤、预防心脑血管疾病等功效，具有很高的研究价值。紫甘蓝中花青素苷的提取纯化技术已基本成熟，很多研究表明大孔树脂柱、Sephadex LH-20 凝胶层析柱等对紫甘蓝花青素有好的纯化效果。

二、实验用品

1. 材料

紫甘蓝。

2. 器材

组织捣碎机，离心机，分液漏斗，烧杯，量筒，AB-8 大孔树脂柱。

3. 试剂

乙醇，浓盐酸。

三、实验步骤

1. 制备矢车菊色素苷溶液

称取 100 g 紫甘蓝叶片，放入 2 L 体积的组织捣碎机中，加入 500 mL 60%乙醇水溶液[含 1%(*W*/*V*)盐酸]提取液，1 000 $r \cdot min^{-1}$匀浆 5 min。

收集匀浆液，8 层纱布过滤去除残渣，滤液 4℃下，5 000 $r \cdot min^{-1}$ 离心 10 min，收集上清液，得矢车菊色素苷溶液(留取 10 mL，用于实验Ⅲ测量 OD 值)。

2. 层析柱的制备

将层析柱垂直固定，加入 1/4 柱长的蒸馏水。把提前浸泡于乙醇中的 AB-8 大孔树脂用玻璃棒搅匀，然后边搅拌边倒入柱中。继续用蒸馏水洗脱，调整流量，直至流出的水无醇味。

3. 上样

按体积比，矢车菊色素苷溶液：纯水＝1：5 混合均匀后，上样 AB-8 大孔树脂柱。慢慢打开螺旋夹，使大部分样品吸附到柱填料上，弃废液。

4. 洗脱

吸附后先后分别用 500 mL 纯水、500 mL 20%乙醇溶液洗脱，再用 200 mL 60%乙醇溶液洗脱，收集含矢车菊色素苷含量高的 60%乙醇溶液洗脱液，得矢车菊色素苷粗品溶液。

四、注意事项

1. 使用离心机时要配平。

2. 浓盐酸有强挥发性，使用时避免口鼻的吸入。

Ⅱ　花青素苷元的制备与纯化

一、实验原理

游离态的花青素单体在自然条件下非常少见，经常与各种单糖通过糖苷键连接形成花青素糖苷。液相色谱-质谱法(LC-MS)分析表明，紫甘蓝花青素中含有多种花色苷，它们基本都是矢车菊色素的一系列糖苷及其酰化物。花青素糖苷中的羟基还可以与一个或多个分子的香豆酸、阿魏酸、咖啡酸等通过酯键形成酰基化的花色苷，见表 6-1。糖苷键在强酸高温条件下，可以水解，形成花青素苷元。

花青素苷元，作为花青素苷以及儿茶素类合成的前体，在研究黄酮类生物合成代谢调控中，作为标准物质，必不可少。但是花青素苷元价格昂贵，利用低成本制取高纯度的矢车菊色素苷元具有很大的市场前景。

二、实验用品

1. 器材

烧杯，量筒，AB-8 大孔树脂柱，恒温水浴锅，旋转蒸发仪。

2. 试剂

乙醇，浓盐酸，色谱甲醇，氢氧化钠。

三、实验步骤

1. 矢车菊色素苷元的制备

按体积比，矢车菊色素苷溶液：浓盐酸＝4：1(V/V)，加入浓盐酸，放在 90℃恒温水浴箱中水解 1 h，得矢车菊色素水解溶液。

2. AB-8 大孔树脂柱纯化

将得到的矢车菊色素溶液，按体积比，矢车菊色素苷溶液：纯水＝1：5 混匀后上样 AB-8 柱，吸附后先后分别用 3～5 倍柱体积纯水和 20%的乙醇洗脱除杂，待柱中溶液流干后，用 100 mL 纯甲醇洗脱，收集得矢车菊色素溶液。

3. 矢车菊色素粉末的获得

矢车菊色素溶液，利用旋转蒸发仪，40℃水浴下蒸发 10～30 min，待有沉淀析出，停止蒸发。放置于 40℃烘箱，挥发掉有机试剂，得矢车菊色素粉末。

4. 矢车菊色素在不同 pH 缓冲液中的颜色变化

配置不同 pH 的缓冲液，观察矢车菊色素在酸性、中性以及碱性条件下的颜色变化。

表 6-1 通过 UPLC-MS/MS 鉴定紫甘蓝中花青素

Peak/no.	tR/min	[M-H]- (m/z)	MS/MS (m/z)	Predict compounds 预测的化合物
1	3.2	773	611 449 287	Cyanidin-3-diglucoside-5-glucoside 矢车菊-3-二葡萄糖苷-5-葡萄糖苷
2	5.6	1 081	919 754 449	Cyanidin-3-(caffeoyl) (*p*-coumaroyl)-diglucoside-5-glucoside 矢车菊-3-(咖啡酰基)(*p*-香豆酰基)-二葡萄糖苷-5-葡萄糖苷
3	5.6	1 141	979 817 287	Cyanidin-3-(caffeoyl) (sinapoyl)-diglucoside-5-glucoside 矢车菊-3-(咖啡酰基)(芥子酰基)-二葡萄糖苷-5-葡萄糖苷
4	5.7	979	817 449 287	Cyanidin-3-(sinapoyl)-diglucoside-5-glucoside 矢车菊-3-(芥子酰基)-二葡萄糖苷-5-葡萄糖苷
5	6.0	1 141	979 817 287	Cyanidin-3-(caffeoyl) (sinapoyl)-diglucoside-5-glucoside 矢车菊-3-(咖啡酰基)(芥子酰基)-二葡萄糖苷-5-葡萄糖苷
6	6.0	949	787 449 287	Cyanidin-3-(feruloyl)-diglucoside-5-glucoside 矢车菊-3-(阿魏酰基)-二葡萄糖苷-5-葡萄糖苷
7	6.6	1 141	979 817 287	Cyanidin-3-(caffeoyl) (sinapoyl)-diglucoside-5-glucoside 矢车菊-3-(咖啡酰基)(芥子酰基)-二葡萄糖苷-5-葡萄糖苷
8	8.2	1 287	1 125 979 449	Cyanidin-3-(sinapoyl) (*p*-coumaroyl)-triglucoside-5-glucoside 矢车菊-3-(芥子酰基)(*p*-香豆酰基)-三葡萄糖糖苷-5-葡萄糖苷
9	8.7	1 347	11 851 023 449	Cyanidin-3-(sinapoyl) (sinapoyl)-triglucoside-5-glucoside 矢车菊-3-(芥子酰基)(芥子酰基)-三葡萄糖糖苷-5-葡萄糖苷
10	8.8	919	757 449 287	Cyanidin-3-(*p*-coumaroyl)-diglucoside-5-glucoside 矢车菊-3-(*p*-香豆酰基)-二葡萄糖苷-5-葡萄糖苷
11	8.8	1 317	1 155 979 449	Cyanidin-3-(sinapoyl) (feruloyl)-triglucoside-5-glucoside 矢车菊-3-(芥子酰基)(阿魏酰基)-三葡萄糖糖苷-5-葡萄糖苷
12	9.5	979	817 449 287	Cyanidin-3-(sinapoyl)-diglucoside-5-glucoside 矢车菊-3-(芥子酰基)-二葡萄糖苷-5-葡萄糖苷
13	9.5	949	787 449 287	Cyanidin-3-(feruloyl)-diglucoside-5-glucoside 矢车菊-3-(阿魏酰基)-二葡萄糖苷-5-葡萄糖苷
14	10.5	949	787 449 287	Cyanidin-3-(feruloyl)-diglucoside-5-glucoside 矢车菊-3-(阿魏酰基)-二葡萄糖苷-5-葡萄糖苷
15	11.4	1 155	993 449 287	Cyanidin-3-(sinapoyl) (feruloyl)-diglucoside-5-glucoside 矢车菊-3-(芥子酰基)(阿魏酰基)-二葡萄糖苷-5-葡萄糖苷
16	11.4	1 185	1 023 817 449	Cyanidin-3-(sinapoyl) (sinapoyl)-diglucoside-5-glucoside 矢车菊-3-(芥子酰基)(芥子酰基)-二葡萄糖苷-5-葡萄糖苷

四、注意事项

浓盐酸有强挥发性，使用时避免口鼻的吸入。

Ⅲ　紫甘蓝花青素的得率

一、实验原理

紫甘蓝富含矢车菊色素苷，可以先通过提取纯化得矢车菊色素苷，然后利用酸水解，得到矢车菊色素苷元。紫甘蓝中花青素苷的提取纯化技术已基本成熟，很多研究表明大孔树脂柱、Sephadex LH-20 凝胶层析柱等对紫甘蓝花青素有好的纯化效果。应用实验得到的花青素粉末作为标准品，构建标准曲线，通过计算紫甘蓝花青素的含量，以及纯化的得率，可以计算出每 100 g 紫甘蓝可以纯化得到多少矢车菊色素苷元，用于以后的实验。

二、实验用品

1. 材料

Ⅱ中制备的花青素粗品。

2. 器材

紫外-可见分光光度计。

3. 试剂

甲醇，浓盐酸。

三、实验步骤

1. 标准溶液的配置

取粗制品 3～4 mg，加甲醇 3～4 mL 使其溶解，配置 1 mg/mL 的母液。

取母液，依次稀释 2 倍，4 倍，6 倍……

分别在 530 nm 下测量吸光值，选取吸光值范围在 0.1～1.0 的浓度，至少取 5 个点，绘制标准曲线。

2. 紫甘蓝花青素含量的计算

将实验Ⅰ中得到的矢车菊色素苷溶液进行稀释（用提取试剂稀释 10 倍左右），选取所测量的 OD 值在 0.1～1.0 的点，代入标准曲线进行计算，得出所测矢车菊色素苷溶液的浓度 c。

$$\text{紫甘蓝花青素含量}=\frac{\text{花青素浓度 } c\times\text{稀释倍数}\times\text{体积 } V}{\text{紫甘蓝质量 } m_0}\times 100\%$$

3. 矢车菊色素纯化得率的计算

$$矢车菊色素纯化得率=\frac{m_1}{m_0}\times 100\%$$

式中：m_1 为紫甘蓝花青素质量，m_0 为紫甘蓝质量。

四、注意事项

测量花青素的吸光值时，所用的稀释溶液，为含 1%的盐酸溶液。

参考文献

1. 朱振宝，吴园芳，易建华．紫甘蓝花色苷的分离纯化[J]．食品科技，2012(6)：239-243.

2. 蒋晓岚，石渝凤，付周平，等．紫甘蓝矢车菊色素苷的分析及其苷元的制备[J]．食品科学，2019.

3. 刘玉芹，江婷，赵先恩，等．高效液相色谱-四极杆飞行时间质谱分析紫甘蓝和羽衣甘蓝中花色苷[J]．分析化学，2011，39(3)：419-424.

执笔人：蒋晓岚，刘亚军

实验七　植物蛋白酶的分离、固定化及其酶学性质分析

一、实验目的

菠萝蛋白酶是存在于菠萝植株中的蛋白质水解酶，菠萝的果、茎、柄和叶片中都含有菠萝蛋白酶，在食品、医药等方面具有重要作用，但菠萝蛋白酶作为生物活性物质，在生产、储存、运输中易受有关因素的影响而失活，降低了其使用效率和应用范围。利用吸附力、离子键、共价键等不同的联结方式，将酶与不溶性载体联结，制成水不溶性酶（固定化酶），很好地解决了这个问题。

固定化酶技术是20世纪60年代发展起来的一项生物工程技术，是使生物酶得到广泛而有效利用的重要手段，固定化酶的研究在环保、食品、医学及生命科学等领域异常活跃。与游离酶相比，固定化酶在保持其高效专一及温和酶催化反应特性的同时，又克服了游离酶的不足之处，呈现储存稳定性高、热稳定性提高、保存稳定性好，对蛋白酶的抵抗性增强及对变性剂的耐受性提高等特点；固定化酶还可以反复使用，易于与产物分开，分离回收容易，具有可多次重复、操作连续可控、工艺简便等特性。

酶的固定化方法有：吸附法、包埋法、共价键结合法、交联法等，通过测定酶蛋白固定前后的酶活可以计算酶的固定化效率。本实验利用不同载体对菠萝蛋白酶进行固定化，系统地学习菠萝蛋白酶的固定化制备方法；了解菠萝蛋白酶固定化的原理及实验操作技术，检测固定化前后酶活的变化，了解温度和pH对固定化酶稳定性的影响。

二、实验技术路线

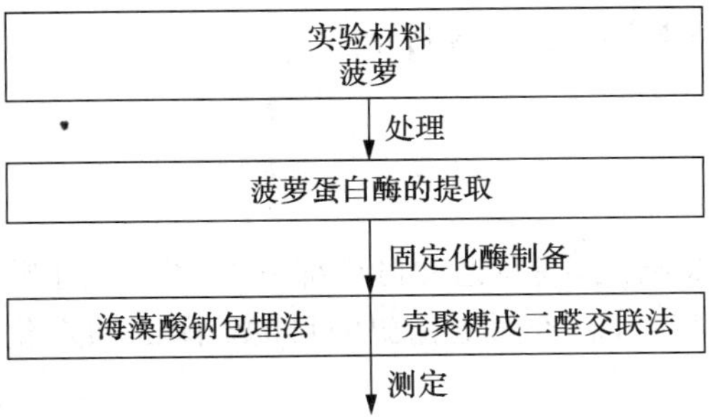

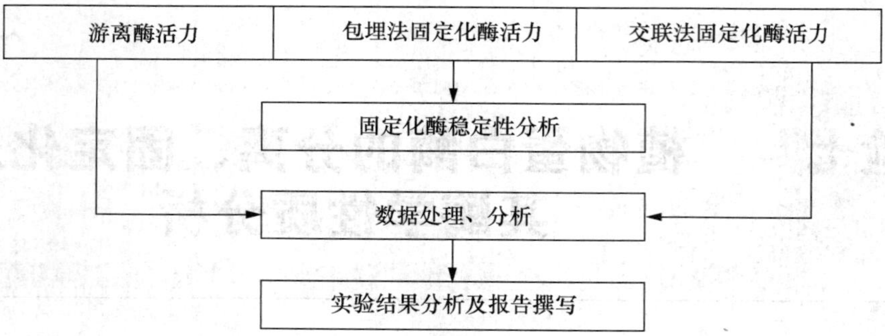

三、实验材料预处理

1. 原料：鲜菠萝去皮待用。
2. 相关实验器材的准备：10 mL注射器，8＃针头。仪器的调制。

四、实验内容

1. 菠萝蛋白酶的提取及其活力测定。
2. 海藻酸钠包埋法固定化酶的制备。
3. 壳聚糖戊二醛交联法固定化酶的制备。
4. 固定化酶活力测定。
5. 固定化酶的酶学性质。
(1)固定化酶温度稳定性。
(2)固定化酶酸碱稳定性。

五、数据记录、处理、作图

1. 活力回收$=\frac{\text{固定化酶总活力}}{\text{溶液酶总活力}}\times 100\%$

测定求出游离酶和固定化酶：①活力单位数；②比活力；③回收率。

2. 比较两种固定化酶的效率。
3. 固定化酶的稳定性(与游离酶比较讨论)。

六、撰写实验论文

论文撰写参考常见论文格式，撰写论文讨论部分考虑下面问题：

1. 固定化酶的定义及特点，制备固定化酶的目的？酶的固定化方法有哪些？固定化酶的优点。

2. 固定化酶的性质：酶固定化后，影响酶催化活性的因素有哪些？固定化后酶性质有哪些变化？

Ⅰ　菠萝蛋白酶的提取

一、实验原理

酶的提取就是把酶从生物组织或细胞中以溶解状态释放出来的过程。菠萝蛋白酶是存在于菠萝植株中的蛋白质水解酶，菠萝的组织细胞破碎成匀浆，用缓冲液萃取，即得粗酶液。

二、实验用品

1. 器材

研钵，漏斗，试管，烧杯，可见分光光度计，数显恒温水浴锅，离心机等。

2. 试剂

抗坏血酸，氢氧化钠，单宁，酪蛋白，磷酸，三氯乙酸，乙醇，考马斯亮蓝 G-250，EDTA-Na_2 等。

三、实验步骤

(一)实验试剂的配制

(1)1/15 mol・L^{-1}磷酸盐缓冲液的配制(pH 7.0)

$Na_2HPO_4.12H_2O$　11.9 g，用蒸馏水溶解并定容至 500 mL　A 液

NaH_2PO_4　4.54 g，用蒸馏水溶解并定容至 500 mL　B 液

A 液和 B 液按 305.5 mL A＋196.5 mL B 混合。

(2)pH 4.5 的抗坏血酸：0.2 g 抗坏血酸，溶于 120 mL 蒸馏水中，调 pH 至 4.5。

(3)1%酪蛋白溶液的配制：取 1 g 酪蛋白溶于 100 mL pH 7.0 的磷酸盐缓冲液中。

(4)考马斯亮蓝的配制：100 mg 考马斯亮蓝 G-250，溶于 50 mL 95%乙醇中，加入 85%(*W*/*V*)的磷酸 100 mL，最后用蒸馏水定容至 1 000 mL，过滤后即可使用。

(5)10%三氯乙酸溶液(TCA)的配制：取 10 g TCA 用蒸馏水定容到 100 mL。

(6)标准牛血清白蛋白溶液的配制：0.01 g 牛血清白蛋白固体用蒸馏水定容至 100 mL。

(二)菠萝蛋白酶的提取

称取菠萝肉 50 g，切碎，在研钵中研磨后加等体积磷酸盐缓冲液(pH 7.0)，放在冰箱内静置 0.5 h 后 6 层纱布过滤，留取滤液。在搅拌条件下，加入 0.2%的单宁酸 50 mL，搅拌约 10 min，继续在 4℃下静置 1 h，离心 7 min(4 000 r・min^{-1})。弃去上清液，收集沉淀物，然后加入 2～3 倍 pH 为 4.5 的抗坏血酸溶液，搅拌洗脱 20 min，再以 4 000 r・min^{-1}离心 7 min，弃去沉淀物，收集滤液，即得粗酶液。

（三）牛血清蛋白的标准曲线制作

按下表制作牛血清蛋白的标准曲线。

试管号	牛血清蛋白标准溶液/mL	考马斯亮蓝/mL	蒸馏水/mL	蛋白含量/μg	吸光度
1	0	5	1	0	
2	0.2	5	0.8	20	
3	0.4	5	0.6	40	
4	0.6	5	0.4	60	
5	0.8	5	0.2	80	
6	1.0	5	0	100	

先取8支试管，分别加入0、0.20、0.40、0.60、0.80、1.00 mL标准牛血清蛋白溶液（100 μg·mL^{-1}），未满1.0 mL用水补足1.0 mL，摇匀，每种浓度各做一份重复，即平行做两份，加考马斯亮蓝试剂5 mL，立即摇匀，在1 h内以1号管为空白对照在721型分光光度计595 nm进行比色测定。以光密度（OD）为纵坐标，以牛血清蛋白溶液浓度为横坐标，绘制标准曲线。未知的菠萝蛋白酶的蛋白质含量在曲线中得到。

（四）酪氨酸标准曲线的制作

取6支试管，分别加入0、0.20、0.40、0.60、0.80、1.00 mL标准酪氨酸溶液，后用水补足1.0 mL摇匀，加入0.4 mol·L^{-1}碳酸钠溶液5 mL，福林试剂1 mL，混匀后，放入40℃水浴保温15 min，然后在721型分光光度计上进行比色测定（波长680 nm），以浓度为0 μg·mL^{-1}酪氨酸反应液做空白对照，以光密度（OD）为纵坐标，以酪氨酸溶液浓度为横坐标，绘制出酪氨酸的标准曲线，由此各种条件下的酶活可以根据曲线换算得到。

试管号	1 mg·mL^{-1} 酪氨酸标准溶液/mL	蒸馏水/mL	酪氨酸含量/(mg·mL^{-1})	平均吸光度
1	0	1.0	0	
2	0.2	0.8	0.2	
3	0.4	0.6	0.4	
4	0.6	0.4	0.6	
5	0.8	0.2	0.8	
6	1.0	0	1.0	

（五）酶蛋白含量的测定

取试管，分别加1.0 mL酶液，加考马斯亮蓝试剂5 mL，立即摇匀，分光光度计上595 nm比色测定，对照绘制出牛血清蛋白的标准曲线，可得酶液的蛋白质含量。

四、注意事项

1. 酶提取时在低温下进行，尽量减少酶活的损失；

2. 提取后的菠萝残渣需倒入废液缸，禁止倒入下水道。

Ⅱ　固定化菠萝蛋白酶的制备方法及其活力测定

一、实验原理

固定化酶(immobilized enzyme)就是指固定在载体上并在一定空间范围内进行催化反应的酶。利用吸附力、离子键、共价键等不同的联结方式，将菠萝蛋白酶与不溶性载体联结，制成水不溶性酶，即为固定化酶。酶的固定化方法有：吸附法、包埋法、共价键结合法、交联法等。通过测定菠萝蛋白酶固定前后的酶活可以计算酶固定化的效率。

通过蛋白酶催化酪蛋白水解生成酪氨酸，利用比色法测定酪氨酸的生成量，可以判定菠萝蛋白酶的酶活力。酪氨酸为含有酚羟基的氨基酸，与福林试剂(磷钨酸与磷钼酸的混合物)发生福林酚反应(福林酚反应：福林试剂在碱性条件下极其不稳定，容易定量地被酚类化合物还原，生成钨蓝和钼蓝的混合物，而呈现出不同深浅的蓝色)。吸收值的大小与酪氨酸含量的多少有关，吸收值大说明酪氨酸含量高，也就是说菠萝蛋白酶分解的酪蛋白多，酶活力高。

在本实验中，蛋白酶活力单位(U)定义为：40℃时，pH 7.0，每分钟内水解酪蛋白产生1 μg 酪氨酸所需要的酶量。其比活力定义为：每毫克蛋白所含蛋白酶活力单位的数量。

二、实验用品

1. 器材

HH-2 数显恒温水浴锅，离心沉淀器，分析天平，TD4 低速离心机，漏斗，试管，烧杯，722 分光光度计，10 mL 注射器，8＃针头。

2. 试剂

海藻酸钠，壳聚糖，戊二醛，氢氧化钠，半胱氨酸，单宁，酪蛋白，磷酸，三氯乙酸，乙醇，考马斯亮蓝 G-250，氯化钠，氯化钙，生理盐水。

三、实验步骤

(一)固定化方法 A(壳聚糖戊二醛交联法)

取 99％冰醋酸 3 mL，加入 97 mL 蒸馏水，制成 3％冰醋酸备用。准确称取 80 g NaOH 溶于 1 L 蒸馏水中，制成 2 mol · L^{-1}NaOH 溶液备用。量取 0.7 mL 的 25％戊二醛溶液加入 50 mL 容量瓶中，蒸馏水定容至 50 mL，即为 0.35％的戊二醛溶液。

取 10 mL 游离酶液，加入 20 mL pH 7.0 磷酸缓冲液配制成稀释 3 倍的酶液备用。称取 0.2 g 壳聚糖，放置于 50 mL 烧杯中，加入 3％冰醋酸 20 mL 配制成透明胶液后，加入 2 mol · L^{-1}NaOH 溶液至产生白色絮状沉淀(pH 8.0～8.5)后，立刻加入 0.35％的戊二醛溶液 8 mL，搅拌均匀后，静置 0.5 h，抽滤，将沉淀洗涤至中性，即为壳聚糖载体备用。将处理好的壳聚糖载体加入 10 mL 稀释酶液，均匀搅拌 10 min 后，放入 4℃冰箱中交联 12 h 后，用 pH 7.0 磷酸缓冲液洗掉未固定化的酶，得到固定化菠萝蛋白酶。

（二）固定化方法 B（海藻酸钠包埋法）

取稀释后的酶液 1 mL 加入 2 mL 1％的海藻酸钠溶液中，混匀，以约 3 滴 · s^{-1} 滴注到 0.03 mol · L^{-1} 的 $CaCl_2$ 溶液中制成凝胶珠，将形成的凝胶珠于 4℃下固定 1 h，使其进一步硬化。然后抽滤，再用无菌水洗涤 3～5 次，洗去表面的 $CaCl_2$ 溶液，即得到球状固定化菠萝蛋白酶。

（三）游离酶活力测定（μg · mL^{-1}）

取稀释后的酶液 1 mL，于 40℃水浴中保温恒定后，加入同样预热的 1％酪蛋白溶液 1 mL，混匀，在 40℃下准确反应 10 min，由水浴取出并立即加入 3 mL 10％的三氯乙酸溶液，迅速摇匀灭活，于室温放置 15 min。

对照组，即取稀释后的酶液 1 mL，加入 3 mL 10％的三氯乙酸溶液，迅速摇匀灭活，然后再加入同样预热的 1％酪蛋白溶液 1 mL，在 40℃下准确反应 10 min，于室温放置 15 min。3 000 r · min^{-1} 离心 7 min，吸取滤液 1 mL，加入 0.4 mol · L^{-1} 碳酸钠溶液 5 mL，福林试剂 1 mL，充分摇匀，于 40℃水浴保温显色 15 min。用分光光度计在波长 680 nm 处，以对照管为对照，测定两管的光密度。

（四）固定化酶活力测定（μg · g^{-1}）

加入 1 mL pH 7.0 固定化酶（称重），摇匀，于 40℃水浴中保温恒定后，加入同样预热的 1％酪蛋白溶液 1 mL，混匀，在 40℃下准确反应 10 min，由水浴取出并立即加入 3 mL 10％的三氯乙酸溶液，迅速摇匀灭活，于室温放置 15 min。对照组，即 1 mL 磷酸盐缓冲液，加入 3 mL 10％的三氯乙酸溶液，再加入同样预热的 1％酪蛋白溶液 1 mL，在 40℃下准确反应 10 min，于室温放置 15 min。3 000 r · min^{-1} 离心 7 min，取 1 mL 上清液同上处理测定 OD 值。

四、注意事项

制备固定化酶时操作要迅速，防止胶体凝固。

Ⅲ　固定化酶的酶学性质

一、实验原理

酶经过固定化后，与游离酶相比，由于载体的影响，如构象改变、立体屏蔽以及微扰，分配效应和扩散限制效应存在，使其酶学性质发生改变。如酶的稳定性、其作用的最适 pH、固定化酶的表观米氏常数 K_m 往往会发生一些变化。

二、实验用品

1. 器材

HH-2 数显恒温水浴锅，漏斗，试管，烧杯，分析天平，TD4 低速离心机，722 分光光度计，10 mL 注射器，8＃针头。

2. 试剂

海藻酸钠，酪蛋白，三氯乙酸，考马斯亮蓝 G-250，氯化钠，氯化钙等。

三、实验步骤

1. 固定化酶制备

海藻酸钠包埋法，同前一个实验。

2. 固定化酶温度稳定性

利用制备的固定化酶，并分别在 30℃、40℃、50℃、60℃、70℃条件下保温 2 h，测定酶活。

3. 固定化酶酸碱稳定性

利用制备的固定化酶，分别在 pH 3.0、4.0、5.0、6.0、8.0 的缓冲液环境中保持 2 h，测定酶活。

4. 固定化酶活力测定($\mu g \cdot g^{-1}$)

同前一个实验。

四、注意事项

制备固定化酶时操作要迅速，防止胶体凝固。实验结束固定化酶颗粒须倒入废液缸，禁止倒入下水道。

参考文献

1. 郭勇．酶工程[M].3 版．北京：科学出版社，2009.

2. 陈毓荃．生物化学实验方法和技术[M]．北京：科学出版社，2008.

执笔人：张　琛

实验八　脲酶的分离、纯化及酶动力学分析

一、实验目的

脲酶,也称尿素酶,一种氨基水解酶,能将尿素(脲)分解为氨和二氧化碳或碳酸铵,其催化反应速率比无脲酶非催化反应速率大 10^{14} 倍。自然界中脲酶广泛存在,主要分布于植物的种子中,但以大豆、刀豆中含量丰富,也存在于动物血液和尿中,某些微生物也能分泌脲酶。作为重要的生物制剂,脲酶在医学、畜牧业、环保等方面都有很广泛的应用,其不仅可用于医疗诊断(如测定尿和血液中的尿素),还可用以检测牛乳粉中大豆粉含量、处理尿素废水等。

依据酶(蛋白质)化学的基本理论知识,开展生物大分子脲酶的提取、分离纯化、定量测定及动力学分析的综合性、设计性实验,旨在巩固和掌握酶(蛋白质)化学研究的一般思路和基础知识并加以实践应用。

主要内容包括脲酶的提取、盐析、沉淀、透析、含量测定、活力测定等基本技术方法的实验原理与应用,同时还要求学生紧扣酶学知识,进行酶促反应进程曲线的制作、脲酶米氏常数的测定、pH 及酸碱稳定性对酶活性影响等研究,掌握蛋白质含量测定、酶活性测定的一般原理和基本方法,熟悉酶分离、纯化及动力学研究的操作方法、数据处理方法,为以后的酶学研究打下基础。

二、实验技术路线

实验材料
刀豆(或黑豆、黄豆等)

↓

脲酶的分离	脲酶的纯化	分离纯化效果	脲酶动力学研究
1. 材料的粉碎 2. 石油醚脱脂 3. 水溶液浸提	1. 有机溶剂沉淀 2. 饱和硫酸铵分级沉淀 3. 透析处理	1. 酶活测定 2. 蛋白质浓度测定 3. 纯化倍数计算 4. 产量(回收率)计算	1. 进程曲线的制作 2. 米氏常数K_m的测定 3. pH对酶活性的影响 4. 脲酶的酸碱稳定性

↓

数据处理、作图

↓

撰写论文,分析脲酶分离、纯化过程的一般流程和关键步骤,分析、计算脲酶的分离纯化效果,作图并研究脲酶的酶促反应进程曲线、脲酶的米氏常数、pH对脲酶活性的影响以及脲酶的酸碱稳定性等动力学性质。

三、实验材料预处理

1. 刀豆(或黑豆、黄豆等),备用。
2. 酶活性测定、蛋白质浓度测定、酶分离纯化、酶动力学研究等相关试剂的配制。

四、实验内容

1. 刀豆(或黑豆、黄豆等)实验材料的粉碎。
2. 石油醚脱脂粗提。
3. 水溶液浸提。
4. 有机溶剂(丙酮)沉淀。
5. 饱和硫酸铵分级沉淀。
6. 透析。
7. 酶促反应进程曲线的制作。
8. 米氏常数 K_m 的测定。
9. pH 对酶活性的影响。
10. 脲酶的酸碱稳定性。

五、数据记录、处理、作图

1. 检测分离纯化过程中脲酶活性、蛋白质浓度的变化,进行总蛋白、活力、总活力、比活力、纯化倍数、产量(回收率)等的计算,分析分离纯化效果。

2. 以反应时间为横坐标,反应速度为纵坐标做出进程曲线,由进程曲线求出代表酶促反应初速度的反应时间。

3. 分别以倒数作图法和[S]/V 对[S]作图法,计算得出脲酶 K_m 值。

4. 以反应 pH 为横坐标,反应速度为纵坐标,绘制 pH-酶活性曲线,分析脲酶的最适 pH 范围。

5. 以处理的 pH 为横坐标,反应速度为纵坐标,绘制 pH 稳定曲线,分析脲酶的酸碱稳定范围。

六、撰写实验论文

论文撰写参考常见论文格式,撰写论文讨论部分考虑下面三个问题。

1. 根据实验,从哪些方面可以鉴定脲酶的分离纯化效果。
2. 根据实验数据,综合分析脲酶的反应进程曲线、米氏常数 K_m、最适 pH、酸碱稳定性。
3. 试用本实验结果解释酶的最适 pH 和酶的最稳定 pH 是否同一概念?为什么?

Ⅰ 脲酶活性的测定-苯酚钠试剂法

一、实验原理

脲酶活性的测定可采用苯酚钠试剂法，也称靛酚蓝比色法。脲酶只能作用于尿素，使尿素水解，释放出氨和二氧化碳。

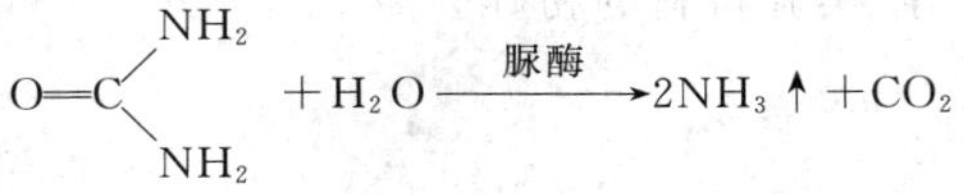

在碱性介质中，氨离子可与次氯酸及苯酚钠溶液发生反应，生成蓝色靛酚。反应过程如下：

$NH_3 + NaOCl \rightarrow NH_2Cl + NaOH$

$NH_2Cl + C_6H_5OH + NaOH \rightarrow NH_2C_6H_4OH + NaCl + H_2O$

$NH_2C_6H_4OH + NaOCl \rightarrow NHC_6H_4O + NaCl + H_2O$

$NHC_6H_4O + NaOCl \rightarrow OC_6H_4NCl + NaOH$

$OC_6H_4NCl + C_6H_5OH + 2NaOH \rightarrow OC_6H_4NC_6H_4ONa + NaCl + H_2O$

反应产物在 630 nm 处有最大光吸收值，其含量与氨浓度成正比，可以进行比色测定。氨的含量在 100 μg 以下时，吸光度与氨浓度呈线性关系。

二、实验用品

1. 器材

分光光度计，恒温水浴锅，冰箱，试剂瓶，量筒，刻度吸管，烧杯，试管及试管架，滴管，计时器。

2. 试剂

苯酚，乙醇，甲醇，丙酮，NaOH，次氯酸钠，尿素，Na_2HPO_4，NaH_2PO_4。

三、实验步骤

(一)试剂的配制

1. 苯酚钠(12.5%，*W/V*)

(1)称取 62.5 g 苯酚溶于少量乙醇中，加 2 mL 甲醇和 18.5 mL 丙酮，用乙醇稀释至 100 mL，棕色小瓶内，冰箱贮用。

(2)27g NaOH 溶于蒸馏水中，并定容至 100 mL。

临用前将(1)和(2)溶液各 20 mL 混合，蒸馏水定容至 100 mL。此混合液不稳定，最好在临用前 10 min 配制，用多少配多少。

2. 次氯酸钠(NaOCl)(含活性氯不少于 0.9%)

将次氯酸钠(活性氯含量不少于 5.2%)52 mL，用蒸馏水稀释至 300 mL，贮于棕色瓶内(此液是稳定的)。

3. 尿素(50%W/V)

25 g 溶于蒸馏水，并定容至 50 mL。

4. 磷酸盐缓冲液(1/15 mol·L^{-1}，pH 7.0)

①$Na_2HPO_4 \cdot 12H_2O$　　23.88 g，用蒸馏水溶解，并定容至 1 000 mL。

②$NaH_2PO_4 \cdot 2H_2O$　　10.4 g，用蒸馏水溶解，并定容至 1 000 mL。

①和②溶液按 611 mL(①)+389 mL(②)混合。

(二)酶活测定

取底物(50%尿素)、酶液分别于 35℃预热 5 min。按下表添加试剂，测定酶活。

管号	0	1	1′
50%尿素/mL	1	1	1
酶液/mL		1	1
磷酸盐缓冲液(1/15 mol·L^{-1}，pH 7.0)/mL	1		
混合，摇匀			
35℃，反应 15 min			
0.1 mol·L^{-1} HCl/mL	0.5	0.5	0.5
苯酚钠/mL	2	2	2
NaOCl/mL	1.5	1.5	1.5
35℃发色反应 30 min			
$OD_{630\ nm}$			

四、注意事项

1. 反应时间要准确。
2. 严格按照顺序加入试剂。

Ⅱ　蛋白质浓度测定——考马斯亮蓝 G-250 染色法

一、实验原理

考马斯亮蓝 G-250 染色法，又称 Bradford 法，是一种常用的微量蛋白质快速测定方法。考马斯亮蓝 G-250 在酸性溶液中呈棕褐色，当与蛋白质通过疏水结合作用后，变为蓝色，最大吸收光谱从 470 nm 移至 595 nm。在一定条件下，其光吸收值与蛋白质含量成正比，因此可用于蛋白质的定量测定。该法快速简便，可测定微克级蛋白质含量，但在不同蛋白质之间差异甚大，且标准曲线在高浓度时线性关系较差。

二、实验用品

1. 器材

分光光度计，冰箱，试剂瓶，量筒，刻度吸管，烧杯，试管及试管架，滴管，计时器。

2. 试剂

0.9%生理盐水；标准蛋白液：0.1 mg · mL^{-1} BSA 贮液，以 0.9%生理盐水配制；蛋白质分析反应剂：取 0.1 g 考马斯亮蓝 G-250 溶于 50 mL 95%乙醇中，完全溶解后加入 100 mL 85%(*W*/*V*)磷酸，最后将总体积以蒸馏水补至 1 000 mL。

三、实验步骤

1. 蛋白质定量测定标准曲线制作

取试管 6 支，按下表进行蛋白质定量测定标准曲线制作。

溶液	0 管	1 管	2 管	3 管	4 管	5 管
系列标准蛋白液/mL	—	0.2	0.4	0.6	0.8	1.0
实际蛋白质含量/μg	—	20	40	60	80	100
0.9%生理盐水/mL	1.0	0.8	0.6	0.4	0.2	—
蛋白质染色液/mL	5.0	5.0	5.0	5.0	5.0	5.0

轻轻摇匀，5 min 后以 0 管调空白，595 nm 分光光度法测光密度值，绘出标准曲线。

2. 未知样品的测定

按照蛋白质定量测定标准曲线制作方法测定未知样品蛋白质含量。从标准曲线上查出相应浓度。

四、注意事项

1. 反应时间要准确，试剂的添加要精确。

2. 为避免因蛋白质与染料复合物发生凝集沉淀而影响测定结果，比色测定工作应在蛋白质与染料混合后的 2 min 开始，力争 1 h 内完成。不可放置太长时间，否则将使测定结果偏低。

3. 考马斯亮蓝具有较强的染色能力，比色皿不洗干净会影响光吸收值，因此实验不可用石英比色皿测定。

4. 考马斯亮蓝可和皮肤中蛋白质通过范德华力结合，反应快速，并且稳定，无法用普通试剂洗掉。待一两周，皮屑细胞自然衰老脱落即可无碍。

Ⅲ　脲酶的分离、纯化

一、实验原理

有机溶剂沉淀法即利用与水互溶的有机溶剂(如甲醇、乙醇、丙酮等)能使蛋白质在水中的溶解度显著降低而产生沉淀的方法。有机溶剂引起蛋白质沉淀的主要原因是加入有机溶剂使水溶液的介电常数降低,因而增加了两个相反电荷基团之间的吸引力,促进了蛋白质分子的聚集和沉淀。

高浓度的盐离子在蛋白质溶液中可与蛋白质竞争水分子,从而破坏蛋白质表面的水化膜,降低其溶解度,使之从溶液中沉淀出来。各种蛋白质的溶解度不同,因而可利用不同浓度的盐溶液来沉淀不同的蛋白质,这种方法称之为盐析。盐浓度通常用饱和度来表示。硫酸铵因其溶解度大,温度系数小和不易使蛋白质变性而应用最广。

透析是通过小分子经过半透膜扩散到水(或缓冲液)的原理,将小分子与生物大分子分开的一种分离纯化技术,属于膜技术的一种。利用透析膜可以选择性地透过一定大小分子,从而将待分离纯化的物质和杂质离子分离开。蛋白质的分子很大,其颗粒在胶体颗粒范围(直径 1～100 nm)内,所以不能透过半透膜。选用孔径合宜的半透膜,由于小分子物质能够透过,而蛋白质颗粒不能透过,因此可使蛋白质和小分子物质分开。这种方法可除去和蛋白质混合的中性盐及其他小分子物质。透析是常用来纯化蛋白质的方法。由盐析、有机溶剂沉淀等所得的蛋白质沉淀,经过透析脱盐后仍可恢复其原有结构及生物活性。

二、实验用品

1. 器材

离心机,离心管,循环水真空泵,布氏漏斗,分光光度计,恒温水浴锅,冰箱,电炉,试剂瓶,培养皿,研钵,量筒,刻度吸管,烧杯,试管及试管架,滴管,计时器。

2. 试剂

丙酮,石油醚(60～90℃),硫酸铵等。

三、实验步骤

1. 脱脂、粗提

种子捣碎成细粉状,称取粉末 15 g,加 4 倍体积 60～90℃沸程的石油醚浸泡 20～30 min,抽滤,加 4 倍体积 60～90℃沸程的石油醚浸泡 20～30 min,抽滤,得脱脂豆粉。

2. 初步纯化

将经过粗提的脱脂豆粉加 4 倍体积水,4℃冰箱放置 18～24 h,纱布过滤(2 mL 留样 1),滤液以 4 000 $r \cdot min^{-1}$离心 15 min,得上清液。

3. 有机溶剂沉淀

上清液中加入4倍体积冷丙酮，4 000 $r \cdot min^{-1}$离心15 min，沉淀以100 mL蒸馏水溶解（2 mL留样2）。

4. 饱和硫酸铵分级沉淀

上清液中加入固体硫酸铵至饱和度为30%，4 000 $r \cdot min^{-1}$离心15 min，上清液加入固体硫酸铵至饱和度为80%，4 000 $r \cdot min^{-1}$离心15 min，沉淀溶于10～15 mL蒸馏水，透析（1/15 $mol \cdot L^{-1}$磷酸盐缓冲液，pH 7.0）18～24 h，透析液（2 mL留样3），备用。

5. 纯度和产量

提纯的目的，不仅在于得到一定量的酶，而且要求得到不会或尽量少含其他杂蛋白的酶制品。在纯化过程中，除了要测定一定体积或一定重量的酶制剂中含有多少活力单位外，还需要测定酶制剂的纯度。酶的纯度用比活力表示。根据实验数据，计算脲酶分离纯化效果，并填入下表。

留样	体积/mL	蛋白质浓度/($mg \cdot mL^{-1}$)	总蛋白/mg	活力/($U \cdot mL^{-1}$)	总活力/U	比活力/($U \cdot mg^{-1}$)	纯化倍数	产量（回收率）
1							1	100
2								
3								

$$纯化倍数=\frac{每次比活力}{第一次比活力} \qquad 产量=\frac{每次总活力}{第一次总活力}\times 100\%$$

四、注意事项

1. 整个操作过程中，要注意各步骤之间的衔接，做好数据的记录。

2. 酶分离纯化的目的是将酶以外的所有杂质尽可能地除去，因此，在整个分离纯化过程中要注意防止酶的变性失活。

3. 透析袋使用前应进行预处理并检查是否破裂。

4. 酶具有催化活性。在整个分离纯化过程中要始终检测酶活性，跟踪酶的来龙去脉，为选择适当方法和条件提供直接依据。在工作过程中，从原料开始每步都必须检测酶活性。一个好的方法和措施会使酶的纯度提高倍数大，活力回收高，同时重复性好。

Ⅳ 脲酶酶促反应进程曲线的制作

一、实验原理

进程曲线是表明酶促反应时间和底物减少量或产物生成量之间的关系曲线。由进程曲线可以了解酶促反应随反应时间变化的情况。实验在反应的最适条件（pH 7.0，35℃）、有一定酶量和足够底物浓度条件下，测出一系列不同时间间隔实验点的相对产物变化量，并以酶促反应时间为横坐标，产物生成量为纵坐标绘制进程曲线。进程曲线起始直线部分的斜率表示酶促反应的初速度，由此可求出代表初速度的适宜反应时间。要真实反映出酶活力大小，就应在进程曲线的初速度时间范围内进行测定。制作进程曲线，求出酶促反应初速度的时间范围是酶动力学性质一系列研究中的组成部分和必要前提。

二、实验用品

1. 器材

分光光度计，恒温水浴锅，冰箱，试剂瓶，量筒，刻度吸管，烧杯，试管及试管架，滴管，计时器。

2. 试剂

苯酚钠(12.5%，*W/V*)；次氯酸钠(NaOCl)；尿素(10%*W/V*)；磷酸盐缓冲液(1/15 mol·L^{-1}，pH 7.0)。

三、实验步骤

取试管15支，编号1～7，1′～7′(每种并列2支)，一支空白，各试管分别加入1 mL 10%尿素，和盛有酶液的小三角瓶在35℃恒温水溶液中同时预热5 min。精确计时，于各管内分别加入1 mL酶液(约1 mg·mL^{-1})，剧烈摇匀，然后按时间间隔5、10、15、20、25、30、40 min加0.1 mol·L^{-1} HCl 0.5 mL终止反应，加入2 mL苯酚钠溶液和1.5 mL NaOCl溶液，并充分摇匀，1支空白以1 mL缓冲液代替酶液，35℃发色20 min，以空白做对照，于630 nm比色测定。

管号	1	2	3	4	5	6	7
反应时间/min	5	10	15	20	25	30	40
$OD_{630\ nm}$(×)							
$OD_{630\ nm}$(×′)							
平均							

以反应时间为横坐标，$OD_{630\ nm}$为纵坐标做出进程曲线。由进程曲线求出代表酶促反应初速度的时间范围。

四、注意事项

反应时间要准确；严格按照顺序加入试剂。

Ⅴ　脲酶米氏常数 K_m 的测定

一、实验原理

在温度、pH及酶浓度恒定的条件下，底物浓度对酶促反应的速度有很大的影响。在底物浓度很低时，酶促反应的速度(v)随底物浓度的增加而迅速增加；随着底物浓度的继续增加，反应速度的增加开始减慢；当底物浓度增加到某种程度时，反应速度达到一个极限值(V_{max})。

底物浓度与反应速度的关系可用 Michaelis-Menten 方程式表示：

$$v=\frac{V_{max}[S]}{K_m+[S]}$$

式中：v 为反应速度；K_m 为米氏常数；V_{max} 为酶反应最大速度；[S]为底物浓度。

从米氏方程式可见：米氏常数 K_m 等于反应速度达到最大反应速度一半时的底物浓度，米氏常数的单位就是浓度单位($mol \cdot L^{-1}$ 或 $mmol \cdot L^{-1}$)。

在酶学分析中，K_m 是酶的一个基本特征常数，它包含着酶与底物结合和解离的性质。K_m 与底物浓度、酶浓度无关，与 pH、温度、离子强度等因素有关。对于每一个酶促反应，在一定条件下都有其特定的 K_m 值，因此可用于鉴别酶。

对于符合米氏方程的酶类，通过测定底物浓度对反应速度的影响，可以测定米氏常数 K_m 和最大反应速度 V_{max}。测定时，首先确定反应的条件，包括温度、pH、酶浓度等。然后取不同浓度的底物与酶反应，分别测定不同底物浓度下的酶反应速度。然后用双倒数作图法和单倒数作图法等求 K_m 和 V_{max}。

双倒数作图法(Lineweaver-Burk 法)：将米氏公式改写成倒数形式，即将 $v=\frac{V_{max}[S]}{K_m+[S]}$ 改写成：$\frac{1}{v}=\frac{K_m}{V_{max}}\cdot\frac{1}{[S]}+\frac{1}{V_{max}}$，以 $\frac{1}{v}$ 对 $\frac{1}{[S]}$，得一直线，其纵轴截距为 $\frac{1}{V_{max}}$，横轴截距为 $-\frac{1}{K_m}$，斜率为 $\frac{K_m}{V_{max}}$。即为一个酶促反应速度的倒数($1/v$)对底物浓度的倒数(1/[S])的作图。x 和 y 轴上的截距分别代表米氏常数和最大反应速度的倒数。

单倒数作图法：将米氏公式改写成：$\frac{[S]}{v}=\frac{K_m}{V_{max}}+\frac{1}{V_{max}}[S]$，以 $\frac{[S]}{V}$ 对[S]作图得一直线，其横轴截距为 $-K_m$，纵截距为 $\frac{K_m}{V_{max}}$，斜率为 $\frac{1}{V_{max}}$。

二、实验用品

1. 器材

分光光度计，恒温水浴锅，冰箱，试剂瓶，量筒，刻度吸管，烧杯，试管及试管架，滴管，计时器。

2. 试剂

苯酚钠(12.5%，W/V)，次氯酸钠(NaOCl)，磷酸盐缓冲液($1/15\ mol \cdot L^{-1}$，pH 7.0)，尿素。

三、实验步骤

1. 配制 $10\ mmol \cdot L^{-1}$，$20\ mmol \cdot L^{-1}$，$30\ mmol \cdot L^{-1}$，$40\ mmol \cdot L^{-1}$ 尿素液

(1)$0.1\ mol \cdot L^{-1}$ 尿素：称取 0.60 g 尿素，蒸馏水溶解，定容至 100 mL。

(2)按照下表配制 $10\ mmol \cdot L^{-1}$，$20\ mmol \cdot L^{-1}$，$30\ mmol \cdot L^{-1}$，$40\ mmol \cdot L^{-1}$ 尿素液。

配制的尿素浓度/($mmol \cdot L^{-1}$)	10	20	30	40
反应终浓度/($mmol \cdot L^{-1}$)	5	10	15	20
用 0.1 $mol \cdot L^{-1}$尿素体积/mL	1	2	3	4
加磷酸缓冲液(1/15 $mol \cdot L^{-1}$,pH 7.0)体积/mL	9	8	7	6

2. 测定

取试管 9 支,编号 1～4,每种平行的 2 支,设空白。按表吸各种浓度尿素 1 mL,在 35℃恒温水浴中预热 5 min,酶液也同时预热,逐管计时加酶液 1 mL。在 35℃恒温水浴反应 15 min,加 0.1 $mol \cdot L^{-1}$ HCl 0.5 mL 终止反应,加苯酚钠 2 mL、NaOCl 1.5 mL,35℃反应 20 min,630 nm 处比色测定 OD 值。

管号	1	2	3	4
尿素终浓度[S]($mmol \cdot L^{-1}$)				
1/[S]				
v				
$1/v$				
$[S]/v$				

3. 用两种方法作图

(1)双倒数作图法　$1/v$ 为纵坐标,1/[S]为横坐标,由直线在横轴上的交点为$-1/K_m$,计算得 K_m;

(2)单倒数作图法　以$[S]/v$ 为纵坐标,以[S]为横坐标,直线在横轴上的交点为$-K_m$。

四、注意事项

1. 严格注意试剂添加顺序。
2. 精确控制反应时间。

Ⅵ　pH 对脲酶活性的影响及酸碱稳定性的测定

一、实验原理

对酸碱度的敏感性是酶的生物学特性之一,这表现在酶的活性和稳定性易受环境 pH 的影响。pH 对酶活性的影响极为显著,通常各种酶只有在一定的范围内才表现出活性,同一种酶在不同的 pH 条件下所表现的活性不同,其表现活性最高时的 pH 称为酶的最适 pH。各种酶在特定条件下都有它各自的最适 pH。在最适 pH 时,酶分子上活性基团的解离状态最适合于酶与底物的作用,而高于或低于最适 pH 时,酶的活性基团的解离状态不利于酶与底物的作用,酶活力也相应降低。pH 除了对酶的解离状态产生直接影响外,还可能影响底物的解离和影响反应系统中其他组成成分的解离。在进行酶学研究时,一般需要制作 pH 与酶活性的关系曲线。在保持其他条件恒定时,于不同的 pH 条件下测定酶促反应速度,以反应 pH 为横坐标，以酶促反应速度为纵坐标作图即可得到 pH-酶活性曲线。通过曲线不仅可以了解反应速度随 pH 的变化情况，还可求得酶的最适 pH。

pH 不仅对酶活性有很大影响，而且对酶的稳定性也有很大的影响。因为酶的化学本质是蛋白质，因此，同蛋白质容易变性一样，在过酸或过碱的条件下酶也很容易变性失活。各种酶的酸碱稳定范围是不同的，这就需要制作酶的酸碱稳定性曲线。一般的研究方法是将酶液分成若干份，分别置于一系列不同的 pH 溶液中保温处理一定时间，然后再调至某一标准的 pH 或直接在最适 pH 条件下进行活力测定。以处理的 pH 为横坐标，反应速度为纵坐标作图，即可得到酶的酸碱稳定性曲线，并可求出酶的酸碱稳定范围。

二、实验用品

1. 器材

分光光度计，恒温水浴锅，冰箱，试剂瓶，量筒，刻度吸管，烧杯，试管及试管架，滴管，计时器。

2. 试剂

苯酚钠(12.5%，*W/V*)，次氯酸钠(NaOCl)，磷酸盐缓冲液($1/15\ mol \cdot L^{-1}$，pH 7.0)，尿素(50%*W/V*)。

三、实验步骤

1. 各种不同反应 pH 溶液的配制

按下表配制各种不同反应 pH 溶液。

pH	5.0	6.0	7.0	8.0	9.0
$0.2\ mol \cdot L^{-1} Na_2HPO_4$/mL	10.30	12.63	16.47	19.45	
$0.1\ mol \cdot L^{-1}$ 柠檬酸/mL	9.70	7.37	3.53	0.55	
$0.05\ mol \cdot L^{-1}$ 硼砂/mL					8.0
$0.2\ mol \cdot L^{-1}$ 硼酸/mL					2.0

2. pH 与酶活的关系

取试管 11 支，每种平行做 2 支。按下表加入溶液及进行操作。

mL

管号	1	2	3	4	5	空白
反应 pH	5.0	6.0	7.0	8.0	9.0	
Buffer	1.8	1.8	1.8	1.8	1.8	
50%尿素	0.2	0.2	0.2	0.2	0.2	0.2
酶液	0.2	0.2	0.2	0.2	0.2	
H_2O						2.0
35℃反应 15 min，加 $0.1\ mol \cdot L^{-1}$ HCl 0.5 mL 终止反应						
苯酚钠	2	2	2	2	2	2
NaOCl	1.5	1.5	1.5	1.5	1.5	1.5
35℃反应 30 min						
$OD_{630\ nm}$						

以反应 pH 为横坐标，$OD_{630\ nm}$为纵坐标，绘制 pH-酶活性曲线，并分析本实验条件下该酶的最适 pH 范围。

3. 酸碱稳定性的测定

取试管 11 支，每种平行做 2 支。按下表加入溶液及进行操作。

mL

管号	1	2	3	4	5	空白
处理的 pH	5.0	6.0	7.0	8.0	9.0	
Buffer	0.2	0.2	0.2	0.2	0.2	
酶液	0.2	0.2	0.2	0.2	0.2	
H_2O						0.4
35℃，反应 1 h						
磷酸盐缓冲液 (pH 7.0，1/15 $mol \cdot L^{-1}$)	1.6	1.6	1.6	1.6	1.6	1.6
50%尿素	0.2	0.2	0.2	0.2	0.2	0.2
35℃，反应 15 min，加 0.1 $mol \cdot L^{-1}$ HCl 0.5 mL 终止反应						
苯酚钠	2	2	2	2	2	2
NaOCl	1.5	1.5	1.5	1.5	1.5	1.5
35℃反应发色 30 min						
$OD_{630\ nm}$						

以处理的 pH 为横坐标，$OD_{630\ nm}$为纵坐标，绘制 pH 稳定曲线，并分析本实验条件下该酶的酸碱稳定范围。

四、注意事项

严格注意试剂添加顺序；精确控制反应时间。

Ⅶ　其他脲酶活力测定方法举例

一、脲酶活力测定——纳氏试剂比色法

(一)实验原理

在适当条件下，脲酶水解尿素产生的 NH_3 可和奈斯勒试剂中的碘化钾汞复盐反应生成橙黄色的化合物碘化双汞铵。其吸光度与氨浓度成正比，故可用以测定脲酶的活力大小。其反应如下：

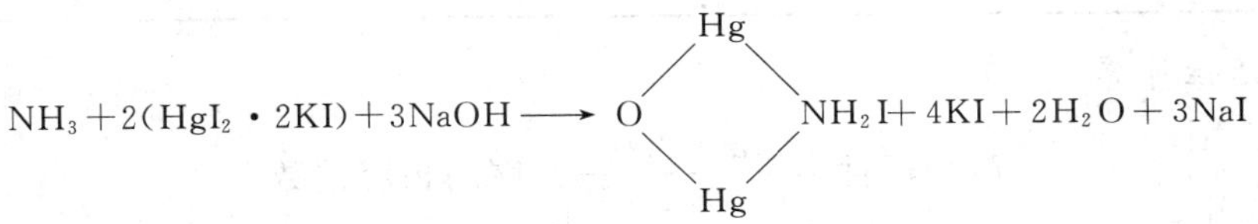

脲酶酶活定义为：在35℃时，每分钟催化产生1 μmol氨的酶量为1个酶活力单位。

(二)实验用品

1. 器材

分光光度计，恒温水浴锅，冰箱，试剂瓶，量筒，刻度吸管，烧杯，试管及试管架，滴管，计时器。

2. 试剂

纳氏试剂：称取5.5 g碘化汞、4.125 g碘化钾溶于25 mL水中，溶解后转移到100 mL容量瓶中，再称取14.4 g氢氧化钠溶于50 mL水中，待溶解冷却后，慢慢转移到上述100 mL容量瓶中，用水定容至刻度，摇匀后倒入试剂瓶中，静止后取上层清液；硫酸铵标准应用液：精确称取硫酸铵0.991 0 g(60℃干燥至恒重)加蒸馏水溶解后定容至1 000 mL容量瓶中，此溶液为1 mL≈15 μmol的NH_4^+的贮存液。精确吸取10 mL贮存液，置于100 mL容量瓶中，加蒸馏水至刻度，此溶液为1 mL≈1.5 μmol的NH_4^+。

(三)实验步骤

1. 标准曲线的建立

	1	2	3	4	5	6	7
硫酸铵标准溶液/mL	0.0	0.5	1.0	1.5	2.0	2.5	3.0
对应NH_4^+浓度/($\mu mol \cdot L^{-1}$)	0.0	0.75	1.5	2.25	3.0	3.75	4.5
	加水至9 mL						
纳氏试剂/mL	1	1	1	1	1	1	1
	摇匀						
$OD_{480\ nm}$							

准确吸取硫酸铵标准溶液0.0、0.5、1.0、1.5、2.0、2.5、3.0 mL(对应NH_4^+浓度为0.0、0.75、1.5、2.25、3.0、3.75、4.5 $\mu mol \cdot L^{-1}$)分别置于7支试管中，加水至9 mL，各加纳氏试剂1 mL。于480 nm波长处测定其吸光值。以不同浓度的NH_4^+为横坐标，吸光值为纵坐标建立标准曲线。

2. 脲酶活性检测

取酶稀释液1 mL，加入1 mL 3%尿素，35℃恒温水浴反应10 min，加入10%三氯乙酸1 mL。震荡均匀。3 000 $r \cdot min^{-1}$离心5 min。取清液，按下表操作。

mL

试剂	0	1	1′
清液	0.0	0.5	0.5
水	8.5	8.5	8.5
纳氏试剂	1	1	1
	摇匀		
$OD_{480\ nm}$			

3. 脲酶活性计算

$$脲酶活性=\frac{a\times 3.0}{0.5\times 1\times 10}\times 脲酶稀释倍数$$

式中：a 为经标准曲线所查得的样品管中的 NH_4^+ 的微摩尔数。

(四)注意事项

准确添加试剂；精确控制反应时间。

二、脲酶活力测定——pH 增值法

(一)实验原理

尿素在脲酶作用下水解产生氨，氨溶解于水溶液中使溶液 pH 升高，pH 变化的程度与脲酶活性大小相关，因此可以用其与空白溶液的差值表示脲酶活性高低。

(二)实验用品

1. 器材

酸度计，恒温水浴锅，冰箱，试剂瓶，量筒，刻度吸管，烧杯，试管及试管架，滴管，计时器。

2. 试剂

尿素缓冲液：溶 15 g 尿素（NH_2CONH_2）于 500 mL 磷酸缓冲溶液中，加入 5 mL 甲苯，用于防腐和防止霉菌生长；磷酸缓冲液：将 3.403 g KH_2PO_4 和 4.355 g K_2HPO_4 溶解并稀释至 1 000 mL，临用前，以强酸或强碱调节其 pH 至 7.0，其使用期限不超过 90 d。

(三)实验步骤

取稀释脲酶液，装入比色管中，加入 10 mL 尿素缓冲液，迅速盖上盖子，剧烈摇动。将比色管置于(30±0.5)℃的恒温水浴锅中，准确保持 30 min。另取等量稀释酶液放入另一支比色管中，加入 10 mL 磷酸缓冲液，迅速盖上盖子，将试样与缓冲液混合均匀，置于水浴锅保持 30 min，作为空白试验。每隔 5 min 将水浴锅中比色管中的试样摇匀一次。每个比色管保持 30 min 后，从水浴锅中取出，将上清液倒入小烧杯中。并在从水浴锅中取出恰好 5 min 时，用酸度计测出 pH。

计算公式：

$$U_A = pH_1 - pH_2$$

式中：U_A 为脲酶活性（ΔpH）；pH_1 为酶液使尿素分解后样液的 pH；pH_2 为空白样液的 pH。

(四)注意事项

准确添加试剂；精确控制反应时间。

三、脲酶活力测定——氨气敏电极法

(一)实验原理

脲酶在一定条件下，可水解尿素生成铵盐。在碱性条件下，铵盐转变成为氨，利用氨气敏

电极测定单位时间内由脲酶作用所产生的氨数量即可定量表示脲酶活性的高低,反应方程式如下:

$CO(NH_2)_2 + 2H_2O \rightarrow (NH_4)_2CO_3$

$(NH_4)_2CO_3 + 2NaOH \rightarrow Na_2CO_3 + 2NH_3 + 2H_2O$

(二)实验用品

1. 器材

501 型氨气敏电极,恒温水浴锅,冰箱,试剂瓶,量筒,刻度吸管,烧杯,试管及试管架,滴管,计时器。

2. 试剂

NH_4Cl 标准溶液:准确称取 NH_4Cl(105℃干燥 1 h)13.375 0 g,加适量水溶解并转入 250 mL 容量瓶中,加水定容至刻度即得 1 mol · L^{-1} NH_4Cl 标准溶液;0.1 mol · L^{-1} 尿素;中性缓冲液:取 0.07 mol · L^{-1} Na_2HPO_4 611 mL 加入 0.07 mol · L^{-1} K_2HPO_4 389 mL,混匀;10%钨酸钠;5 mol · L^{-1} NaOH-0.5 mol · L^{-1} EDTA-Na_2:取 200 g NaOH、186.12 g EDTA-Na_2,混溶于水中,冷却后定容到 1 000 mL。

(三)实验步骤

1. 标准曲线绘制

分别取 10^{-4}、10^{-3}、10^{-2}、10^{-1} 标准 NH_4Cl 溶液各 30 mL 于 4 只洁净的 50 mL 小烧杯中,加入 2.0 mL 5 mol · L^{-1} NaOH-0.5 mol · L^{-1} EDTA-Na_2,中速搅拌下测各浓度的稳态电位值,并做出 $E \sim \log[NH_3]$ 图。

2. 样品测定

分别取样品酶溶液 2.0 mL、中性缓冲液 10.0 mL、蒸馏水 7 mL、0.1 mol · L^{-1} 尿素 8.0 mL 于一洁净的 50 mL 小烧杯中,50℃下保温 10 min,立即加入 1 mL 5%硫酸及 2 mL 10%钨酸钠中止酶解反应。加入 2.0 mL 5 mol · L^{-1} NaOH-0.5 mol · L^{-1} EDTA-Na_2,中速搅拌下测其稳态电位值,并从工作曲线中查出对应的氨浓度。

3. 样品脲酶活性的计算

样品的脲酶活性以每毫升样品中所含有的脲酶每分钟水解尿素所生成的氨毫克数表示。

$$\text{脲酶活性}(\text{mg } NH_3 \cdot mL^{-1} \cdot min^{-1}) = \frac{C \times 17}{V \times T} \times N$$

式中:C 为测定用样品液中氨含量(mmol);V 为样品溶液总体积(mL);T 为酶解反应时间(min);N 为样品稀释倍数。

(四)注意事项

准确添加试剂;精确控制反应时间。

参考文献

1. 陈毓荃．生物化学研究技术[M]．北京：中国农业出版社，1995．

2. 杨建雄．生物化学与分子生物学实验技术教程[M]．北京：科学出版社，2009．

3. 战广琴，钱万英．生物化学实验[M]．北京：中国农业大学出版社，2001．

4. 扶惠华，李小方，田廷亮．奈氏试剂测定脲酶活性方法的改进[J]．植物生理学通讯，1996，32(6)：435-439．

执笔人：张宽朝

实验九　双水相萃取α-淀粉酶及其影响因素分析

一、实验目的

双水相萃取技术是利用溶质在两个互不相溶的亲水相间分配系数不同而进行分离的萃取技术。该技术的特点是两相均为亲水相，含水量高，萃取条件温和，不会引起生物活性物质的变性，没有有机溶剂残留；分相时间短，去细胞碎片的同时纯化蛋白，使分离过程更加经济；通用性强，既适合大分子也适合小分子萃取，步骤简单，可连续操作，易于放大，在生物活性物质如蛋白质的提取中具有独特的优势。最常采用的双水相体系包括聚乙二醇(PEG)/葡聚糖(Dex)双水相或聚乙二醇(PEG)/无机盐双水相，其中无机盐最常采用的是硫酸铵或磷酸盐。

本实验以α-淀粉酶为研究对象，研究α-淀粉酶在PEG/硫酸铵双水相中的分配及影响分配的因素，使同学们了解并掌握双水相萃取的特点及其影响因素。

二、实验技术路线

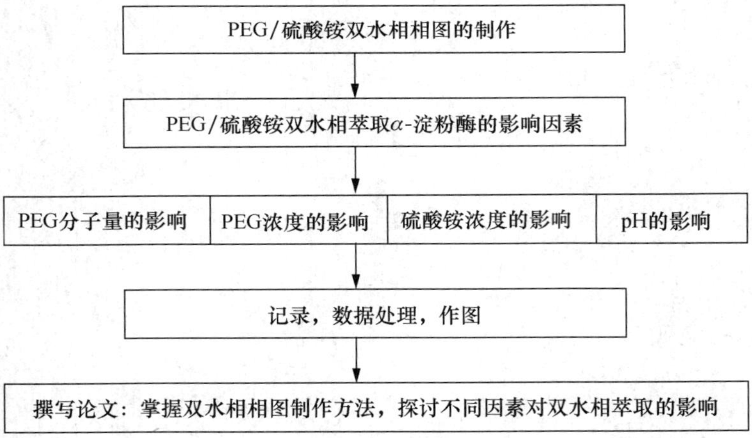

三、实验材料预处理

1. PEG/硫酸铵双水相相图的制作。
2. PEG分子量对α-淀粉酶在PEG/硫酸铵双水相中分配的影响。
3. PEG浓度对α-淀粉酶在PEG/硫酸铵双水相中分配的影响。

4. 硫酸铵浓度对α-淀粉酶在PEG/硫酸铵双水相中分配的影响。

5. pH对α-淀粉酶在PEG/硫酸铵双水相中分配的影响。

四、数据记录、处理、作图

参照实验要求记录数据，处理并作图。

五、撰写实验论文

论文撰写参考常见论文格式，撰写论文讨论部分考虑下面三个问题：

1. 常用双水相体系。

2. 双水相体系形成的原理。

3. 分析PEG分子量、PEG浓度、硫酸铵浓度以及溶液pH等因素对α-淀粉酶在两相中分配的影响。

Ⅰ　PEG/硫酸铵相图的制备

一、实验原理

两种亲水性高聚物或高聚物与无机盐在水溶液中可形成互不相溶的两相，这是由高聚物的不相容性或盐析作用引起的。双水相形成的条件和定量关系可用相图来表示(图9-1)，其中TKB为双节线，双节线上方为双水相区，双节线以下为均一相区；相图中TMB为系线，系线上的点表示组成相同但体积不同的两相，其长度表征两相之间的差异程度；K为系统临界点，在临界点附近系线长度趋近于零，表示上相和下相的组成相同，因此分配系数应为1。随着PEG、硫酸铵浓度增大，系线长度增加，上相和下相相对组成的差别就增加，蛋白在两相中的分配系数会受到极大的影响，故相图是研究双水相萃取的基础。本实验采用浊点法制作双水相相图。

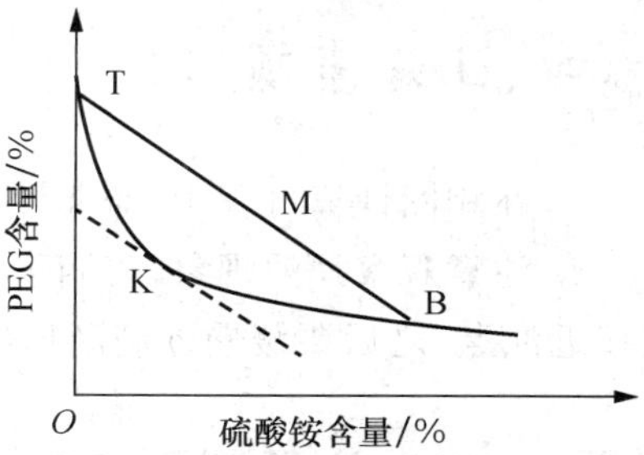

图9-1　双水相相图

二、实验用品

1. 器材

低速离心机，涡流混合器，酸式滴定管。

2. 试剂

PEG(相对分子质量分别为400，800，2 000)；43%的硫酸铵溶液：称取43 g硫酸铵溶解于适量水中，定容至100 mL，称重计算密度。

三、实验步骤

称取不同分子量的PEG各0.7 g,加0.5 mL纯水(水的密度按1 mg·mL^{-1}计)溶解,用43%的硫酸铵溶液滴定并不断混匀,直至出现浑浊,记录硫酸铵体积;再加入适量纯水(0.3~0.5 mL),使溶液重新变澄清,记录加入纯水的体积,继续用43%的$(NH_3)_2SO_4$滴定,使溶液再次变浑浊,如此反复操作并记录相关数据。根据表9-1记录的数据,计算溶液浑浊(即为临界点)时PEG和硫酸铵在溶液系统中的质量百分浓度,绘制PEG和硫酸铵的双水相相图。

表9-1 PEG/$(NH_4)_2SO_4$双水相体系相图绘制数据

次数	H_2O加量/mL	$(NH_4)_2SO_4$溶液加量/mL	$(NH_4)_2SO_4$固体累计量/g	系统溶液*累计总量/mL	PEG/%	$(NH_4)_2SO_4$/%
1						
2						
3						
4						
5						
6						
7						
8						
9						

* 系统溶液指溶液出现浑浊时,PEG、水以及43%的$(NH_3)_2SO_4$溶液混合成的溶液。

四、注意事项

1. 在相图计算过程中,需要计算质量百分比。

2. 注意观察浑浊现象,若滴下$(NH_4)_2SO_4$后,溶液出现浑浊,但震荡后又恢复澄清,说明已接近浊点,之后要缓慢逐滴滴加$(NH_4)_2SO_4$溶液。

Ⅱ PEG分子量对PEG/$(NH_4)_2SO_4$双水相萃取α-淀粉酶的影响

一、实验原理

聚合物的分子量对蛋白在双水相中的分配具有重要影响。聚合物分子量越大,发生相分离而形成双水相所需的浓度越低。随着分子量的增大,双节线向原点接近,并且两种高聚物的分子量相差越大,双节线越不对称。支链高聚物比直链高聚物易于形成双水相体系。在高聚物浓度保持不变的情况下,降低高聚物的分子量,可溶性生物大分子(如蛋白质、核酸)或颗粒(如细胞)将更多地分配于该相。双水相体系的组成越接近临界点,可溶性生物大分子的分配系数越接近。

二、实验用品

1. 器材

低速离心机；涡流混合器；紫外分光光度计。

2. 试剂

PEG(相对分子质量分别为 400，800，2 000)；硫酸铵；α-淀粉酶；磷酸氢二钠；磷酸二氢钠。

三、实验步骤

(一)试剂配制

(1)1% α-淀粉酶溶液：称取 1 g α-淀粉酶溶解于适量双蒸水中，定容至 100 mL。

(2)0.2 $mol \cdot L^{-1}$ 的 Na_2HPO_4 溶液：称取 $Na_2HPO_4 \cdot 2H_2O$(相对分子质量 178.05) 35.61 g 用水溶解，定容至 1 000 mL。

(3)0.2 $mol \cdot L^{-1}$ 的 NaH_2PO_4 溶液：称取 $NaH_2PO_4 \cdot H_2O$(相对分子质量 138.01) 27.6 g 用水溶解，定容至 1 000 mL。

(4)0.2 $mol \cdot L^{-1}$ pH 7.0 的磷酸缓冲液的配制：取 94.7 mL 0.2 $mol \cdot L^{-1}$ 的 Na_2HPO_4 溶液加 5.3 mL 0.2 $mol \cdot L^{-1}$ 的 NaH_2PO_4 溶液混匀。

(5)40%硫酸铵溶液的配制：称取 40 g 硫酸铵，加适量纯水溶解，定重至 100 g。

(二)测定

取 6 支 15 mL 刻度离心管，分为两组，一组做空白对照，一组做样品组。分别加入 1.6 g 不同相对分子质量的 PEG(400，800，2 000)和 5 g 40%的硫酸铵溶液，加适量 pH 7.0 的磷酸缓冲液溶解，样品组加入 1.0 mL 1%的 α-淀粉酶溶液，空白对照组加 1.0 mL pH 7.0 的磷酸缓冲液，均用 pH 7.0 的磷酸缓冲液定重至 10 g，混合形成两组双水相(PEG 16%，硫酸铵 20%)，沿刻度离心管轴向充分混合，3 000 $r \cdot min^{-1}$ 离心 10 min，读出上下相体积，计算相比 R。

$$R = \frac{V_T}{V_B}$$

式中：V_T 为上相体积；V_B 为下相体积。

小心吸取分离上相和下相溶液，将上相溶液对倍稀释，下相溶液不稀释，分别以各自空白管的上相(同样对倍稀释)和下相调零，利用紫外分光光度计检测两相在 280 nm 以及 260 nm 处的吸光度，根据经验公式：蛋白质浓度($mg \cdot mL^{-1}$)$=1.45 \times OD_{280} - 0.74 \times OD_{260}$ 计算上相和下相溶液中 α-淀粉酶的浓度。

$$K = \frac{C_T}{C_B}$$

式中：C_T 为上相溶液中 α-淀粉酶的浓度；C_B 为下相溶液中 α-淀粉酶的浓度。

根据相比与分配系数（表 9-2），分析 PEG 分子量对 α-淀粉酶在双水相中分配的影响。

表 9-2　PEG 分子量对双水相萃取 α-淀粉酶分配系数的影响

相对分子质量	相比	上相酶浓度/（mg·mL⁻）	下相酶浓度/（mg·mL⁻）	分配系数
400				
800				
2 000				

四、注意事项

1. 加原料与蛋白后必须将离心试管沿轴向充分振摇，使固体充分溶解。

2. 上下相分离时注意吸管小心吸出上相，将多余上相和少量下相弃去，换吸管，吸出下相。

Ⅲ　PEG 浓度对 α-淀粉酶在 PEG/硫酸铵双水相中分配的影响

一、实验原理

PEG 的浓度可决定两相间的性质差异，故而对蛋白的分配具有较大的影响。

二、实验用品

1. 器材

低速离心机，涡流混合器，紫外分光光度计。

2. 试剂

PEG 800；硫酸铵；α-淀粉酶；磷酸氢二钠；磷酸二氢钠。

三、实验步骤

（一）试剂配制

(1)1%α-淀粉酶溶液：称取 1 g α-淀粉酶溶解于适量双蒸水中，定容至 100 mL。

(2)0.2 mol·L^{-1}的 Na_2HPO_4 溶液：称取 $Na_2HPO_4 \cdot 2H_2O$（分子量 178.05）35.61 g 用水溶解，定容至 1 000 mL。

(3)0.2 mol·L^{-1}的 NaH_2PO_4 溶液：称取 $NaH_2PO_4 \cdot H_2O$（分子量 138.01）27.6 g 用水溶解，定容至 1 000 mL。

(4)0.2 mol·L^{-1} pH 7.0 的磷酸缓冲液的配制：取 94.7 mL 0.2 mol·L^{-1}的 Na_2HPO_4 溶液加 5.3 mL 0.2 mol·L^{-1}的 NaH_2PO_4 溶液混匀。

(5)40%硫酸铵溶液的配制：称取 40 g 硫酸铵，加适量纯水溶解，定重至 100 g。

(二)测定

取 8 支 15 mL 刻度离心管，分为两组，一组做空白对照，一组做样品管。分别加入 1.5 g、2.0 g、2.5 g、3.0 g PEG 800，同时加入 5 g 40%的硫酸铵溶液，混匀后，样品组加入 1.0 mL 1%的α-淀粉酶溶液，空白组加入 1.0 mL pH 7.0 的磷酸缓冲液，用 pH 7.0 的磷酸缓冲液定重至 10 g，沿着离心管轴向充分混合，3 000 r·min^{-1}离心 10 min，读出上下相体积，计算相比 R。

$$R=\frac{V_T}{V_B}$$

式中：V_T 为上相体积；V_B 为下相体积。

小心吸取分离上相和下相溶液，将上相溶液对倍稀释，下相溶液不稀释，分别以各自空白管的上相（同样对倍稀释）和下相调零，利用紫外分光光度计检测两相在 280 nm 以及 260 nm 处的吸光度，根据经验公式：蛋白质浓度(mg·mL^{-1})$=1.45\times OD_{280}-0.74\times OD_{260}$计算上相和下相溶液中α-淀粉酶的浓度。

$$K=\frac{C_T}{C_B}$$

式中：C_T 为上相溶液中α-淀粉酶的浓度；C_B 为下相溶液中α-淀粉酶的浓度。

根据相比与分配系数（表 9-3），分析 PEG 浓度对α-淀粉酶在双水相中分配的影响。

表 9-3　PEG 浓度对α-淀粉酶分配的影响

PEG 浓度	相比	上相酶浓度/(mg·mL^{-1})	下相酶浓度/(mg·mL^{-1})	分配系数
15%				
20%				
25%				
30%				

四、注意事项

1. 加物料后必须将离心试管沿轴向充分振摇，直至固体全部溶解。
2. 上下相分离时注意吸管小心吸出上相，将多余上相和少量下相弃去，换吸管，吸出下相。

Ⅳ　硫酸铵浓度对α-淀粉酶在 PEG/硫酸铵双水相中分配的影响

一、实验原理

硫酸铵的浓度可决定两相性质差异，故对蛋白分配具有较大的影响。

二、实验用品

1. 器材

低速离心机,涡流混合器,分光光度计。

2. 试剂

PEG(相对分子质量分别为 400,800,2 000);硫酸铵;α-淀粉酶;磷酸氢二钠;磷酸二氢钠。

三、实验步骤

(一)试剂配制

(1)1% α-淀粉酶溶液:称取 1 g α-淀粉酶溶解于适量双蒸水中,定容至 100 mL。

(2)0.2 $mol \cdot L^{-1}$ 的 Na_2HPO_4 溶液:称取 $Na_2HPO_4 \cdot 2H_2O$(相对分子质量 178.05)35.61 g 用水溶解,定容至 1 000 mL。

(3)0.2 $mol \cdot L^{-1}$ 的 NaH_2PO_4 溶液:称取 $NaH_2PO_4 \cdot H_2O$(相对分子质量 138.01)27.6 g 用水溶解,定容至 1 000 mL。

(4)0.2 $mol \cdot L^{-1}$ pH 7.0 的磷酸缓冲液的配制:取 94.7 mL 0.2 $mol \cdot L^{-1}$ 的 Na_2HPO_4 溶液加 5.3 mL 0.2 $mol \cdot L^{-1}$ 的 NaH_2PO_4 溶液混匀。

(5)40%硫酸铵溶液的配制:称取 40 g 硫酸铵,加适量纯水溶解,定重至 100 g。

(二)测定

取 8 支 15 mL 刻度离心管,分为两组,一组做空白对照,一组做样品管。分别加入 2 g PEG-800,再分别加入 40%的硫酸铵溶液 4 g、5 g、6 g、7 g,混匀后加入 1%的 α-淀粉酶溶液 1 mL,空白组加入 1.0 mL pH 7.0 的磷酸缓冲液,均用 pH 7.0 的磷酸缓冲液定重至 10 g,沿着 15 mL 刻度离心管轴向充分混合,3 000 $r \cdot min^{-1}$ 离心 10 min,读出上下相体积,计算相比 R。

$$R = \frac{V_T}{V_B}$$

式中:V_T 为上相体积;V_B 为下相体积。

小心吸取分离上相和下相溶液,将上相溶液对倍稀释,下相溶液不稀释,分别以各自空白管的上相(同样对倍稀释)和下相调零,利用紫外分光光度计检测两相在 280 nm 以及 260 nm 处的吸光度,根据经验公式:蛋白质浓度($mg \cdot mL^{-1}$)$=1.45 \times OD_{280} - 0.74 \times OD_{260}$ 计算上相和下相溶液中 α-淀粉酶的浓度。

$$K = \frac{C_T}{C_B}$$

式中:C_T 为上相溶液中 α-淀粉酶的浓度;C_B 为下相溶液中 α-淀粉酶的浓度。

根据相比与分配系数(表 9-4),分析硫酸铵浓度对 α-淀粉酶在双水相中分配的影响。

表 9-4　PEG 浓度对 α-淀粉酶分配的影响

硫酸铵浓度	相比	上相酶浓度/（$mg \cdot mL^{-1}$）	下相酶浓度/（$mg \cdot mL^{-1}$）	分配系数
16%				
20%				
24%				
28%				

四、注意事项

1. 加物料后必须将离心试管沿轴向充分振摇，直至固体全部溶解。

2. 上下相分离时注意吸管小心吸出上相，将多余上相和少量下相弃去，换吸管，吸出下相。

V　pH 对 α-淀粉酶在 PEG/硫酸铵双水相中分配的影响

一、实验原理

pH 对分配的影响主要源于两方面的原因。第一，pH 会影响蛋白质分子中可离解基团的离解度，因而改变蛋白质所带电荷的性质和大小，这与蛋白质的等电点有关。第二，pH 只影响磷酸盐的离解度，从而改变—$H_2PO_4^-$ 和—HPO_4^{2-} 的比例，进而影响电势差。pH 的微小变化，会使蛋白质的分配系数改变 2～3 个数量级。加进不同的盐，pH 的影响也不同。

二、实验用品

1. 器材

低速离心机，酸度计，涡流混合器，紫外分光光度计。

2. 试剂

PEG800，硫酸铵，α-淀粉酶，磷酸二氢钠，磷酸氢二钠。

三、实验步骤

（一）试剂配制

（1）1% α-淀粉酶溶液：称取 1 g α-淀粉酶溶解于适量双蒸水中，定容至 100 mL。

（2）0.2 $mol \cdot L^{-1}$ 的 Na_2HPO_4 溶液：称取 $Na_2HPO_4 \cdot 2H_2O$（相对分子质量 178.05）35.61 g 用水溶解，定容至 1 000 mL。

(3)0.2 mol·L^{-1}的 NaH_2PO_4 溶液:称取 $NaH_2PO_4 \cdot H_2O$(相对分子质量 138.01)27.6 g 用水溶解,定容至 1 000 mL。

(4)0.02 mol·L^{-1}pH 5.8 的磷酸缓冲液:取 8 mL 0.2 mol·L^{-1}的 Na_2HPO_4 溶液加 92 mL 0.2 mol·L^{-1}的 NaH_2PO_4 溶液混匀。

(5)0.02 mol·L^{-1}pH 6.4 的磷酸缓冲液:取 26.5 mL 0.2 mol·L^{-1}的 Na_2HPO_4 溶液加 73.5 mL 0.2 mol·L^{-1}的 NaH_2PO_4 溶液混匀。

(6)0.02 mol·L^{-1}pH 7.0 的磷酸缓冲液:取 61 mL 0.2 mol·L^{-1}的 Na_2HPO_4 溶液加 39 mL 0.2 mol·L^{-1}的 NaH_2PO_4 溶液混匀。

(7)0.02 mol·L^{-1}pH 7.0 的磷酸缓冲液:取 94.7 mL 0.2 mol·L^{-1}的 Na_2HPO_4 溶液加 5.3 mL 0.2 mol·L^{-1}的 NaH_2PO_4 溶液混匀。

(8)40%硫酸铵溶液的配制:称取 40 g 硫酸铵,加适量纯水溶解,定重至 100 g。

(二)测定

取 8 支 15 mL 刻度离心管,分成两组(一组做空白对照,一组做样品管),分别加入 1.6 g PEG800 和 5 g 40%硫酸铵溶液,样品组加入 1.0 mL 1%的 α-淀粉酶溶液,空白对照组加入 1.0 mL 的纯水,用不同 pH 梯度的磷酸缓冲液(pH 5.8、6.4、7.0、8.0)定重至 10 g,分别置于 15 mL 刻度离心管中轴向充分混合,3 000 r·min^{-1}离心 10 min,读出上、下相体积,计算相比 R。

$$R=\frac{V_T}{V_B}$$

式中:V_T 为上相体积;V_B 为下相体积。

小心吸取分离上相和下相溶液,将上相溶液对倍稀释,下相溶液不稀释,分别以各自空白管的上相(同样对倍稀释)和下相调零,利用紫外分光光度计检测两相在 280 nm 以及 260 nm 处的吸光度,根据经验公式:蛋白质浓度(mg/mL)$=1.45\times OD_{280}-0.74\times OD_{260}$ 计算上相和下相溶液中 α-淀粉酶的浓度。

$$K=\frac{C_T}{C_B}$$

式中:C_T 为上相溶液中 α-淀粉酶的浓度;C_B 为下相溶液中 α-淀粉酶的浓度。

根据相比与分配系数(表 9-5),分析 pH 对 α-淀粉酶在双水相中分配的影响。

表 9-5 pH 对 α-淀粉酶分配的影响

pH	相比	上相酶浓度/(mg/mL)	下相酶浓度/(mg/mL)	分配系数
5.8				
6.4				
7.0				
8.0				

四、注意事项

1. 加完物料后必须将离心试管沿轴向充分振摇,直至固体全部溶解。

2. 上、下相分离时注意吸管小心吸出上相，将多余上相和少量下相弃去，换吸管，吸出下相。

参考文献

1. 李建武. 生物化学实验原理和方法[M]. 北京：北京大学出版社，2000.

2. 张儒，张变玲，等. 聚乙二醇/硫酸铵双水相萃取猪胃蛋白酶工艺研究[J]. 食品工业科技，2012，33(15)：245-247.

3. 陈利梅，李德茂，孙秀平. 聚乙二醇/硫酸铵双水相体系萃取葡萄糖氧化酶的研究[J]. 食品工业科技，2010，31(5)：209-211.

执笔人：魏练平

实验十　液体制剂及薄荷油包合物的制备

一、实验目的

1. 掌握芳香水剂的制备方法、质量标准及检查方法。掌握芳香水剂和低分子溶液剂的概念与特点。了解芳香水剂的制备中常用附加剂的正确使用、作用机制及常用量。

2. 掌握胃蛋白酶合剂的制备方法、质量标准及检查方法。掌握高分子溶液剂的概念与特点。了解胃蛋白酶合剂的制备中常用附加剂的正确使用、作用机制及常用量。

3. 掌握饱和水溶液法制备薄荷油包合物的工艺及使用薄层色谱法（TLC）验证包合物形成的方法。了解 β-环糊精的性质及应用。

4. 掌握混悬液型液体药剂的一般制备方法。熟悉助悬剂在混悬剂中的应用和混悬剂的质量评定方法。

二、实验技术路线

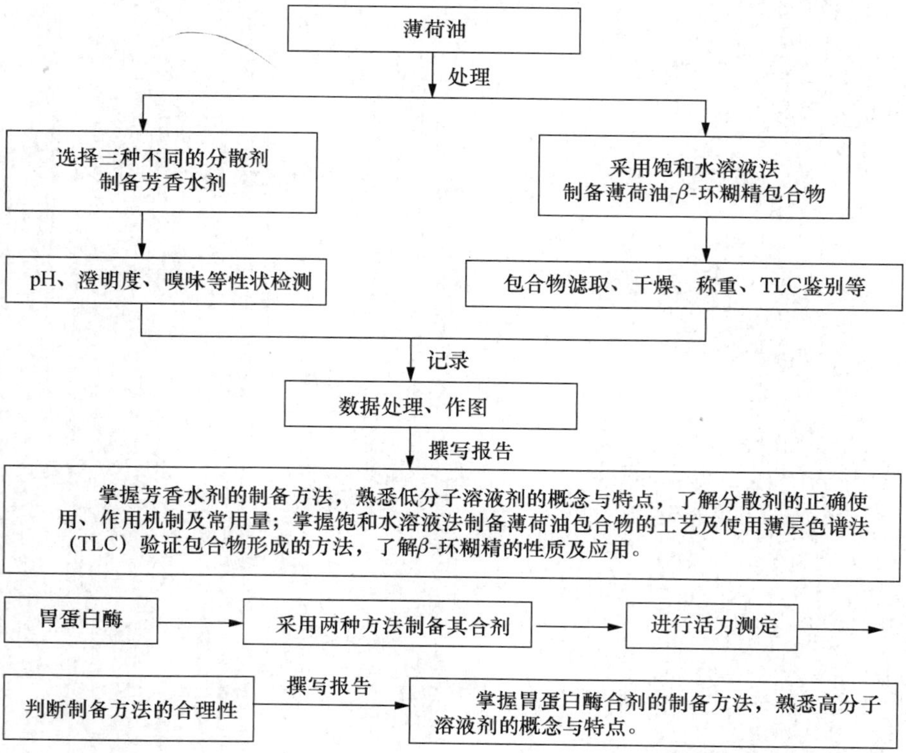

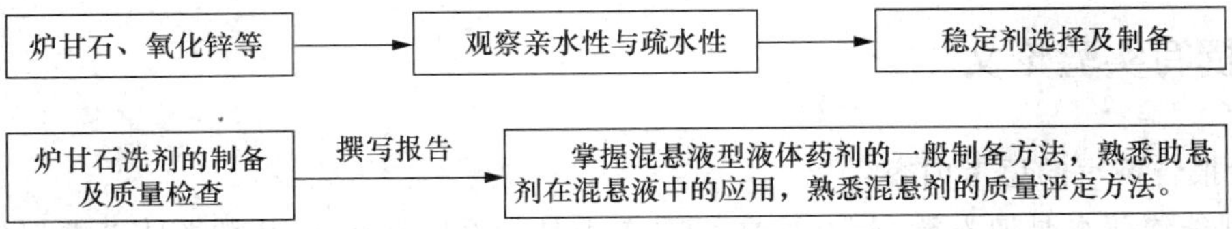

三、实验材料预处理

醋酸钠缓冲液、1%香草醛硫酸液需预先配制；挥发油提取装置需提前准备好；炉甘石、氧化锌研碎过120目筛。

四、实验内容

1. 薄荷油芳香水剂的制备

(1)选用不同的分散剂(滑石粉、活性炭、轻质碳酸镁)。

(2)用分散溶解法制备薄荷水，反复过滤至澄明。

(3)对制备的薄荷水进行性状检查(pH、嗅味、澄明度)，记录结果并进行比较。

2. 胃蛋白酶合剂的制备

(1)溶解法制备。

(2)分别采用两种方法制备。

(3)活力实验考察，比较用两种方法制备的合剂质量。

3. 饱和水溶液法制备薄荷油-β-环糊精包合物

(1)β-环糊精饱和水溶液的制备。

(2)包合物的制备：缓慢滴入1 mL薄荷油，恒温搅拌2.5 h。

(3)冷藏24 h，待沉淀完全。

(4)抽滤，用无水乙醇5 mL洗涤沉淀3次至表面近无油渍。

(5)将包合物干燥，称重，计算收率。

(6)薄层色谱法验证。

(7)包合物的含油率、利用率的测定。

4. 炉甘石洗剂的制备

(1)药物的亲水性与疏水性质的观察。

(2)待选稳定剂及其制备。

(3)炉甘石洗剂的制备：以基础处方及基础处方加入待选稳定剂，共制备5种混悬剂。采用加液研磨法制备。

(4)炉甘石洗剂的质量检查。

五、数据记录、处理、作图

按照实验测定方法中的要求进行。

六、撰写实验论文

实验报告撰写的思考内容：

1. 制备薄荷水时加入滑石粉、活性炭的作用是什么？还可选用哪些具有类似作用的物质？欲制得澄明液体的操作关键为何？
2. 简述影响胃蛋白酶活力的因素及预防措施。
3. 薄荷油包合物的制备为什么选用 β-环糊精为主分子？它有何特点？
4. 饱和水溶液法制备薄荷油包合物的实验中应注意哪些关键操作？
5. 制备包合物的方法除饱和水溶液法外，还有哪些？各有何特点？
6. 常用环糊精衍生物包合材料有哪些？其适用性各如何？
7. 混悬剂的稳定性与哪些因素有关？
8. 亲水性药物与疏水性药物在制备混悬液时有什么不同？
9. 根据实验结果，判断各炉甘石洗剂的优劣和分析各种添加剂的作用。
10. 优良的混悬剂应达到哪些质量要求？

Ⅰ 薄荷油芳香水剂的制备(分散溶解法)

一、实验原理

低分子溶液剂系指小分子药物以分子或离子状态分散在溶剂中制成的均匀分散的，供内服或外用的真溶液。制备方法主要有溶解法、稀释法和化学反应法，其中溶解法最为常用。芳香水剂是低分子溶液剂的一种，系指芳香挥发性药物(多为挥发油)的饱和或近饱和的水溶液，如以挥发油作原料时多采用溶解法和稀释法制备。其特点：除要求澄明外，还需具有与原料药物相同的气味，不得有异臭、沉淀或杂质。

在芳香水剂的制备中，分散剂的选择很重要，挥发油在水中的溶解度很小(约为0.05%)，分散剂可将挥发油分散得更细，有利于溶解；同时还具有吸附剂与助滤剂的作用，过量的薄荷油和杂质可被其吸附，在滤器上形成滤饼而起助滤作用。适合的分散剂可通过实验确定。

二、实验用品

1. 器材

量筒，移液管，具盖细口瓶，研钵，玻璃漏斗，电子天平，冰箱。

2. 试剂

薄荷油，滑石粉，活性炭，轻质碳酸镁，蒸馏水，精密 pH 试纸，滤纸。

三、实验步骤

(一)处方

薄荷油	0.2 mL
滑石粉	1.5 g
(或活性炭)	1.5 g
(或轻质碳酸镁)	1.5 g
蒸馏水	加至 100.0 mL

(二)制法

(1)称取 1.5 g 滑石粉置于干燥研钵中,加 0.2 mL 薄荷油,充分研匀。

(2)量取蒸馏水 95 mL,分次加到研钵中,先加少量,研匀后再逐渐加入其余部分的蒸馏水,每次都要研匀,最后留下少量蒸馏水。

(3)将混合液移入锥形瓶中,用余下的蒸馏水将研钵中的滑石粉冲洗入锥形瓶,保鲜膜封口,剧烈振摇 10 min。

(4)用润湿过的滤纸反复过滤至滤液澄明,再通过滤器添加适量蒸馏水至 100 mL,即得。

(5)另用活性炭或轻质碳酸镁 1.5 g 按上法制备薄荷水剂。记录不同分散剂制备薄荷水观察到的结果。

(三)实验结果记录

表 10-1　用不同分散剂制得薄荷水的性状

分散剂	pH	澄明度	嗅味
滑石粉			
活性炭			
轻质碳酸镁			

四、注意事项

1. 薄荷油饱和水溶液浓度约为 0.05%(mL/mL),处方用量为溶解量的 4 倍,配制时不能完全溶解。

2. 滑石粉等分散剂,应与薄荷油充分研匀,以利于加速溶解过程。

Ⅱ　胃蛋白酶合剂的制备(溶解法)

一、实验原理

高分子溶液剂系指高分子化合物溶解于溶剂中制成的均相液体制剂。其制备均要经过有限溶胀和无限溶胀过程，有限溶胀静置即可完成，无限溶胀则需搅拌或加热。高分子溶液剂的制备需要根据药物自身的性质选择适合的办法。胃蛋白酶等高分子药物，宜采用分次撒布于水面或将药物黏附于已湿润的器壁上，使之迅速地自然溶胀而胶溶。此外胃蛋白酶活性易受破坏，制备中要采取相应措施加以保护。制备的胃蛋白酶合剂其活力可通过消化牛乳进行测定，胃蛋白酶活力愈强，凝固牛乳愈快。规定凡胃蛋白酶能使牛乳液在60 s末凝固时的活力强度称为1活力单位，最后可换算到每毫升供试液的活力单位。

二、实验用品

1. 材料

牛奶。

2. 器材

烧杯，量筒，移液管，电子天平，pH计，恒温水浴锅，冰箱。

3. 试剂

胃蛋白酶，盐酸，甘油，冰醋酸，氢氧化钠，蒸馏水。

三、实验步骤

(一)处方

胃蛋白酶	1.20 g
稀盐酸	1.20 mL
甘油	12.0 mL
蒸馏水	加至60.0 mL

(二)制法

(1)Ⅰ法　取稀盐酸与处方量约2/3的蒸馏水混合后，将胃蛋白酶撒在液面使膨胀溶解，必要时轻加搅拌，加甘油混匀，并加蒸馏水至足量，即得。

(2)Ⅱ法　取胃蛋白酶加稀盐酸研磨，加蒸馏水溶解后加入甘油，再加水至足量混匀，即得。

(三)质量检查

(1)成品外观、性状。

(2)成品pH为1.5～2.5。

(3)比较用两种方法制备的合剂质量，可用活力实验考察，记录活力实验中分别凝乳时间，计算相应活力单位。

(四)活力实验

精密吸取本品0.1 mL置试管中，另用吸管加入牛乳醋酸钠混合液5 mL，迅速加毕，混匀，计时(从开始加入时)，记录凝固牛乳所需的时间(25℃进行)。

醋酸钠缓冲液：取冰醋酸 92 g 和氢氧化钠 43 g，分别溶于适量蒸馏水中，将两液混合，并加蒸馏水稀释至 1 000 mL，pH 为 5。

牛乳醋酸钠混合液：取等体积的醋酸钠缓冲液和鲜牛奶混合均匀即得。室温密闭储存可保存 2 周。

四、注意事项

1. 醋酸钠缓冲液配制时，注意检测 pH。
2. 胃蛋白酶极易吸潮，称取操作宜迅速。
3. 胃蛋白酶合剂活力测定时，先加入牛乳醋酸钠混合液 5 mL，再加 0.1 mL 制备的胃蛋白酶合剂，迅速混匀计时。

Ⅲ　饱和水溶液法制备薄荷油-β-环糊精包合物

一、实验原理

β-CD 是由 7 个葡萄糖分子以 1，4-糖苷键连接而成的环状低聚糖化合物。能被人体吸收、利用，进入机体后断链开环，形成直链低聚糖，参与代谢，无积蓄作用，无毒。其立体结构呈中空圆筒状，空穴内部呈疏水性，开口处为亲水性，可将一些体积和形状适合的药物分子或部分基团包合在疏水区内，形成包合物，对药物起到稳定（抗氧化、抗紫外线、防止挥发）或提高溶解度等作用。包合物呈分子状超微结构，分散效果好，易于吸收。挥发油包合后可防止挥发性成分挥发，调节药物的释放速度，使液体药物粉末化，便于进一步的制剂加工，做成各种固体剂型。饱和水溶液法是常用的一种包合技术，即用主分子的饱和溶液与客分子相混，使客分子进入主分子的空穴中，再降低温度，使包合物从水中析出，便于分离。薄层色谱法是易于实现的一种包合物鉴别方法。

二、实验用品

1. 器材

层析缸，点样毛细管，硅胶 G 板，喷瓶，滤纸，锥形瓶，烧杯，量筒，移液管，玻璃漏斗，布氏漏斗，250 mL 圆底烧瓶，电子天平，恒温水浴锅，循环水真空泵，干燥器，烘箱，冰箱，挥发油提取器，冷凝管。

2. 试剂

薄荷油，β-环糊精，无水乙醇，95％乙醇，香草醛，硫酸，石油醚，乙酸乙酯，蒸馏水。

三、实验步骤

（一）处方

薄荷油 1 mL，β-环糊精 4 g，无水乙醇 5 mL，蒸馏水 50 mL。

(二)制法

(1)β-环糊精饱和水溶液的制备：称取β-环糊精 4 g，置 100 mL 具塞锥形瓶中，加入蒸馏水 50 mL，加热溶解，降温至 50℃，备用。

(2)包合物的制备：量取薄荷油 1 mL，缓慢滴入 50℃ β-环糊精饱和水溶液中，待出现浑浊逐渐有白色沉淀析出，恒温搅拌 2.5 h 后冷却。

(3)冷藏 24 h，待沉淀完全。

(4)抽滤，用无水乙醇 5 mL 洗涤沉淀 3 次至表面近无油渍。

(5)将包合物置干燥器中干燥，称重，计算收率。

(三)质量检查

1. 验证包合物的形成

采用薄层色谱法(TLC)。

(1)硅胶 G 板的制作：硅胶 G：0.3%羧甲基纤维素钠水溶液＝1 g：3 mL，混合调匀，铺板，110℃活化 1 h，备用。

(2)样品的制备：取薄荷油-β-环糊精包合物 0.5 g，加 95%乙醇 2 mL 溶解，过滤，滤液为样品 a；另取薄荷油 2 滴，加 95%乙醇 2 mL 溶解，得样品 b。

(3)取样品 a、b 各约 10 μL，点于同一硅胶 G 板上，以石油醚：乙酸乙酯(85：15)为展开剂上行展开。

(4)取出晾干后喷以 1%香草醛硫酸液，105℃烘至斑点清晰。

(5)绘制 TLC 图谱，说明包合前后的特征斑点与 R_f 值的情况。

2. 包合物的含油率、利用率及收得率的测定

将包合物置 250 mL 圆底烧瓶中，加水 150 mL，用挥发油提取器提取出薄荷油，记录体积(1 mL 薄荷油约重 0.9 g)，按以下公式计算：

包合物收得率＝包合物的量(g)/[β-CD(g)＋薄荷油投入量(g)]×100%

包合物的含油率＝[包合物中实际含油量(g)/包合物重量(g)]×100%

包合物中薄荷油的利用率＝[包合物中实际含油量(g)/投油量(g)]×100%

四、注意事项

1. 制备薄荷油饱和水溶液的蒸馏水应是新沸放冷的蒸馏水。

2. 包合率取决于环糊精的种类、药物与环糊精的配比量以及包合时间，应按照要求进行操作。加入薄荷油后，锥形瓶上应以适当物品覆盖，以防薄荷油过度挥发。

Ⅳ　炉甘石洗剂的制备及其质量分析

一、实验原理

混悬液型液体药剂系指难溶性固体药物以细小颗粒分散于液体分散介质中形成的非均

相液体药剂，通常称为混悬剂。分散质点一般在0.5～10 μm，但有的可达50 μm或更大。优良的混悬剂其药物颗粒应细微、分散均匀、沉降缓慢；沉降后的微粒不结块，稍加振摇即能均匀分散；黏度适宜，易倾倒，且不粘瓶壁；外用混悬剂应易于涂展在皮肤患处，且不易被擦掉或流失。为安全起见，剧毒药不应制成混悬剂。

由于重力的作用，混悬剂中微粒在静置时会发生沉降，其沉降速度服从Stokes定律，即混悬剂中微粒的沉降速度与微粒半径成正比，和微粒与液体介质的密度差成正比，与黏度成反比。要制备沉降缓慢的混悬剂，首先应考虑减小微粒半径，再减小微粒与液体介质之间的密度差，或增加介质黏度。如羧甲基纤维素钠等除使分散介质黏度增加外，还能形成一个带电的水化膜包在微粒表面，防止微粒聚集。此外还可采用加润湿剂（表面活性剂）、絮凝剂、反絮凝剂的方法来增加混悬剂的稳定性。混悬剂的制备方法主要有分散法与凝聚法，本实验中采用分散法，系将固体药物粉碎成微粒，再根据主药的性质混悬于分散介质中，并加入适宜的稳定剂的方法。亲水性药物可先干磨至一定细度后，加蒸馏水或高分子溶液；用水性溶液加液研磨时，通常药物和分散介质的比例为1∶（0.4～0.6）为宜；配制遇水膨胀的药物时不采用加液研磨法；配制疏水性药物时可加润湿剂或高分子溶液研磨，使药物颗粒润湿，在颗粒表面形成带电的吸附膜，最后加水性分散介质稀释至足量，混匀即得。

二、实验用品

1. 器材

试管，烧杯，研钵，100 mL具塞量筒，移液管，玻璃棒，量筒，滴管，电子天平，120目药筛。

2. 试剂

炉甘石，轻质氧化锌，甘油，羧甲基纤维素钠，聚山梨酯-80，三氯化铝，枸橼酸钠，硫酸钡，硫黄，乙醇，蒸馏水。

三、实验步骤

（一）药物的亲水性与疏水性质的观察

取试管加少量蒸馏水，分别加入少许氧化锌、硫酸钡、硫黄、炉甘石，观察与水接触的现象。分辨哪些是亲水性的，哪些是疏水性的，并做记录（表10-2）。

表10-2　药物亲水性、疏水性观察结果

结果	氧化锌	硫酸钡	硫黄	炉甘石
现象				
亲水性				

（二）炉甘石洗剂的制备

1. 基础处方

炉甘石（120目）　　5.0 g

氧化锌（120目）　　2.5 g

甘油　　2.5 mL
稳定剂(待选)
蒸馏水　　加至 50 mL

2. 待选稳定剂及其制备

(1)待选稳定剂

羧甲基纤维素钠　　0.25 g
聚山梨酯-80　　1.0 g
三氯化铝　　0.36 g
枸橼酸钠　　0.25 g

(2)制备

羧甲基纤维素钠:称取羧甲基纤维素钠 0.25 g,加蒸馏水 35 mL,加热溶解而成胶浆。

聚山梨酯-80:称取聚山梨酯-80 1.0 g 配成 10%的水溶液备用。

三氯化铝:称取三氯化铝 0.36 g,加蒸馏水配成 0.36%的水溶液,取用 10 mL。

枸橼酸钠:称取枸橼酸钠 0.25 g 加蒸馏水 10 mL 溶解备用。

3. 制法

以基础处方及基础处方加入待选稳定剂,共制备 5 种混悬剂。采用加液研磨法制备。先加炉甘石、轻质氧化锌置乳钵中,加甘油研磨至糊状,再按处方量加入稳定剂或蒸馏水,最后加水至全量,研磨均匀即得 5 种炉甘石洗剂。

(三)质量检查

(1)沉降体积比的测定　将 5 种炉甘石洗剂分别倒入有刻度的具塞量筒中,密塞,用力振摇 1 min,记录混悬液的开始高度 H_0,并放置,按表 10-3 所规定的时间测定沉降物的高度 H,按式沉降体积比 $F=H/H_0$ 计算各个放置时间的沉降体积比,计入表 10-3 中。沉降体积比在 0～1,其数值越大,混悬剂越稳定。

(2)重新分散试验　将分别装有炉甘石洗剂的具塞量筒放置一定时间(48 h 或 1 周后,也可依条件而定),使其沉降,然后将具塞量筒倒置翻转(一反一正为一次),并将筒底沉降物重新分散所需翻转的次数记于表 10-4 中。所需翻转的次数越少,则混悬剂重新分散性越好。若始终未能分散,表示结块,亦应记录。

(四)实验结果与讨论

表 10-3　5 种炉甘石洗剂 2 h 内的沉降体积比(H/H_0)

时间/min	1	2	3	4	5
5					
15					
30					
60					
120					

表 10-4　重新分散试验数据

	1	2	3	4	5
重新分散翻转次数					

四、注意事项

1. 氧化锌有重质和轻质两种，以选用轻质的为好。

2. 炉甘石与氧化锌均为不溶于水的亲水性药物，能被水润湿。故先加入甘油和少量水研磨成糊状，使微粒表面形成水化膜以阻碍微粒的聚合，振摇时易再分散。

3. 炉甘石洗剂属于混悬型制剂，若配制不当或助悬剂使用不当，就不易保持良好的悬浮状态，并且涂用时也会有沙砾感，久贮颗粒聚结，虽振摇也不易再行分散。

4. 改进本品悬浮状态有多种措施，如可以应用高分子物质（如纤维素衍生物等）作助悬剂；也可采用 0.25～0.5 mmol · L^{-1} 的三氯化铝作絮凝剂或采用 0.5％枸橼酸钠作反絮凝剂，亦可同时与适宜助悬剂联合使用。

5. 配制各处方制剂时注意同法操作，与第一次加液量及研磨力尽可能一致。

6. 比较管可用有刻度试管或量筒，其大小粗细尽可能一致。

执笔人：汪曙

实验十一 正交试验筛选甘草酸的最佳制备条件

一、实验目的

甘草酸是甘草中最主要的活性成分，易溶于热水，不溶于醚，难溶于丙二醇、乙醇。在实际提取时，由于溶液中含有大量的可溶性糖、蛋白质等其他杂质，纯化难度非常大。双水相是采用高聚物或无机盐在水溶性液体中，使液体分为两相，不同的物质在两相中的分配系数不同，从而达到物质分离的目的。本实验采用正交试验法，筛选出最佳的提取条件，从而得到高纯度的甘草酸单品。该方法是将生物技术与生物统计学相结合，将理论应用于操作，简单易懂。

二、实验技术路线

实验材料：甘草颗粒

↓ 按1：20加水（g/V）
加1：20氨水（g/V）

室温浸泡30 min后，沸水浴提取2 h

↓ 单层纱布过滤

滤液减压浓缩至原体积的1/3

↓ 正交试验（以L9(3^4)为例）

A	A1	A2	A3
甘草液/mL	15	20	25
B	B1	B2	B3
磷酸氢二钾/g	5	7.5	10
C	C1	C2	C3
乙醇/mL	35	30	25

↓ 按正交试验方案分为9组

A1B1C1	A1B2C1	A1B3C1
A2B1C2	A2B2C2	A2B3C2
A3B1C3	A3B2C3	A3B3C3

↓ 每组抽滤、烘干

甘草酸固体

↓ 检测、对比分析

数据处理、作图

↓ 撰写论文

从本实验中，将双水相萃取、正交试验的理论应用于实践，从测得的各组数据中得出最佳的甘草酸提取方法。

三、实验材料预处理

市售甘草，剪成 3 mm×3 mm 的小颗粒。

四、实验内容

1. 甘草酸提取液的制备。
2. 甘草酸的制备及分析。

五、数据记录、处理、作图

1. 记录各组甘草酸固体的重量。
2. 对各组甘草酸的纯度进行分析，作图。

六、撰写实验论文

论文撰写参考常见论文格式，撰写论文讨论部分考虑下面三个问题。

1. 提取过程中为什么加过量氨水？
2. 正交试验选择实验点的基本原则是什么？
3. 常见的双水相有哪些体系？

Ⅰ　甘草酸单铵盐的制备

一、实验原理

甘草酸不溶于水，在形成盐时可溶，甘草酸单铵盐在不同的体系中溶解度不同。基于与水互溶的有机溶剂和盐水相的双水相萃取体系具有价廉、低毒、较易挥发等特点，本实验对双水相体系中不同种类盐分相能力及不同种类有机溶剂的分相情况开展研究，并应用于从甘草中提取主要成分甘草酸的实践，确定乙醇/磷酸氢二钾双水相体系萃取甘草有效成分的工艺。

二、实验用品

1. 材料

甘草(粉碎10目)。

2. 器材

粉碎机，电子天平，恒温水浴锅，电炉，500 mL 烧杯，烘箱。

3. 试剂

活性炭(脱色用)，氨水。

三、实验步骤

1. 样品提取：称取甘草干燥粉末按 1：20 加水，室温浸泡 30 min，煮沸，按甘草 g：氨水 mL＝1：1 加氨水，沸水浴提取 30 min。

2. 单层纱布过滤，趁热加活性炭脱色，滤液大火浓缩至原液体积的 1/3。

四、注意事项

1. 加热反应时要不停搅拌，防止糊底。
2. 加氨水时要分批次依次加入，并在通风橱内操作。
3. 用电炉浓缩时防止滤液溢出。
4. 根据脱色情况确定活性炭加量。

Ⅱ 甘草酸鉴定

一、实验原理

正交试验设计(Orthogonal experimental design)是研究多因素多水平的一种设计方法，它是根据正交性从全面试验中挑选出部分有代表性的点进行试验，这些有代表性的点具备了“均匀分散，齐整可比”的特点。正交试验设计是分式析因设计的主要方法，是一种高效率、快速、经济的实验设计方法。

甘草酸溶液的最大吸光度为 253 nm，可用来测定样品中甘草酸的含量。

二、实验用品

1. 材料

甘草酸浓缩液。

2. 器材

电子天平，烘箱，紫外可见分光光度计(含比色皿)，离心机，抽滤器，500 mL 烧杯，100 mL 烧杯，50 mL 试管，纱布，玻璃棒，pH 试纸(0～5.0)，滤纸。

3. 试剂

浓硫酸，无水乙醇，磷酸氢二钾。

三、实验步骤

(1)滤液分三份，按照正交试验表，分成各组，并做成双水相。

(2)甘草酸制备：上述每组双层液体分别收集，并分别用浓硫酸滴加到 pH＝2，离心，抽滤，用无水乙醇洗涤，收集沉淀，烘干。

(3)样品检测：各样品称取 0.1 g，加 5 mL 水溶解，在 253 nm 下测定各样品吸光度值，找出含量最大的一组，确定双水相最佳条件。

四、注意事项

1. 抽滤时用无水乙醇洗涤。
2. 检测样品时样品称量要准确。
3. 浓硫酸具有强腐蚀性，操作需谨慎。

参考文献

1. 林金清，董军芳，李夏兰. 乙醇/硫酸铵双水相体系萃取甘草酸钾的研究[J]. 精细化工，2004，21(3)：165-167，173.

2. 苑可武，白芳，杨波，等. 甘草酸的提取和精制法概述[J]. 中国医药工业杂志，2002，33(7)：362-364.

执笔人：孙　锋

实验十二 逆境处理对大蒜氧化酶的影响

一、实验目的

超氧化物歧化酶(Superoxide Dismutase,EC1.5.1.1,SOD)是广泛存在于生物体内各个组织中的重要金属酶,它通过清除逆境胁迫诱导产生的细胞内活性氧自由基,抑制膜内不饱和脂肪酸的过氧化作用,维持细胞质膜的稳定性和完整性,提高植物对逆境胁迫的适应性。根据酶活性中心的辅基部位结合的金属离子的不同,SOD主要分为Cu/Zn-SOD、Fe-SOD和Mn-SOD 3种类型。

过氧化物酶(Peroxidase,EC1.11.1.7,POD)是存在于生物体内的一类氧化酶。它催化由过氧化氢参与的各种还原剂的氧化反应。在逆境胁迫条件下,POD通过清除植物体细胞代谢中产生的活性氧而提高植物对逆境的适应性。

本实验以大蒜为材料,测定低温胁迫下大蒜SOD、POD的酶活性,研究低温条件下大蒜的SOD、POD同工酶电泳图谱,探讨大蒜低温下的SOD、POD酶活性变化及SOD、POD同工酶的特点;在低温和常温条件下培养大蒜,采用半定量RT-PCR方法从分子水平检测SOD酶基因的表达差异,为进一步研究植物在逆境中的生长发育提供理论依据。

二、实验技术路线

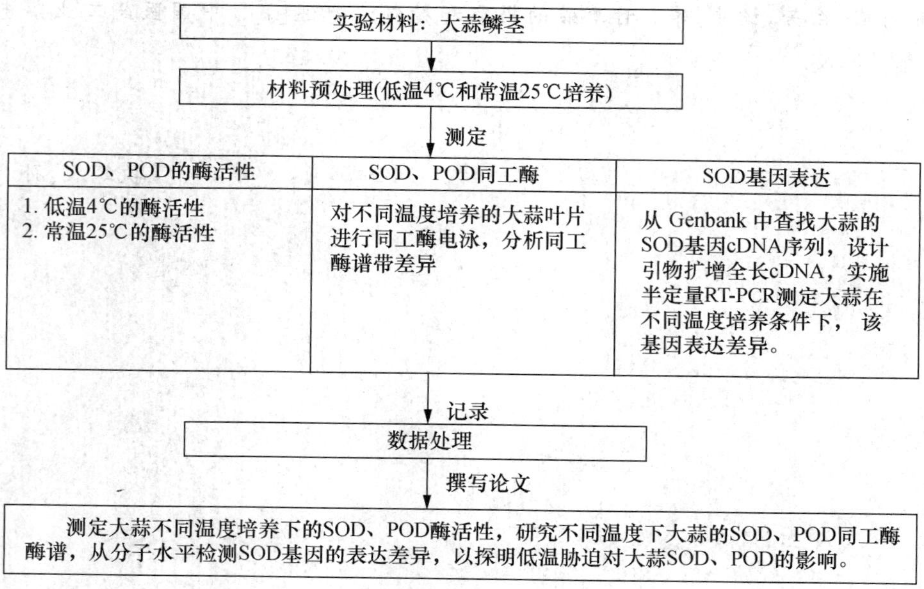

三、实验材料预处理

将市场购置的大蒜(*Allium sativum*)鳞茎 1 000 g,25℃盆栽培养一周至发芽,取出一部分已萌发的大蒜幼苗,置于低温条件下(4℃)培养 20 d,分别取 4℃和 25℃培养条件下的叶片,置于−70℃冰箱备用。

四、实验内容

1. 大蒜在 4℃和 25℃培养条件下的 SOD、POD 酶活性测定。
2. 大蒜在 4℃和 25℃培养条件下的 SOD、POD 同工酶分析。
3. 大蒜在 4℃和 25℃培养条件下 SOD 基因表达比较。

五、数据记录、处理、作图

1. 使用统计学方法,对大蒜在 4℃和 25℃培养条件下的 SOD、POD 酶活性的差异进行比较。
2. 绘出大蒜在 4℃和 25℃培养条件下 POD 同工酶谱带图,并比较异同。
3. 绘出大蒜在 4℃和 25℃培养条件下 SOD 同工酶谱带图,并比较异同。

六、撰写实验论文

论文撰写参考常见论文格式,撰写论文讨论部分考虑下面两个问题。
1. 使用统计学方法,比较大蒜在 4℃和 25℃培养条件下的 SOD、POD 酶活性差异。
2. 比较大蒜在 4℃和 25℃培养条件下的 POD、SOD 同工酶谱带图差异。

Ⅰ 低温胁迫下大蒜 SOD 的酶活性测定

一、实验原理

本实验依据超氧化物歧化酶抑制氮蓝四唑(NBT)在光下的还原作用来确定酶活性大小。在有氧化物质存在的情况下,核黄素可被光还原,被还原的核黄素在有氧条件下极易再氧化而产生超氧阴离子自由基,超氧阴离子自由基可将氮蓝四唑还原为蓝色的甲腙,后者在 560 nm 处有最大吸收。而 SOD 可清除超氧阴离子自由基,从而抑制甲腙的形成,光还原反应后,反应液蓝色越深,说明酶活性越低,反之酶活性越高。

二、实验用品

1. 器材

高速台式离心机,分光光度计,微量进样器,荧光灯(反应试管处照度为 4 000 $\mu mol \cdot m^{-2} \cdot$

s^{-1})，试管或指形管数支。

2. 试剂

0.1 mol·L^{-1} pH 7.8 的磷酸钠缓冲液：A 液为 0.1 mol·L^{-1}磷酸氢二钠液，B 液为 0.1 mol·L^{-1}磷酸二氢钠液，1 mL B 液＋10.76 mL A 液；0.026 mol·L^{-1}蛋氨酸(Met)：现用现配，称取 0.387 9 g 蛋氨酸，用 0.1 mol·L^{-1}pH 7.8 的磷酸钠缓冲液定容至 100 mL；750 μmol·L^{-1}氯化硝基四氮唑蓝(NBT)液：现用现配，称取 0.153 3 g NBT，先用少量蒸馏水溶解，再定容至 250 mL；1 μmol·L^{-1}EDTA-2Na 和 2×10^{-5} mol·L^{-1}核黄素混合液；0.05 mol·L^{-1}pH 7.8 的磷酸钠缓冲液；石英砂。

三、实验步骤

(一)SOD 酶液制备

分别称取 0.5 g 低温胁迫及对照组的大蒜鲜叶，放入研钵中，加入 3 mL 0.05 mol·L^{-1}磷酸钠缓冲液和少量石英砂，于冰浴中研成匀浆。然后用 0.05 mol·L^{-1}pH 7.8 磷酸钠缓冲液定容至 8 mL，于 0～4℃、离心 15 min，上清液即为 SOD 酶提取液。

(二)SOD 酶活性测定

按下表加入试剂。

	0.1 mol·L^{-1} pH 7.8 的磷酸钠缓冲液/mL	0.026 mol·L^{-1}Met/mL	750 μmol·L^{-1} NBT/mL	酶液/μL	蒸馏水/mL
1	1.5	0.3	0.3	0	900
2	1.5	0.3	0.3	0	900
3	1.5	0.3	0.3	0	900
4	1.5	0.3	0.3	25	875
5	1.5	0.3	0.3	35	865
6	1.5	0.3	0.3	45	855
7	1.5	0.3	0.3	55	845
8	1.5	0.3	0.3	65	835

试剂摇匀后，迅速遮光处理 1 号杯，其余杯在 25℃、光强为 4 000 lx 的条件下照光处理 15 min，然后立即遮光。在 560 nm 下，以 1 号杯作为空白测定其余杯中溶液的光密度。假定 2、3 号杯中溶液抑制 NBT 光还原的相对百分率为 100%，然后按下式分别计算其余杯中溶液抑制 NBT 光还原的相对百分率。

$$\frac{M}{N}=\frac{100}{X}$$

式中：M 为 2、3 号杯中溶液的光密度的平均值；N 为其余杯中溶液的光密度值；X 为其余杯中溶液抑制 NBT 光还原的相对百分率。

然后以酶液量为横坐标，以其余杯中溶液抑制 NBT 光还原的相对百分率(X)为纵坐标制作曲线，根据线性好的曲线所得出的函数关系计算抑制 NBT 光还原的相对百分率为 50%

时所加入的酶液量，以该酶液量作为 1 个酶活单位。

(三)结果计算

SOD 活力按下式计算：

$$A=\frac{V\times 1\,000\times 60}{B\times W\times T}$$

式中：A 为酶活力（酶活力单位·g^{-1}·h^{-1}）；V 为酶提取液体积（mL）；B 为一个酶活力单位的酶液量（μL）；W 为样品鲜重（g）；T 为反应时间（min）。

因测定样品数量多时，SOD 活力也可用下列简式计算：

$$A=\frac{(D_1-D_2)\times V\times 1\,000\times 60}{D_1\times B\times W\times T\times 50\%}$$

式中：D_1 为 2、3 号杯光密度的平均值；D_2 为测定样品的光密度值。

四、注意事项

实验过程注意低温保护酶活性。

Ⅱ　愈创木酚法测定 POD 酶活性

一、实验原理

在过氧化物酶（POD）催化下，H_2O_2 将愈创木酚氧化成茶褐色产物。此产物在 470 nm 处有最大光吸收值，故可通过测 470 nm 下的吸光度变化测定过氧化物酶的活性。

二、实验用品

1. 器材

分光光度计，低速冷冻多管离心机，研钵，容量瓶，量筒，试管，吸管。

2. 试剂

0.05 mol·L^{-1}pH 5.5 的磷酸缓冲液，0.05 mol·L^{-1}愈创木酚溶液，2%H_2O_2。

三、实验步骤

1. 酶液的制备

取 1.0～5.0 g 大蒜幼苗，切碎，放入研钵中，加适量的磷酸缓冲液研磨成匀浆。将匀浆液全部转入离心管中，于 3 000 r·min^{-1}离心 10 min，上清液转入 25 mL 容量瓶中。沉淀，用 5 mL 磷酸缓冲液再提取两次，上清液并入容量瓶中，定容至刻度，低温下保存备用。

2. 过氧化物酶活性测定

酶活性测定的反应体系：依次加入 2.9 mL 0.05 mol·L^{-1}磷酸缓冲液；1.0 mL 2% H_2O_2；1.0 mL 0.05 mol·L^{-1}愈创木酚和 0.1 mL 酶液。用加热煮沸 5 min 的酶液为对照，反应体系加入酶液后，立即于 34℃水浴中保温 3 min，然后迅速稀释 1 倍，470 nm 波长下比色，每隔 1 min 记录 1 次吸光度 A_{470}，共记录 5 次，然后以每分钟内 A_{470}变化 0.01 为 1 个酶活性单位(U)。

3. 实验结果

以每分钟内 A_{470}变化 0.01 为 1 个过氧化物酶活性单位(U)。

$$过氧化物酶活性(U \cdot g^{-1} \cdot min^{-1}) = \frac{\Delta A_{470} \times V_T}{W \times V_S \times 0.01 \times t}$$

式中：W 为大蒜幼苗鲜重(g)；t 为反应时间(min)；V_T 为提取酶液总体积(mL)；V_S 为测定时取用酶液体积(mL)。

四、注意事项

酶液的提取过程要尽量在低温条件下进行。

Ⅲ 大蒜 SOD 同工酶分析

一、实验原理

聚丙烯酰胺凝胶电泳简称为 PAGE(Polyacrylamide gel electrophoresis)，是以聚丙烯酰胺凝胶作为支持介质的一种常用电泳技术。

本实验采用聚丙烯酰胺垂直平板凝胶电泳技术，通过对大蒜低温和常温下 SOD 同工酶进行谱带分析，探求低温和常温下 SOD 同工酶的异同，分析大蒜 SOD 同工酶在低温条件的改变，为揭示植物的抗逆机理奠定理论基础。

二、实验用品

1. 器材

离心机，直流稳压电泳仪，垂直平板电泳槽，移液器(1 000 μL，200 μL，20 μL)，微量注射器(20 μL)。

2. 试剂

凝胶贮液：在通风橱中，称取丙烯酰胺(Acr)30 g，亚甲基甲叉双丙烯酰胺(Bis)0.8 g，加重蒸水溶解后，定容到 100 mL，过滤后置棕色瓶中或外包锡纸，4℃保存，一般可放置 1 个月。

分离胶缓冲液(1.5 mol·L^{-1} Tris-HCl，pH 8.8)：Tris(三羟甲基氨基甲烷)15 g，加重蒸水 80 mL 使其溶解，用 1 mol·L^{-1} HCl 调 pH 8.8，定容至 100 mL，4℃保存。

浓缩胶缓冲液(0.5 mol・L^{-1} Tris-HCl)(pH 6.8)：Tris 6 g，加重蒸水 80 mL 使其溶解，用 1 mol・L^{-1} HCl 调 pH 6.8，定容至 100 mL，4℃保存。

TEMED(四乙基乙二胺)原液。

质量浓度为 10%的过硫酸铵：该溶液需重蒸水临用前配制。

pH 8.3 Tris-甘氨酸电极缓冲液：称取 Tris 6.0 g，甘氨酸 28.8 g，加蒸馏水约 900 mL，调 pH 8.3 后，用蒸馏水定容至 1 000 mL，置 4℃保存，临用前稀释 10 倍。

5×样品缓冲液(10 mL)：0.6 mL 1 mol・L^{-1}的 Tris-HCl(pH 6.8)，5 mL 50%甘油，2 mL 10%的 SDS，0.5 mL 巯基乙醇，1 mL 1%溴酚蓝，0.9 mL 蒸馏水，可在 4℃保存数周，或在－20℃保存数月。

染色液Ⅰ：0.200 3 g NBT，加 50 mL 重蒸水溶解后，定容至 100 mL。

染色液Ⅱ：0.001 g 核黄素、0.045 g NaH_2PO_4、1.186 g Na_2HPO_4、0.418 mL 四甲基乙二胺(TEMED)，加 50 mL 重蒸水溶解后，定容至 100 mL。

染色液Ⅲ：0.002 9 g 乙二胺四乙酸(EDTA)、0.062 4 g NaH_2PO_4、1.647 g Na_2HPO_4，加入 50 mL 重蒸水溶解后，定容至 100 mL。

三、实验步骤

1. SOD 酶液制备

分别称取 0.5 g 低温胁迫及对照组的大蒜鲜叶，放入研钵中，加入 3 mL 0.05 mol・L^{-1}磷酸钠缓冲液和少量石英砂，于冰浴中研磨成匀浆。然后用 0.05 mol・L^{-1}磷酸钠缓冲液定容至 8 mL，于 0～4℃、4 000 r・min^{-1}离心 15 min，上清液即为 SOD 酶提取液。

2. 装好电泳槽

装好垂直平板电泳槽，以 1.5%的琼脂趁热灌注于电泳槽平板玻璃的底部。

3. 分离胶的浓度与配制方法

(1)根据蛋白质的相对分子质量选择不同浓度的分离胶。

蛋白质相对分子质量	凝胶浓度/%	蛋白质相对分子质量	凝胶浓度/%
<10	20～30	100～500	5～10
10～40	15～20	>500	2～5
40～100	10～15		

(2)不同分离胶的配方：

分离胶的浓度	20%	15%	12%	10%	7.5%
重蒸水/mL	0.75	2.35	3.35	4.05	4.85
1.5 mol・L^{-1} Tris-HCl(pH 8.8)/mL	2.5	2.5	2.5	2.5	2.5
质量浓度为 10% SDS/mL	0.1	0.1	0.1	0.1	0.1
凝胶贮备液(Acr/Bis)/mL	6.6	5.0	4.0	3.3	2.5
质量浓度为 10%过硫酸铵/μL	50	50	50	50	50
TEMED/μL	5	5	5	5	5
总体积/mL	10	10	10	10	10

4. 本实验用20%的分离胶

在15 mL试管中依次按上表加入各试剂。加入TEMED后，立即混匀溶液，然后用滴管吸取分离胶，在电泳槽的两玻璃板之间灌注，留出梳齿的齿高加1 cm的空间灌注浓缩胶。用滴管小心地在溶液上覆盖一层重蒸水，待分离胶聚合后，倒出覆盖的重蒸水。

5. 浓缩胶的配制和灌制

采用5%的浓缩胶，重蒸水2.92 mL、0.5 mol·L^{-1} Tris-HCl(pH 6.8)1.25 mL、凝胶贮备液(Acr/Bis)0.8 mL、10%过硫酸铵25 μL、TEMED 5 μL，小心灌注在分离胶上。插入梳齿，将电泳槽垂直静置，待浓缩胶完全聚合。

6. 样品溶液的制备

分别称取0.5 g低温胁迫及对照组的大蒜鲜叶，放入研钵中，加入3 mL 0.05 mol·L^{-1}磷酸钠缓冲液和少量石英砂，于冰浴中研磨成匀浆。然后用0.05 mol·L^{-1}磷酸钠缓冲液定容至8 mL，于0～4℃、4 000 r·min^{-1}离心15 min，上清液即为SOD酶提取液。

7. 电泳

浓缩胶聚合完全后，拔出梳齿，将电极缓冲液注满电泳槽。用微量注射器按号向凝胶孔加样。接上电泳仪，将上层电极接电泳仪的负极，下层电极接电泳仪的正极。开启电泳仪电源开关，调节电流至20～30 mA，待蓝色溴酚蓝条带迁移至距凝胶下端1～2 cm，停止电泳。

8. SOD同工酶染色

用带有细长针头的注射器吸满蒸馏水，插入玻璃板与凝胶之间，注入蒸馏水，使两者剥离。将剥出的凝胶块浸入盛有染色液Ⅰ的大培养皿中，黑暗中浸泡20 min，取出转移至染色液Ⅱ中，黑暗中浸泡15 min，再取出转移至染色液Ⅲ中，置日光灯下光照20～30 min，至染色出现明显透明的谱带，拍照保存。

四、注意事项

SOD活性染色时注意避光，及时观察染色情况。

Ⅳ　大蒜POD同工酶谱带分析

一、实验原理

本实验采用聚丙烯酰胺垂直平板凝胶电泳技术，通过对大蒜低温和常温培养条件下的POD同工酶进行谱带分析，探求低温和常温培养条件下，POD同工酶的异同，为揭示植物的抗逆机理奠定理论基础。

二、实验用品

1. 器材

离心机，直流稳压电泳仪，垂直平板电泳槽，移液器（1 000 μL，200 μL，20 μL），微量注射器（20 μL）。

2. 试剂

凝胶贮液：在通风橱中，称取丙烯酰胺（Acr）30 g，亚甲基甲叉双丙烯酰胺（Bis）0.8 g，加重蒸水溶解后，定容到100 mL，过滤后置棕色瓶中或外包锡纸，4℃保存，一般可放置1个月。

分离胶缓冲液（1.5 mol・L^{-1} Tris-HCl，pH 8.8）：Tris（三羟甲基氨基甲烷）15 g，加重蒸水80 mL使其溶解，用1 mol・L^{-1} HCl调pH 8.8，定容至100 mL，4℃保存。

浓缩胶缓冲液（0.5 mol・L^{-1} Tris-HCl，pH 6.8）：Tris 6 g，加重蒸水80 mL使其溶解，用1 mol・L^{-1} HCl调pH 6.8，定容至100 mL，4℃保存。

TEMED（四乙基乙二胺）原液。

10%的过硫酸铵：该溶液需重蒸水临用前配制。

pH 8.3 Tris-甘氨酸电极缓冲液：称取Tris 6.0 g，甘氨酸28.8 g，加蒸馏水约900 mL，调pH 8.3后，用蒸馏水定容至1 000 mL，置4℃保存，临用前稀释10倍。

0.2%溴酚蓝溶液：称0.2 g溴酚蓝溶于100 mL重蒸水中。

染色液的配制：称取0.1 g联苯胺，加入少量乙醇溶解，依次加入5 mol・L^{-1} HAC 10 mL，15 mol・L^{-1} NaAC 10 mL，H_2O 70 mL，最后加入3～5滴H_2O_2。

三、实验步骤

1. POD酶液制备

取大蒜叶片0.5 g，加3.0 mL 0.1 mol・L^{-1}的磷酸缓冲液（pH 7.0），研磨，滤液以4 000 r・min^{-1}，4℃离心15 min，取上清液，置4℃冰箱中存放，备用。

2. 装好电泳槽

装好垂直平板电泳槽，以1.5%的琼脂趁热灌注于电泳槽平板玻璃的底部。

3. 分离胶的浓度与配制方法

参见前一个实验SOD同工酶部分。

4. 分离胶的配制和灌制

采用10%的分离胶。在15 mL试管中依次按前一个实验表加入各试剂。加入TEMED后，立即混匀溶液，然后用滴管吸取分离胶，在电泳槽的两玻璃板之间灌注，留出梳齿的齿高加1 cm的空间灌注浓缩胶。用滴管小心地在溶液上覆盖一层重蒸水，待分离胶聚合后，倒出覆盖的重蒸水。

5. 浓缩胶的配制和灌制

采用5%的浓缩胶。重蒸水2.92 mL、0.5 mol・L^{-1} Tris-HCl（pH 6.8）1.25 mL、凝胶贮备液（Acr/Bis）0.8 mL、10%过硫酸铵25 μL、TEMED 5 μL，小心灌注在分离胶上。插入梳

齿，将电泳槽垂直静置，待浓缩胶完全聚合。

6. 电泳

浓缩胶聚合完全后，拔出梳齿，将电极缓冲液注满电泳槽。用微量注射器按号向凝胶孔加样。接上电泳仪，将上层电极接电泳仪的负极，下层电极接电泳仪的正极。开启电泳仪电源开关，调节电流至 20～30 mA，待蓝色溴酚蓝条带迁移至距凝胶下端 1～2 cm 处，停止电泳。

7. POD 同工酶染色

用带有细长针头的注射器吸满蒸馏水，插入玻璃板与凝胶之间，注入蒸馏水，使两者剥离。将剥出的凝胶块浸入盛有染色液Ⅰ的大培养皿中，黑暗中浸泡 20 min，将此显色液倾入 20 cm 培养皿中，待电泳凝胶片加入后不断搅动，观察各条带显色的先后，照相或画出 POD 同工酶谱带，最后用 7%醋酸固定至染色出现明显透明的谱带，拍照保存。

四、注意事项

POD 活性染色要及时观察染色情况。

V　低温条件下 SOD 基因 cDNA 克隆及分析

一、实验原理

半定量反转录-聚合酶链反应(semi-quantitative reverse transcription and polymerase Chain reaction，SqRT-PCR)是近年来常用的一种简捷、特异的定量 RNA 测定方法，通过 mRNA 反转录成 cDNA，再进行 PCR 扩增，并测定 PCR 产物的数量，可以推测样品中特异 mRNA 的相对数量。以半定量 RT-PCR 为基础建立起来的 mRNA 含量测定技术较含内标化的 RT-PCR 定量测定的 mRNA 的方法更为简便可行。

利用 RT-PCR 技术克隆大蒜超氧化物歧化酶(SOD)基因，并利用半定量 RT-PCR 方法分析该基因在低温和常温下及不同组织中的表达。

二、实验用品

1. 材料

载体：PCR 2.1Vector；菌株：大肠杆菌(*E. coli*)DH5α、*Eco*R Ⅰ及其 bufferT4DNA；引物：从 Genbank 中查到大蒜 SOD 基因的 cDNA 序列，设计上下游引物。

2. 器材

PCR 仪，电泳仪。

3. 试剂

连接酶及连接 buffer，Taq DNA 聚合酶及 buffer。

三、实验步骤

1. 总 RNA 提取

分别剪取大蒜低温和常温培养的 2 d 生长期幼嫩叶片和鳞茎 0.5 g，用液氮速冻后，采用改良的 CTAB-LiCl 提取总 RNA 于－70℃保存。

2. cDNA 第一链的合成

按照 Promega 公司的 cDNA 合成试剂盒说明书合成。

3. RT-PCR

以合成的 cDNA 第一链为模板，进行 PCR 扩增。

4. PCR 产物的回收

PCR 产物经 1.2％琼脂糖凝胶电泳检测后，切下预期大小的目的条带。

按上海生物工程公司的凝胶回收纯化试剂盒说明书回收纯化 DNA。

5. 目的片段的克隆和重组质粒的筛选

将预期大小的 PCR 产物凝胶回收后连接到 vector 中把连接产物转化大肠杆菌感受态细胞 DH5α，菌落在含 Amp 选择培养基上培养后，进行蓝白斑筛选，挑选白色单克隆菌落培养，用碱提法提取质粒，并通过酶切鉴定筛选重组质粒。

6. 序列测定

挑选经酶切鉴定的重组质粒送上海生工生物工程技术服务有限公司进行基因序列测定。

7. 序列分析

用 DNA Strider 1.2 软件对 SOD 基因的 cDNA 序列、开放阅读框（ORF）、氨基酸编码序列、蛋白质疏水图进行分析。

8. 不同组织的表达分析

大蒜 SOD 的 mRNA 在不同组织部位的表达运用半定量 RT-PCR。半定量 RT-PCR，以大蒜看家基因 Actin 作为对照，用凝胶照相系统观察凝胶图像并拍照保存；用凝胶照相系统附带的分析软件对 PCR 产物条带进行区带密度分析；计算目的基因即大蒜超氧化物歧化酶基因的区带与内参（β-actin）区带的密度比，结果表示目的基因与内参 mRNA 的比值。

四、注意事项

总 RNA 提取时注意避免 RNA 的降解。

参考文献

1. 金青．生物化学实验指导[M]．北京：中国农业大学出版社，2014.

2. 于晶，张林，崔红，等．高寒地区冬小麦东农冬麦 1 号越冬前的生理生化特性[J]．作物学报，2008，34(11)：2019-2025.

3. 陈贵，康宗利．低温胁迫对小麦生理生化特性的影响[J]．麦类作物，1998，18(3)：42-43，64.

执笔人：余　梅

实验十三 梨果实石细胞观察及其木质化关键酶活性与表达分析

一、实验目的

梨石细胞是梨果实中一个特征性状，也是影响梨鲜果品质和风味加工工艺的关键因素之一。石细胞在果肉中单个或成群存在，成群的石细胞称为石细胞团。梨石细胞团直径过大，含量过高，将导致果肉变粗、口感多渣、含糖量降低，严重影响果品品质。

梨石细胞是由果肉薄壁细胞壁次生加厚并高度木质化而成的，成熟石细胞中木质素含量可达40%左右。梨石细胞发育过程中，木质素先沉积在细胞壁角隅处，后在石细胞、胞间层及次生壁各层进行大量沉积。木质素单体是通过苯丙烷途径和木质素单体特异性合成途径合成，最终单体在细胞壁上脱氢聚合形成多聚木质素（图13-1）。木质素关键合成酶基因表达差异将影响木质素单体聚合程度和方式，导致石细胞团的大小、数目和密度的不同。由此可见，木质素的合成、转运和沉积与梨石细胞的发育密切相关。

本实验以梨果实为材料，从形态学、生理生化、分子水平等方面，探讨梨果实发育过程中石细胞的木质化机理。

二、实验技术路线

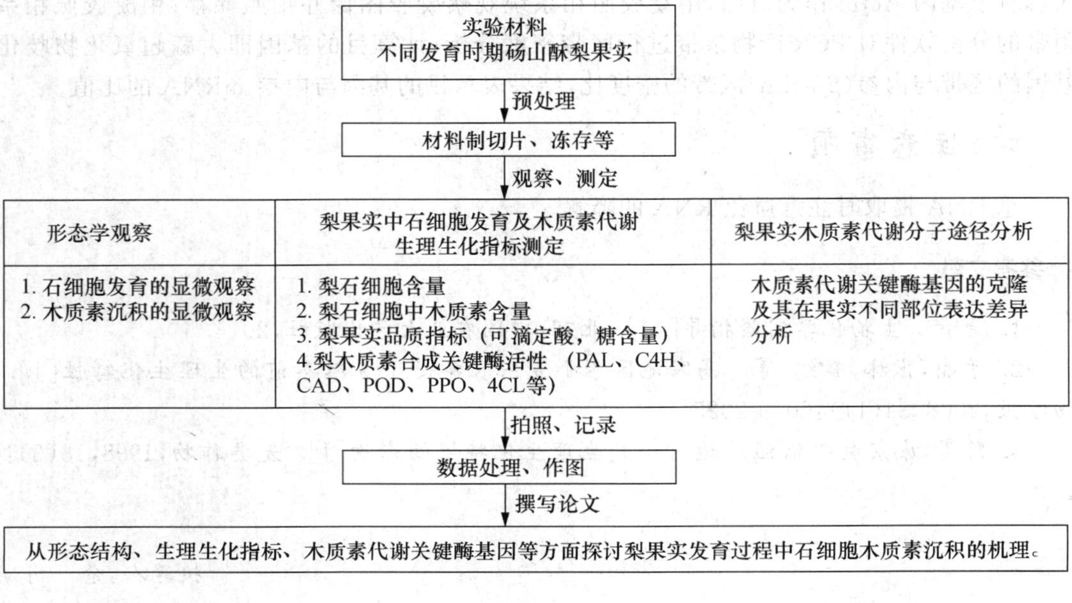

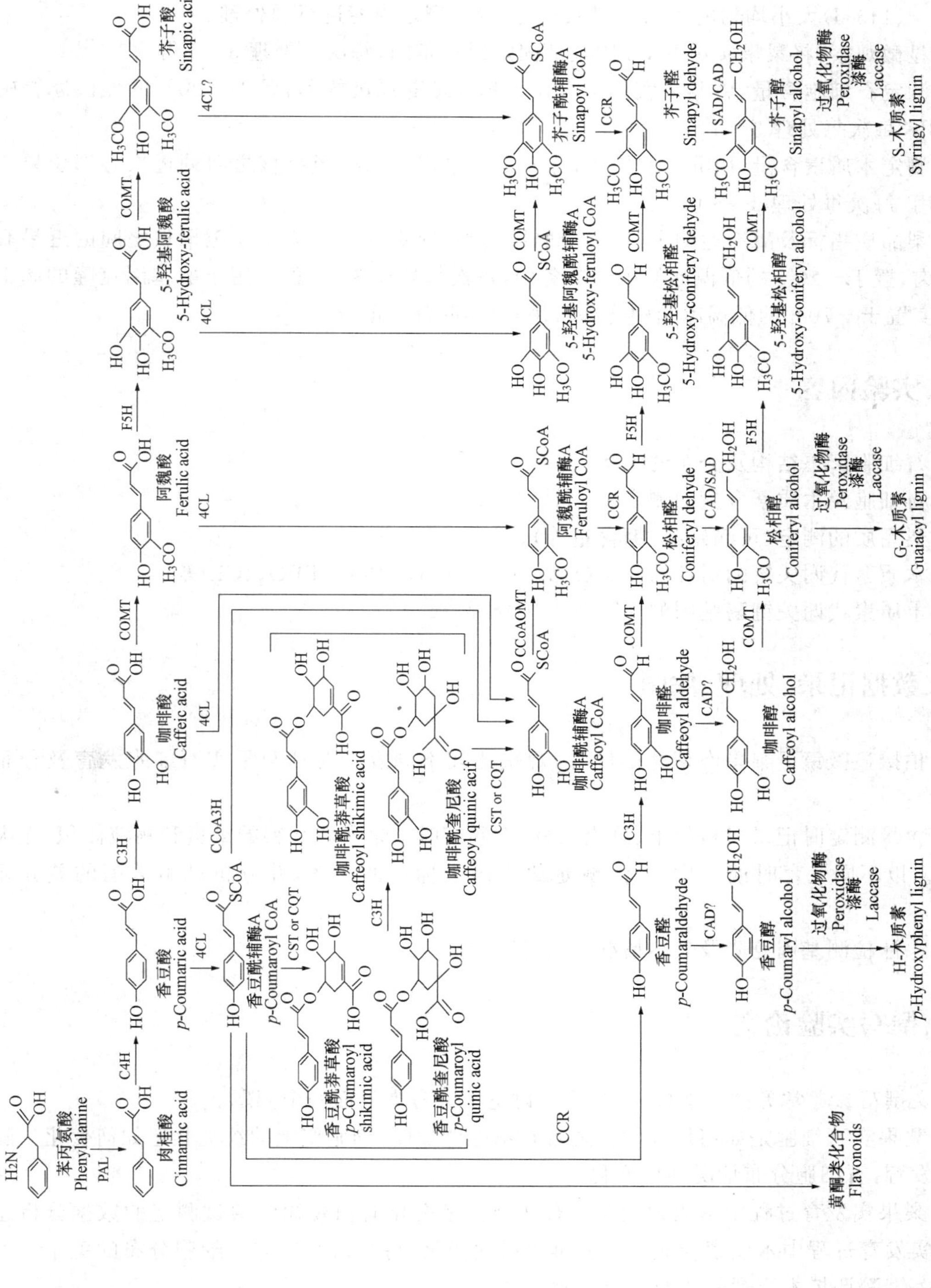

图 13-1　植物木质素合成途径(引自 Humphreys, Chapple, 2002)

三、实验材料预处理

材料为砀山酥梨(*Pyrus bretschneideri*),取实验室已预留冷藏的不同发育时期(花后15 d、55 d、145 d)大小均匀的砀山酥梨果实,按以下测定内容进行预处理。

1. 显微观察:将梨果实用FAA固定液固定保存备用,每次每处理3～5份。

2. 测定石细胞含量:将梨果实用4分法称取100 g果肉样品,置于－20℃的低温冰箱中冷冻备用,每次每处理3～5份。

3. 测定木质素含量:用混合取样法,称取距离果皮2 mm至果核之间的近果心部位果肉烘干备用,每次每处理3～5份。

4. 梨品质指标及酶活性测定:用混合取样法,称取距离果皮2 mm至果核之间的近果心部位果肉,置于－20℃的低温冰箱中冷冻备用,每次每处理3～5份。用于酶基因克隆的砀山酥梨果实置于－70℃的低温冰箱中冷冻备用,操作时混合取样。

四、实验内容

1. 石细胞形态结构及分布的观察。
2. 石细胞及木质素含量的测定。
3. 梨品质的测定(可滴定酸、糖含量等)。
4. 木质素代谢关键酶活性的测定(PAL、C4H、CAD、POD、PPO、4CL等)。
5. 木质素代谢关键酶基因的克隆及表达分析。

五、数据记录、处理、作图

1. 拍摄显微镜下梨果肉切片的图片,观察比较不同发育时期梨果实石细胞发育及分布情况。

2. 含量测定时记录材料的干、鲜重;酶活性测定时记录所取材料的重量和酶液体积、光吸收值等。以不同发育时期为横坐标,测定值为纵坐标作曲线图,并分析试验数据的差异显著性。

3. 电泳检测基因克隆及表达情况,并拍照保存。

六、撰写实验论文

论文撰写参考常见论文格式,撰写论文讨论部分考虑下面两个问题。

1. 梨果实石细胞是如何形成的?随着石细胞壁加厚,细胞壁上的纹孔状态如何变化?随着果实发育,石细胞分布情况如何变化?

2. 梨果实发育过程中木质素代谢与石细胞含量变化有何规律?通过测定的数据分析总结梨果实发育过程中木质素合成途径关键酶活性变化、酶基因表达与石细胞分布的关系。如何通过关键酶调控木质素的代谢和石细胞发育?

Ⅰ 梨果实石细胞形态、分布和木质素沉积的显微观察

一、实验原理

梨石细胞是一种厚壁组织细胞,是通过细胞壁次生加厚并木质化而形成的。目前次生壁形成的研究技术与方法主要有:组织化学方法、显微分割结合化学分析方法、化学抽提结合电镜观察方法、免疫细胞化学技术等。本实验采用组织化学染色法,利用 Wiesner 反应(间苯三酚-盐酸)对梨果实横切面和徒手切片进行直接染色。Wiesner 反应原理为间苯三酚-盐酸可与木质素聚合体中愈创木基团和紫丁香基团发生显色反应(一般为紫红色)。石细胞因其细胞壁高度木质化因而可以发生 Wiesner 反应。通过梨果实石细胞形态结构、分布及细胞壁的观察,了解石细胞发育过程中的形态结构、分布及细胞壁的木质化情况。

二、实验用品

1. 植物材料

花后 15 d、55 d、145 d 砀山酥梨果实。

2. 器材

生物显微镜,油镜,镊子,刀片,载玻片,盖玻片,擦镜纸,吸水纸,纱布等。

3. 试剂

FAA 固定液(50%乙醇 50 mL+冰醋酸 5 mL +福尔马林 5 mL);1 mol·L^{-1}的盐酸;1%的间苯三酚-乙醇液(用 95%的乙醇溶解间苯三酚粉末)。

三、实验步骤

1. 梨果实石细胞团分布的观察

以梨果实直径最大部位的横切面剖开,切面向下放入培养皿中待染色。加入 1%间苯三酚浸泡 5 min(浸没切面即可)后,加入 1 mol·L^{-1} HCl 显色 3 min。显色后拍照,观察石细胞团在果实中分布情况。

2. 梨石细胞团大小及数目测定

首先用经消毒洁净的锋利刀片切取梨果肉组织,先切取大块,再切成约 0.5 cm×0.4 cm×0.2 cm 小薄片,迅速置入 FAA 固定液中(事先配制好)。固定 24 h 后先在材料上滴上 1 滴 1.0 mol·L^{-1}的盐酸,然后滴上 1 滴 1%的间苯三酚-乙醇液染色。显色后利用显微镜直接进行观察,先用麦克奥迪公司制造的 BA210 生物显微镜低倍镜(10×)随机观察,再用高倍镜(100×)计数,即在显微镜下采用其内置 314 万像素高分辨率嵌入式一体化数码成像系统拍照记录,并观察测定石细胞团的个数,随机观测 10 个染色切片,统计石细胞团的大小。通过该数码成像系统配套的江苏捷达图像分析系统,使用三点画圆工具计算出单个石细胞团

面积。

3. 梨石细胞细胞壁结构及木质素沉积的显微观察

将 Wiesner 反应后的果肉切片放在油镜(1 000×)下观察。观察木质化的细胞壁结构和木质素着色程度变化,拍照。

四、注意事项

1. 横切梨果实时尽量均匀切开中部果核。
2. 制作切片时,谨慎操作,防止刀片伤人,注意盐酸等试剂不要碰到人体及显微镜。

Ⅱ 梨果实石细胞、木质素含量及木质素合成代谢指标测定

一、实验原理

测定石细胞木质素合成途径中关键酶活性,可以探讨梨果实石细胞发育过程中木质素代谢机理,为减少梨石细胞含量,提高梨果实品质提供依据。

梨果实中含有的糖、酸等是果实品质和风味的重要指标,在果实成熟过程中,其种类与含量都发生变化。随着梨果实的发育,糖分不断积累,糖代谢酶分解蔗糖产生的己糖,一部分通过磷酸戊糖途径合成赤藓糖-4-磷酸,另一部分通过糖酵解途径生成磷酸烯醇式丙酮酸,二者通过莽草酸-分支酸途径合成苯丙氨酸(图 13-2)。木质素是酚类化合物的聚合物,是由苯丙烷衍生物单体以醚键或碳键聚合而形成的。聚合为木质素单体主要有 3 种:香豆醇、松柏醇和芥子醇,分别聚合成 3 种不同的木质素。由此可见,影响石细胞形成的木质素代谢底物与糖、酸等代谢紧密相关。

木质素的代谢是通过苯丙烷类代谢途径进行的,苯丙氨酸解氨酶(PAL)是整个苯丙烷类代谢的第一个关键酶,PAL 催化苯丙氨酸脱氨基生成肉桂酸,肉桂酸在肉桂酸-4-羟基化酶(C4H)的催化下生成香豆酸,在木质素生物合成中,4-香豆酸辅酶 A 连接酶(4CL)催化香豆酸转化为香豆酰辅酶 A,而后香豆酰辅酶 A 在一系列酶的作用下转化为木质素单体。在苯丙烷类代谢形成 3 种主要单体(香豆素醇、松柏醇、芥子醇)之后,在 POD、PPO 作用下聚合成木质素。多酚氧化酶(PPO)通过参与酚类物质(如绿原酸、香豆素等)的氧化过程,而促进木质素的合成,过氧化物酶(POD)则在木质素合成的最后一步起关键作用。

目前分离梨果肉石细胞的方法主要有盐酸处理法、冷冻法、酶解法、冷冻 H_2SO_4 处理法等。其中酶解法和冷冻 H_2SO_4 处理法操作简单,测定速度快,获得石细胞较完全,但对石细胞的损伤比较大,本实验用冷冻处理法测定。木质素分子中含苯基丙烷的芳香族化合物结构,对紫外光有强烈吸收,所以在碳水化合物存在的情况下,可用紫外光吸收光谱来测定木质素含量。

可溶性糖含量测定采用蒽酮比色法。有机酸易溶于水、醇和醚中,可用这些溶剂先将有机酸提取出来,然后用碱液滴定,即能测定出有机酸的含量。中间代谢物采用高效液相色谱分析法,采用外表法(峰面积)定量,得出峰面积与各酚酸标样的回归方程。

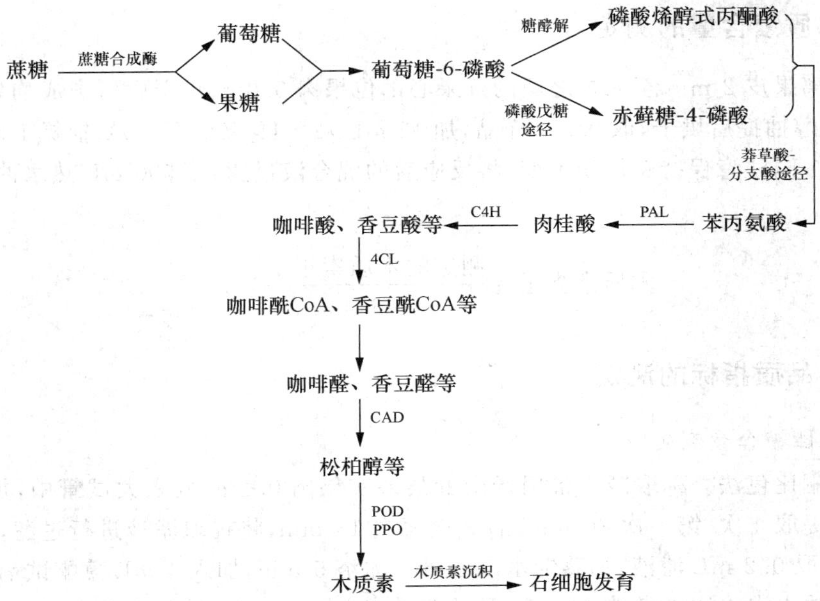

图 13-2　木质素生物合成途径简图

酶提取液用冰浴研磨、离心，上清液为粗酶液。酶活性测定采用分光光度法。

二、实验用品

1. 器材

离心机，高效液相，组织捣碎机，电子天平，恒温水浴，分光光度计，回流管，超声清洗器，GUOL过滤装置，酸碱滴定管，酸度计，研钵，漏斗，移液管，容量瓶，量筒，刻度试管，三角瓶，烧杯，离心管，Eppendorf 管。

2. 试剂

硫酸，甲醇，甲酸，纯酒精，苯，25%溴乙酰-冰乙酸溶液，氢氧化钠，蒽酮，乙酸乙酯，酚酞，邻苯二酚，3,5-二硝基水杨酸，肉桂酸、香豆酸、咖啡酸、阿魏酸等标品，硼酸缓冲液，巯基乙醇，苯丙氨酸，磷酸缓冲液，三氯乙酸，反式肉桂酸，PVP，香豆酸，盐酸，愈创木酚。

三、实验步骤

(一)梨果实石细胞含量的测定

称取 5～10 g 果肉样品，置于－20℃的低温冰箱中冷冻 24 h，解冻后加 5～10 mL 蒸馏水放入组织捣碎机(20 000 r·min^{-1})捣碎 1 min，静置后倒出上层果肉渣，反复 3～4 次，最终得纯净的石细胞，烘干称重。

$$石细胞含量=\frac{测定的石细胞干重}{5}\times 100\%$$

(二)木质素含量的测定

称取距离果皮 2 mm 至果核之间的近果心部位果肉 5.0 g,烘干后研磨成均匀粉末,过筛(200 目);甲醇抽提后烘干,取 0.2 g 样品,加 15 mL 72% H_2SO_4,于 30℃抽提 1 h,加 115 mL 蒸馏水煮沸 1 h,注意保持总体积不变;将反应后的混合液过滤,用 500 mL 热水冲洗。烘干后称重。

$$\text{木质素含量}=\frac{\text{测定的木质素干重}}{5}\times 100\%$$

(三)梨品质指标的测定

1. 可溶性糖含量测定

采用蒽酮比色法。称取冷冻备用砀山酥梨果实果肉 0.1 g,放入大试管中,加蒸馏水,于沸水中连续提取 4 次,第一次 30 min,后 3 次每次 15 min,将提取滤液进行过滤,最终定容至 100 mL。吸取 0.2 mL 滤液,加蒸馏水 1.8 mL,冰浴 5 min,加入 4 mL 蒽酮试剂,充分震荡,立即将试管放入沸水浴中煮沸 10 min,取出后冷却,在 630 nm 处测定吸光度,参照标准曲线计算可溶性糖含量。

$$\text{可溶性糖含量}=\frac{m_1\times V\times 10^{-6}}{m}\times 100\%$$

式中:m 为样品重(g);V 为提取样液总量(100 mL);m_1 为标准曲线查得样品液的糖含量($\mu g\cdot mL^{-1}$)。

2. 可滴定酸含量的测定

用酸碱滴定法测定果肉可滴定酸含量。称取 2.0 g 果肉置研钵中研碎,用漏斗转入 50 mL 三角瓶中,蒸馏水反复冲洗,共加水约 30 mL,80℃水浴浸提 30 min,每隔 5 min 摇匀一次,取出冷却过滤并定容到 50 mL 容量瓶中,取 5 mL 样液于 50 mL 三角瓶中,加 3 滴酚酞,用 0.01 $mol\cdot L^{-1}$ NaOH 滴定至微红,摇 30 s 不褪色为滴定终点,重复 3 次,取平均值。

$$\text{有机酸含量}=\frac{K\times c\times V_3}{W}\times\frac{V_1}{V_2}\times 100\%$$

式中:W 为样品重(g);c 为 NaOH 浓度(0.1 $mol\cdot L^{-1}$);K 为换算系数(苹果酸为 67,酒石酸为 75);V_1 为提取时样液总量(mL);V_2 为测定时样液用量(mL);V_3 为消耗 NaOH 量(mL)。

3. 糖酸比

以可溶性糖含量除以可滴定酸含量计算糖酸比。

(四)木质素合成途径关键酶活性的测定

1. 苯丙氨酸解氨酶活性测定

(1)酶液制备　分别称取不同发育时期梨果实中层果肉 4.0 g,加 10 mL 含 5 $mmol\cdot L^{-1}$ 巯基乙醇的硼酸缓冲液、0.5 g PVP,加少量石英砂冰浴研磨成匀浆,4℃ 10 000 $r\cdot min^{-1}$ 离心 15 min，上清液为粗酶液。

(2)酶活性测定　反应体系为 4 mL，含 1 mL 酶液、1 mL 0.02 mol・L^{-1}苯丙氨酸、2 mL 蒸馏水，以不加底物为对照，40℃水浴 1 h。立即加 0.1 mL 6 mol・L^{-1} HCl 终止反应，在 290 nm 处测定溶液吸光度值，以每小时吸光度变化 0.01 所需酶量为一个酶活性单位。

2. 肉桂酸-4-羟基化酶活性测定

(1)酶液制备　取不同发育时期的梨果实中层果肉 0.5 g，加入 2 mL 200 mmol・L^{-1}pH 7.5 磷酸缓冲液(内含 2 mmol・$L^{-1}$$\beta$-巯基乙醇)，冰浴中研磨至匀浆，10 000 r・min^{-1}，4℃，离心 15 min，上清液为粗酶液。

(2)酶活性测定　活性的测定体系为 2 mL，含 0.27 mmol・L^{-1}反式肉桂酸 0.5 mL，0.5 mmol・L^{-1}NADPH 0.5 mL，粗酶液 50 μL，其余用 50 mmol・L^{-1}pH 7.5 磷酸缓冲液补至 2 mL，37℃反应 1 h。加入 0.1 mL 6 mol・L^{-1}HCl 终止反应，用 6 mol・L^{-1}NaOH 调至 pH 11，立即在 290 nm 处测定吸光度值。

3. 肉桂醇脱氢酶活性测定

(1)酶液制备　取 1.5 g 样品于液氮中研磨，迅速精确称取研磨后粉末 1 g 左右加入 1.5 mL Eppendorf 管中，加入 1 mL 预冷的 0.1 mmol・L^{-1}pH 6.25 磷酸缓冲液(含巯基乙醇 15 mmol・L^{-1}和 2%PEG 及约 0.1 g PVPP)，涡旋 5 min 后 4℃10 000 r・min^{-1}离心 10 min，上清液用于酶活性测定。

(2)酶活性测定　取 200 μL 酶粗提液加 800 μL 反应液(含 10 mmol・L^{-1}NADP，5 mmol・L^{-1}反式肉桂酸)，以 200 μL 磷酸缓冲液加 800 μL 反应液为对照，37℃水浴 30 min，1 mol・L^{-1}HCl 终止反应后 340 nm 处测定吸光度值。

4. 过氧化物酶测定

(1)酶液制备　取样品材料 5 g，加入适量的 0.05 mol・L^{-1}pH 5.5 的磷酸缓冲液，研磨成匀浆，10 000 r・min^{-1}离心 10 min，取上清液进行酶活力测定。

(2)酶活性测定　反应体系包括：0.05 mol・L^{-1}pH 5.5 的磷酸缓冲液 2.9 mL，2% $H_2O_2$1.0 mL，0.05 mol・L^{-1}愈创木酚和 0.1 mL 酶液。用加热煮沸 5 min 的酶液为对照，反应体系加入酶液后立即于 37℃保温 15 min，然后迅速冰浴，并加入 20%的三氯乙酸终止反应，于 470 nm 波长下测定吸光度，以每分钟吸光度变化 0.01 为 1 个酶活性单位。

四、注意事项

1. 滴定时，滴定管下端气泡要排除。
2. HPLC 系统一定严格按先排气、再进样、最后冲洗等要求谨慎操作。
3. 酶液提取时注意低温操作，防止酶失活。以煮沸的酶液为对照时，酶要充分失活。

Ⅲ　木质素合成代谢关键酶基因的克隆及表达分析

一、实验原理

根据梨基因组信息设计特异性引物，实验过程中所涉及的 PCR 引物均由生工生物工程

(上海)股份有限公司合成。

选取不同时期发育的梨果实为材料,以内参引物和酶基因特异引物同时进行 RT-PCR 扩增,进行酶基因半定量表达分析。通过梨果实发育不同时期的木质素合成代谢关键酶基因表达分析,探讨在梨果实发育过程中关键酶调控木质素合成及石细胞发育的分子机理。

二、实验用品

1. 器材

离心机,电子天平,PCR 仪,凝胶电泳系统,刀片,紫外仪,水浴锅,电泳仪,电泳槽,研钵,恒温水浴锅,液氮罐,移液器,冰箱,摇床,容量瓶,量筒,刻度试管,烧杯,离心管,Eppendorf 管等。

2. 试剂

硼酸缓冲液,逆转录试剂盒,$PMD^{18\text{-}T}$ Vector,DH5α 菌株,LB 培养基,电泳缓冲液,巯基乙醇,PVP,EB,液氮,异丙醇,无水乙醇,70%乙醇,3 $mol \cdot L^{-1}$ NaAc(pH 5.2),饱和酚(pH 4.5),氯仿,异戊醇,琼脂糖,DEPC 水,10 $mol \cdot L^{-1}$ LiCl,ddH_2O 等。

三、实验步骤

(一)砀山酥梨果实总 RNA 的提取

参照植物 RNA 提取试剂盒(TIANGEN,目录号 DP441)提取。正式开始提取前先估算组织细胞的用量。每次提取一般需要称取 100 mg 植物的叶片或者 100 mg 植物的种子(鲜重)或 100 mg 植物的果实。

液氮研磨时将植物的组织放入已提前灭菌的研钵中,多次加入液氮使组织充分研磨。12 000 $r \cdot min^{-1}$离心 5～10 min,离心后两相间将会有 2～5 mm 厚的细胞壁破碎物。RNA 则位于上清液中,下层有机相中含有叶绿素、脂质等杂质。用移液枪转移上清液 700 μL(最多不超过 800 μL)至另一个干净的无 RNA 酶的 1.5 mL 离心管中。吸取时避免接触中间层和下层有机相,其中含有蛋白质等其他杂质,吸取时最好留下 100 μL 上清液不取以防吸取杂质。

膜上消化 DNA:

①加入 700 μL 漂洗液于离心吸附柱中,12 000 $r \cdot min^{-1}$离心 1 min,弃穿透液。

②12 000 $r \cdot min^{-1}$离心 2 min。(此步非常重要,否则残留下的乙醇会抑制 DNase 的活性)。

③吸取 5～6 μL 的 Recombinant DNase Ⅰ加入 44～45 μL DNase Ⅰ buffer 中吸打混匀配制成 DNase Ⅰ工作液,然后将新配制的 DNase Ⅰ工作液 50 μL 悬空加到离心吸附柱中央(枪头避免接触吸附柱),室温静置 15～20 min。

④加入 600 μL 漂洗液 RW2,12 000 $r \cdot min^{-1}$离心 1 min 后弃穿透液。

加入 500 μL 漂洗液,12 000 $r \cdot min^{-1}$离心 1 min 后弃穿透液。加入 500 μL 漂洗液,重复一次。(加入 500 μL 漂洗液后,上下颠倒数次以洗去残留在吸附柱内壁及盖子上的盐)12 000 $r \cdot min^{-1}$离心 2 min。此步非常重要,否则管中残留的乙醇影响 RNA 的质量和使用。

将离心吸附柱转移至无菌的 RNase-Free 收集管中,加入 50～100 μL RNase-Free H_2O,

室温静置 3～5 min。

12 000 r·min^{-1}离心 2 min 洗脱，离心管中所得溶液即为 RNA 样品，对新鲜提取的 RNA 样品进行质量检测，检测合格的样品可立即使用或长期保存于－80°C 冰箱待用（RNA 样品切忌反复冻融）。

（二）引物的设计

根据筛选鉴定得到的基因序列利用 Primer Premier 5.0 软件设计各基因克隆和荧光定量引物，对各基因分子克隆和进行荧光定量分析。

（三）反转录反应与片段克隆

参照反转录系统试剂盒（Promega 公司，目录号 A3500）说明书合成 cDNA，取 3 μL RNA 样品，将 RNA 70℃处理 2 min 后加入其他试剂，PCR 仪反应后，产物于－20℃保存备用。

片段 PCR 反应体系为 25 μL，其中模板 cDNA 1.5 μL，PPO 正反引物各 1.5 μL，Taq 酶（5U·μL^{-1}）0.25 μL，dNTP（10 mmol·L^{-1}）0.5 μL，10×PCR buffer（Including Mg^{2+}）2.5 μL，用 ddH_2O 补充至总体积 25 μL。PCR 反应条件为 94℃预变性 3 min，94℃变性 30 s，52℃退火 60 s，72℃延伸 90 s，35 个循环后 72℃延伸 10 min，产物于 4℃保存。

扩增产物通过 1%琼脂糖凝胶电泳检测是否有特异性条带生成，并拍照保存。

（四）PCR 产物回收

参照 UNIQ-10 DNA 胶回收试剂盒（目录号：SK1131）说明书，详细操作步骤如下：在紫外灯下切下将要回收的条带（尽量使用长波长的 UV），称重后加入 3 个胶体积 Binding buffer，50～60℃水浴 10 min，每隔 2 min 混匀一次，使胶彻底融化。将 UNIQ-10 柱放入 2 mL 的收集管中，将融化的胶溶液转移到 UNIQ-10 柱中，室温放置 2 min，12 000 r·min^{-1}，离心 1 min。取下 UNIQ-10 柱，倒掉收集管中废液，将 UNIQ-10 柱放回原收集管中，加入 500 μL Wash Solution，12 000 r·min^{-1}离心 1 min。重复一次。取下 UNIQ-10 柱，倒掉收集管中废液，将 UNIQ-10 柱放回原收集管中，12 000 r·min^{-1}，离心 1 min。将 UNIQ-10 柱放入一新的 1.5 mL eppendorf 管中，在柱子中央的膜上加 25 mL 60℃预热的去离子水。12 000 r·min^{-1}，离心 1 min，离心管中的液体即为回收的 DNA 片段，立即使用或保存于－20℃备用。

回收产物通过 1%琼脂糖凝胶电泳检测是否有特异性条带，并拍照保存。

（五）PCR 片段的连接与转化

连接反应使用的载体为 $PMD^{18\text{-}T}$ Vector。载体 0.8 μL，PCR 回收产物 5.2 μL，Solution Ⅰ 6 μL，16℃反应 1 h 或过夜连接。

感受态细胞的制备与转化：取－70℃保存的菌株 DH5α 菌株在 LB 培养基上划线，挑单菌落于 5 mL LB 液体培养基中 200 r·min^{-1}培养过夜，按 1∶50 比例接种到液体 LB 培养基中于 200 r·min^{-1} 培养至 $OD_{600}\approx 0.5$，然后用预冷的 1.5 mL 离心管收集菌液冰上放置 30 min，4℃ 4 000 r·min^{-1}离心 10 min，弃上清液，加入预冷的 0.2 mL 0.1 mol·L^{-1} $CaCl_2$ 重悬沉淀，冰浴 10 min 后于 4℃ 4 000 r·min^{-1}离心 10 min，弃上清液，加入预冷的 0.2 mL $CaCl_2$，轻轻重悬菌株，冰浴 15 min 后置于－70℃保存备用。

取 5 μL 连接物加入 100 μL 感受态细胞中，冰上放置 30 min 后，42℃水浴热激 90 s 后立即置于冰上 2～3 min，加入 300 μL LB 液体培养基，37℃ 200 r・min^{-1} 恢复培养 1～3 h，取上述 200 μL 菌液涂布于 LB 选择培养基平板(100 mg・mL^{-1} Amp^{+}、20 mg・mL^{-1} X-Gal、24 mg・mL^{-1} IPTG)上，37℃倒置培养过夜。

(六)基因定量表达

qRT-PCR 反应采用伯乐 Cfx96 荧光定量 PCR 仪，反应体积为 20.0 μL，反应体系根据 TransStart® Green qPCR SuperMix 试剂盒优化如表 13-1 所示。

表 13-1　荧光定量 PCR 反应体系

组分	体积	组分	体积
Template	2.0 μL	2×TransStart® Green qPCR SuperMix	10.0 μL
Forward Primer(10 μmol・L^{-1})	0.8 μL		
Reverse Primer(10 μmol・L^{-1})	0.8 μL	RNase-Free Water	6.4 μL

按照上述反应体系将各组分加入八连管中，以砀山酥梨果实 Tubulin(Accession No. AB239680.1)作为内参基因，每个样品进行 3 次生物学重复。以 $2^{-\triangle\triangle Ct}$ 法计算各基因的相对表达水平。PCR 反应程序为：98℃ 2 min，98℃变性 10 s，60℃退火 10 s，68℃延伸 30 s，40 个循环；后做 65℃到 99℃溶解曲线分析。

选取不同时期发育的梨果实提取 RNA，反转录合成 cDNA，根据克隆的酶基因片段设计特异引物，以 β-actin 为内参引物同时进行 RT-PCR 扩增，进行酶基因半定量表达分析。

四、注意事项

1. 提取高质量的 RNA 样品是本实验成功的保障，提取 RNA 时严格按要求操作，防止 RNA 降解。

2. 设计合适的引物是 RT-PCR 能否成功的关键所在。

参考文献

1. 李玲，蔡永萍，刘小阳．梨果实的石细胞[J]．植物生理学通讯，2004，40(5)：629-632.

2. 聂敬全，蔡永萍，张士鸿，等．砀山酥梨果实石细胞与薄壁细胞发育关系的解剖学研究[J]．园艺学报，2009，36(8)：1209-1214.

3. 金青．生物化学实验指导[M]．北京：中国农业大学出版社，2014.

4. 杨建雄．生物化学与分子生物学实验技术教程[M]．北京：科学出版社，2009.

5. 张志良，瞿伟菁．植物生理学实验指导[M]．北京：高等教育出版社，2003.

6. Humphreys M，Chapple C. Rewriting the lignin roadmap[J]. Curr Opin Plant Biol，2002，5(3)：224-229.

执笔人：蔡永萍，金　青

实验十四　蛋白质原核诱导表达及电泳鉴定

一、实验目的

蛋白质诱导表达、分离纯化是研究蛋白质生物学活性和蛋白晶体结构解析的基础试验操作。本实验用大肠杆菌的表达体系，通过实验，让学生熟悉大肠杆菌培养、蛋白质诱导表达和电泳检测等方面的试验操作，掌握蛋白质原核表达的基本原理，了解原核表达系统的应用领域。

二、实验技术路线

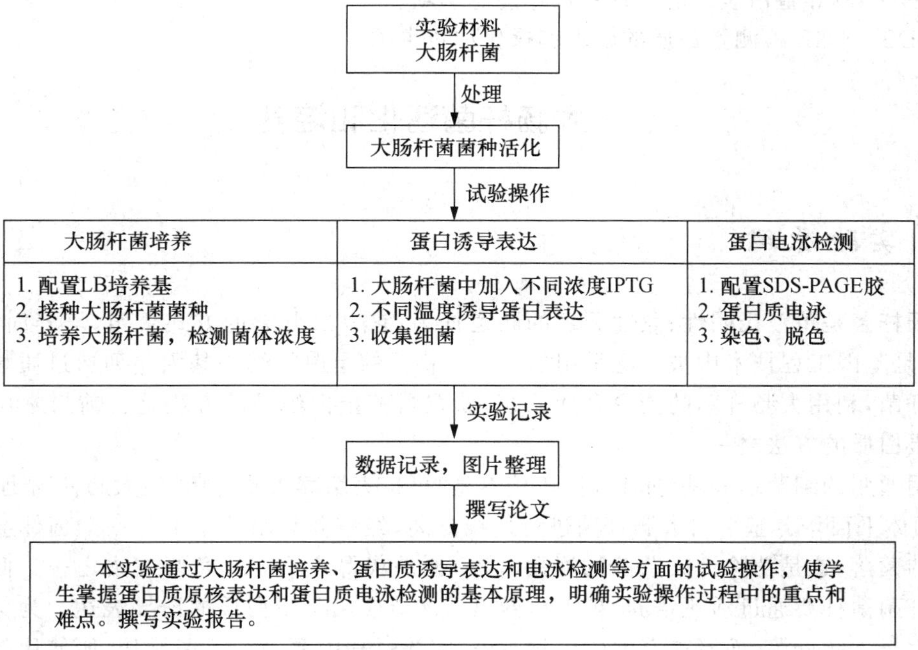

三、实验材料预处理

配置 LB 培养基，接种－80℃保存的大肠杆菌菌种，活化大肠杆菌。

四、实验内容

1. 大肠杆菌培养。
2. IPTG 诱导蛋白表达。
3. 蛋白质电泳检测。

五、数据记录、处理、作图

1. 记录 IPTG 浓度对蛋白质诱导表达的影响。
2. 记录温度对蛋白质诱导表达的影响。
3. SDS-PAGE 电泳结果图。

六、撰写实验论文

论文撰写参考常见论文格式，撰写论文讨论部分考虑下面两个问题。
1. IPTG 诱导蛋白表达的原理和操作注意事项。
2. SDS-PAGE 检测蛋白质的原理和操作注意事项。

Ⅰ 大肠杆菌活化和培养

一、实验原理

大肠杆菌是革兰氏阴性、兼性厌氧的肠道杆菌，它以二分裂的方式繁殖，培养简单，生长速度快，是基因工程技术中被广泛采用的工具。将目的蛋白的编码基因序列通过质粒载体导入大肠杆菌，利用大肠杆菌的蛋白合成系统，获取目的蛋白纯品的方法是目前最常用的获得高纯度蛋白质的方法之一。

使用通用的细菌培养基(如 LB 液体培养基)可扩大培养大肠杆菌，使大肠杆菌迅速扩增，在 LB 固体平面培养基上对大肠杆菌进行划线分离，经培养后培养基上每一个菌体会形成一个单独的菌落，这是消除污染杂菌的通用方法，也是获得纯培养最简便方法之一。低温保藏的大肠杆菌菌种要通过活化培养、扩大培养以后才能应用于蛋白质的诱导表达。为保证培养基上只生长大肠杆菌，而不被其他微生物污染，实验过程中要进行无菌操作，所使用的试剂耗材和培养基都要预先进行灭菌处理，必要的时候添加抗生素进行筛选。

二、实验用品

1. 材料

大肠杆菌。

2. 器材

超净工作台，高压灭菌锅，恒温摇床，培养箱，分光光度计，酒精灯，培养皿，移液枪和对应体积的吸头，锥形瓶，接种环，电子天平，量筒，离心管（2 mL 和 1.5 mL），卡那霉素溶液（40 mg/mL，1 000×）。

3. 试剂

液体培养基：蛋白胨（1%），酵母提取物（0.5%），氯化钠（1%），使用时根据需要添加卡那霉素；

固体培养基：蛋白胨（1%），酵母提取物（0.5%），氯化钠（1%），琼脂粉（1%），倒平板前添加卡那霉素。

三、实验步骤

1. 试剂和器材灭菌

根据配方配置培养基，置于 250 mL 锥形瓶中，纱布和报纸封口。移液枪吸头放入吸头盒子，离心管放入铝制饭盒中，玻璃培养皿用报纸包好，以上物品放入高压锅灭菌，121℃，20 min。固体培养基灭菌后待冷却至 60℃左右，添加抗生素，倒平板。其他物品冷却至室温即可使用。

2. 菌种活化

取冰箱中冻存的大肠杆菌菌种，置于冰上解冻，用接种环蘸取菌种，在固体平板培养基上呈“之”字形划线，盖好培养皿盖子，封口膜封住培养皿，置于 37℃培养箱中活化培养至肉眼可见白色菌落。

3. 大肠杆菌培养

用接种环挑取大肠杆菌单菌落接种于锥形瓶的液体培养基中，置于 37℃摇床培养至 OD_{600} 为 1.0 左右即可用于后续蛋白诱导实验。

四、注意事项

1. 所使用的试剂和器材必须经过灭菌处理，超净台使用前开紫外灯灭菌 15 min 以上。
2. 所有操作必须在超净台内完成。
3. 注意明火，如酒精灯等的使用。

Ⅱ　蛋白诱导表达

一、实验原理

大肠杆菌的乳糖操纵子含 Z、Y 及 A 三个结构基因，分别编码 *β*-半乳糖苷酶、透过酶和乙酰基转移酶，此外还有一个操纵序列 O、一个启动序列 P 及一个调节基因 I。I 基因编码一种阻遏蛋白，后者与O序列结合，使操纵子受阻遏而处于关闭状态。在启动序列P上游还有一个代谢物基因激活蛋白(CAP)结合位点。由P序列、O序列和CAP结合位点共同构成lac操纵子的调控区，三个酶的编码基因即由同一调控区调节，实现基因产物的协调表达。在没有乳糖存在时，lac操纵子处于阻遏状态。当有乳糖存在时，乳糖进入细胞，经β-半乳糖苷酶催化，转变为半乳糖。后者作为一种诱导剂分子结合阻遏蛋白，使蛋白构象变化，导致阻遏蛋白与O序列解离、开启下游基因的转录。异丙基硫代半乳糖苷(IPTG)是一种作用类似于半乳糖的诱导剂，不被细菌代谢而十分稳定，因此被实验室广泛应用。将特定的蛋白编码序列连接于该操纵子后面，即可通过添加IPTG诱导操纵子的开启，细菌即可表达大量的目标蛋白。

二、实验用品

1. 器材

超净工作台，恒温摇床，移液枪和对应体积的吸头，锥形瓶，离心管(1.5 mL和2 mL)，电子天平，微孔滤膜，无菌注射器，电炉。

2. 试剂

IPTG粉末，磷酸二氢钠，磷酸氢二钠。

三、实验步骤

(一)IPTG母液配置

用无菌水将IPTG粉末配置成1 mol·L^{-1}的IPTG溶液，在超净台中用孔径为0.22 μm的微孔滤膜对IPTG溶液进行过滤除菌，然后分装于2 mL离心管，置于－20℃冰箱保存备用。

(二)PBS缓冲液配置

1×PBS缓冲液的配方如下：

0.01 mol·L^{-1} PBS(1×PBS)	1 L
KH_2PO_4	0.27 g
NaCl	7.95 g
KCl	0.19 g
Na_2HPO_4	1.14 g

用天平称取以上试剂，用去离子水进行溶解(溶解较缓慢，可以用磁力搅拌或者过夜溶解)，浓盐酸调节pH为7.2，去离子水定容后常温保存。

(三)蛋白诱导表达

将实验Ⅰ中OD_{600}约为1.0的大肠杆菌菌液分装于无菌的2 mL离心管中，每管1 mL，对离心管编号，按照下表添加IPTG，置于对应的温度下诱导表达，摸索蛋白质的诱导条件，注意留存未诱导的大肠杆菌做阴性对照。

离心管编号	IPTG终浓度/(mmol·L^{-1})	诱导时间/h	诱导温度/℃
1	1.0	3 h	37
2	0.5	3 h	37
3	0.1	3 h	37
4	1.0	3 h	30
5	0.5	3 h	30
6	0.1	3 h	30

(四)收集细菌

(1)将诱导完成的6个平行实验组菌液，分别取出500 μL，对应装于6个不同的1.5 mL离心管中并做好标记。

(2)离心(5 000 *g*，3 min)，使细菌沉淀。

(3)用移液枪吸掉上层培养基，用80 μL 1×PBS重悬菌体沉淀，再次离心(5 000 *g*，3 min)，使菌沉淀。

(4)吸掉上清液，重复步骤(3)。

(5)用80 μL 1×PBS重悬菌体沉淀。

(6)每管加入20 μL 5×SDS-PAGE上样缓冲液，盖好离心管盖子，混匀后将离心管置于沸水浴中煮10 min，取出上样或置于4℃冰箱保存。

四、注意事项

1. 0℃以下保存无菌溶液，容器不能装满，以防水溶液结冰时体积增大胀破容器。

2. 注意无菌操作。

3. 粉末配置溶液一定要充分溶解。

Ⅲ　SDS-PAGE检测诱导蛋白

一、实验原理

聚丙烯酰胺凝胶是由丙烯酰胺单体和交联剂N,N′-亚甲基双丙烯酰胺在催化剂过硫酸铵和N,N,N′,N′-四甲基乙二胺(TEMED)作用下，聚合交联而成的具有网状立体结构的凝胶。聚丙烯酰胺凝胶电泳以聚丙烯酰胺凝胶为支持物，根据不同蛋白质分子所带电荷及分子大小不同所产生的电场中不同迁移率将蛋白质分离成若干条区带。

SDS(十二烷基磺酸钠)是一种阴离子表面活性剂，能打断蛋白质的氢键和疏水键，并按一定的比例与蛋白质分子结合成复合物，与蛋白质结合的SDS掩盖了各种蛋白质分子间天然的电荷差异，使蛋白质与SDS复合物带大量负电荷。因此，不同蛋白质-SDS复合物电泳时的迁移率，不再受原有电荷和分子形状的影响。这种电泳方法称为SDS-聚丙烯酰胺凝胶电泳

(简称 SDS-PAGE)。由于 SDS-PAGE 可以降低甚至消除蛋白质原有电荷差异,因此常用来鉴定蛋白质样品的纯度。如果被鉴定的蛋白质样品只含有一条肽链构成的蛋白质或者由同一肽链构成的多聚物蛋白质,那么 SDS-PAGE 后,就只出现一条区带。SDS-PAGE 可分为圆盘状和垂直板状、连续系统和不连续系统。本实验采用垂直板状不连续系统。所谓“不连续”是指电泳体系由两种或两种以上的缓冲液、pH 和凝胶孔径等所组成。

1. 样品的浓缩效应

在不连续电泳系统中,含有上、下槽缓冲液(Tris-Gly,pH 8.3)、浓缩胶缓冲液(Tris-HCl,pH 6.8)、分离胶缓冲液(Tris-HCl,pH 8.8),两种凝胶的浓度(即孔径)也不相同。在这种条件下,缓冲系统中的 HCl 几乎全部解离成 Cl^-,两槽中的 Gly(pI=6.0,pK_a=9.7)只有很少部分解离成 Gly 的负离子,蛋白质与 SDS 的复合物也可解离成负离子。这些离子在电泳时都向正极移动。Cl^- 速度最快(先导离子),其次为蛋白质,Gly 负离子最慢(尾随离子)。由于 Cl^- 很快超过蛋白离子,因此在其后面形成一个电导较低、电位梯度较陡的区域,该区电位梯度最高,这是在电泳过程中形成的电位梯度的不连续性,导致蛋白质和 Gly 离子加快移动,结果使蛋白质在进入分离胶之前,快、慢离子之间浓缩成一薄层,有利于提高电泳的分辨率。

2. 分子筛效应

蛋白质离子进入分离胶后,条件有很大变化。由于其 pH 升高(电泳进行时常超过 9.0),使 Gly 解离成负离子的效应增加;同时因凝胶的浓度升高,蛋白质的泳动受到影响,迁移率急剧下降。此两项变化,使 Gly 的移动超过蛋白质,上述的高电压梯度不复存在,蛋白质便在一个较均一的 pH 和电压梯度环境中,按其分子的大小移动。分离胶的孔径有一定的大小,对不同相对分子质量的蛋白质来说,通过时受到的阻滞程度不同,即使净电荷相等的颗粒,也会由于这种分子筛的效应,把不同大小的蛋白质相互分开。

二、实验用品

1. 材料

实验Ⅱ中煮过的大肠杆菌样品。

2. 器材

垂直电泳仪,电源,水平小摇床,大烧杯,天平,磁力搅拌器。

3. 试剂

甘油,考马斯亮蓝 R-250,十二烷基磺酸钠,丙烯酰胺,甲叉双丙烯酰胺,过硫酸铵,TEMED,甘氨酸,Tris 碱,异丙醇,浓盐酸,溴酚蓝,β-巯基乙醇,无水乙醇,冰乙酸。

三、实验步骤

(一)5×SDS-PAGE 上样缓冲液的配制

各组分含量如下:

5×SDS-PAGE 上样缓冲液	10 mL
1 mol·L^{-1} Tris-HCl(pH 6.8)	2.5 mL
SDS	1.0 g
溴酚蓝	50 mg
甘油	5 mL
去离子水	定容至 10 mL

将除溴酚蓝以外的药品用去离子水完全溶解。SDS 常温下很难溶解，可以在 37℃ 水浴溶解，搅拌时注意不要产生太多泡沫。完全溶解后，再加入溴酚蓝，进行溶解，可置于摇床震荡。配置好的上样缓冲液分装于 1.5 mL 离心管，每管 1 mL，置于 4℃ 冰箱保存。使用前每管添加 50 μL β-巯基乙醇，室温保存，一个月内可用。

(二) 1.5 mol·L^{-1} Tris-HCl(pH 8.8)的配制

称取 45.4 g Tris 碱，用 200 mL 去离子水溶解，然后用浓盐酸调节 pH 到 8.8，再用去离子水定容至 250 mL，常温保存。

(三) 1 mol·L^{-1} Tris-HCl(pH 6.8)的配制

称取 30.3 g Tris 碱，用 200 mL 去离子水溶解，然后用浓盐酸调节 pH 到 6.8，再用去离子水定容至 250 mL，常温保存。

(四) 30%丙烯酰胺的配制

各组分含量如下：

30%丙烯酰胺	250 mL
丙烯酰胺	72.5 mL
甲叉双丙烯酰胺	2.5 mL

量取一定体积的上述两种溶液，加去离子水溶解并定容至 250 mL，置于棕色瓶子中 4℃ 保存。

(五) 10%SDS 配制

称取 1 g SDS 粉末，用去离子水溶解并定容至 10 mL，4℃保存。

(六) 5×SDS-PAGE 电泳缓冲液的配制

各组分含量如下：

5×SDS-PAGE 电泳缓冲液	1 L
Tris	15.1 g
甘氨酸	94.0 g
SDS	5.0 g

按上面称取各试剂，用去离子水定容至 1 L 即得 5×SDS-PAGE 电泳缓冲液，常温保存。电泳时用去离子水稀释至 1×SDS-PAGE 电泳缓冲液使用。

(七)考马斯亮蓝 R-250 染色液的配制

往 1 g 考马斯亮蓝 R-250 粉末中加入 250 mL 异丙醇、100 mL 冰醋酸、500 mL 去离子水，在磁力搅拌器上搅拌 6 h 以上，至考马斯亮蓝全部溶解，再用去离子水定容至 1 L。常温保存。

(八)脱色液配制

各组分含量如下：

脱色液	1 L
冰乙酸	100 mL
无水乙醇	50 mL
去离子水	850 mL

按上面量取各组分，混匀后常温保存。

(九)SDS-PAGE 胶的配制

1. 分离胶配制

(1)找出配套的胶板，洗净、晾干，并固定在配胶器上，注意夹紧制胶板，防止漏液。

(2)分离胶的配制。依次将水、30%丙烯酰胺、1.5 mol·L^{-1} Tris-HCl(pH 8.8)、10% SDS、10%过硫酸铵加到干净的小烧杯中(配方见附录 10)，混匀。(厚度为 1 mm 的胶板，一般配一块胶需要分离胶 5 mL。所配的胶浓度视情况而定，要分离的蛋白质相对分子质量越小，胶的浓度就越大，一般情况配制胶浓度为 12%)。

(3)在上述小烧杯中加入 TEMED，立即混匀(TEMED 可以使胶凝固，因此最后加入，且加入以后操作要迅速，防止灌胶前凝固)。将液态胶沿制胶板壁缓缓倒入两块胶板间的空隙，防止产生气泡。再在胶平面以上轻轻加入 2 mL 异丙醇，压平胶平面(如没有异丙醇可以用乙醇或者水代替)。

2. 浓缩胶配制

(1)待分离胶完全凝固(分离胶与异丙醇间形成明显的分界线即表明分离胶已经凝固)，随即进行浓缩胶的配制，依次将水、30%丙烯酰胺、1.0 mol·L^{-1} Tris-HCl(pH 6.8)、10% SDS、10%过硫酸铵加到干净的小烧杯中(配方见附录 10)。

(2)倒掉分离胶上层异丙醇，倒置胶板沥干残留的异丙醇。

(3)在上述小烧杯中加入 TEMED，立即混匀，沿制胶板壁倒入浓缩胶至灌满胶板间的空隙，轻轻地插入胶孔梳子，注意不要产生气泡。

(4)静置，让浓缩胶完全凝固(梳齿间的胶平面出现凹陷即表示浓缩胶凝固)，取出制胶板装入电泳槽内，并在电泳槽内加入 1×SDS-PAGE 电泳缓冲液，把胶浸泡一段时间。

(十)电泳

(1)轻轻地竖直向上拔出胶上的梳子，若胶齿倾斜，用上样针或小枪吸头调整胶齿使之竖直平行。

(2)点样。用 20 μL 小吸头吸取Ⅱ中煮过的样品 10 μL,对准胶孔点样,同时在两边边缘孔内分别点蛋白质分子量 marker 和未诱导的阴性对照样品。

(3)开始电泳。接好正负极,打开电源,调节电压 110 V 进行电泳,至上样缓冲液中溴酚蓝移动到距离胶前沿 0.5 cm 时停止电泳(一般需 1.5 h 左右)。

(4)取出胶板,拿出胶放到考马斯亮蓝 R-250 染色液中染色(染色液加热后使用可缩短染色时间,常温染色一般需要 2 h 以上)。

(5)脱色。将染过色的胶放入脱色液中脱色至背景接近透明无色(加热脱色液并在脱色液中放餐巾纸可促进快速脱色)。

(6)取出胶观察各实验组的蛋白条带,拍照记录蛋白诱导表达情况。

四、注意事项

丙烯酰胺,β-巯基乙醇,TEMED,SDS,无水乙醇,冰乙酸等有毒或刺激性,操作时戴手套和口罩。

参考文献

1. 朱玉贤,李毅,郑晓峰. 现代分子生物学[M]. 北京:高等教育出版社,2013.
2. 李燕. 精编分子生物学实验技术[M]. 西安:世界图书出版公司,2018.

执笔人:余江流

实验十五　水稻总RNA的提取及RT-PCR扩增基因

一、实验目的

RT-PCR是将RNA的反转录(RT)和cDNA的聚合酶链式扩增(PCR)相结合的技术。首先经反转录酶的作用从RNA合成cDNA,再以cDNA为模板,扩增合成目的片段。RT-PCR技术灵敏而且用途广泛,可用于检测细胞中基因表达水平,细胞中RNA病毒的含量和直接克隆特定基因的cDNA序列。作为模板的RNA可以是总RNA、mRNA或体外转录的RNA产物。RT-PCR用于对表达信息进行检测或定量。另外,这项技术还可以用来检测基因表达差异或不必构建cDNA文库克隆cDNA。RT-PCR比其他包括Northern印迹、RNase保护分析、原位杂交及S1核酸酶分析在内的RNA分析技术,更灵敏,更易于操作。

二、实验技术路线

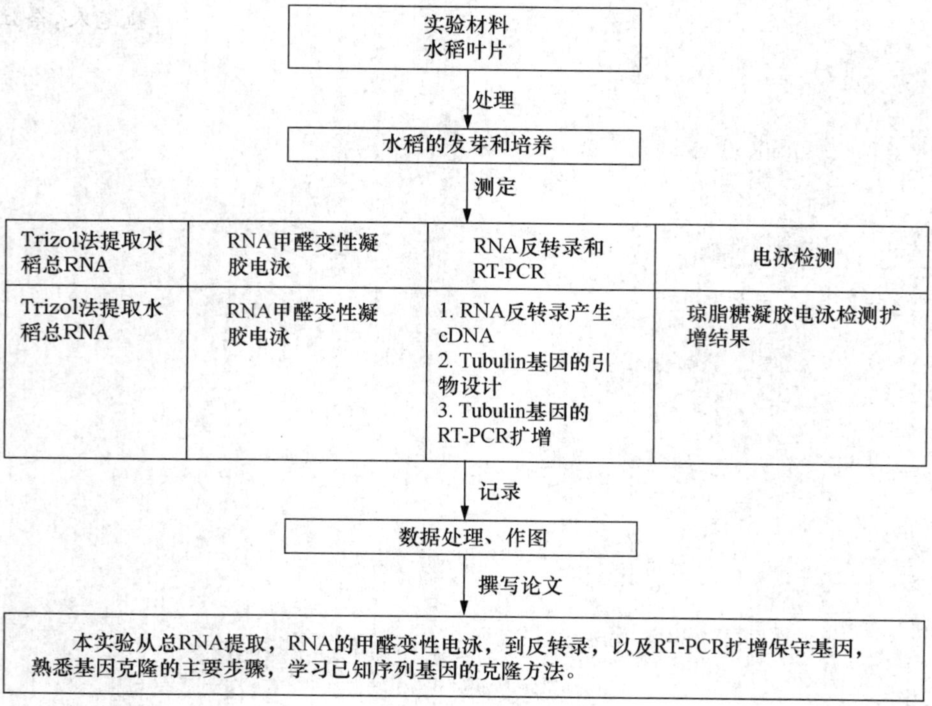

三、材料预处理

28℃培养箱中，培养皿铺上 3 层纱布培养水稻种子，12 h 光照，12 h 黑暗培养，10 d 后收集水稻幼苗待用。

四、实验内容

1. Trizol 法提取水稻总 RNA。
2. RNA 甲醛变性凝胶电泳。
3. RNA 反转录产生 cDNA。
4. Tubulin 基因的引物设计。
5. Tubulin 基因的 RT-PCR 扩增。

五、数据记录、处理、作图

1. 记录总 RNA 提取的电泳图及浓度。
2. 记录琼脂糖凝胶电泳结果，根据 DNA 分子量标准估计扩增条带的大小。

六、撰写实验论文

论文撰写参考常见论文格式，撰写论文讨论部分考虑下面两个问题。
1. RNA 提取过程中需要注意什么？如何能得到高质量的 RNA？
2. 引物设计过程中的注意事项？

Ⅰ Trizol 法提取水稻总 RNA

一、实验原理

Trizol 主要物质是异硫氰酸胍，可破坏细胞使 RNA 释放出来的同时，保护 RNA 的完整性。加入氯仿后离心，样品分成水样层和有机层。RNA 存在于水样层中。收集上面的水样层后，RNA 可以通过异丙醇沉淀来还原。在除去水样层后，样品中的 DNA 和蛋白也能相继以沉淀的方式还原。乙醇沉淀能析出中间层的 DNA，在有机层中加入异丙醇能沉淀出蛋白。共纯化 DNA 对于样品间标准化 RNA 的产量十分有用。

二、实验用品

1. 材料
水稻叶片。

2. 器材

离心机，离心管，超净工作台，塑料器皿需用 0.1%DEPC(焦碳酸二乙酯)水浸泡。

3. 试剂

0.1% DEPC 水：100 mL 去离子水中加入 DEPC 0.1 mL，充分振荡，37℃孵育 12 h 以上，121℃高压灭菌 20 min，于 4℃保存；Trizol 试剂；氯仿；75%乙醇(0.1% DEPC 配制)。

三、实验步骤

(1)取水稻叶片 0.2 g 在液氮中磨成粉末后，再以 50～100 mg 组织加入 1 mL Trizol 液研磨，注意样品总体积不能超过所用 Trizol 体积的 10%。

(2)研磨液室温放置 5 min，然后以每 1 mL Trizol 液加入 0.2 mL 的比例加入氯仿，盖紧离心管，用手剧烈摇荡离心管 15 s。

(3)取上层水相于一新的离心管，按每 1 mL Trizol 液加 0.5 mL 异丙醇的比例加入异丙醇，室温放置 10 min，12 000 *g* 离心 10 min。

(4)弃去上清液，按每 1 mL Trizol 液加入至少 1 mL 的比例加入 75%乙醇，涡旋混匀，4℃下 7 500 *g* 离心 5 min。

(5)小心弃去上清液，然后室温或真空干燥 5～10 min，注意不要干燥过分，否则会降低 RNA 的溶解度。然后将 RNA 溶于水中，必要时可 55～60℃水溶 10 min。RNA 可进行 mRNA 分离，或贮存于 70%乙醇并保存于－70℃。

四、注意事项

提取时要做到超净台内操作，操作戴一次性手套，EP 管及 Tip 头都要用 0.1% DEPC 处理(0.1%DEPC 浸泡过夜后，高压蒸汽灭菌)，小心、细致、晃动及每次移液要轻。

Ⅱ　甲醛变性凝胶电泳

一、实验原理

提取样品的总 RNA 后，一般根据 RNA 的凝胶电泳图来判断 RNA 的质量。由于 RNA 容易形成二级结构，因此常用甲醛变性胶来进行 RNA 电泳，得到的电泳图能真实反映 RNA 的质量状况。将 RNA 通过凝胶电泳使之在凝胶中分离出来，通过加入标准核酸分子(markers)对其进行鉴定，并用于转膜、杂交等。

二、实验用品

1. 器材

电泳设备，紫外灯。

2. 试剂

1×MOPS 电泳缓冲液(即 1×甲醛变性胶电泳缓冲液 1×running buffer),1×MOPS 电泳缓冲液,5×甲醛变性胶加样缓冲液(5×loading buffer)。

三、实验步骤

(1)甲醛变性的琼脂糖(Agarose)凝胶的配制:在 250 mL 的锥形瓶中准确称量 2 g Agarose,再加 20 mL 10×TAE(Tris-乙酸-EDTA)buffer,144 mL DEPC 处理过的双蒸水,微波炉中化胶,待冷却至 50~60℃加 EB 至终浓度≤0.5 μg · mL^{-1}。在通风橱中加入 36 mL 甲醛,放置一段时间以减少甲醛蒸汽。

(2)样品制备

RNA 总量	10 μg
5×甲醛凝胶电泳缓冲液	4 μL
甲醛	3.5 μL
甲酰胺	10 μL

加入无菌离心管中混合,95℃水浴变性 2 min(或 55℃,15 min),取出后放入冰中冷却。

(3)加入 2 μL 无菌的 DEPC 处理的加样运载液。

(4)将胶板浸没在 1×甲醛凝胶电泳缓冲液中,点样前 5 V/cm 预跑 5 min。点样后 3~4 V/cm 电泳。

(5)电泳结束后(溴苯酚蓝迁移到约 8 cm 处),紫外灯下观察,照相。

四、注意事项

RNA 酶是一类生物活性非常稳定的酶,除了细胞内源 RNA 酶外,外界环境中均存在 RNA 酶,所以操作时应戴手套,并注意时刻换新手套。

Ⅲ RNA 反转录和 RT-PCR

一、实验原理

半定量反转录-聚合酶链反应(semi-quantitative reverse transcription and polymerase chain reaction,SqRT-PCR)是近年来常用的一种简捷、特异的定量 RNA 测定方法,通过 mRNA 反转录成 cDNA,再进行 PCR 扩增,并测定 PCR 产物的数量,可以推测样品中特异 mRNA 的相对数量。以半定量 RT-PCR 为基础建立起来的 mRNA 含量测定技术,较含内标化的 RT-PCR 定量测定的 mRNA 的方法更为简便可行。

二、实验用品

M-MLV 反转录酶，Taq 酶，Olig(dT)$_{18}$，DEPC 水，上游引物 TACCGTGCCCTTACT-GTTCC，下游引物 CGGTGGAATGTCACAGACAC。

三、实验步骤

(1)在 DEPC 处理过的离心管中冰上按下面加入：

模板 RNA	2 μL
Olig(dT)$_{18}$	1 μL
DEPC 水	2 μL

混匀，70℃水浴中放置 2 min，立即放置到冰上 2 min。然后在冰上按下面依次加入：

RNasin	0.5 μL
M-MLV	1 μL
5×buffer	2 μL
10 mmol·L^{-1} dNTP	1.5 μL

42℃，水浴中反应 90 min。72℃，10 min，终止反应。加入 15 μL 的 DEPC 灭菌水，使总体积达到 25 μL。

(2)在灭菌的 PCR 管中加入以下成分，形成 PCR 反应体系。

10×buffer	2.5 μL
dNTP(2.5 mmol·L^{-1})	2 μL
RT-PCR 产物	5 μL
Taq 酶	0.5 μL
上游引物(10 μmol·L^{-1})	0.5 μL
下游引物(10 μmol·L^{-1})	0.5 μL

灭菌 ddH_2O 加到 25 μL

(3)按照下列条件进行 PCR 反应

94℃	5 min	
94℃	30 s	30 个循环
55℃	30 s	
72℃	1 min	
72℃	7 min	

(4)在每个泳道中加入适量的 PCR 产物(需和上样缓冲液混合，10～20 μL)，其中一个泳道中加入 DNA 分子量标准，接通电源进行电泳，按 2 V/cm 的电压电泳 15～30 min。

(5)电泳结束后，取出琼脂糖凝胶，轻轻地置于凝胶成像仪上或紫外透射仪上成像。根据 DNA 分子量标准估计扩增条带的大小。

四、注意事项

1. 操作过程中应始终戴一次性橡胶手套和口罩,并经常更换。
2. 塑料器皿可用 0.1%DEPC 水浸泡或用氯仿冲洗。

参考文献

1. 吴乃虎. 基因工程原理[M]. 北京:科学出版社,2003.
2. 赵海泉. 基础生物学实验指导——遗传学分册[M]. 北京:中国农业大学出版社,2008.

执笔人:郭　宁,江海洋

实验十六　人类ABO血型的基因型检测

一、实验目的

ABO 血型是人类发现和确定的第一个血型系统，根据红细胞表面有无特异性抗原(凝集原)A 和 B 把血液分为 A、B、AB、O 四型。血型不仅在输血上有重要意义，而且在人种学、遗传学、法医学、移植免疫、疾病抵抗力(或易感性)等方面都有应用价值。最初 ABO 基因型的鉴定是通过血清学方法和家系调查来进行，随着分子生物学技术的发展，从头发中提取核酸，应用 PCR 扩增和等位基因特异性限制酶消化检测 ABO 基因型的方法，已成为法医学、遗传学常用的方法之一。通过本实验，可以帮助同学了解 ABO 血型的遗传学原理，掌握在 DNA 水平上鉴定 ABO 基因型的基本原理和操作过程。

二、实验技术路线

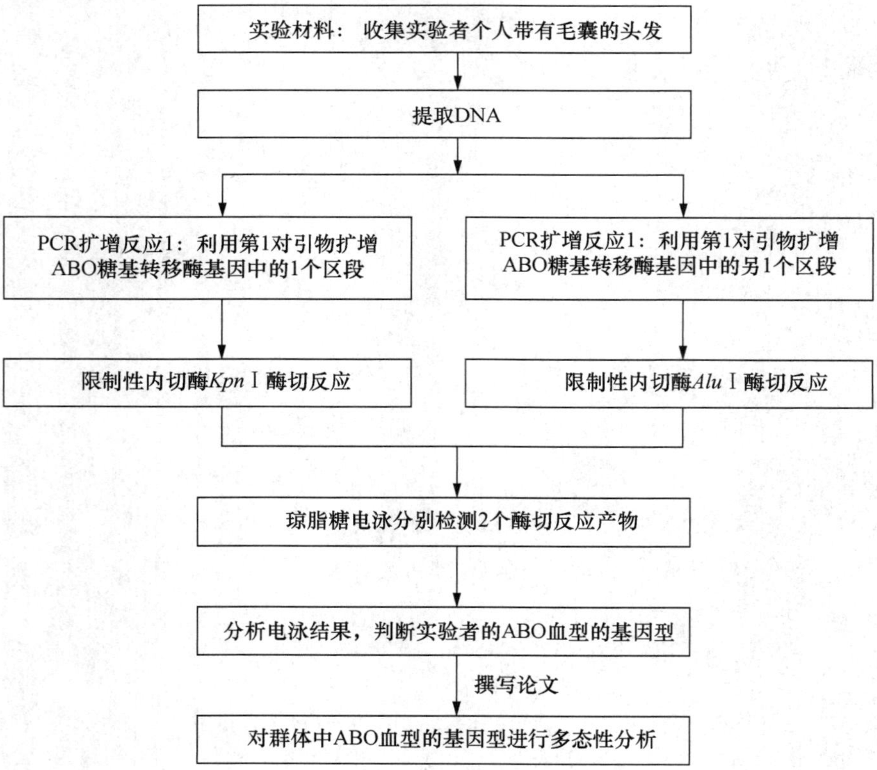

三、实验材料预处理

1. 收集实验者带有毛囊的头发 6～7 根，用无水乙醇清洗、蒸馏水漂洗后，自然风干待用。
2. 每根头发取毛根 0.5 cm，剪成 2 段，放入 0.5 mL 离心管中。

四、实验内容

1. 毛囊细胞基因组 DNA 的提取。
2. ABO 糖基转移酶基因特定片段的 PCR 扩增。
3. 限制性内切酶酶切反应。
4. 琼脂糖凝胶电泳分析。
5. 群体 ABO 基因的多态性分析。

五、数据记录、处理、作图

1. 电泳结果使用凝胶成型系统进行拍照保存，分析实验者的 ABO 血型的基因型。
2. 统计群体内 ABO 血型的基因型分布，计算 I^A，I^B，i 基因频率。
3. 根据哈迪-温伯格(Hardy-Weinberg)定律，利用 χ^2 测验判断群体是否处于平衡状态。

六、撰写实验论文

论文撰写参考常见论文格式，撰写论文讨论部分考虑下面两个问题：
1. 如何根据电泳结果判断实验者的 ABO 血型的基因型。
2. 影响群体遗传平衡的因素。

Ⅰ 毛囊细胞基因组 DNA 的提取

一、实验原理

毛发 DNA 含量极少，主要存在于毛根和鞘细胞周围。新拔毛发发根中约含 0.5 μg 总 DNA。Triton X-100(聚乙二醇辛基苯基醚)是一种非离子型表面活性剂(或称去污剂)，分子量为 646.86($C_{34}H_{62}O_{11}$)。它能溶解脂质，以增加细胞膜对抗体的通透性。二硫苏糖醇(Dithiothreitol，DTT)是一种小分子有机还原剂，高浓度的 DTT 可以打开毛发角蛋白结构中的二硫键，使 DNA 充分游离。

二、实验用品

1. 器材

离心机,微型移液器,恒温水浴锅,离心管,移液器枪头等。

2. 试剂

市售 10×PCR 缓冲液(500 mmol・L^{-1}KCl,100 mmol・L^{-1}Tris・HCl,20 mmol・L^{-1} $MgCl_2$),蛋白酶 K,Triton X-100。

三、实验步骤

DNA 提取采用二硫苏糖醇(DTT)-裂解液法。

(1)裂解液配制:10×PCR 缓冲液稀释 10 倍,加入 TritonX-100 至含量为 1%,加入蛋白酶 K(PK)至 20 mg・L^{-1},加入 DTT 至 0.4 mol・L^{-1}。

(2)在含毛根的离心管中加入 15 μL 裂解液,65℃保温 30 min。

(3)100℃,8 min。

(4)4℃,10 min。

(5)瞬时离心后取上清液转移至新离心管中作为 PCR 模板,4℃保存,备用。

四、注意事项

1% TritonX-100 有助于破坏细胞膜,但通常是先配制成 30%的 Triton X-100 储备液,临用时稀释至所需浓度。

Ⅱ ABO 糖基转移酶基因特定片段的 PCR 扩增

一、实验原理

ABO 血型抗原是由 I^A,I^B,i 基因编码的特异性糖基转移酶催化合成的红细胞膜表面的糖蛋白和糖脂。ABO 基因座位于第九号染色体上,其 3 个等位基因 I^A,I^B,i 形成 4 种主要的血型 A、B、AB 和 O。其中 A 血型的基因型为 I^AI^A 或 I^Ai,B 血型的基因型为 I^BI^B 或 I^Bi,AB 血型的基因型为 I^AI^B,O 血型的基因型为 ii。

I^A 基因与 I^B 基因之间在 cDNA 上有 7 个单碱基替换:A294G、C523G、C654T、G700A、C793A、G800C 和 G927A。i 基因与 I^A 基因相比只是 cDNA 的第 258 位的胞嘧啶缺失,出现框移突变,使第 352 位的 TTA 变成了 TAA(终止密码子),提前终止了转移酶的合成,导致合成的转移酶没有活性区,所以在红细胞膜上没有 A,B 抗原的产生。

本实验根据 genebank 上公布的 I^A,I^B,i 基因序列设计引物,扩增 ABO 糖基转移酶基因中的 2 个区段。引物序列为:

引物 1:5′-CACCGTGGAAGGATGTCCTC-3′

引物 2:5′-AATGTCCACAGTCACTCGCC-3′

引物 3:5′-GTGGAGATCCTGACTCCGCTG-3′

引物 4:5′-CACCGACCCCCCGAAGAA-3′

用 1、2 引物进行 PCR 扩增,等位基因 I^A、I^B 产物为 200 bp,等位基因 i(258 位 G 缺失)产物为 199 bp。

用 3、4 引物进行 PCR 扩增,等位基因 I^A、I^B、i 的产物均为 159 bp。

二、实验用品

1. 材料

实验Ⅰ获得的 PCR 模板。

2. 器材

PCR 扩增仪,微型移液器,离心管,PCR 管,移液器枪头等。

3. 试剂

10×PCR buffer,Taq DNA 聚合酶,dNTPs,ddH_2O。

三、实验步骤

(1)每组同学各取 2 个 PCR 管。

(2)分别向每管中加入 PCR 缓冲液 10×buffer 2.5 μL。

(3)每管中加入 PCR 模板 DNA 3.0 μL。

(4)1 号管加引物 1、2 各 1.25 μL,2 号管加引物 3、4 各 1.25 μL。

(5)每管中加入 dNTPs 0.5 μL,

(6)每管中加入 ddH_2O 16.2 μL,

(7)每管中加入 0.3 μL Taq DNA 聚合酶后,两套 PCR 反应体系均为 25 μL。

(8)将两反应管同时置于 PCR 仪中扩增。扩增参数为:94℃变性 5 min,94℃变性 50 s,60℃退火 30 s,72℃延伸 60 s,35 次循环,72℃延伸 10 min,4℃保温。

四、注意事项

1. 规范使用微量移液器,保证加液的精确性。
2. 每组同学同时有 2 个反应管,操作时应仔细,避免加错或漏加试剂。

Ⅲ　限制性内切酶酶切反应

一、实验原理

1 号管中等位基因 I^A、I^B 的产物为 200 bp,i 产物为 199 bp。用限制性内切酶 *Kpn* Ⅰ消化后，i 基因 199 bp 的 PCR 产物被切成 171 bp 和 28 bp 两段，I^A、I^B 基因 200 bp 的 PCR 产物由于没有该酶切位点，依然是 200 bp。

1 号管中等位基因 I^A、I^B、i 的产物均为 159 bp。用限制性内切酶 *Alu* Ⅰ消化后，I^B 基因 159 bp 的 PCR 产物被切出 118 bp 和 41 bp 两段，I^A、i 基因 159 bp 的 PCR 产物因没有该酶切位点依然是 159 bp（表 16-1）。

表 16-1　PCR 产物酶切反应结果

等位基因	1 号管 *Kpn* Ⅰ酶切结果	2 号管 *Alu* Ⅰ酶切结果
I^A	200	159
I^B	200	118＋41
i	171＋28	159

二、实验用品

1. 材料

实验Ⅱ所得 PCR 产物。

2. 器材

微型移液器，恒温水浴锅，PCR 管，移液器枪头等。

3. 试剂

Kpn Ⅰ，*Alu* Ⅰ，10×buffer H，ddH_2O。

三、实验步骤

（1）取 2 支离心管，分别编号。

（2）1 号管加入实验Ⅱ所得 1 号管 PCR 产物 15 μL，2 号管加入实验Ⅱ所得 2 号管 PCR 产物 15 μL。

（3）1 号管加入 *Alu* Ⅰ 5 U(0.5 μL)，2 号管加入 *Kpn* Ⅰ 5 U(0.5 μL)。

（4）每管各加入 2 μL 10×buffer H。

（5）每管各加入 ddH_2O 2.5 μL 补至 20 μL。

（6）置 37℃酶切反应过夜。

四、注意事项

本实验中两个反应管对应实验Ⅱ的两个反应管，应注意加样的准确性。

Ⅳ　琼脂糖凝胶电泳分析

一、实验原理

琼脂糖是一种天然聚合长链状分子，可以形成具有刚性的滤孔，凝胶孔径的大小决定于琼脂糖的浓度。DNA分子在碱性缓冲液中带负电荷，在外加电场作用下向正极泳动。DNA分子在琼脂糖凝胶中泳动时，有电荷效应与分子筛效应。不同DNA的分子量大小及构型不同，电泳时的泳动率就不同，从而分出不同的区带。

二、实验用品

1. 材料

实验Ⅲ所得酶切反应产物。

2. 器材

电泳仪和电泳槽，微型移液器，恒温水浴锅，电子天平，微波炉，凝胶成像系统，离心管，PCR管，移液器枪头等。

3. 试剂

琼脂糖，1×TAE电泳缓冲液，溴化乙锭(EB)，6×载样缓冲液，DNA Marker等。

三、实验步骤

(1)称量1.5 g琼脂糖粉倒入三角锥瓶中，加入100 mL 1×TAE缓冲液。

(2)在锥瓶的瓶口上盖上保鲜膜或牛皮纸，并在膜或纸上扎些小孔，然后在微波炉中加热溶解。

(3)加热时，当溶液沸腾后，请戴上防热手套，小心摇动锥瓶，使琼脂糖充分均匀溶解。

(4)使溶液冷却至50～60℃，加入溴化乙锭溶液(终浓度0.5 μg/mL)或按照1 μL/30 mL的比例加入DNA green染料，并充分混匀。

(5)将琼脂糖溶液倒入制胶模中，然后在适当位置处插上梳子，在室温下使胶凝固。

(6)用移液器吸取2 μL的6×载样缓冲液于封口膜上，再加入5 μL样品，混匀后，小心加入点样孔。

(7)加完样后，合上电泳槽盖，立即接通电源。控制电压保持在110 V，电流在40 mA以上。

(8)当条带移动到距凝胶前沿约2 cm时(约40 min)，停止电泳。

(9)凝胶成像系统观察并拍照。

四、注意事项

1. TAE缓冲液放置时间过久会沉淀，因此一次性不要配太多。工作用电泳缓冲液为1×TAE缓冲液，取50×TAE缓冲液贮存液稀释，现配现用。

2. 用于电泳的缓冲液和用于制胶的缓冲液必须统一。

3. 每加完一个样品要更换枪头，以防止互相污染，注意上样时要小心操作，避免损坏凝胶或将样品槽底部凝胶刺穿。

Ⅴ 群体 ABO 基因的多态性分析

一、实验原理

Hardy-Weinberg 定律是群体遗传学中的基本定律，又称为遗传平衡定律，指在一个大的随机交配的群体中，在无突变、无选择、无迁移、无遗传漂变的情况下，群体中的基因频率和基因型频率可以世代相传不发生变化的现象。

遗传平衡定律适用于人类，人的 ABO 血型系统是按孟德尔方式遗传的。设 I^A、I^B、i 基因频率分别为 p、q、r，若群体处于遗传平衡，基因频率与基因型频率有如下关系：

$$[p(I^A)+q(I^B)+r(i)]^2=p^2(I^AI^A)+q^2(I^BI^B)+r^2(ii)+2pq(I^AI^B)+2pr(I^Ai)+2qr(I^Bi)$$

由表现型频率可推知基因频率，假定 AA、BB、AB、O 分别表示 A、B、AB、O 型的表现型频率，则有：

$$AA=p^2+2pr \qquad BB=q^2+2qr \qquad AB=2pq \qquad O=r^2$$

$$r=(r^2)^{1/2}=O^{1/2} \qquad p=1-(q+r)=1-[(q+r)^2]^{1/2}=1-(BB+O)^{1/2}$$

同理，$q=1-(AA+O)^{1/2}$。算出基因频率后，即可算出各种血型的理论频率及人数。

二、实验用品

班级中所有同学的 ABO 血型类型。

三、实验步骤

(1)将班级中各位同学的 ABO 血型结果填入表 16-2。

表 16-2 ABO 血型统计表

	A	B	AB	O
人数				
合计				

(2)基因频率的计算：根据遗传平衡公式计算出各基因频率，并检验此群体是否处于平衡状态。

(3)基因型频率的计算：用所求得的基因频率，按 Hardy-Weinberg 定律公式计算基因型频率。

(4)求各种基因型个体的理论值：将所求得的基因型频率与班级总人数相乘，即得班级中各基因型个体的预期理论人数。

(5)卡方(χ^2)检验：假设所在班级的群体是一个遗传平衡群体，检测各基因型的理论预期值与实际测得值之间的吻合程度进行验证。可用 χ^2 检验。

四、注意事项

1. 若实验Ⅳ结果较好,可直接统计班级同学的基因型频率及基因频率。

2. 若实验Ⅳ结果不好,可通过调查班级同学的血型表型,再计算基因型频率及基因频率。

参考文献

1. 郭宁．遗传学实验指导[M]．北京:中国农业大学出版社,2015.

2. 刘忠,方勤,吕蓉,等．人类ABO血型基因型检测的研究[J]．临床输血与检验,1999,1(1):33-35.

执笔人:郭　宁

实验十七　理化因素诱导蚕豆染色体变异

一、实验目的

理化因素可以引起染色体在数量与结构上发生变化，从而使生物体的性状产生变异。染色体数目变异分为倍数性变异（单倍体和多倍体）和非倍数性变异（非整倍体）。常见的非整倍体包括单体（$2n-1$）、三体（$2n+1$）、四体（$2n+2$）、双三体（$2n+1+1$）和缺体（$2n-2$）等。常见的结构变异有缺失、重复、易位、倒位等。染色体所产生的变异频率与物理化学因素的剂量相关，因而在致癌畸变物质的检测方面，可以运用染色体畸变分析法和微核测定法。

微核（micronuclei，MCN）是真核生物细胞中的一种异常结构，在间期呈圆形或椭圆形，游离于主核之外，大小应在主核的 1/3 以下。微核是由有丝分裂后期丧失着丝粒的断片产生，一整条或好几条染色体也能形成。这些断片或染色体在细胞分裂末期被两个子细胞核所排斥，便形成了第三个核块。微核率与用药剂量或辐射累积效应呈正相关，因此可用简易的间期微核计数来代替繁杂的中期染色体畸变计数。目前，国内外不少部门已把微核测试用于辐射损伤、辐射防护、化学诱变剂、新药试验、染色体遗传疾病及癌症前期诊断等各方面。

物理、化学因素诱发植物染色体在数目与结构上的变异，能够观察到细胞学变化，有多倍体、有丝分裂中期断片、后期桥及断片、后期落后染色体、环状染色体等，还可导致微核的产生。在减数分裂的前期，还能观察到各种染色体环（缺失环、重复环、倒位圈等），后期还会出现桥及断片。

二、实验技术路线

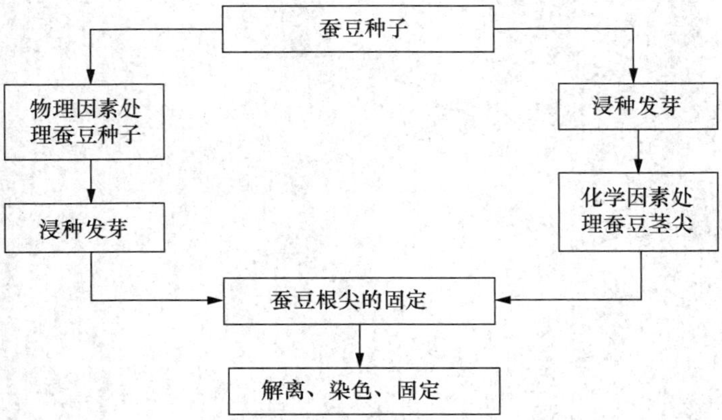

↓

观察镜检染色体变异类型

↓

数据处理、作图

↓

通过不同的因素处理蚕豆种子，通过实验观察获得不同变异类型，学会应用染色体畸变分析法和微核测定法。

三、实验材料预处理

1. 物理因素处理蚕豆种子

采用半致死剂量的^{60}Co γ 射线处理蚕豆种子，照射后的种子按常规方法发芽、剪根和固定。

2. 化学因素处理蚕豆种子

蚕豆种子按常规方法发芽，待根尖长到 1～2 cm 时，选取 6～8 粒初生根尖生长良好的种子，放入盛有待测污水的培养皿中浸泡根尖。同时，用另一盛有蒸馏水的培养皿处理根尖，作为对照。约 6 h 后，将处理后的种子用蒸馏水浸泡 3 次，每次 2～3 min，然后放入 25℃培养箱中恢复培养 22～24 h。

四、实验内容

1. 种子培养。
2. 固定材料。
3. 解离。
4. 染色。
5. 制片。
6. 观察并镜检。

五、数据记录、处理、作图

1. 绘出本实验材料经辐照或化学诱变后，染色体畸变（结构变异和数目变异）的各种类型及微核形态特征。

2. 计算各测试样品（包括对照组）微核千分率（MCN‰）。

MCN‰＝某测试样品（或对照）观察到的微核数/某测试样品（或对照）观察到的细胞数×1 000‰

如果对照本底 MCN‰为 10‰以下，可采用如下标准进行分析以确定样品的污染程度：MCN‰在 10‰以下，表示基本没有污染；MCN‰在 10‰～18‰区间，则表示有轻度污染；

MCN‰在18‰～30‰区间，则表示有中度污染；MCN‰在30‰以上，则表示有重度污染。

六、撰写实验论文

论文撰写参考常见论文格式，撰写论文讨论部分考虑下面两个问题。

1. 根据观察结果如何判断染色体变异类型？

2. 根据微核千分率判断污染程度。

Ⅰ　物理因素诱导蚕豆染色体变异

一、实验原理

物理因素诱发植物染色体在结构上的变异，能够观察到细胞学变化，有丝分裂中期断片、后期桥及断片、后期落后染色体、环状染色体等，还可导致微核的产生。在减数分裂的前期，还能观察到各种染色体环（缺失环、重复环、倒位圈等），后期还会出现染色体桥及断片。

二、实验用品

1. 器材

显微镜，剪刀，镊子，载玻片，盖玻片，吸水纸，电子天平，量筒，冰箱，恒温箱或水浴锅，培养皿，青霉素小瓶，镊子，洗瓶等。

2. 试剂

Carnoy固定液（95%乙醇∶冰乙酸＝3∶1），1%醋酸洋红或改良的苯酚品红溶液，45%冰乙酸。

三、实验步骤

1. 种子处理

采用半致死剂量的^{60}Co γ射线处理蚕豆种子。

2. 浸种发芽

将照射后的种子，按常规方法发芽、剪根。

3. 固定材料

洗净根尖，Carnoy固定液固定24 h。再放入95%、80%酒精依次脱水，最后换70%酒精冰箱4℃长期保存。

4. 解离

将供试材料根尖放入青霉素小瓶中水洗3遍，弃去水。再加入1 mol·L^{-1} HCl，放入60℃恒温箱解离10～15 min后，弃去盐酸，水洗根尖3遍。

5. 染色

取一根尖于载玻片上，切取生长点部位，弃去其余部分。加一滴改良苯酚品红染液，边用镊子夹碎边染色 10～15 min，再加上盖玻片。

6. 制片

吸水纸包住盖玻片和载玻片，用镊柄轻敲盖玻片，至材料呈云雾状即可。

7. 镜检

观察细胞中的染色体断片、桥及微核。

四、注意事项

注意微核识别标准：在主核大小的 1/3 以下，并与主核分离的小核；小核着色与主核相当或稍浅；小核形态为圆形、椭圆或不规则形。

Ⅱ　化学因素诱导蚕豆染色体变异

一、实验原理

化学因素诱发植物染色体在数目与结构上的变异，利用蚕豆根尖作为实验材料进行微核测试，可准确地显示各种处理诱发畸变的效果，并可用于污染程度的监测。

二、实验用品

1. 器材

显微镜，剪刀，镊子，载玻片，盖玻片，吸水纸，电子天平，量筒，冰箱，恒温箱或水浴锅，培养皿，青霉素小瓶，镊子，洗瓶等。

2. 试剂

Carnoy 固定液（95％乙醇：冰乙酸＝3：1），1％醋酸洋红或改良的苯酚品红溶液，45％冰乙酸，待测污水（秋水仙素、叠氮化钠等）。

三、实验步骤

1. 浸种发芽

将实验用蚕豆种子按需要量放入盛有蒸馏水的烧杯中，在 25℃下浸泡 24 h。种子吸胀后，用纱布松散包裹置白瓷盘中，保持湿度，在 25℃温箱中催芽 12～24 h，待初生根长出 2～3 mm 时，再取发芽良好的种子，放入铺满滤纸的磁盘中，25℃继续催芽，经 36～48 h。大部分初生根长至 1～2 cm，选取生长一致的进行检测。

2. 处理

每一处理选取10粒初生根生长良好、根长一致的种子，放入盛有待测物溶液（一定浓度的待测污水、秋水仙素、叠氮化钠等）的培养皿中，浸没根尖。用自来水作对照，处理根尖6～24 h（处理时间可视实验需要和被测液浓度而定）。

3. 根尖细胞恢复培养

将处理后的种子用蒸馏水浸洗3次，每次2～3 min。将洗净的种子再放入铺好滤纸的白瓷盘内25℃温箱中恢复培养24 h。

4. 解离

将供试材料根尖放入青霉素小瓶中水洗3遍，弃去水。再加入1 mol·L^{-1} HCl，放入60℃恒温箱解离10～15 min后，弃去盐酸，水洗根尖3遍。

5. 染色

取一根尖于载玻片上，切取生长点部位，弃去其余部分。加一滴改良苯酚品红染液，边用镊子夹碎边染色10～15 min，再加上盖玻片。

6. 制片

吸水纸包住盖玻片和载玻片，用镊柄轻敲盖玻片，至材料呈云雾状即可。

7. 镜检

观察细胞中的染色体断片、桥及微核。

四、注意事项

1. 各种诱发染色体变异的试剂具有一定的毒性，注意安全使用，防止污染环境。
2. 严重污染的水会造成根尖死亡，稀释后再使用。

参考文献

1. 赵海泉. 基础生物学实验指导——遗传学分册[M]. 北京：中国农业大学出版社，2008.

2. 周俊，陈桥，沈丽娟. 蚕豆根尖微核致突变性试验标准修订背景研究[J]. 环境监测管理与技术，2018，30(3)：8-11.

执笔人：孙　旭

实验十八　利用SSR技术鉴定玉米种子纯度

一、实验目的

品种真实性(cultivar genuineness)和品种纯度(varietal purity)是构成种子质量的两个重要指标,这两个指标都与品种的遗传基础有关,是种子质量评价的重要依据。玉米是我国的主要农业作物,利用SSR技术进行玉米种子纯度鉴定,已经筛选出多对可利用的引物,综合运用SSR核心引物和DNA指纹图谱,可以准确地鉴定父本、母本、混杂品种及真实杂交种,其鉴定结果与RFLP结果及系谱来源基本一致。

二、实验技术路线

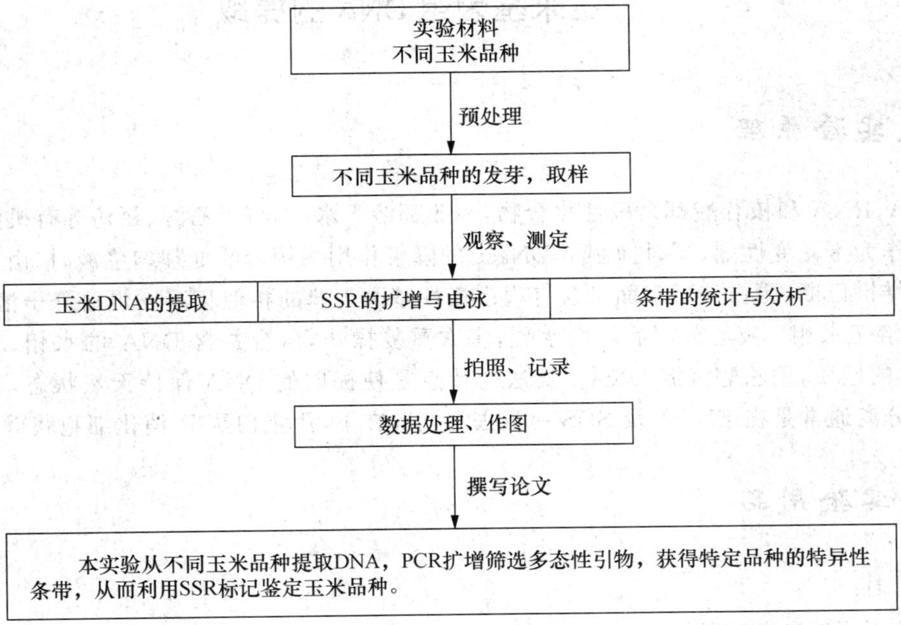

三、实验材料预处理

玉米种子在28℃培养箱中,培养钵中装有沙子,12 h光照,12 h黑暗培养,14 d后收集玉米幼苗待用。

四、实验内容

1. 玉米基因组 DNA 的提取。
2. 利用 SSR 引物扩增技术鉴定种子纯度。

五、数据记录、处理、作图

1. 记录 DNA 提取电泳图及 DNA 浓度。
2. 记录 SSR 扩增电泳图并统计差异条带。

六、撰写实验论文

论文撰写参考常见论文格式，撰写论文讨论部分考虑下面两个问题：
1. DNA 提取过程中，如何获得高质量的大分子 DNA？
2. 如何通过获得的差异性条带利用 SSR 标记鉴定玉米品种？

Ⅰ 玉米基因组 DNA 的提取

一、实验原理

DNA、RNA 和核苷酸都是极性化合物，一般都溶于水，不溶于乙醇、氯仿等有机溶剂。苯酚/氯仿作为蛋白变性剂，同时抑制了 DNase 的降解作用。用苯酚处理匀浆液时，由于蛋白与 DNA 联结键已断，蛋白分子表面又含有很多极性基团与苯酚相似相溶。蛋白分子溶于酚相，而 DNA 溶于水相。离心分层后取出水层，多次重复操作，再合并含 DNA 的水相，利用核酸不溶于醇的性质，用乙醇沉淀 DNA。此法的特点是使提取的 DNA 保持天然状态，真核细胞 DNA 的分离通常是在 EDTA 及 SDS 一类去污剂存在下，用蛋白酶 K 消化细胞获得。

二、实验用品

1. 材料

10 种不同玉米杂交种嫩叶。

2. 器材

液氮罐，移液器，离心机，水浴锅，研钵，离心管等。

3. 试剂

提取缓冲液：100 mmol·L^{-1} Tris·HCl，20 mmol·L^{-1} EDTA，500 mmol·L^{-1} NaCl，1.5%SDS。氯仿：异戊醇：乙醇（80：4：16）。TE 缓冲液：10 mmol·L^{-1} Tris·HCl（pH

8.0)，1 mmol·L^{-1} EDTA(pH 8.0)。其他试剂：液氮，异丙醇，无水乙醇，70%乙醇，3 mol·L^{-1}NaAc(pH 5.2)。

三、实验步骤

(1)在1.5 mL离心管中加入0.5 mL提取缓冲液，60℃水浴预热。

(2)取玉米幼叶0.1 g，在研钵中加液氮磨成粉状后立即倒入预热的离心管中，摇动混匀，60℃水浴保温30～60 min(时间长，DNA产量高)，不时摇动。

(3)加入0.5 mL氯仿：异戊醇：乙醇(80：4：16)溶液，颠倒混匀(需戴手套，防止损伤皮肤)，室温下静置5～10 min，使水相和有机相分层。

(4)室温下12 000 r·min^{-1}离心5 min。

(5)小心移取上清液至另一1.5 mL离心管，加入等体积异丙醇，混匀，室温下放置片刻即出现絮状DNA沉淀。

(6)室温下12 000 r·min^{-1}离心5 min，去除上清液，再加入100 μL TE溶解沉淀。

(7)加入1/10体积(约10 μL)的3 mol·L^{-1} NaAc及二倍体积(约300 μL)预冷的无水乙醇，混匀，－20℃放置20 min左右。

(8)室温下12 000 r·min^{-1}离心5 min。

(9)去上清液，用1 mL 70%乙醇漂洗沉淀2次，待沉淀干燥后，重新加入50 μL TE溶解，－20℃贮存，备用。

四、注意事项

1. 样品应避免反复冻融，否则会导致提取的DNA片段较小且提取量下降。

2. DNA浓度及纯度检测，回收得到的DNA片段可用琼脂糖凝胶电泳和紫外分光光度计检测浓度与纯度。

Ⅱ 利用SSR引物扩增技术鉴定种子纯度

一、实验原理

SSR标记完全符合作物品种鉴别的4个基本准则：环境的稳定性、品种间变异的可识别性、最小的品种内变异和实验结果的可靠性，因此，可用来高效准确地检测生物体中的遗传变异，在品种鉴定及种子检测中具有良好的应用前景。

二、实验用品

1. 材料

10种不同玉米杂交种基因组DNA。

2. 器材

PCR 扩增仪，0.2 mL eppendorf 管，电泳仪，电泳槽，冰盒等。

3. 试剂

SSR 引物(20 对)，Taq DNA 聚合酶($3\ U\cdot\mu L^{-1}$)，dNTPs($10\ mmol\cdot L^{-1}$)。

三、实验步骤

1. PCR 反应体系

PCR 扩增反应体系

反应组分	反应体积(50 μL)
ddH_2O	18.2 μL
10×buffer	2.5 μL
dNTPs($10\ mmol\cdot L^{-1}$)	1 μL
Primer forward($10\ \mu mol\cdot L^{-1}$)	1 μL
Primer reverse($10\ \mu mol\cdot L^{-1}$)	1 μL
DNA template($100\ ng\cdot \mu L^{-1}$)	1 μL
Taq DNA ploymerase($5\ U\cdot \mu L^{-1}$)	0.3 μL

2. PCR 反应程序

94℃预变性 5 min；

94℃变性 1 min，

55℃退火 30 s

72℃延伸 40 s，

共 35 个循环；

最后 72℃终延伸 5 min；

4℃保温以备检测。

3. 琼脂糖凝胶电泳

以 λDNA/*Hin*dⅢ＋*Eco*RⅠ Markers 为标准，取 5 μL DNA 样品在 2%的 Agarose 胶上电泳，其中 EB 含量为 $0.5\ \mu g\cdot mL^{-1}$，电泳电压为 $5\ V\cdot cm^{-1}$。当溴酚蓝迁移 2/3 距离时，停止电泳。在紫外灯下观察电泳结果。

4. SSR 分析结果

通过电泳结果，寻找出可以鉴定各个杂交种的特异 SSR 引物和组合。样品之间小于两个条带以上差异，判定样品属于同一品种。样品间两对以上(包括一对)引物检测出差异，可判定样品不属于同一品种。

四、注意事项

主要 SSR 引物位点：bnlg439，bnlg161，bnlg125，bnlg198，bnlg238，bnlg240，bnlg107，phi034，phi053，phi056，phi065，phi072，phi080，phi085，phi96100，umc1061，bnlg233， umc2084,bnlg1450,bnlg1940。

参考文献

1. 吴乃虎．基因工程原理[M]. 北京:科学出版社,2003.

2. 赵久然．玉米品种DNA指纹鉴定技术——SSR标记的研究与应用[M]. 北京:中国农业科学技术出版社,2011.

执笔人:江海洋,王丽萍

实验十九　抗虫Bt基因载体构建与农杆菌转化

一、实验目的

本实验以水稻成熟种子为材料，从愈伤组织诱导、农杆菌的培养、Bt 基因载体的转化等方面，学习农杆菌导入方法，熟悉水稻转基因的全部流程，掌握载体构建的方法，从而掌握植物转基因的各个环节，为以后功能基因组学研究打下基础。

二、实验技术路线

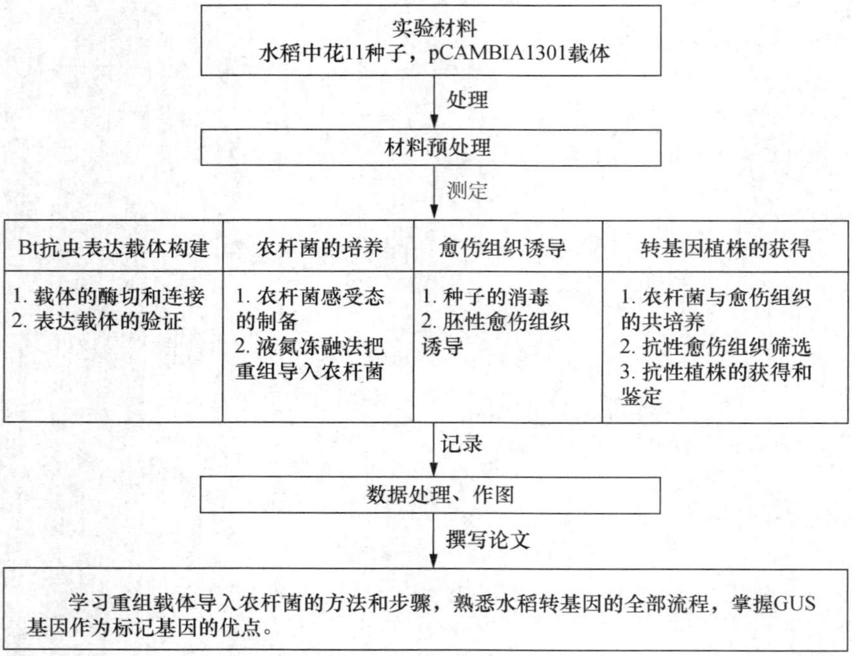

三、实验材料预处理

1. 水稻种子：挑取饱满成熟的水稻种子，人工脱去谷壳，注意保持胚完整。每组准备 40～50 粒去壳种子，备用。

2. 所有无菌器材准备，主要包括无菌培养皿、灭菌的滤纸、枪头等。

3. 培养基的制备：在水稻遗传转化中使用多种培养基，因此需要预先制备 YYN 培养基、LB液体培养基、NGN液体培养基、NGNM+AS培养基、GN培养基等培养基。培养基配方见附录。

四、实验内容

1. 农杆菌感受态细胞的制备。
2. 液氮冻融法把重组子导入农杆菌。
3. 水稻胚性愈伤组织诱导。
4. 农杆菌与水稻愈伤组织的共培养和筛选。
5. 水稻转基因抗性植株的获得和鉴定。

五、数据记录、处理、作图

统计组培中的污染率和愈伤组织的诱导率，取三个平行小组的数值进行标准差分析，并作柱形图。

六、撰写实验论文

论文撰写参考常见论文格式，撰写论文讨论部分考虑下面两个问题。

1. 愈伤组织如何形成的？为什么愈伤组织又可以分化出植株？如何提高水稻愈伤组织的诱导率？

2. 农杆菌为什么可以吸收外源的质粒？质粒上的基因是如何进入水稻细胞的？为什么抗性愈伤组织使用潮霉素进行筛选？

Ⅰ　Bt基因表达载体的构建

一、实验原理

外源DNA片段和线状质粒载体的连接，也就是在双链DNA5′磷酸和相邻的3′羟基之间形成的新的共价链。如质粒载体的两条链都带5′磷酸，可生成4个新的磷酸二酯链。但如果质粒DNA已去磷酸化，则能形成2个新的磷酸二酯链。在这种情况下产生的两个杂交体分子带有2个单链切口，当杂交体导入感受态细胞后可被修复。相邻的5′磷酸和3′羟基间磷酸二酯键的形成可在体外由两种不同的DNA连接酶催化，这两种酶就是大肠杆菌DNA连接酶和T4噬菌体DNA连接酶。实际上在所有克隆中，T4噬菌体DNA连接酶都是首选的酶。这是因为在下沉反应条件下，它就能有效地将平端DNA片段连接起来。

二、实验用品

1. 器材

台式高速离心机，微量移液器，电泳仪，电冰箱等。

2. 试剂

内切酶，DNA 连接酶，质粒提取试剂盒。

三、实验步骤

(1)利用限制性核酸内切酶消化 Pmt-bt 质粒 DNA，并采用琼脂糖凝胶电泳检查酶切效果。

(2)利用限制性核酸内切酶消化 pCMABIA1301 载体，采用琼脂糖凝胶电泳，回收载体大片段。

(3)取一个灭菌的 0.2 mL 微量离心管，加入

4 μL 回收 DNA 片段

1 μL 酶切后回收的载体

0.5 μL T4 DNA 连接酶(TAKARA，350 U·μL^{-1})

1 μL 连接酶缓冲液

3.5 μL ddH_2O

体系总量 10 μL

(4)将上述混合液轻轻震荡后再短暂离心，然后置于 16℃ 干式恒温仪(或 16℃ 水浴)中保温过夜。

(5)连接后的产物可以立即用来转化感受态细胞。

(6)用无菌牙签分别挑取单菌落进行菌落 PCR，琼脂糖凝胶电泳检查片段大小，确定是否含有插入片段。

四、注意事项

1. 紫外灯对人的皮肤和眼睛有照射损伤，使用时要特别注意避免直接受到照射。

2. EB 是强诱变剂，且具有毒性，操作时要戴手套。操作完毕，摘掉手套时应顺手将手套反过来，让污染有 EB 的面朝里，并扎紧放入垃圾袋，防止随风飘落。

Ⅱ 农杆菌感受态细胞的制备与转化

一、实验原理

在利用根癌农杆菌介导的基因转化中，首先要获得含有目的基因的农杆菌工程菌株。在

基因工程操作中,感受态细胞的制备和质粒的转化是一项基本技术。感受态是细菌细胞具有的能够接受外源DNA的一种特殊生理状态。农杆菌的感受态可用$CaCl_2$处理而诱导产生。将正在生长的农杆菌细胞加入低渗的$CaCl_2$溶液中,0℃下处理便会使细菌细胞膜的透性发生改变,此时的细胞呈现出感受态。制备好的农杆菌感受态细胞迅速冷冻于−70℃可保存相当一段时间而不会对其转化效率有太大的影响。

二、实验用品

1. 材料

土壤农杆菌LBA4404菌,pCAMBIA1301质粒。

2. 器材

超净工作台,恒温摇床,冷冻高速离心机,高压灭菌锅,冰箱,分光光度计,接种针,10 mL试管,50 mL离心管,1.5 mL离心管,移液器及吸头。以上玻璃仪器和离心管需在用前灭菌,灭菌条件:120℃,20 min。

3. 试剂

YEB液体培养基(1 L):酵母提取物1 g,牛肉膏5 g,蛋白胨5 g,蔗糖5 g,$MgSO_4 \cdot 7H_2O$ 0.5 g,pH 7.0,高压灭菌。利福平(Rif)储液:50 $mg \cdot mL^{-1}$,20 $mmol \cdot L^{-1}$ $CaCl_2$,高压灭菌。

三、实验步骤

(1)挑取根癌农杆菌LBA4404单菌落于3 mL的YEB液体培养基(含Rif 50 $mg \cdot L^{-1}$)中,28℃震荡培养过夜。

(2)取过夜培养菌液1 mL接种于50 mL YEB(Rif 50 $mg \cdot L^{-1}$)液体培养基中,28℃震荡培养至OD_{600}为0.5。

(3)取2 mL菌液,13 000 $r \cdot min^{-1}$,离心30 s,弃上清液。

(4)加入1 000 μL 20 $mmol \cdot L^{-1}$ $CaCl_2$,使农杆菌细胞充分悬浮,冰浴30 min。

(5)13 000 $r \cdot min^{-1}$,离心30 s,弃上清液,置于冰上,加入500 μL预冷的20 $mmol \cdot L^{-1}$ $CaCl_2$,充分悬浮细胞,冰浴中保存,24 h内使用,或液氮中速冻1 min,置−70℃保存备用。

(6)在200 μL感受态细胞中加入2～6 μL pCAMBIA1301质粒DNA,冰浴5 min,液氮中速冻5 min。

(7)迅速转入37℃水浴中,热激5 min。

(8)加入1 mL YEB液体培养基,28℃慢速震荡培养2～4 h。

(9)3 000 $r \cdot min^{-1}$离心4 min,去一部分上清液,留取200 μL菌液涂布于含有50 $\mu g \cdot mL^{-1}$ Kan和50 $\mu g \cdot mL^{-1}$ Rif的YEB平板。

(10)放置约0.5 h,待水分干后,28℃培养约24 h至长出菌落。

四、注意事项

液氮具有使皮肤冻伤的危险,操作液氮一定要小心。

Ⅲ 水稻愈伤组织诱导

一、实验原理

以植物器官、组织、细胞等作外植体进行离体培养时，在一定的诱导培养条件下都能诱导形成愈伤组织。愈伤再经分化培养，通过器官发生途径或体细胞胚胎发生途径再生成植株。

水稻成熟种子可用于诱导愈伤组织，在一定条件下具有发育成完整植物体的潜在能力。愈伤组织培养物在某些条件下，可以再分化产生不定芽或根的分生组织甚至是胚状体，继之，由这些有结构的组织而发育成苗或完整小植株。其再生体系是水稻转基因研究的有效工具，在功能基因组学中发挥重要作用。

二、实验用品

1. 器材

超净工作台，灭菌锅，光照培养箱，培养皿，枪形镊，100 mL×2 量筒，50 mL×2（无菌）三角瓶，废液缸，标签纸。

2. 试剂

YN 培养基，YYN 培养基。

三、实验步骤

1. 水稻种子消毒

在超净工作台上，取大概 40 粒去壳、胚完整的水稻种子放入 50 mL 无菌三角瓶中，用无菌水洗一遍之后倒掉无菌水，再倒入 75%酒精之后，摇瓶 30～60 s，用无菌水再洗一遍后倒掉无菌水，倒入 2% NaClO，不时搅拌，30 min 后用无菌水洗 3 次，每次摇瓶 1 min，倒掉无菌水，将种子放入带无菌滤纸的培养皿中，分开排布，吸干。

2. 水稻种子接种与观察

将吸干的种子接入 YN 培养基，注意使胚朝上。每瓶接 10 粒，每小组 5 瓶。写上日期、接种人、放入培养室 25℃暗培养。1 周后调查计算污染率，2 周后调查计算愈伤组织诱导率。

$$\text{污染率}=\frac{\text{污染种子数}}{\text{总种子数}}\times 100\%$$

$$\text{愈伤组织诱导率}=\frac{\text{出愈伤种子数}}{\text{总种子数}}\times 100\%$$

3. 水稻愈伤组织的继代培养

在超净工作台上打开培养皿，用镊子挑取自然分裂的胚性愈伤组织（淡黄色，致密呈球状），置入 YYN 培养基中，在 28℃光照培养箱，继代培养 1 周（如不马上用于转化，需转移至暗处，于25℃继续培养1周）。

四、注意事项

1. 不要挑取霉变的种子用于实验。
2. 消毒液需倒入废液缸，禁止随便倒入下水道。

Ⅳ　水稻的农杆菌介导遗传转化

一、实验原理

利用根瘤农杆菌Ti质粒（含T-DNA）介导将外源目的基因导入受体细胞的转基因方法称为农杆菌介导的基因转化。农杆菌可以感染受伤的植物细胞，通过基因转化把T-DNA上的外源基因导入植物细胞并整合到受体细胞核基因组上。这些外源基因在植物细胞中得到表达。

二、实验用品

1. 器材

超净工作台，恒温摇床，冷冻高速离心机，高压灭菌锅，冰箱，分光光度计，接种针，10 mL试管，50 mL离心管，1.5 mL离心管，冰浴，微量进样器及吸头。

2. 试剂

LB培养基：胰化蛋白胨10 g，酵母提取物5 g，NaCl 10 g，pH 7.0。

三、实验步骤

(1)在侵染前三天挑取含有GUS基因的农杆菌接种到3 mL LB液体培养基中（25 mg・L^{-1}链霉素和50 mg・L^{-1}卡那霉素），28℃、200 r・min^{-1}培养至对数晚期（18～24 h）。

(2)利用分光光度计测量菌液OD_{600}值大约在0.6。

(3)将(1)中获得的菌液按1∶100接种到50 mL新鲜的NGN液体培养基中（25 mg・L^{-1}链霉素和50 mg・L^{-1}卡那霉素），28℃、200 r・min^{-1}培养至OD值为0.5左右（5～6 h）。

(4)把50 mL菌液转入2个50 mL离心管中，4℃、4 000 *g* 10 min，弃上清液，加等体积的NGNM+AS培养基重悬菌体。

(5)准备NGN溶液：向50 mL离心管中加入40 mL NGN，注意取800 μL溶液滴加在GN培养基滤纸上（培养基上铺一层干净滤纸）。

(6)将水稻愈伤组织浸入准备好的农杆菌中，侵染20 min，期间要缓慢摇动。

(7)将浸染后的菌液倒出废液缸，用灭菌过的针管或枪头把残余的菌液吸净，再用滤纸把愈伤组织吸干，置于准备好的GN培养基上。22℃黑暗培养2 d。

四、注意事项

农杆菌的浸染是否成功是实验的关键，农杆菌在低温环境下（22℃）有利于目的基因转移。

Ⅴ　水稻抗性愈伤组织的筛选与分化

一、实验原理

利用根瘤农杆菌Ti质粒（含T-DNA）介导将外源目的基因导入受体细胞的转基因方法称为农杆菌介导的基因转化。农杆菌可以感染受伤的植物细胞，通过基因转化把T-DNA上的外源基因导入植物细胞并整合到受体细胞核基因组上，使这些外源基因在植物细胞中得到稳定表达。

二、实验用品

超净工作台，恒温摇床，冷冻高速离心机，高压灭菌锅，冰箱，接种针，10 mL试管，50 mL离心管，1.5 mL离心管，冰浴，微量进样器及吸头。

三、实验步骤

(1)将共培养的水稻愈伤组织用无菌水洗涤6次，用无菌水＋羧苄青霉素（500 mg·L^{-1}）洗涤2次（洗涤时要不停地摇晃50 mL离心管，每洗涤一次用针管把无菌水吸出），用无菌纸吸干后置于工作台吹30 min。

(2)将水稻愈伤组织置于N6D2S固体筛选培养基上，26℃黑暗培养，每2周继代一次，筛选4周。

(3)经2次筛选生长旺盛的抗性水稻愈伤组织转至XFM再生培养基上，分化培养4周以上，每两周继代一次。

(4)将经过分化培养的水稻分化苗转至GM培养基上，于三角瓶中生根壮苗。

(5)待水稻幼苗长至10 cm左右，打开封口膜，炼苗2～3 d，将水稻再生苗转至盆钵中。

四、注意事项

如果抗性愈伤组织在分化过程中有细菌污染，可适当加大羧苄青霉素的用量。

参考文献

1. 吴乃虎. 基因工程原理[M]. 北京:科学出版社,2003.
2. 刘振祥. 植物组织培养技术[M]. 北京:化学工业出版社,2011.

执笔人:江海洋,赖崇德

实验二十　玉米自交系配合力的鉴定

一、实验目的

玉米自交系与天然授粉品种或杂交种相比，生长势较差，植株矮，果穗小，产量低，不能直接用于生产。由于基因型相对纯合化和选择的作用，同一自交系的株型、果穗等性状整齐一致，通过不同自交系间的杂交，杂交种就能表现出较大的杂种优势。配合力是指杂交亲本在其杂种后代的杂种优势中发挥作用的潜在能力。自交系配合力的高低决定着未来育成杂交种的增产能力和利用价值。配合力分为一般配合力和特殊配合力，前者的遗传基础是来源于亲本的基因加性效应，后者取决于亲本基因的非加性效应，二者在遗传上具有相对的独立性。自交系配合力的高低是衡量自交系优异的重要标志之一。本实验使生物专业同学了解玉米杂交种的生产过程，以及如何测定自交系的配合力。

二、实验技术路线

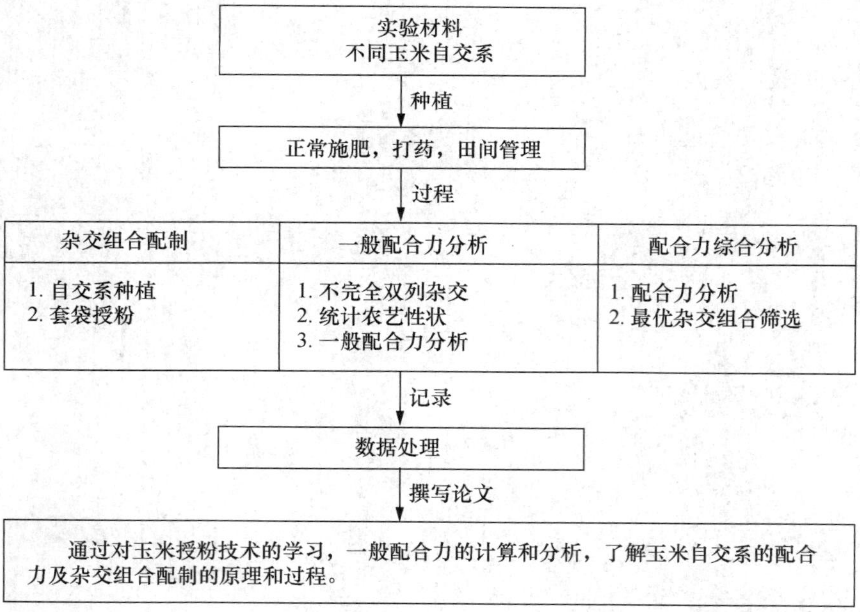

三、实验材料预处理

收集常用玉米自交系 20 份左右。

四、实验内容

1. 玉米不同杂交组合的配制。
2. 玉米植株发育形态一般配合力分析。
3. 玉米籽粒相关性状一般配合力分析。
4. 玉米自交系配合力的综合分析。

五、数据记录、处理、作图

数据使用 SPSS 软件进行统计分析并进行比较。

六、撰写实验论文

论文撰写参考常见论文格式，撰写论文讨论部分考虑下面两个问题。
1. 简述玉米杂交组合的配制基本流程。
2. 试述杂交组合一般配合力对于指导生产育种的意义。

Ⅰ　玉米不同杂交组合的配制

一、实验原理

玉米自交系生长较弱，植株矮，果穗小，产量低，不能直接用于生产。目前，玉米生产上主要应用杂交种，配制好的玉米杂交种要求为纯度高、芽率高、净度高；同时，在优质的前提下，要培育出更多广适、高抗、高产的杂交种。由于基因型相对纯合化和选择的作用，同一自交系的株型、果穗等性状整齐一致。通过不同自交系间的杂交，杂交种就能表现出强大的杂种优势。

二、实验用品

1. 材料

不同玉米自交系田间植株。

2. 器材

大头针，剪刀，牛皮纸袋。

三、实验步骤

(1)利用实验室保存的玉米种质，选取 8 份不同种质类型的自交系进行播种，试验采用 3

次重复的随机区组设计。单行区，行长 6 m，行距 0.6 m，株距 0.3 m，密度为 4 500 株/亩。

(2)田间管理按照正常管理方法进行，在抽丝前用牛皮纸袋进行套袋。

(3)授粉前一天剪去花丝，根据株高将 8 份不同材料分成 2 组，分别为 2 份和 6 份，按照不完全双列杂交组合进行杂交；同时对 8 份自交系种质进行自交。

(4)杂交后用大头针扎好牛皮纸袋，成熟后收获种子。

四、注意事项

1. 在授粉前一天应将花丝沿果穗顶端剪去，在第二天授粉时，花丝抽出 1～2 cm，有利于授粉的均匀性。

2. 在进行授粉时，应防止手上以及其他相关工具污染其他植株的花粉，造成串粉。

Ⅱ 玉米植株发育形态一般配合力分析

一、实验原理

一般配合力指一个亲本与一系列亲本杂交所产生的杂交组合的性状表现中所起作用的平均效应。配合力的高低是衡量一个玉米自交系产量、品质、抗性、适应性以及优劣的主要条件之一。因此，选育出新的玉米自交系或是引进新自交系后，都要测定其配合力，从而为新系的利用和新组合的选配提供可靠依据。本实验通过对杂交组合的发育形态等性状的一般配合力进行分析，为优异组合的筛选奠定基础。

二、实验用品

1. 材料

不同玉米自交系杂交后代田间植株。

2. 器材

大头针，剪刀，牛皮纸袋。

三、实验步骤

(1)将不完全双列杂交组合获得的 12 份组合种子分别脱粒考种，然后进行播种，试验采用 3 次重复的随机区组设计。单行区，行长 6 m，行距 0.6 m，株距 0.3 m，密度为 4 500 株/亩，田间管理参照正常管理方法进行。

(2)对 12 个组合的生育期、穗位高、穗长、穗行数、行粒数 5 个性状一般配合力进行分析。

(3)数据使用 SPSS 软件进行统计分析并进行比较。

四、注意事项

对各性状进行测定时，要随机选择材料进行统计。

Ⅲ　玉米籽粒相关性状一般配合力分析

一、实验原理

配合力的高低是衡量一个玉米自交系产量、品质、抗性、适应性以及优劣的主要条件之一。因此，选育出新的玉米自交系或是引进新自交系后，都要测定其配合力，从而为新系的利用和新组合的选配提供可靠依据。本实验通过对杂交组合的产量构成等籽粒相关性状的一般配合力进行分析，为优异组合的筛选奠定基础。

二、实验用品

1. 材料

不同玉米自交系杂交后代果穗。

2. 器材

尺子，天平。

三、实验步骤

(1)对 12 个杂交组合播种后，进行正常的田间管理，抽丝前进行套袋，分别自交。

(2)待玉米果穗苞叶枯黄后，进行收获，剥去苞叶晾干。

(3)分别对单穗重、出籽率、百粒重、单株产量 4 个性状进行测量统计。

(4)数据使用 SPSS 软件进行统计分析并对结果进行比较。

四、注意事项

对性状进行测定时，要注意选材的随机性。

Ⅳ　玉米自交系配合力的综合分析

一、实验原理

配合力的高低可用以评定一个亲本材料在杂种优势利用或杂交育种中的利用价值，为优异杂交组合的筛选提供依据。玉米杂交种的产量是由多因素构成并影响的。因此，玉米自交系配合力的分析要综合考虑形态特征和产量等表现进行分析。

二、实验用品

不同玉米自交系杂交后代一般配合力测定数据。

三、实验步骤

(1)对 12 个杂交组合的生育期、穗位高、穗长、穗行数、行粒数、单穗重、出籽率、百粒重和单株产量 9 个性状一般配合力的分析结果进行综合分析和比较。

(2)鉴定最优杂交组合。

四、注意事项

在进行数据分析时，注意数据输入和分析的准确性。

参考文献

1. 崔俊明. 新编玉米育种学[M]. 北京：中国农业科学技术出版社，2007.

2. 崔绍平，吴涛. 玉米杂交育种[M]. 石家庄：河北科学技术出版社，2016.

执笔人：赵　阳

实验二十一　细胞分裂素调控蛋白基因的生物信息学分析

一、实验目的

对目的基因进行序列分析是了解基因功能的重要手段，了解 NCBI 的 BLAST (Basic Local Alignment Search Tool)工具，可以对基因的功能进行初判，同时熟悉构建分子系统发生树的基本过程，获得使用不同建树方法、建树材料和建树参数对建树结果影响的正确认识；掌握使用 Clustalx 进行序列多重比对的操作方法；掌握使用 MEGA 软件构建系统发生树的操作方法，将初步熟悉和了解基因和蛋白生物信息学分析的方法。

二、实验技术路线

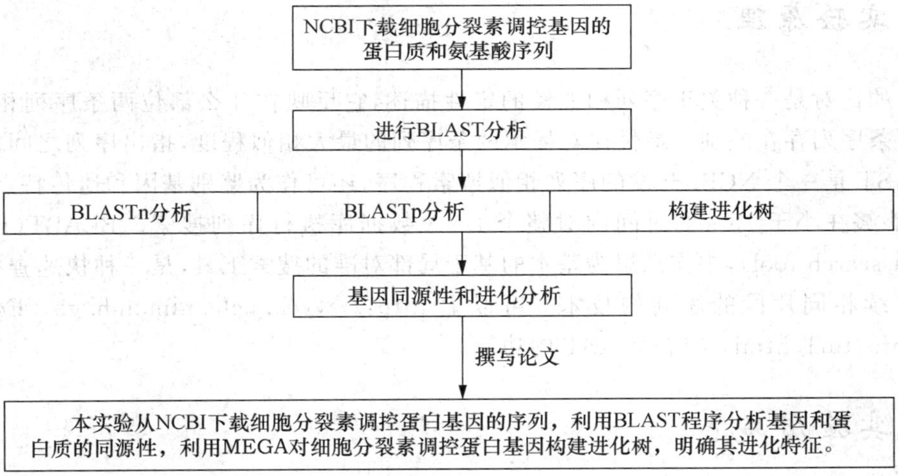

三、实验材料预处理

熟悉实验教学内容，了解 NCBI 主要功能。

四、实验内容

1. Nucleotide blast(BLASTn)检索与应用。

2. Protein blast(BLASTp)检索与应用。
3. 玉米细胞分裂素调控蛋白多序列排列。
4. 玉米细胞分裂素调控蛋白序列进化树构建。

五、数据记录、处理、作图

1. 通过BLASTp程序,找出玉米Zmrr8的蛋白质序列最匹配的蛋白登录号。
2. 以玉米细胞分裂素调控蛋白序列,用CLUSTALX进行多序列排列。
3. 使用MEGA软件对玉米细胞分裂素调控蛋白序列进行进化树构建。

六、撰写实验论文

论文撰写参考常见论文格式,撰写论文讨论部分考虑下面两个问题。
1. BLAST分析中出现的基因序列各有什么特征?
2. 构建出的8个玉米细胞分裂素调控蛋白进化树有什么特点?

Ⅰ　对细胞分裂素调控基因进行Blast分析

一、实验原理

序列的比对是一种关于序列相似性的定性描述,它反映在什么部位两条序列相似,在什么部位两条序列存在差别。最优比对揭示两条序列的最大相似程度,指出序列之间的根本差别。BLAST是一个NCBI开发的序列相似搜索程序,还可作为鉴别基因和遗传特点的手段。BLAST能够在小于15 s的时间内对整个DNA数据库执行序列搜索。BLAST(basic local alignment search tool),中文意思为基本的基于局部对准的搜索工具,是一种快速查找与靶序列具有连续相同片段的序列的技术。可以上http://www.ncbi.nlm.nih.gov/Education/BLASTinfo/tut1.html,了解BLAST的功能。

二、实验用品

计算机(联网)。

三、实验步骤

(一)Nucleotide blast(BLASTn)检索与应用

直接进入NCBI主页(http://www.ncbi.nlm.nih.gov/),点击BLAST按钮,进入BLAST HOME界面,选择nucleonide blast按钮,在Enter Query Sequence输入FASTA格

式的序列，以玉米 ZmRR1 基因为例，GenBank accession number AB004882.1：

atggccgctg ccgcaccggc tccagcatct gtggcgccgt cctctgcgcc caaggccacc ggcgacagca ggaagacggt ggtgtccgtg gacgcgtcag agctggagaa gcacgtgctg gcggtggacg acagctccgt ggaccgtgcc gtgattgcta ggatcctgcg tggctccagg tacagggtga ccgccgtgga gtcggcgaca cgagcgttgg agctgctcgc gctgggcctg cttcccgacg tcagtatgat catcaccgac tactggatgc ccgggatgac cgggtacgag ctgctcaagt gcgtcaagga gtcggcggcg ctaaggggca ttcccgtcgt catcatgtcg tcggagaacg tgcccacccg tatcacccgc tgcctggagg aaggcgccga gggcttcctc ctcaagcccg tccgccccgc cgacgtctcc cgcctctgca gccggatccg gtga；

在 choose search set 栏中的 Database 中选择“others”，注意此处的 program selection 选择 Highly similar sequences(megablast)，再点击“BLAST”按钮，需要一定的反应时间，打开匹配度较高的序列，查看来源、功能等。

（二）Protein blast(BLASTp)检索与应用

以玉米 Zmrr8 的蛋白质序列，通过 BLASTp 程序搜索最同源的蛋白，找出最匹配的 5 个蛋白登录号。

MAAAEARGADFPVGMKVLVVDDDPTCLVVLKRMLLECRYDVTTCPQATRALT
MLRENRRGFDVIISDVHMPDMDGFRLLELVGLEMDLPVIMMSADSRTDIVMKGIKHG
ACDYLIKPVRMEELKNIWQHVVRKKFNGNKDHEHSGSLDDTDRNRPTNNDNEYASS
ANDGGDGSWKSQKKKREKEDDETDLESGDPSTSKKPRVVWSVELHQQFVNAVNHLG
IDKAVPKKILELMNVPGLTRENVASHLQKFRLYLKRIAQHHAGIPHPFVASASSAKV
APLGGLEFQALAASGQIPPQALAALQDELLGRPTSSLALPGRDQSSLRLAAIKGNKPH
GEREIAFGQPIYKCQNNTYGAFSQSSPAVGGLPSFAAWPNNKLGMTDSSNTLGNVGN
SQNSNMLLHELQQQPDTLLSGTLHNIDVKPSGVVMPSQSLNVFPASEGISHNQNPLV
IPSQSPSFLASVPPSMKHESLLGSPSPSTSLLGGLDMVNQASTSQPLISSHGANLPGLM
NRSSNAMPSPGISNFQSGNIPYVVNQNAMGVSSRPPGVLKTECTESLTHSYGYIGGST
SVDSSLLSSQAKNPQYGLLQSQNDVSSSWLSSQDFDSFGNSLGQGHPGSTSSNFQSSAL
GKLPDQGRGRNHGFVGKGTCIPSRFAVDEVESPTNLSHNIVNSGDIVNPDIFGFSGQM

四、注意事项

1. BLAST 分析中会出现非常多的基因序列，注意区分这些序列的特征。

2. BLASTn 和 BLASTp 中有很多的参数设置，注意区分和掌握调整这些设置对比对结果的影响。

Ⅱ　多序列比对和进化树的构建

一、实验原理

在现代分子进化研究中，根据现有生物基因或物种多样性来重建生物的进化史是一个非常重要的问题。一个可靠的系统发生的推断，将揭示出有关生物进化过程的顺序，有助于我们了解生物进化的历史和进化机制。CLUSTALX 和 MEGA 软件能够实现上述的建树步骤。CLUSTALX 是 Windows 界面下的多重序列比对软件。MEGA 是功能极其强大的软件，主要包括 6 个方面的功能软件：①DNA 和蛋白质序列数据的分析软件。②序列数据转变成距离数据后，对距离数据分析的软件。③对基因频率和连续的元素分析的软件。④把序列的每个碱基/氨基酸独立看待(碱基/氨基酸只有 0 和 1 的状态)时，对序列进行分析的软件。⑤按照 DOLLO 简约性算法对序列进行分析的软件。⑥绘制和修改进化树的软件。

二、实验用品

计算机(联网)。

三、实验步骤

(1)以下 8 个玉米细胞分裂素调控蛋白序列，用 CLUSTALX 进行多序列排列。

>ZmRR1

MAAAAPAPASVAPSSAPKATGDSRKTVVSVDASELEKHVLAVDDSSVDRAVIARILRGSRYRVTAVESATRALELLALGLLPDVSMIITDYWMPGMTGYELLKCVKESAALRGIPVVIMSSENVPTRITRCLEEGAEGFLLKPVRPADVSRLCSRIR

>ZmRR2

MAAAATATPSVAPESGDRKAVAPPVDAVDLELELEEKHVLAVDDSSVDRAVIAKILRSSKYRVTTVDSATRALELLALGLVPDVNMIITDYWMPGMTGYELLKHVKESSALRAIPVVIMSSENVPTRISRCLEEGAEDFLLKPVRPADVSRLCSRIR

>ZmRR3

MASRKCLGGEGSAPAPHVLAVDDSSVDRAVIAGILRSSQFRVTAVDSGKRALELLGTEPNVSMIITDYWMPEMTGYELLKKIKESSRLKEIPVVIMSSENVPTRINRCLEEGAEDFLLKPVRPSDVSRLCSRVLR

>ZmRR4

MTVLDAESRFHVLAVDDSIIDRKLIEMLLKSSSYQVTTVESGNKALELLGLRDNGAEDASPPSSSSSSSSSSPDHQEIDVSLIITDYCMPGMTGYDLLKRVKGSSSLKDIPVVIMSSENVPARISRCLQDGAEEFFLKPVKPADMKKLKSHLLKRKQPKQKNKPQAQAVESPEQQLDPHPQPVHELELEEAAADRNGVNKRKAAAMEEGLTVVVTAPESTKPRRLSTSSLTVET

>ZmRR5

MTVPDAESRFHVLAVDDSLVDRKLIEMLLKTSSYQVTTVDSGSKALELLGLRDASSPSPSSPDHQEIDVNLIITDYCMPGMTGYDLLKRVKGSSSLKDIPVVIMSSENVPARISRCLQDGAEEFFLKPVKLADMKKLKSHLLKRKQPKEAQAQQGQAVELEPEQQLDPRAQPAHDAEETAAEPPPAASNGTADGGNKRKAAAMEEEGMLAVMTVAAPESSTKPRLSTTSNSLAVET

>ZmRR6

MPSQSTHTSSSLSSSTAPILPCSSAAALFRSVMAAVATETPFHVLAVDDSLPDRKLIERLLKTSSFQVTTVDSGSKALQFLGLHDQDSTVPPVHTHQLDVAANQDVAVNLIITDYCMPGMTGYDLLKKIKESSSLRDIPVVIMSSENIPSRINRCLEEGADEFFLKPVRLSDMNKLKPHILKSRCNQEQHQQSDSHSGERRNPTISSSDSINNRKRKGAGTEEILPQLANRSRHS

>ZmRR7

MGQGGEVKAAPAVRVLVVDDSPVDRKVVELLLRNHNHQGGAAPFHVTAVDSGKKAMEHLRLMEQGGQLDSCAADANRITIDIVLTDYCMPEMTGYDLLKAIKALSSPNPIPVVVMSSENEPQRISRCLTAGAEDFILKPLKTKDVQRLRNCSSAARPRDDAAHQCESLRSSSRKLRSDQVAAPAHRSQPTTGLTMVLHASSIELSHYFQFLLKFVLLAYAVLCLTELLHRWSNGSVLSLWSA

>ZmRR8

MAAAAAAPASVAPSSPKAAGDNRKTVVSVDASELEKHVLAVDDSSVDRTVIARILRGSRYKVTAVESATRALELLALGLLPDVSMIITDYWMPGMTGYELLKRVKESAALRGIPVVIMSSENVSTRITRCLEEGAEGFLLKPVRPADVSRLCSRIR

(2)使用 MEGA 软件对上述八个序列进行进化树构建。

①打开 MEGA 软件,选择"Alignment"-"Alignment Explorer/CLUSTAL",在对话框中选择 Retrieve sequences from a file,然后点 OK,找到准备好的序列文件并打开。

②在打开的窗口中选择"Alignment"-"Align by ClustalX" 进行对齐。

③关闭当前窗口,保存的文件格式是 . meg。根据提示输入 Title,最后出现一个对话框询问是否打开,选择 Yes。

④回到 MEGA 主窗口,在菜单栏中选择"Phylogeny"-"Bootstrap Test of Phylogeny"-"Neighbor-joining",打开一个窗口,里面有很多参数可以设置,点击下面的 Compute 按钮,系统进化树就画出来了。

⑤最后使用 TreeExplorer 窗口中提供的一些功能可以对生成的系统进化树进行调整和美化。

四、注意事项

在利用 MEGA 构建进化树过程中有很多的参数,注意和区分改变参数对进化树结构的影响。

参考文献

1. 孙啸,陆祖宏,谢建明. 生物信息学基础[M]. 北京:清华大学出版社,2005.
2. 张成岗,贺福初. 生物信息学方法与实践[M]. 北京:科学出版社,2002.

执笔人:江海洋

实验二十二 银杏胚珠珠心组织衰退的形态与细胞学分析

一、实验目的

银杏(*Ginkgo bilobia* L.)胚珠的贮粉室位于珠孔之下、大孢子囊之上,是一个具有特殊功能(承接花粉)的空腔结构。银杏从传粉到受精约有 4 个月的时间间隔,传送到胚珠的花粉就存放于贮粉室中。在这期间,花粉继续发育产生出 2 个精细胞,然后再与颈卵器中的卵细胞结合完成受精过程。因此,贮粉室的重要性就在于保证传粉后长达近 4 个月的时间内,幼小雄配子体发育产生精细胞,以与差不多同时成熟的雌配子体颈卵器中的卵细胞发生受精作用。由于贮粉室是一个空腔结构,因此它的发生和发育必然涉及位于贮粉室部位的珠心组织的细胞衰退死亡。然而这种珠心组织衰退的细胞学机理还不清楚。

细胞程序性死亡(programmed cell death,PCD),是有机体在生长和发育过程中,细胞应答发育或者环境信号而发生的由基因编码的调控细胞死亡的过程。植物 PCD 与植物生长发育过程中的形态建成密切相关。

本实验将参与银杏胚珠贮粉室形成的珠心组织衰退与 PCD 联系起来,应用 PCD 的研究技术来揭示这种珠心组织衰退的机理。研究内容包括:在胚珠贮粉室形成过程中,珠心组织细胞衰退的顺序;珠心细胞死亡过程中的细胞核形态、DNA 片段化等生化特征。

二、实验技术路线

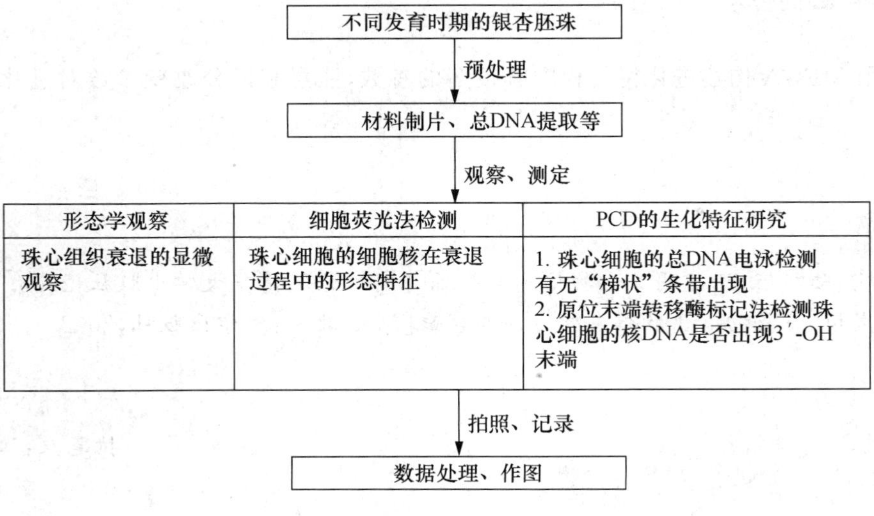

↓ 撰写论文

从珠心组织衰退的形态、PCD的生化特征等方面研究珠心组织衰退发生的时间与空间模式，揭示胚珠贮粉室形成是通过珠心细胞发生PCD而实现的。

三、实验材料预处理

选取生长良好的成年银杏雌株。于3月开始连续地采集胚珠，一直到4月末。这段时间恰好是胚珠的贮粉室形成的时期。根据胚珠柄的长度把用于总DNA电泳的胚珠(是4月初到4月末、传粉发生之前的胚珠)分为四群：Ⅰ群的胚珠柄长度小于2 cm；Ⅱ群的胚珠柄长度2～3 cm；Ⅲ群的胚珠柄长度3～5 cm；胚珠柄长度大于5 cm的划入Ⅳ群中。Ⅰ群的胚珠中贮粉室还没有开始发生；Ⅱ和Ⅲ两群胚珠的贮粉室正在形成，而Ⅳ群的贮粉室已经完全产生。将采集的胚珠分别用FAA固定液、液氮保存，带回实验室。

四、实验内容

1. 珠心组织衰退的形态学观察。
2. 细胞荧光法检测细胞核的形态特征。
3. 胚珠总DNA电泳检测。
4. TUNEL检测。

五、数据记录、处理、作图

1. 显微镜观察在胚珠贮粉室形成过程中，珠心组织衰退的过程和原位末端转移酶标记的珠心组织细胞，并拍摄照片；比较胚珠发育不同时期的珠心组织的形态特征。

2. 荧光显微镜观察DAPI染色细胞核的形态特征，并拍摄照片。

3. 用1.5%琼脂糖凝胶电泳检测胚珠总DNA，EB染色，凝胶成像系统拍照。

六、撰写实验论文

论文撰写参考常见论文格式，撰写论文讨论部分考虑下面两个问题。

1. 在胚珠贮粉室形成过程中，不同位置珠心组织衰退的时间与空间顺序。

2. DNA梯状条带的出现和原位末端转移酶标记的阳性细胞说明银杏胚珠珠心组织的衰退是一种PCD过程。

Ⅰ　珠心组织衰退的形态学观察

一、实验原理

生物制片技术是植物学、动物学、生理学及细胞学等学科研究观察细胞、组织的生理、病理形态变化的一种主要方法。把想要观察的生物材料制作成适合于在显微镜下观察的薄片，以显示其组织和细胞的结构，这种标本的制备过程就是生物制片。大多数的生物材料，在自然状态下是不适合显微观察的，也无法看到其内部结构。这是因为材料较厚，光线不易透过，以致不易看清其结构；即使光线可透过，而细胞内的各部分结构由于其折射率相差很小，也难以辨明。在生物制片过程中，经过固定、脱水、透明、包埋等操作后就可把材料切成较薄的片子，再用不同的染色方法就可以显示不同细胞组织的形态或其中某些化学成分含量的变化，通过普通光学显微镜就可以清楚地观察到组织内各部分结构的形态学特征。

为了进行珠心组织衰退的形态学观察，需要制备石蜡切片。石蜡切片是以石蜡作为材料包埋剂，用手摇切片机进行切片的一种生物制片方法。它的优点是能够得到薄而均匀的连续切片，既便于器官的三维重构，又可以经过处理后制成永久制片长期保存及使用。石蜡切片法的操作程序包括：取材、固定、脱水、透明、浸蜡、包埋、切片、粘片、染色和封固。

二、实验用品

1. 器材

普通光学显微镜，镊子，载玻片，盖玻片，刀片，培养皿，染色缸，吸水纸，烧杯，擦镜纸，毛笔，手摇式切片机。

2. 试剂

FAA 固定液（50％酒精 50 mL＋冰醋酸 5 mL ＋福尔马林 5 mL），各级浓度梯度的乙醇，二甲苯，蒸馏水，石蜡，明胶粘片剂，4％和 2％铁矾，苏木精染色液，加拿大树胶。

三、实验步骤

（一）取材、固定、保存

取不同发育时期的胚珠，迅速投入装有 FAA 固定液的小瓶中，立即抽气至材料表面不冒气泡。固定时间 24 h 以上。

（二）脱水、透明

固定好的材料经各级酒精脱水至纯酒精并经不同浓度的二甲苯透明。按以下流程进行：

70％乙醇→85％乙醇→95％乙醇→无水乙醇→2/3 无水乙醇＋ 1/3 二甲苯→1/2 无水乙醇＋ 1/2 二甲苯→二甲苯（两次）。

每级 2 h 左右(高浓度乙醇中可放 1.5 h,二甲苯中时间不宜过长)。

(三)浸蜡、包埋

材料入最后一次二甲苯中透明后即可浸蜡,操作过程如下:将材料连同适量二甲苯放入具盖蜡管中,逐渐加入碎石蜡至石蜡与二甲苯体积比为 1∶1,然后将蜡管放入 60℃温箱中 4～8 h,或过夜。然后将浸透石蜡的材料移入盛有已融化的纯石蜡小酒杯中,放置 60℃温箱中 6 h 以上充分浸透纯蜡;再更换一次纯石蜡后即可包埋。包埋时将材料摆在预先叠好的包埋纸盒中,加入融化的纯石蜡,用加热的镊子赶走材料周围的气泡,将纸盒放入冷水中使蜡迅速凝固。

(四)切片、粘片

包埋好的石蜡块经分割、修块,粘在载蜡器上,放入冷水中冷却后夹到切片机夹物部,调整切片刀的角度,一般为 5°～8°为宜。沿胚珠轴向纵切,切片厚度为 8 μm。粘片是将切片粘在洁净的载玻片上。粘片时将 1 滴明胶粘片剂用手指在载玻片上涂匀,再加 2 滴蒸馏水,最后把切片放于液滴上,在温台(温度 42℃左右)上展开切片,并置于温箱(40℃)中干燥 24 h 以上。

(五)染色、封固

采用铁矾-苏木精染色法:

①无水乙醇→95%乙醇→80%乙醇→70%乙醇→50%乙醇→30%乙醇→蒸馏水,每步 5 s;

②4%铁矾媒染 10 min;

③0.5%苏木精染色 10 min;

④流水冲洗 5 min;

⑤2%铁矾分色;

⑥流水冲洗 10 min;

⑦蒸馏水→30%乙醇→50%乙醇→70%乙醇→85%乙醇→95%乙醇→无水乙醇→1/2 无水乙醇+1/2 二甲苯→二甲苯(两次)→加拿大树胶封片。

(六)镜检、显微拍照

显微镜下观察拍照。

四、注意事项

1. 所采集胚珠应立即放入 FAA 固定液,并编号,注明采集时间、地点。

2. 铁矾-苏木精染色中,铁矾分色需在显微镜下镜检,一般分色至灰色为度;分色后,铁矾一定要在流水中洗净。

Ⅱ　细胞荧光法检测细胞核的形态特征

一、实验原理

普通荧光染料染色后，用可见光观察，反差较弱；而在特定波长的激发光作用下，发出荧光，在观察时，被染色的物质发出荧光而背景为黑色，反差明显。荧光染料 DAPI 能够与细胞中的核 DNA 特异性结合，在紫外光照射下发出蓝色荧光，从而可以清晰地呈现细胞核形态的变化特征。

二、实验用品

1. 器材

荧光显微镜，镊子，载玻片，盖玻片。

2. 试剂

0.02%的 DAPI(4′,6-二脒基-2-苯基吲哚 4′,6-diamidino-2-phenylindole)水溶液，各级浓度梯度的乙醇，二甲苯，蒸馏水。

三、实验步骤

(1)制备胚珠的石蜡切片(操作参见实验Ⅰ)，未染色。

(2)经二甲苯脱蜡，逐级梯度酒精水化。

(3)加 1 滴 DAPI 染色液，加上盖玻片，于荧光显微镜下观察细胞核形态。激发光为紫外光。

四、注意事项

1. DAPI 是一种毒性致癌物质，使用过程中应注意安全。

2. 紫外光照射太久荧光会发生淬灭，因此观察时要迅速。

Ⅲ　总 DNA 电泳检测

一、实验原理

细胞在发生 PCD 时，一种激活的钙离子依赖的核酸内切酶能够在核小体之间的连接处，将 DNA 双螺旋断裂形成多个 180～200 bp 的寡核苷酸碎片，在琼脂糖凝胶上电泳后出现“梯状”条带。这种 DNA 的梯状条带被认为是 PCD 的特征性变化之一。

二、实验用品

1. 器材

研钵，液氮罐，水平电泳仪，离心管。

2. 试剂

琼脂糖，RNA 酶，液氮，CTAB(Cetrimonium Bromide，十六烷基三甲基溴化铵)，巯基乙醇，氯仿，异丙醇，乙醇，EB(溴化乙锭)，TE 缓冲液(pH 8.0)。

三、实验步骤

(1)采集的胚珠(约 0.2 g)于液氮中研磨。

(2)加入 65℃预热的 CTAB 提取液(含 2%巯基乙醇)中，温育 45 min。

(3)室温下离心，15 000 $r \cdot min^{-1}$，15 min；然后把上清液用氯仿抽提 30 min 后离心。

(4)异丙醇沉淀 2.5 h 后离心。

(5)用 70%乙醇洗涤沉淀两次。

(6)用 TE 缓冲液(pH 8.0)溶解，加入 RNA 酶至浓度为 100 $\mu g \cdot mL^{-1}$，37℃温育 3 h。

(7)1.5%琼脂糖电泳分离(上样量为 2.0 μg)，EB 染色。

四、注意事项

EB 是一种毒性致癌物质，使用过程中应注意安全。

Ⅳ　TUNEL 检测

一、实验原理

TUNEL(terminal deoxynucleotidyl transferase-mediated dUTP nick end labeling)检测，即原位末端转移酶标记法，其原理是：细胞在发生 PCD 时，会激活一些 DNA 内切酶。这些内切酶会切断核小体间的基因组 DNA。基因组 DNA 断裂时，暴露的 3′-OH 可以在末端脱氧核苷酸转移酶(terminal deoxynucleotidyl transferase，TDT)的催化下加上碱性磷酸酶(alkaline phosphatase，AP)标记的 dUTP，从而可以通过加入显色底物在普通光学显微镜下检测发生 PCD 的细胞。TUNEL 检测阳性也被认为是 PCD 的一种特征性变化。

二、实验用品

1. 器材

普通光学显微镜，镊子，载玻片，盖玻片。

2. 试剂

各级浓度梯度的乙醇，二甲苯，蒸馏水，番红染色液，PBS缓冲液(pH 7.4，137 $mmol \cdot L^{-1}$ NaCl，2.7 $mmol \cdot L^{-1}$ KCl，10 $mmol \cdot L^{-1}$ Na_2HPO_4，2 $mmol \cdot L^{-1}$ KH_2PO_4)，TUNEL检测试剂盒[*in situ* cell death detection Kit(AP)](Roche Diagnostics Co. IN，USA)：含蛋白酶K、底物NBT和BCIP。

三、实验步骤

(1)制备胚珠的石蜡切片(操作参见实验I)，未染色。

(2)经二甲苯脱蜡，逐级梯度酒精水化。

(3)滴加20 $\mu g \cdot mL^{-1}$不含DNase的蛋白酶K于切片材料上，37℃作用20 min。

(4)PBS洗涤3次，去除切片上的蛋白酶K。

(5)在切片材料上加50 μL TUNEL反应混合液，37℃避光孵育1 h。

(6)PBS洗涤3次，去除切片上的TUNEL反应混合液。

(7)滴加碱性磷酸酶的底物NBT和BCIP，避光显色1 min。

(8)PBS洗涤3次，去除切片上未反应的底物。

(9)TUNEL阳性反应显深蓝色；阴性对照体系中不加末端脱氧核苷酸转移酶。

(10)所有切片用番红衬染，显红色背景。

(11)显微镜下观察拍照。

四、注意事项

1. 实验步骤(4)中，必须把蛋白酶K洗涤干净，否则会干扰后续的标记反应。

2. 实验步骤(5)的孵育操作需注意在切片周围用浸足水的纱布保持湿润，以减少TUNEL反应混合液的蒸发。

参考文献

1. 李正理．植物制片技术[M]．北京：科学出版社，1987.

2. 李和平．植物显微技术[M]．北京：科学出版社，2009.

3. 卢圣栋．现代分子生物学实验技术[M]．北京：中国协和医科大学出版社，1999.

执笔人：李大辉

实验二十三　种子衰老过程中细胞形态学特征及组织化学定位分析

一、实验目的

本实验通过对种子衰老形态及组织化学定位的研究，旨在巩固加深学生对种子衰老机理、种子贮藏、质量检验等基础理论的理解；使学生掌握种子形态、生理及活性测定的基本方法，为将来从事种子科学研究和种子生产经营奠定良好的技术基础。

二、实验技术路线

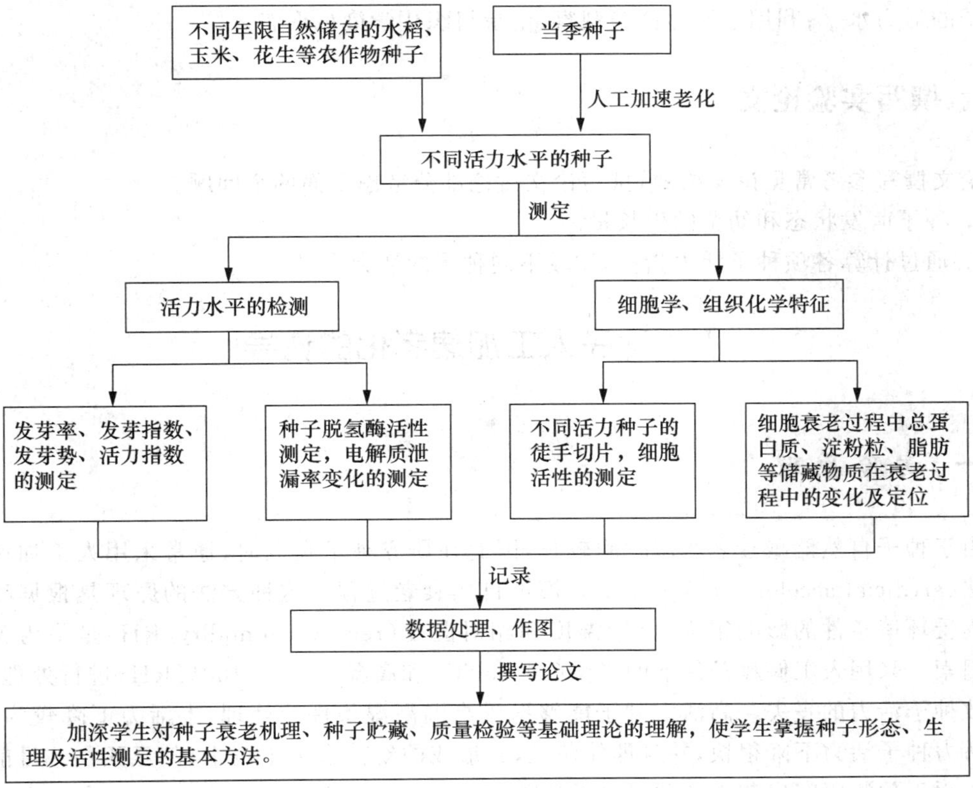

三、实验材料预处理

经过不同年限自然储存的种子只需实验前平衡水分。若只有新鲜的种子,可进行人工加速老化预处理。

四、实验内容

1. 种子人工加速老化的诱导。
2. 种子衰老的活力测定。
3. 种子衰老的细胞活性染色。
4. 种子衰老的细胞学变化。
5. 种子衰老储藏物质的组织化学定位。

五、数据记录、处理、作图

记录种子萌发状态和幼苗的生长量,包括高度及重量等;计算各项种子活力指标,比较不同种子的活力水平;利用数码显微镜观察、记录组织化学染色形态。

六、撰写实验论文

论文撰写参考常见论文格式,撰写论文讨论部分考虑下面两个问题。
1. 种子萌发状态和幼苗的生长量。
2. 通过计算各项种子活力指标,比较不同种子的活力水平。

Ⅰ 种子人工加速老化的诱导

一、实验原理

由于种子自然储藏衰老所需时间较长,因此在研究种子衰老时,通常采用人工加速老化的方法(artificial accelerated aging test)模拟自然衰老过程。这种方法的原理是根据种子老化过程受环境条件的影响很大,其中温度和相对湿度(relative humidity,RH)是最为关键的两个因素。采用人工储藏条件下的高温(40~50℃)和高湿(75%~100%RH)进行处理,能快速导致种子活力的丧失。高活力种子能够忍受高温高湿条件的处理,生活力下降较为缓慢;而低活力种子活力下降很快,并且即使萌发,其形成的幼苗多为不正常,甚至死亡。目前该方法主要用于预测田间出苗率和预测种子的贮藏潜力。

二、实验用品

1. 器材

干燥器，烘箱，网架。

2. 试剂

凡士林，蒸馏水等。

三、实验步骤

(1)在干燥器底部加入适量的蒸馏水，将网架置于其中，保持高度约 10 cm。

(2)不同批次或含水量不同的花生、玉米、水稻等种子，老化前应放置于同一条件下平衡水分一段时间；同批种子可直接去除霉、坏和破损粒，装入尼龙网袋并小心放入干燥器网架中。

(3)在干燥器边缘涂上凡士林，盖上盖子；把密闭的干燥器放入 40℃的恒温箱中。这样，种子就处在高温(40℃)、高湿(100％RH)条件下人工加速老化，并记录放置时间。

(4)老化不同时间后取出一批种子，放置室温条件下自然风干，进行种子活力的检测。

四、注意事项

1. 注意种子放置在网架中不能与水直接接触，在干燥器中需分布均匀，不能叠加，否则种子受到的温度和湿度会不一致。

2. 老化前各批种子的含水量应保持一致；不同批次的种子在同样的条件下应进行水分平衡处理。

Ⅱ　种子衰老的活力测定——发芽测定法

一、实验原理

有活力的种子解除休眠后，在适宜的温度、水分、充足的氧气等条件下，一段时间后，种子便开始萌发。种子发芽程度和幼苗的生长势是种子活力最直观的表现，通过普通发芽试验法，在人工控制条件下播种观察，用发芽率、发芽势、发芽指数、活力指数、平均发芽日数等指标表示。高活力的种子，其发芽势、发芽指数、活力指数等较大，平均发芽日数较少，发芽速度快。适用于多种作物种子的活力测定。

二、实验用品

1. 材料

经人工老化获得的不同活力水平的玉米、小麦、花生等种子。

2. 器材

光照培养箱,培养皿,滤纸,沙子,镊子,烧杯等。

三、实验步骤

(1)选取不同活力水平的玉米、水稻、花生等种子各 50 粒,3～4 次重复,将种子均匀排放在垫有双层滤纸的培养皿中,加入适量的蒸馏水,花生种子可以多放些水,盖上培养皿盖,放置在所需要的最佳萌发温度条件下。

(2)每天记录并拍照种子的萌发状态,记录正常发芽种子数(发芽缓慢的种子,可隔一日或数日记载),发芽试验结束时(大约 1 周),测定萌发幼苗的高度或重量。

(3)根据下面所列公式计算各种活力指标,比较不同种子的活力水平:

发芽势
$$\text{发芽势}=\frac{\text{初次计数发芽数}}{\text{发芽试验样品粒数}}\times 100\%$$

发芽指数(GI)
$$GI=\sum \frac{G_t}{D_t}$$

活力指数(VI)
$$VI=GI\times S$$

式中:D_t 为发芽日数;G_t 为与 D_t 相对应的每天发芽种子数;S 为一定时期内正常幼苗单株长度(cm)或重量(g)。

四、注意事项

1. 培养皿中加水不要太多,对于种子比较小的,一般以滤纸充分湿润,较大体积的种子,加水量可以适当增加。或者在萌发前,可以预先浸种。

2. 种子萌发以胚根突破种皮 0.5 cm,视为发芽;活力指数中幼苗长度也可以测量地上部分长度,或者根长。

3. 如萌发过程中,有种子轻微发霉的,需拿出用清水冲洗后放回原处发芽,如果霉变较多,需更换滤纸。

Ⅲ　种子衰老的活力测定——电导率测定法

一、实验原理

种子劣变时,细胞膜结构和功能的破坏,膜透性增加,种子向溶液外渗漏的电解质就会增多。通过测定种子浸出液的电导率，可以表示种子活力的高低，一般呈负相关，但通常种子个体间存在差异，采用相对电导率来表示种子活力要比绝对电导率准确。

二、实验用品

1. 材料

经人工老化获得的不同活力水平的花生、玉米、水稻等种子。

2. 器材

电导率仪，恒温水浴锅，天平，具塞三角瓶，滤纸等。

3. 试剂

去离子水。

三、实验步骤

(1)选不同活力、无破、大小基本一致的花生种子各 5 粒，重复 5 次，准确称重。

(2)用去离子水冲洗，用滤纸充分吸干表面水分，分别装入 50 mL 三角瓶中，加入 30 mL 去离子水，测定初始电导率(d_0)。

(3)20℃条件下，真空抽气后，种子浸泡静置 24 h，测定浸出液电导率(d_1)。

(4)电导率测定后的种子及浸出液置于沸水浴中煮 30～40 min，补充离子水至原来溶液的体积，冷却至 20℃，测定煮沸后种子浸出液的绝对电导率(d_2)。

(5)结果计算

$$种子的相对电导率=\frac{d_2-d_0}{d_1-d_0}\times 100\%$$

四、注意事项

1. 种子在浸泡和煮沸过程中，水分会散失，应补充去离子水保持浸泡液的体积一致。

2. 测定电导率之前浸泡液必须要混匀。

3. 真空泵抽出种子中的气体，保证液体充分接触种子的每一部位。

4. 测定顺序，最好按照人工老化由短到长的时间进行种子测定，每一活力水平种子测定完毕，必须用去离子水彻底清洗电极并用滤纸吸干表面水分。

Ⅳ　种子衰老的细胞活性染色

一、实验原理

种子衰老是一个逐渐丧失生命力的过程，在细胞组织水平表现为细胞的衰老和死亡。细胞死亡的数量越多、分布的范围越广，种子的活力和生活力就越低。尤其是分生组织如胚芽、胚根尖和形成层细胞发生死亡则直接影响种子的萌发。

伊文思蓝(Evans Blue)能将快速渗透已经死亡或者正在死亡的细胞染成深蓝色,从而可以快速鉴定细胞死亡是否发生。该染料染色反应灵敏,染料颗粒分布均匀,对于种子和幼苗的染色效果良好。氯化三苯基四氮唑(TTC)溶液渗入种胚,在活细胞内可被种内的脱氢酶还原,产生红色不溶于水,细胞组织染成红色。对活力高的种子,反应快,染色深;而对活力低的种子,反应弱,染色浅甚至不着色。故可由染色的程度推知种子的生活力强弱。也可同时使用 2 种染料进行套染,同时观察。

二、实验用品

1. 材料

经人工老化获得的不同活力水平的花生、玉米、水稻等种子。

2. 器材

体视显微镜及配套数码相机,培养皿,刀片,镊子。

3. 试剂

蒸馏水,0.5%(*W*/*V*)伊文思蓝,0.05%~0.1% TTC 溶液。

三、实验步骤

(1)取不同生活力(分为高活力、中等活力和低活力)的种子用刀片做横切和沿种胚中央准确纵切,取每粒种子的一半备用。

(2)把切好的种子分别放在培养皿中,加 0.05% TTC 溶液或者 0.5%(*W*/*V*)伊文思蓝溶液,以浸没种子为宜。

(3)在伊文思蓝溶液中染色 3~5 min,充分着色后,迅速弃去伊文思蓝溶液并将其放入蒸馏水中浸洗 20~60 min(视脱色程度而定,时间太长容易使已经染色的细胞脱色)。

(4)TTC 进行染色时,需放入约 37℃的恒温箱内避光保温 20 min,保温后,倒出染液,用自来水冲洗 2~3 次,立即观察种胚着色情况,判断种子有无生活力。

(5)用两种染料进行套染:先按照上述 TTC 进行染色后,再用伊文思蓝进行套染。

(6)在体视显微镜下进行观察并拍照。

四、注意事项

1. TTC 不易直接溶于水,可先加少量酒精,溶解后再加水定容即可,最好现配现用,也可放置冰箱保存,如果溶液变红则不可再用。

2. 不同作物种子生活力的测定,所需试剂的浓度、浸泡及染色时间均不同。

Ⅴ　种子衰老过程中糖类、脂肪、蛋白质的组织化学定位

一、实验原理

种子贮藏的物质为种子的萌发及幼苗的生长提供养料，劣变种子的贮藏物质动员受阻，同时在种子贮藏过程中，种子贮藏物质的不断变化，也与种子活力的形成和保持有着密切的关系，对于油料作物，脂肪的积累和变化对于种子寿命有着重要的影响。通过对不同活力干种子及萌发种子进行PAS染色、苏丹Ⅲ染色、考马斯蓝染色，定性定位糖、脂肪和蛋白质的含量及分布变化。

二、实验用品

1. 材料

经人工老化获得的不同活力水平的花生、玉米、水稻等种子。

2. 器材

温箱，天平，具塞三角瓶，滤纸等。

3. 试剂

去离子水；甲醛钙；考马斯蓝 R；苏丹黑；高碘酸；盐酸；碱性品红；偏重亚硫酸钠；7%醋酸；活性炭；1%盐酸酒精；锡夫试剂：碱性品红 0.5 g 于 100 mL 的沸水中，震荡，100℃水浴 5 min，溶解冷却至 50℃过滤，滤液加入 10 mL · L^{-1} HCl，冷却至 25℃时，加入 0.5 g 偏重亚硫酸钠，震荡充分，密封，室温放置 2～3 d，颜色退黄，加入活性炭，用力震荡 1 min，过滤，滤液呈现无色，冰箱保存；高碘酸溶液：0.5 g 高碘酸溶于 100 mL 70%酒精溶液中，溶解后置于4℃冰箱避光保存。

三、实验步骤

(1)取高活力和低活力的花生种子萌发 0 d、2 d、4 d，以及不同活力的玉米、水稻萌发 0 d、2 d、4 d 待用。

(2)分离花生子叶和去子叶胚，或者玉米、水稻种胚和胚乳，做徒手切片的横切和纵切，获得的薄片，先用 10%的甲醛钙固定之上 24 h，去离子水漂洗两遍后再进行染色。

(3)苏丹黑或者苏丹Ⅲ染色显示脂肪：选取薄片放置在干净的载玻片上，滴入几滴苏丹Ⅲ染色 3 min，用 1 滴 50%酒精洗去浮色，再用水漂洗，盖上盖玻片，镜检拍照。

(4)高碘酸锡夫反应(PAS 染色)显示糖类：切片经含 0.5%～1%高碘酸染色氧化 5～10 min，取出流水冲洗 5 min，用锡夫试剂避光染色 10～30 min，0.5%偏重亚硫酸钠清洗两遍，每次 1～2 min，流水冲洗 5～10 min，爱氏苏木精染 2～5 min，自来水洗，1%盐酸酒精分化，再用水充分冲洗，温水返蓝，以核染色稍浅为好，流水冲洗，甘油封片。

(5)考马斯蓝染色：用7%醋酸配制1%考马斯蓝 R250 溶液，置于60℃温箱中待完全溶解后备用；切片经7%醋酸1～2 min后，转至考马斯蓝 R250 染色液中再染20 min，蒸馏水水洗5 min；干燥，中性树胶封片。

四、注意事项

尽量将材料放置于同一张载玻片上，减少切片染色的不一致性。

参考文献

1. 宋松泉，程红焱，龙春林，等．种子生物学研究指南[M]．北京：科学出版社，2005.
2. 尹燕枰，董学会．种子学实验技术[M]．北京：中国农业出版社，2008.
3. 刘子凡．种子学实验指南[M]．北京：化学工业出版社，2010.
4. 付银锋．PAS 染色方法及应用[J]．河南科技大学学报(医学版)，2008，26(2)：10C.

执笔人：黄世霞

实验二十四　不同生境下植物种类及其叶片形态差异分析

一、实验目的

通过本实验的教学，让学生了解在不同的生境条件下植物种类的分布差异；通过对植物叶片的解剖结构观察和对比，了解生境对植物叶片表皮细胞、气孔形态、密度和叶肉细胞形态的影响；结合所观察的各种叶形，了解和记录其种类生长的环境条件，认识叶形态的不同与种类及其生境条件的关系。

二、实验技术路线

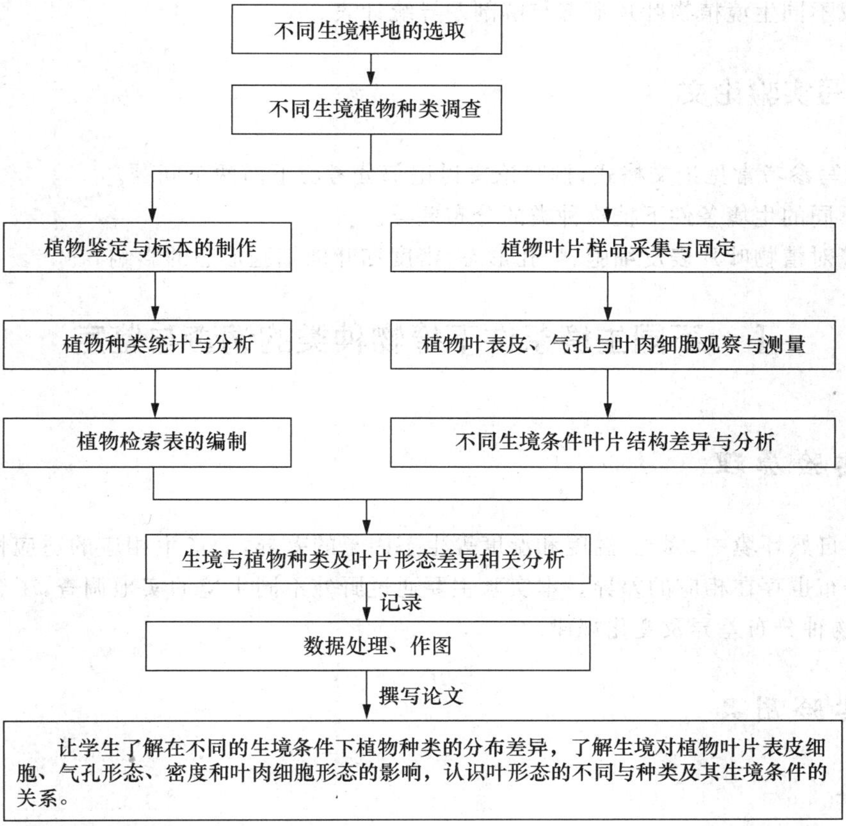

三、实验材料预处理

本实验拟调查的种类样地，为野外现场实地调查。所用植物叶片材料在野外调查过程中，现场采集。放在事先配好的固定液中或及时带回实验室进行观察实验。

四、实验内容

1. 野外不同生境下植物标本的采集。
2. 植物鉴定与植物标本的制作。
3. 编制检索表和植物名录。
4. 不同生境条件下植物叶外形特征的观察与测量。
5. 不同生境条件下叶上下表皮细胞与气孔的差异分析。
6. 不同生境条件下叶肉细胞的差异分析。

五、数据记录、处理、作图

1. 编制不同生境的植物种类名录。
2. 根据植物名录，编写植物检索表。
3. 完成不同生境植物叶片形态与解剖差异统计表。

六、撰写实验论文

论文撰写参考常见论文格式，撰写论文讨论部分考虑下面两个问题。
1. 在不同的生境条件下植物种类的分布差异。
2. 生境对植物叶片表皮细胞、气孔形态、密度和叶肉细胞形态的影响。

Ⅰ 不同生境条件下植物种类的调查与鉴定

一、实验原理

植物在自然环境中，因光、温度和湿度等生态因子的差异，而产生相应的适应性。其物种的组成和分布也存在相应的差异。本实验主要通过野外不同生境的实地调查，了解在不同生境条件下，物种分布差异及变化规律。

二、实验用品

1. 材料
野外采集的植物标本。

2. 器材

标本夹,枝剪,剪刀,搪瓷盆,台纸,标签,标本纸,消毒柜等。

三、实验步骤

1. 野外标本的采集

在学校周边地区,选取陆生和水生等不同生境的地点,前往实地进行植物种类的调查,统计出该调查区域所有着生的维管植物。并采集植物标本,带回室内,供制作标本用。同时,对各物种分布的生境、习性、根茎叶及生殖器官的特征做好相应的记录和编号。

2. 不同生境植物标本的制作

将不同生境的植物标本带回实验室后,及时进行整形和压制,定期更新标本纸,直至完全干燥。

3. 标本装订与植物鉴定

将干燥的标本装订台纸上,在台纸左上方贴上野外记录标签。在准确掌握各植物特征的基础上,利用相关参考用书及植物志,对植物进行进一步的鉴定,确保各物种名称准确无误。再由教师进行确认后,贴上鉴定标签。

4. 标本消毒处理

将已做好的标本,置于消毒柜中,进行消毒,时间不能少于 48 h。清毒结束后置于标本室相对应的保存柜中。

5. 编制检索表

将已鉴定的植物编制检索表,并按照系统顺序编制植物名录,完成本次实验报告。

四、注意事项

1. 采集水生植物,务必注意安全。
2. 植物标本必须完整,记录准确,不能随意编写。
3. 植物标本鉴定后,必须有指导老师的进一步确认,确保物种鉴定准确。
4. 标本植物科、属、种名,务必书写准确、规范。

Ⅱ 不同生境下叶片形态结构的比较观察

一、实验原理

植物生活于不同的生态环境中,在长期的进化过程中,其叶片的适应性结构不同,形态变化也较大。本实验通过野外采集的植物观察和叶片等器官的解剖,掌握不同生境下植物外部形态及内部解剖特征。

二、实验用品

1. 材料

各种不同生长环境条件下植物的叶片。

2. 器材

放大镜,游标卡尺,解剖镜,显微镜,镊子,解剖针,刀片,冷冻切片机。

三、实验步骤

1. 不同生境植物叶片的形态观察

在不同的生境条件下,选取几种优势植物,采集其发育完全的成熟叶片,观察各种不同生境植物叶片的形态,用放大镜或在解剖镜下仔细观察叶片的表面表皮附属物有无及特征,并将各植物叶片形态特征记录于表 24-1。

表 24-1　不同生境植物叶片外部形态特征记录表

序号	植物名称	习性(旱生、水生、阳生、阴生)	叶形	叶长(cm)/叶宽(cm)	厚度/μm	质地	表皮附属物
1							
2							
3							
4							
5							

2. 不同生境植物叶片的结构解剖观察

取上述植物的叶片,撕下表皮细胞,观察上下表皮细胞的形态,单位面积内气孔数目。另徒手制作叶横切制片,制成临时装片在显微镜下观察,或经过冷冻切片机切后,制成装片在显微镜下观察。根据实验观察结果完成表 24-2。

表 24-2　不同生境植物叶片形态结构比较

序号	植物名称	属性(旱生、水生、阳生、阴生)	上表皮气孔长度与宽度/μm	下表皮气孔长度与宽度/μm	上表皮气孔密度/(个/mm^2)	下表皮气孔密度/(个/mm^2)	栅栏组织厚度/μm	海绵组织厚度/μm
1								
2								
3								
4								
5								

四、注意事项

1. 使用带有标尺的显微镜进行观察。
2. 每个物种叶片至少重复 5 次以上。

参考文献

1. 胡正海．植物解剖学[M]．北京：高等教育出版社，2010.
2. 赵海泉．基础生物学实验指导（植物学分册）[M]．北京：中国农业大学出版社，2008.

执笔人：田胜尼

实验二十五　有机废弃物厌氧发酵产沼气综合实验

一、实验目的

沼气发酵又称厌氧消化，是指在密闭沼气池内（厌氧条件下），利用种类繁多的沼气发酵微生物，将人畜粪便、秸秆、餐厨废弃物等各种有机物分解转化成沼气的过程。沼气是一种混合气体，其主要成分是甲烷占55%～70%，二氧化碳占25%～40%，此外还有少量氢气、硫化氢、一氧化碳、氮气等。

沼气发酵微生物主要三类：①发酵细菌。包括各种有机物分解菌，它们能分泌胞外酶，主要作用是将复杂的有机物分解成较为简单的物质。例如多糖转化为单糖，蛋白质转化为肽或氨基酸，脂肪转化为甘油和脂肪酸。②产氢产乙酸细菌。其主要作用是前一类细菌分解的产物进一步分解成乙酸和二氧化碳。③第三类细菌称产甲烷菌。它们的作用是利用乙酸、氢气和二氧化碳产生甲烷。在实际的发酵过程中这三类微生物既相互协调，又相互制约，共同完成产沼气过程。

沼气发酵过程可以分为三个阶段：第一阶段是含碳有机聚合物的水解。纤维素、半纤维素、果胶、淀粉、脂类、蛋白质等非水溶性含碳有机物，经细菌水解发酵生成水溶性糖、醇、酸等分子量较小的化合物，以及氢气和二氧化碳；第二阶段是各种水溶性产物经微生物降解形成甲烷底物，主要是乙酸、氢气和二氧化碳；第三阶段是产甲烷菌转化甲烷底物生成 CH_4 和 CO_2。

本实验以驯化后的厌氧发酵混合污泥为接种物，以秸秆等农业有机废弃物或餐厨废弃物等为原料，通过沼气发酵装置的制作、发酵实验的启动、关键参数的调控及关键指标的检测等方面，学习并掌握利用混合微生物厌氧发酵农业废弃物产沼气的基本原理和方法；了解实验室厌氧发酵装置的组成及结构，并熟悉其制作方法；了解沼气发酵过程的主要影响因素，并掌握其日常监测的参数及数据统计和分析的方法；了解厌氧发酵技术的应用领域，拓宽学生知识范围，提高其分析问题、解决问题的实际能力。

二、实验技术路线

实验材料 厌氧发酵活性污泥，发酵原料（农业有机废弃物/餐厨废弃物/腐败食品、果蔬等）

↓ 处理

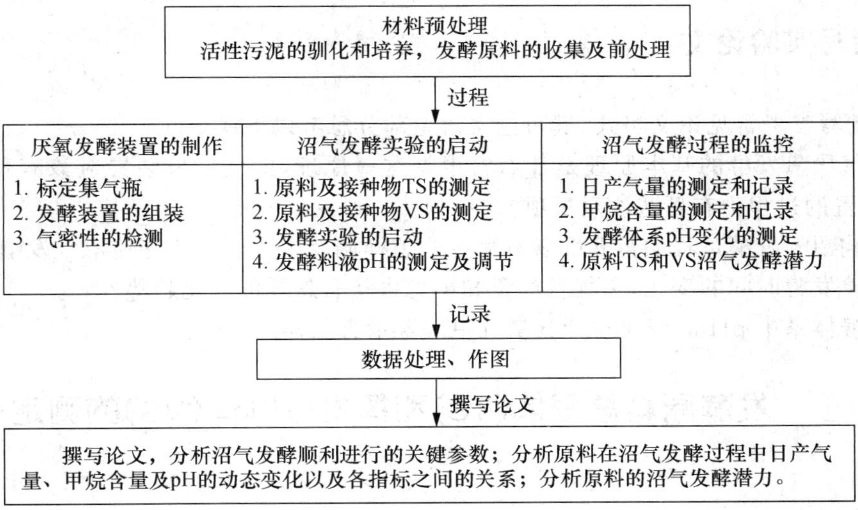

三、实验材料预处理

接种物：厌氧发酵混合菌种取自猪粪和牛粪沼气发酵的残余物——沼渣，对其进行前期的实验室培养和厌氧驯化（30 d 左右）。

发酵原料：收集适量的农业有机废弃物（腐烂水果、秸秆或畜禽粪便等）或餐厨有机废弃物（学校食堂的剩饭剩菜），粉碎或匀浆，作为沼气厌氧发酵的原料。

四、实验内容

1. 发酵原料总固体（TS）、挥发性固体（VS）测定实验。
2. 发酵液 pH 的测定实验。
3. 实验室厌氧发酵简易装置的制作实验。
4. 甲烷含量的测定。
5. 有机废弃物发酵产沼气启动及日常监测实验。

五、数据记录、处理、作图

1. 厌氧发酵试验启动前，测定并计算发酵原料的 TS 和 VS，记录发酵料液的初始 pH。

2. 厌氧发酵试验启动后，测定和记录发酵体系的 pH、日产气量及气体中甲烷含量。

3. 厌氧发酵试验结束后，用 Excel 或其他软件作图：分别以 pH、发酵体系日产气量（mL）和日产气甲烷含量为纵坐标，以时间（天数）为横坐标，制作 pH、日产气量和甲烷含量随时间的动态变化曲线。根据产气总量及原料的 TS 和 VS，计算发酵原料的 TS 沼气发酵潜力和 VS 发酵潜力。

六、撰写实验论文

论文撰写参考常见论文格式，撰写论文讨论部分思考以下四个问题。

1. 沼气厌氧发酵的基本原理是什么？根据这一原理，沼气发酵装置应该有什么特殊要求，制作装置的过程中有哪些注意事项？

2. 影响沼气发酵过程的重要因素有哪些？怎样调控这些因素才能使沼气发酵顺利进行？

3. 随着发酵时间的变化，沼气日产量和甲烷含量有怎样的变化趋势？

4. 发酵体系中 pH 的变化对产气量及甲烷含量有怎样的影响？

Ⅰ　发酵原料总固体(TS)和挥发性固体(VS)的测定

一、实验原理

总固体(total solids，TS)是指生物质原料在(105±2)℃烘干至恒重，去除水分剩余干物质的重量占样品总重的百分比。其测定原理是：将生物质原料于(105±2)℃温度下烘干至恒重，计算烘干后重量占样品总重的百分比。

挥发性固体(volatile solids，VS)是指将烘干至恒重的生物质样品置于(550±20)℃条件下灼烧至恒重，得到灰分，用总固体重量减去灰分重量，即为挥发性固体。其测定原理是：将已获取 TS 所需各数值的样品移入马弗炉中，在(550±20)℃燃烧至恒重，测定挥发掉的成分占干物质的百分比，灰分为剩余物质占干物质的百分比。在沼气工程技术中，TS 和 VS 是 2 项非常重要的基础性参数，用以衡量沼气发酵原料的基本性质，计算厌氧发酵的投料量和确定有机负荷等。

二、实验用品

电热恒温干燥箱(烘箱)，30 cm×20 cm 搪瓷盘，长 19～20 cm 坩埚钳，25～30 mL 的瓷坩埚，马弗炉，精确到 0.000 1 g 的电子天平，上口内径 25 cm 左右的干燥器(内装经干燥备用的呈蓝色颗粒硅胶)。

三、实验步骤

1. 坩埚恒重处理

先将陶瓷坩埚用稀盐酸(HCl)洗涤干净，清水冲洗 4～5 遍，小火烤干或烘干(新坩埚可用含铁离子或钴离子的蓝墨水在坩埚外壁上编号)；再于马弗炉内 800～950℃下灼烧 0.5 h(新坩埚需灼烧 1 h)；再将冷却至室温(置于放置蓝色硅胶颗粒的玻璃干燥器内，约需要 30 min)的坩埚取出称量；随后在 800～950℃进行第二次灼烧，15～20 min，冷却至室温后称重；若前后两次称量结果差不大于 0.000 2 g，即认为坩埚已恒重，否则还需再灼烧，直至恒重为止。

2. TS测定

准确称量经恒重的坩埚(m_1),装入约1/3满的厌氧发酵原料或接种物并准确称量(m_2);放入(105±2)℃的电热恒温干燥箱内,恒温干燥4～6 h,用坩埚钳取出后于干燥器内冷却至室温,准确称重;再将其放入(105±2)℃的电热恒温干燥箱内,恒温干燥1～2 h,准确称重;若前后两次称量结果差不大于0.000 2 g,即认为样品已干燥至恒重,记为m_3,否则再进行干燥,直至恒重为止。

3. VS测定

将以上样品放入预热至温度(550±20)℃的马弗炉内,加热灼烧6～8 h至恒重,样品灰白后,再置于干燥器内冷却至室温,准确称量m_4。

4. TS及VS含量计算

以上测定各做3个平行样品,取平均值计算TS及VS含量(表25-1)。

$$\mathrm{TS}=\frac{m_3-m_1}{m_2-m_1}\times 100\%$$

$$\mathrm{VS}=\frac{m_3-m_4}{m_2-m_1}\times 100\%$$

表25-1　实验数据记录参考表

	编号	m_1/g	m_2/g	m_3/g	m_4/g	TS/%	VS/%
接种物	1						
	2						
	3						
原料	1						
	2						
	3						

每组实验重复测定3次,取平均值。

四、注意事项

1. 用坩埚钳将坩埚从烘箱或马弗炉中取出,以免烫伤。

2. 称重时,用坩埚钳将坩埚轻轻放置在电子天平上;称重后,用坩埚钳将坩埚取出。整个操作不可用手直接接触坩埚。

Ⅱ　发酵液pH的测定

一、实验原理

溶液的pH是指溶液中氢离子浓度的负对数,即$\mathrm{pH}=-\lg[\mathrm{H}^+]$。在沼气发酵中,料液的pH对微生物的生命活动有着直接和间接的影响,料液的pH影响生物细胞的原生质特性、酶活性，从而影响微生物的发酵活性。同时，料液的 pH 也影响着料液的解离程度。pH 不同，可导致料液成分和发酵中间产物呈现不同的反应状态。因此，pH 测定是沼气发酵中的一项重要监测指标，有助于掌握和控制发酵过程。

pH 的测定均可采用 pH 测定仪进行，其原理是将参比电极和指示电极同时浸入发酵液中，构成一个原电池，以获得电极的电位差，再按照 Nernst 方程，计算出 pH。

二、实验用品

pH 计，pH 4.0 的苯二甲酸氢钾缓冲液，pH 6.86 的磷酸缓冲液。

三、实验步骤

1. 缓冲液的配制

pH 4.0 的苯二甲酸氢钾缓冲液：称取在 110℃ 烘干的分析纯邻苯二甲酸氢钾（$KHC_8H_4O_4$）10.21 g，溶于重蒸馏水中，稀释定容至 1 000 mL，备用。

pH 6.86 的磷酸缓冲液：称取在 110℃ 烘干的分析纯 KH_2PO_4 3.40 g，和分析纯 Na_2HPO_4 3.55 g，溶于除去 CO_2 的重蒸馏水中，稀释定容至 1 000 mL，备用。

2. pH 测定仪校准

pH 测定仪校准采用标准 pH 缓冲溶液的 2 点法进行，方法是：首先将温度补偿旋钮拨至接近室温的标准温度，打开电源，预热 5 min，将电极浸入一种 pH 的缓冲溶液，通过调节定位旋钮使其显示值与标准 pH 缓冲溶液一致，则更换另外 pH 的缓冲溶液，同样通过调节定位旋钮使其显示值与标准 pH 缓冲溶液一致。反复操作几次，至 2 点 pH 均与标准 pH 缓冲溶液一致，则表示仪器已校准，可以进行实验测定。

3. 样品测定和记录

将发酵液放至室温后，将电极浸入其中，分别选定 pH 档位，待度数稳定后读取记入表 25-2 即可。

表 25-2　实验数据记录表

编 号	测定时间	pH	备 注
1			
2			
3			
4			
5			
6			

四、注意事项

测定完后，pH 计探头应该及时清理干净，并浸入保护液中放置，不可在空气中暴露过长时间。

Ⅲ　实验室厌氧发酵装置的制作方法

一、实验原理

沼气发酵过程是在微生物作用下，实现有机物降解的。此类微生物是一个复杂的群体，主要包括水解性细菌(纤维素分解菌、半纤维素分解菌、淀粉分解菌、蛋白质分解菌、脂肪分解菌等)、产氢产乙酸菌和产甲烷菌。其中，产甲烷菌是沼气发酵的核心菌种，但其是一类严格厌氧菌，因此要保证沼气发酵的正常进行，就必须使整个系统保持严格的厌氧环境。

另外，沼气的主要成分为 CH_4，一般含量 60%左右，其次是 CO_2，另外还有少量的 N_2、CO、H_2S 等，这些气体均不溶于水，因此可以采用排水集气法收集产生的气体。

二、实验用品

1 L 磨口广口瓶，12＃橡皮塞，玻璃三通，乳胶管，8 孔恒温水浴锅，直径为 5 mm 的玻璃管，电钻，50 mL 量筒，白胶带。

三、实验步骤

1. 集气瓶的标定

取白色医用胶布垂直于 1 L 广口瓶瓶底进行粘贴，长度与 1 L 广口瓶瓶体相当。用量筒量取 50 mL 蒸馏水倒入 1 L 广口瓶中，并用记号笔在白色胶布上画刻度进行标记。重复上述量取和标记，至集气瓶内水满至瓶口为止。将瓶口处的标记作为起始线，记作 0 mL，从上至下依此类推 50 mL、100 mL……至瓶底最后一条线结束。

2. 沼气发酵装置的制作

实验室用厌氧发酵装置需满足温度可控、严格密封、气体容易收集及检测等条件，其装置原理图如图 25-1 所示。

根据图 25-1 原理图，将各配件组装成实验室沼气厌氧发酵装置。

3. 厌氧发酵装置的气密性检验

装置制作完成后必须进行气密性检验，以保证装置内严格的厌氧环境，具体方法是：将厌氧发酵罐和集气瓶注满水并按紧瓶塞后，将玻璃三通调至仅“厌氧发酵瓶”与“集气瓶”相通的位置(不与外界相通)，观察集气瓶中水面位置变化，经 24 h 后，水位降低幅度在 0.5 cm 以内，说明装置气密性良好，否则即存在漏气现象，应详细检查所有接口、管道以排除。

四、注意事项

1. 集气瓶的标定应该认真和谨慎，标定时注意眼睛与刻度线处在水平位置，保证标定

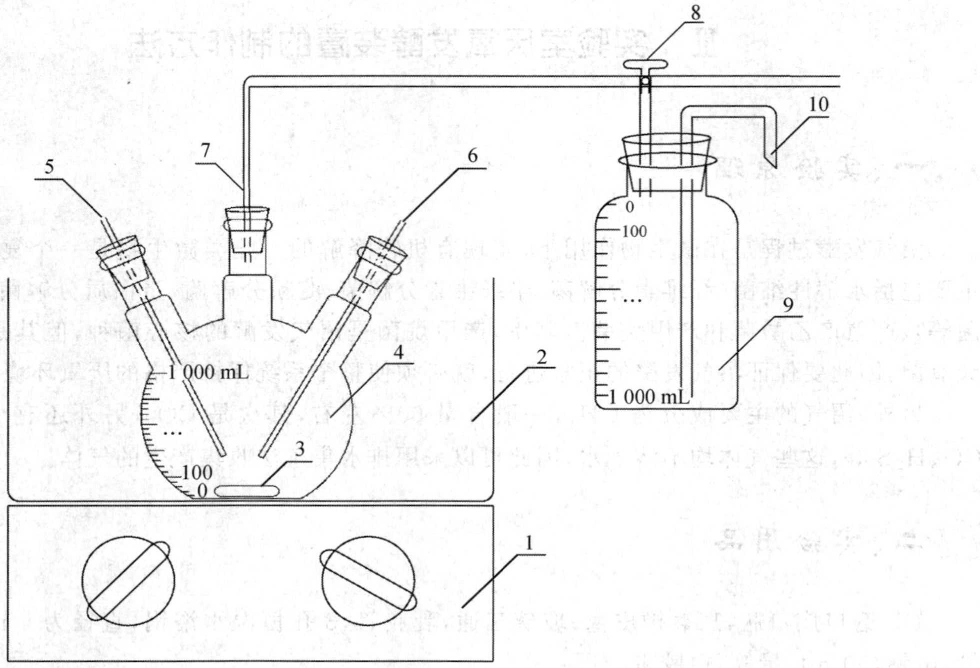

图 25-1　厌氧反应装置图

1. 磁力搅拌器　2. 恒温水浴锅　3. 磁力搅拌子　4. 厌氧发酵瓶　5. 温度检测器　6. pH/氧化还原电位检测器　7. 生物气体导管　8. 三通调节阀　9. 集气瓶　10. 排水管

注：厌氧反应装置图出自实用新型专利（刘伟伟，马欢，杨智良等，一种厌氧发酵实验装置：中国，ZL2014 2 0037502.7[P]）

准确。

2. 发酵装置中的部件多为玻璃制品，组装时应小心仔细，注意安全。

3. 为了防止漏气，三通控制器的活塞应涂抹少量凡士林，保证三通可以灵活转动。凡士林不能涂抹过多，以免堵塞三通的气眼。

Ⅳ　沼气中甲烷含量的测定方法

一、实验原理

在相同的燃烧条件下，沼气中甲烷含量的不同会引起火焰颜色的差异，因此可以通过火焰颜色简单、粗略地判断沼气中甲烷含量。

二、实验用品

打火机，火焰色度卡。

三、实验步骤

1. 沼气的燃烧

通过水压的作用将沼气发酵装置集气瓶中的沼气排出，并在出气口点燃打火机，观察气体的燃烧状态和颜色。

2. 与火焰色度卡进行比对

甲烷含量太少，不产生有色火焰，甲烷含量中等，产生淡蓝色火焰；甲烷含量高，产生燃烧不完全的橘黄色火焰。具体见表 25-3。

表 25-3　甲烷含量与燃烧状态对应表

CH_4/%	CO_2/%	火焰颜色	色度板
70～80	20～30	连续燃烧、火焰呈橘黄色	
70	30	连续燃烧，火焰呈晴蓝色或云水蓝色	
55	45	火苗离火源能燃烧，但不连续燃完，火焰呈晴蓝色	
40	60	偶显微晴蓝火苗，离火源即不能燃烧	
40 以下	60 以上	无火苗	

3. 记录气体燃烧状态及火焰颜色（表 25-4）

表 25-4　实验数据记录表

编号	时间	日产气量/mL	气体燃烧颜色	CH_4/%	备注
1					
2					
3					
4					
5					
6					
7					
8					

四、注意事项

1. 测定气体时，应注意三通气孔应保持在集气瓶与出气管畅通，而和发酵瓶不通的位置上。
2. 测定完后，及时恢复三通的位置，以免发酵过程漏气。

Ⅴ　有机废弃物发酵产沼气启动及日常监测实验

一、实验原理

沼气发酵主要靠各种厌氧微生物进行，为了保证沼气发酵能够正常进行，必须满足厌氧微生物的生长代谢条件，这些条件主要包括：①严格的厌氧环境，即发酵系统中要尽量避免氧气的存在，要求发酵系统气密性良好；②充足的营养物质（发酵原料，选择农业有机废弃物/餐厨废弃物/腐败食品、果蔬等某一种或混合有机废弃物），这是厌氧微生物生长代谢产生沼气的物质基础；③适宜的酸碱度，厌氧微生物适宜中性稍偏碱性的环境，pH 在 6.8～8.0 属于正常，最适 pH 为 7.0～7.5；④适宜的发酵温度，在一定范围内温度越高，微生物活动越激烈，越利于沼气发酵，当温度低于 15℃时，基本停止产气，这也是我国北方沼气池冬季产气效果差的主要原因；⑤适宜的发酵浓度，一般来说，沼气发酵的适宜浓度在 6%～10%之间，最好不要超过 10%（厌氧干发酵除外）；⑥优质和充足的接种物，接种物质量的高低和数量的多少直接关系到沼气发酵启动和日后运行的好坏。本实验以实验室自行培养的厌氧发酵菌种作为接种物，接种量 30%（以发酵料液总量计算）。

二、实验用品

农业有机废弃物/餐厨废弃物/腐败食品或果蔬等有机废弃物，厌氧发酵产沼气活性污泥，实验室沼气发酵装置，pH 计，电热恒温干燥箱，马弗炉、分析天平（精确至 0.000 1 g），普通天平（精确至 0.01 g）。

三、实验步骤

1. 发酵实验的启动

将 1 L 的发酵罐中按照发酵料液总量的 30%添加接种物，根据以下公式计算获得原料的添加量（$W_{原料}$），并通过加水调节使得沼气发酵系统干物质浓度控制在 6%～10%，总料液约占发酵瓶容积的 80%（发酵料液总量约 800 g）。此外，发酵料液中 pH 在 6.8～8.0，C∶N 小于 30∶1，发酵温度通过恒温水浴锅控制在 35℃。

干物质浓度计算公式：

$$\frac{W_{接种物} \times TS_{接种物} + W_{原料} \times TS_{原料}}{W_{接种物} + W_{原料} + W_{水}} = 6\% \sim 10\%$$

式中：$W_{接种物}$、$W_{原料}$、$W_{水}$分别为接种物、原料、水的重量。

通过上述公式计算应添加的原料量（$W_{原料}$）。

2. 日常监测实验

每天定时，根据集气瓶中水位所处的刻度，记录日产气总量。并按照Ⅱ和Ⅴ对 pH 和气体中甲烷含量进行测定和记录。

3. 原料的 TS 沼气发酵潜力和 VS 沼气发酵潜力的计算

通过发酵周期内沼气的总产量和原料的 TS 重量及 VS 重量，评估该发酵原料的沼气发酵潜力，记录在表 25-5 中。将各组日产气量相加，得到总产气量计为 G_T，计算方法如下：

$$TS\ 发酵潜力 = \frac{G_T}{W_{原料} \times TS_{原料}}$$

$$VS\ 发酵潜力 = \frac{G_T}{W_{原料} \times VS_{原料}}$$

表 25-5　实验数据记录表

编号	G_T/mL	$W_{原料}$/g	TS/%	VS/%	TS发酵潜力/(mL·g^{-1})	VS发酵潜力/(mL·g^{-1})
1						
2						
3						
平均						

四、注意事项

1. 发酵料液及原料加入发酵瓶后应及时摇匀。

2. 拧紧发酵瓶的瓶塞，检查三通开启的方向，保持发酵瓶和集气瓶气路的畅通，避免因气路不畅发酵料液喷出等现象。

参考文献

1. 中国科学院成都生物研究所沼气发酵常规分析编写组．沼气发酵常规分析[M]．北京：科学技术出版社，1984.

2. 任南琪，王爱杰．厌氧生物技术原理与应用[M]．北京：化学工业出版社，2004.

3. 江蕴华，余晓华．利用火焰颜色判断沼气中甲烷含量[J]．中国沼气，1983.

4. 刘伟伟，马欢，杨智良，等．一种厌氧发酵实验装置[P]．中国专利：ZL201420037502.7，2014-01-21.

执笔人：马　欢

实验二十六　大肠杆菌营养缺陷型菌株的诱变筛选和鉴定

一、实验目的

1. 了解营养缺陷型突变菌株的选育原理。
2. 学习并掌握大肠杆菌营养缺陷型菌株的诱变、筛选与鉴定方法。

二、实验技术路线

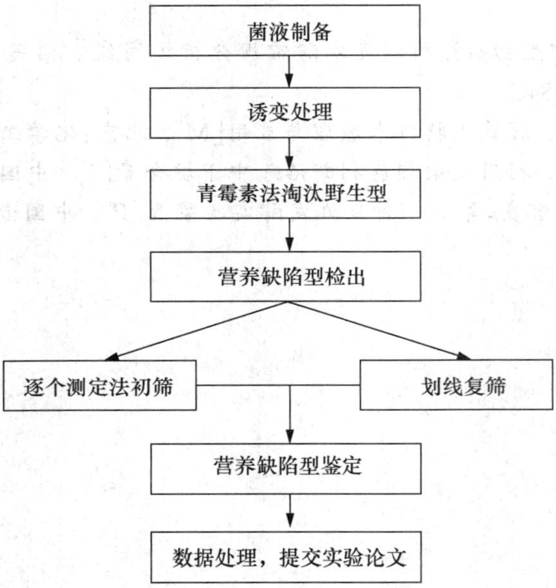

三、实验材料预处理

实验前用接种环挑取少量实验菌种，划线接种于肉汤固体培养基斜面上，37℃培养过夜，以活化菌种。

四、实验内容

1. 紫外线诱变。
2. 营养缺陷型菌株的筛选。

3. 营养缺陷型菌株的鉴定。

五、数据记录、处理、作图

详细记录营养缺陷型浓缩效果(表 26-1)、筛选获得菌株编号(表 26-2)、营养缺陷型鉴定结果等(表 26-3)数据。

表 26-1　营养缺陷型浓缩效果

	18 h		24 h	
	CM	MM	CM	MM
菌落数				
浓缩比				

表 26-2　营养缺陷型的检出记录

阶段	序号	获得菌株编号	共计
突变株初筛	1		
	2		
	3		
突变株划线复证	1		
	2		
营养缺陷型鉴定结果	1		
	2		

表 26-3　营养缺陷型鉴定结果统计

	鉴定结果
0. MM	
1. Lys	
2. Ile	
3. Leu	
4. Tyr	
5. Arg	
6. His	
7. Val	
8. Phe	
9. Thr	
10. Pro	
11. Met	
12. Try	
13. Ala	
14. Glu	
15. Asp	
16. 维生素 B_1	
17. 维生素 B_5	
18. 叶酸	
19. CM	
结论	

六、撰写实验论文

论文撰写参考常见论文格式，撰写论文讨论部分考虑下面三个问题。

1. 为何经紫外线诱变后的培养物需避光培养？
2. 青霉素浓缩营养缺陷型的机理是什么？
3. 营养缺陷型筛选和鉴定时点样的顺序为何应为先基本培养基后完全培养基？

Ⅰ 紫外线诱变

一、实验原理

诱变剂是指能提高生物体突变频率的因素，包括物理诱变剂、化学诱变剂。物理诱变剂有X射线、紫外线、快中子、γ射线等，微生物诱变中最常用的物理诱变剂是紫外线。

紫外线的波长在200～380 nm之间，但对诱变最有效的波长仅为253～265 nm。紫外线诱变的主要生物学效应是由于DNA变化造成的，可导致DNA的断裂、碱基破坏，最主要的是使同链DNA的相邻嘧啶间形成胸腺嘧啶二聚体，阻碍碱基的正常配对，从而引起微生物突变或死亡。

经紫外线损伤的细胞若立即暴露在可见光下可出现光复活现象，因此，经紫外线照射后样品需进行避光培养。

二、实验用品

1. 菌种

大肠杆菌（*Escherichia coli*）$K_{12}SF^{+}$。

2. 器材

9 cm无菌培养皿，无菌枪头（1 mL、200 μL），灭菌离心管。

3. 培养基

肉汤液体培养基（CM）：牛肉膏0.5 g，蛋白胨1 g，NaCl 0.5 g，蒸馏水100 mL，pH 7.2，高压灭菌0.1 MPa，15 min；

肉汤液体培养基（CM 2×）：牛肉膏0.5 g，蛋白胨1 g，NaCl 0.5 g，蒸馏水50 mL，pH 7.2，高压灭菌0.1 MPa，15 min；

生理盐水：NaCl 0.85 g，蒸馏水100 mL，高压灭菌0.1 MPa，15 min。

三、实验步骤

（一）菌液制备

（1）实验前，用接种环挑取少量实验菌种，接种于盛有4 mL肉汤培养液的试管中，置

37℃培养过夜。

(2)第二天添加 4 mL 新鲜的肉汤培养液,充分混匀后,分装成 2 只试管,继续培养 5 h。

(3)取 4 mL 菌液倒入离心管中,3 500 r · min^{-1}离心 10 min。

(4)倾去上清液,打匀沉淀。加入 4 mL 生理盐水。

(二)诱变处理

(1)处理前先开紫外灯稳定 30 min,吸上述菌液 4 mL 于培养皿内,将待处理的培养皿连盖放在 15 W 的紫外灯下灭菌 1 min,距离 28.5 cm,然后开盖处理 1 min。照射完毕先盖上皿盖,再关紫外灯。

(2)倒 4 mL 2×肉汤培养液(CM)到上述处理后的培养皿中。置 37℃温箱内,避光培养 12 h 以上。

四、注意事项

1. 皮肤暴露在紫外线下可致皮肤癌,因此,紫外诱变操作时需戴手套。

2. 经紫外线诱变处理的细胞需避光培养,避免光复活效应。

Ⅱ　营养缺陷型菌株的筛选

一、实验原理

营养缺陷型是指野生型菌株经某些物理(化学)因素处理后,由于编码合成代谢途径中某些酶的基因突变而丧失合成某一物质(如氨基酸、维生素、核苷酸等)的能力,所以不能在基本培养基上生长,必须在基础培养基上补充某些物质才能正常生长的一类菌株。

经诱变剂处理以后的菌株,缺陷型细胞比例仍旧较小,必须设法淘汰野生型细胞,以达到浓缩营养缺陷型细胞的目的。细菌中常用的浓缩法是青霉素法:青霉素只杀死生长的细胞,而对不生长的细胞没有致死作用。所以在含有青霉素的基本培养基中野生型细胞被杀死,而营养缺陷型细胞不能生长被保存得以浓缩。

检出营养缺陷型细胞的方法有逐个测定法、夹层培养法、限量补给法、影印培养法。逐个测定法是将经过浓缩的菌液接种在完全培养基上,待长出菌落后将每一菌落分别接种在基本培养基和完全培养基上,在基本培养基上不能生长而在完全培养基上能长的菌落可以初步确定是营养缺陷型。

二、实验用品

1. 菌种

经紫外线诱变的大肠杆菌(*Escherichia coli*)$K_{12}SF^{+}$菌液。

2. 器材

9 cm 无菌培养皿，250 mL 无菌三角烧瓶，无菌枪头(5 mL、1 mL、200 μL)，无菌离心管。

3. 培养基

完全液体培养基(CM)：牛肉膏 0.5 g，蛋白胨 1 g，NaCl 0.5 g，蒸馏水 100 mL，pH 7.2，高压灭菌 0.1 MPa，15 min；

完全固体培养基：琼脂 2 g，完全液体培养基 100 mL，pH 7.2，高压灭菌 0.1 MPa，15 min；

基本液体培养基：K_2HPO_4 0.7 g(或 $K_2HPO_4 \cdot 3H_2O$ 0.92 g)，KH_2PO_4 0.3 g，柠檬酸钠 · $3H_2O$ 0.5 g，$MgSO_4 \cdot 7H_2O$ 0.01 g，$(NH_4)_2SO_4$ 0.1 g，葡萄糖 2 g，蒸馏水 100 mL，pH 7.0，高压灭菌 0.06 MPa，15 min；

基本固体培养基：琼脂 2 g，基本液体培养基 100 mL，pH 7.0，高压灭菌 0.06 MPa，15 min；

无 N 基本液体培养基 MM(-N)：K_2HPO_4 0.7 g(或 $K_2HPO_4 \cdot 3H_2O$ 0.92 g)，KH_2PO_4 0.3 g，柠檬酸钠 · $3H_2O$ 0.5 g，$MgSO_4 \cdot 7H_2O$ 0.01 g，葡萄糖 2 g，蒸馏水 100 mL，pH 7.0，高压灭菌 0.06 MPa，15 min；

2N 基本液体培养基 MM(2N)：K_2HPO_4 0.7 g(或 $K_2HPO_4 \cdot 3H_2O$ 0.92 g)，KH_2PO_4 0.3 g，柠檬酸钠 · $3H_2O$ 0.5 g，$MgSO_4 \cdot 7H_2O$ 0.01 g，$(NH_4)_2SO_4$ 0.2 g，葡萄糖 2 g，蒸馏水 100 mL，pH 7.0，高压灭菌 0.06 MPa，15 min；

生理盐水：NaCl 0.85 g，蒸馏水 100 mL，高压灭菌 0.1 MPa，15 min。

三、实验步骤

(一)青霉素法淘汰野生型

(1)吸 4 mL 处理过的菌液于已灭菌的离心管，离心(3 500 $r \cdot min^{-1}$)10 min。

(2)倾去上清液，打匀沉淀，加入 4 mL 生理盐水，离心，共洗涤 3 次，加生理盐水到原体积。

(3)吸取经离心洗涤的菌液 0.05 mL 于 2.5 mL 无 N 基本培养液，37℃培养。

(4)培养 12 h 后，加入 2N 基本培养液 2.5 mL，加入青霉素，使青霉素在菌液中的最终浓度约为 100 $\mu g \cdot mL^{-1}$，再放入 37℃温箱中培养。

(5)取融化并冷却到约 50℃的基本及完全培养基倒平板，冷凝待用；分别从培养 18 h、24 h 的菌液中各取 0.1 mL 菌液涂平板；注明组号、取样时间；37℃温箱中培养。

(二)营养缺陷型的检出

(1)以上平板培养 36～48 h 后，进行菌落计数。选用完全培养基上长出的菌落数大大超过基本培养基的那一组，用接种环挑取完全培养基上长出的菌落约 50 个，分别点种于基本培养基与完全培养基平板上(务必先点种在基本培养基上，然后再点种在完全培养基上)，依次点种，放 37℃温箱培养。

(2)培养 18 h 后，选在基本培养基上不生长、而在完全培养基上生长的菌落(可能的营养缺陷型突变株)，再在基本培养基的平板上划线复证，37℃温箱培养 24 h 后不生长的可能是营养缺陷型。

四、注意事项

1. 实验过程中要严格进行无菌操作，单菌落的挑取、划线培养、菌悬液的吸取等环节中任何一步的污染都会对最终实验结果产生严重影响。

2. 营养缺陷型筛选时点样的顺序为先基本培养基后完全培养基，以防完全培养基上的营养成分带入基本培养基中，影响实验结果。

Ⅲ　营养缺陷型菌株的鉴定

一、实验原理

初步确定为营养缺陷型的菌株用分类生长法进行鉴定。在一个平皿中加入一种营养物质，以测定多株缺陷型菌株对该生长因子的需求情况。

二、实验用品

1. 菌种

经诱变筛选获得的大肠杆菌营养缺陷型菌株。

2. 器材

9 cm 无菌培养皿，250 mL 灭菌三角烧瓶，无菌枪头(5 mL、1 mL、200 μL)，无菌离心管。

3. 培养基

完全液体培养基(CM)：牛肉膏 0.5 g，蛋白胨 1 g，NaCl 0.5 g，蒸馏水 100 mL，pH 7.2，高压灭菌 0.1 MPa，15 min；

完全固体培养基：琼脂 2 g，完全液体培养基 100 mL，pH 7.2，高压灭菌 0.1 MPa，15 min；

基本液体培养基：K_2HPO_4 0.7 g(或 $K_2HPO_4 \cdot 3H_2O$ 0.92 g)，KH_2PO_4 0.3 g，柠檬酸钠 · $3H_2O$ 0.5 g，$MgSO_4 \cdot 7H_2O$ 0.01 g，$(NH_4)_2SO_4$ 0.1 g，葡萄糖 2 g，蒸馏水 100 mL，pH 7.0，高压灭菌 0.06 MPa，15 min；

基本固体培养基：琼脂 2 g，基本液体培养基 100 mL，pH 7.0，高压灭菌 0.06 MPa，15 min；

氨基酸、维生素和核苷酸的配制：精确称取一定量的各类药品，溶于重蒸水，氨基酸终浓度 2.5 $mg \cdot mL^{-1}$，维生素和核苷酸终浓度 2.5 $\mu g \cdot mL^{-1}$，用 0.22 μm 无菌滤膜过滤除菌，−20℃贮存备用。

三、实验步骤

(1)将可能是营养缺陷型的菌株接种于盛有 4 mL 完全培养液的离心管中，37℃培养 14～16 h。

(2)培养 16 h 后，取少量菌液于离心管中，3 500 $r \cdot min^{-1}$ 离心 10 min，倒去上清液，加入生理盐水并打匀沉淀，然后离心洗涤 2 次，最后加生理盐水到原体积。

(3)分别取 200 μL 的氨基酸、维生素至不同的灭菌培养皿中，每皿一种药品；取融化后冷却至约 50℃的基本培养基 18 mL 倒入，摇匀放平，待凝，共做 20 皿；每皿中氨基酸的浓度为 25 $\mu g \cdot mL^{-1}$，维生素 25 $ng \cdot mL^{-1}$。

(4)将培养皿的皿底等分 20 格，依次用接种环接入洗涤过的不同菌株，然后放 37℃温箱培养 24～48 h，观察生长情况，并确定各个待鉴定菌株的营养缺陷型类型。

四、注意事项

营养缺陷型鉴定时点样的顺序为先基本培养基后完全培养基，以防完全培养基上的营养成分带入基本培养基中，影响实验结果。

参考文献

1. 赵海泉．微生物学实验指导[M]．北京：中国农业大学出版社，2014.
2. 李榆梅．微生物学[M]．北京：中国医药科技出版社，2004.
3. 郁庆福．现代卫生微生物学[M]．北京：人民卫生出版社，1995.
4. 郭艳萍．抑黄曲霉乳酸菌的筛选及菌种鉴定[D]．安徽农业大学，2010.

执笔人：曹媛媛

实验二十七　玉米促生细菌的分离筛选及鉴定

一、实验目的

植物根际存在各种微生物，2%～5%的细菌能促进植物生长，增加作物产量，被称为根际促生细菌(plant growth-promoting rhizobaeteria，PGPR)。玉米根际促生细菌的研究对开发玉米专化型微生物菌剂，促进玉米的丰产增收具有重要意义。

本实验以玉米根际土壤为材料，利用选择性培养基结合稀释涂平板法分离玉米根际细菌，以促生特性和平皿促生实验筛选高效促进玉米生长的菌株，用生理生化特性结合 16S rRNA 序列分析对菌株进行鉴定，以期筛选到玉米高效促生细菌。

二、实验技术路线

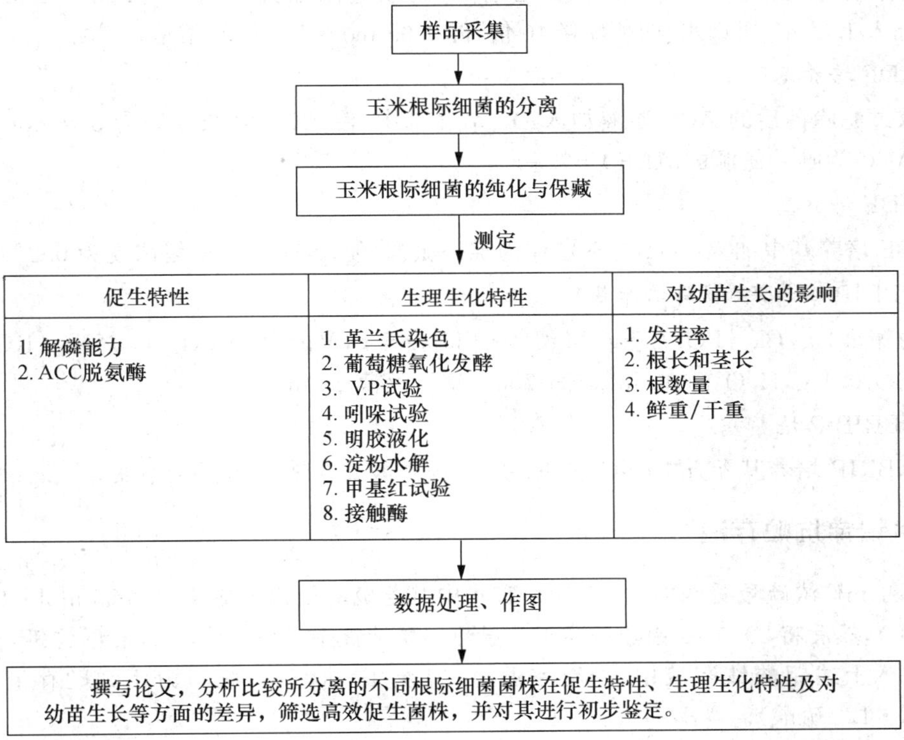

三、实验材料预处理

(一)样品采集

采集生长健壮的玉米植株及其根际土装入无菌袋中，带回实验室冰箱4℃保存，须于48 h之内进行根际细菌的分离。

(二)培养基

1. DF 培养基

微量元素：硼酸 10 mg，$MnSO_4 \cdot H_2O$ 11.19 mg，$ZnSO_4 \cdot 7H_2O$ 124.6 mg；$CuSO_4 \cdot 5H_2O$ 78.22 mg，MoO_3 10 mg 溶于 100 mL 无菌水中，可在冰箱中保存。

$FeSO_4 \cdot 7H_2O$ 溶液：$FeSO_4 \cdot 7H_2O$ 100 mg 溶于 10 mL 无菌水中，可在冰箱中保存。

DF 培养基：KH_2PO_4 4.0 g，Na_2HPO_4 6 g，$MgSO_4 \cdot 7H_2O$ 0.2 g，葡萄糖 2 g，葡萄糖酸 2 g，柠檬酸 2 g，微量元素 0.1 mL 和 $FeSO_4 \cdot 7H_2O$ 溶液 0.1 mL 定容于 1 L 蒸馏水中，pH 7.2，115℃灭菌 20 min。

2. 配 0.9 $mol \cdot L^{-1}$ 的 ACC(母液)

ACC(1-氨基环丙烷-1-羧酸)相对分子质量 101.10，称取 1.82 g ACC 溶解于 20 mL 无菌水中，再用无菌滤膜过滤除菌，即得 0.9 $mol \cdot L^{-1}$ 的 ACC 溶液(需提前准备一定体积(20 mL)无菌水及无菌滤膜，无菌的 5～10 mL 空离心管)。吸取过滤除菌后的 0.9 $mol \cdot L^{-1}$ ACC 溶液 200 μL 加入 1.8 mL 无菌水，即被稀释 10 倍，得 0.09 $mol \cdot L^{-1}$ ACC 溶液。

3. ADF 培养基

吸取过滤除菌后的 ACC 溶液加入 DF 培养基中，使 ACC 终浓度约为 3 $mmol \cdot L^{-1}$，即得到以 ACC 为唯一氮源的 ADF 培养基。

4. NDF 培养基

在 DF 培养基中加入$(NH_4)_2SO_4$ 作为唯一氮源，使$(NH_4)_2SO_4$ 终浓度为 0.2%。

5. NBRIP 培养基(解磷培养基)

葡萄糖 10 g，$Ca_3(PO_4)_2$ 5 g，$MgCl_2 \cdot 6H_2O$ 5 g，$MgSO_4 \cdot 7H_2O$ 0.25 g，KCl 0.2 g，$(NH_4)_2SO_4$ 0.1 g，H_2O 1 000 mL，pH 7.0，115℃灭菌 20 min。

6. NBRIP-P 培养基

将 NBRIP 培养基配方中的 $Ca_3(PO_4)_2$ 改为磷酸二氢钠 1 g，其余不变。

(三)钼锑抗贮存液

将 181 mL 浓硫酸缓缓加入约 700 mL 水中，(若硫酸钼锑抗酸度为 3.75 $mol \cdot L^{-1}$，应加 208.3 mL)，然后将 20.00 g 钼酸铵溶于此温热的酸溶液中；另称 0.5 g 酒石酸锑钾，用少量水溶解后并入上述钼酸铵溶液中，冷至室温，定容至 1 000 mL，此即为钼锑贮存液(酸度为 3.25 $mol \cdot L^{-1}$ 硫酸)。

临用当天，称取 1.5 g 左旋抗坏血酸，溶于 100 mL 钼锑贮存液中，混匀，即得浅黄色的钼锑抗显色剂(此配制方法可避免水中可溶性硅的干扰)。

四、实验内容

1. 玉米根际细菌的分离与纯化。
2. 分离菌株的促生特性。
3. 分离菌株的生理生化特性。
4. 根际细菌对幼苗生长的影响。

五、数据记录、处理、作图

1. 促生特性:拍照并记录溶磷圈及菌落直径大小、并计算溶磷指数;记录菌株在液体发酵液中的溶磷能力;拍照并记录菌株在 ADF 和 DF 培养基中的生长状况,以 $OD_{600\ nm}$ 表示。

2. 拍照并记录菌株的多项生理生化特性。

3. 记录接菌处理及对照处理下,玉米的发芽率、根长、茎长、根数量、鲜重或干重等数值。采用软件 SPSS,按 turkey 多重比较方法分析试验数据的差异显著性,并利用 Excel 或其他软件作图。

六、撰写实验论文

论文撰写参考常见论文格式,撰写论文讨论部分考虑下面问题。

如何筛选具有促生作用的优良根际细菌菌株?

Ⅰ 玉米根际细菌的分离与纯化

一、实验原理

植物根际一般指离根系几毫米(约 2 mm)范围内,受根系活动影响的区域。植物根际的根系分泌物使得大量微生物能够定殖于此,构成特有的根际微生物区系。自然条件下,不同种类微生物的混合体形成群落。为了研究某种微生物,必须从群落中获得纯培养。

纯培养是指从自然界或已混有杂菌的培养体中分离出生产或科学实验所需要的单一的微生物个体,进行培养,产生大量的后代。获得纯培养的方法,称为微生物的纯系分离法(微生物的分离和纯化)。获得纯培养常用的方法有稀释平板分离法、划线分离纯化法等。

二、实验用品

1. 实验样品

分别于不同地点采集的玉米植物根际土壤样品。

2. 器材

灭菌培养皿(9 cm),灭菌三角烧瓶(250 mL),灭菌枪头(蓝、黄),高压灭菌锅,pH 试纸,无菌水,无菌过滤器及滤膜,接种环,涂布棒,量筒,移液器(1 mL,100 μL,5 mL)等。

3. 培养基

NBRIP 培养基。

三、实验步骤

1. 土壤稀释液的制备

称取 1 g 根际土或附着一定土的植物根,放入 100 mL 无菌水中,摇床中 150 $r \cdot min^{-1}$ 震荡 10 min 左右,以使土壤中的微生物细胞均匀分散于水中,即得到 10^{-2} 的土壤悬液。取 0.5 mL 上述土壤悬液加入 4.5 mL 无菌水中,轻轻摇动使之充分混合均匀,即得 10^{-3} 土壤悬液。同法依次进行 10 倍梯度的系列稀释,则分别得 10^{-4}、10^{-5}……的土壤稀释液。

2. 稀释涂布平板

分别吸取 0.1 mL 10^{-2}～10^{-5} 的土壤稀释液加入 NBRIP 平板表面,用无菌涂布棒涂布均匀,做好标记,28℃倒置培养 72 h。

3. 平板划线分纯

对 NBRIP 分离平板上产溶磷圈或生长势较好的单菌落进行菌株编号,用接种环分别无菌操作挑取菌落于新的 NBRIP 固体平板上采用三分区或四分区划线法进行划线分纯。

做好菌株编号、样品来源、时间等标记,将划线的平板于 28℃恒温培养箱倒置培养 72 h。

四、注意事项

为了做好微生物的分离、纯化,在实验的每一个操作环节上都要严格无菌操作,才能获得预期效果。

稀释涂布平板时,在向平板中加入稀释土壤悬液时按照稀释倍数高(10^{-5})的样品向稀释倍数低的样品依次进行,涂布时也是如此。

划线分纯微生物时,非连续划线操作过程中,要将接种环上的剩余残留菌物烧死,待冷却后再作第 2 次划线,这样才能保证获得单菌落。

Ⅱ 分离菌株的促生特性

一、实验原理

能够自由生活在植物根际土壤的一类以直接或间接方式促进植物生长的有益细菌被称为植物根际促生细菌(plant growth-promoting rhizobacteria,PGPR)。PGPR 能够通过多种途径促进植物生长,主要包括:①产生植物生长激素等物质;②促进植物对营养元素的吸收利用;③提高植物抑制病虫害等的生防能力;④减少胁迫环境下乙烯的累积。

一些微生物能够通过代谢产酸,在以难溶性磷酸盐(磷酸钙)为唯一磷源的平板上生长形成透明的溶磷圈,这类微生物能促进土壤中难溶性磷转化为可溶性磷,增加植物对磷的吸收,被称为解磷微生物;有的微生物能够分泌 ACC 脱氨酶,分解 ACC(1-氨基环丙烷羧酸,乙烯合成前体),促进植物生长;不同微生物通过解钾,固氮,产生铁载体、吲哚乙酸、抗生素等方式,直接(间接)促进植物生长。植物根际土壤中具促生特性菌株的分离筛选将有利于丰富微生物肥料生产所需的优良菌种资源。

二、实验用品

1. 供试菌株

实验Ⅰ中分离纯化获得的菌株。

2. 器材

分光光度计,接种针,接种环,比色杯,培养皿,三角瓶,高压灭菌锅,直尺,量筒等。

3. 培养基

DF 培养基,ADF 培养基,NDF 培养基,NBRIP 培养基(解磷培养基),NBRIP-P 培养基。

4. 试剂

2,4-二硝基酚,4 mol·L^{-1} NaOH,浓硫酸,2 mol·L^{-1} H_2SO_4,钼锑抗显色试剂,抗坏血酸,ACC 等。

三、实验步骤

(一)配制培养基

配制 NBRIP-P 培养液(活化接种用)及 NBRIP 培养基。

溶磷培养液分装至小试管中(d=1.5 cm),115℃灭菌 25 min,冷却备用。

(二)溶磷圈大小测定

将纯化的菌株采用点接法接种到 NBRIP 固体平板上,每一菌株做 3 个重复,28℃倒置培养 72 h 后,观察是否有溶磷圈产生并测量记录溶磷圈及菌落直径大小,计算菌株的溶磷效率。

溶磷效率(P-solubilization efficiency)=溶磷圈直径/菌落生长直径

(三)菌株液体溶磷能力的测定

1. 种子液的制备

将待测菌株依次接种至 NBRIP-P 培养液中,28℃,160 r·min^{-1}培养 1~2 d,以获得对数生长期的菌液,以备后续接种用。

2. 培养及测定

将活化好的菌株依次接种至 NBRIP 培养液中，28℃，160 r·min^{-1}培养 5～7 d。取 4 mL 菌液，8 000 r·min^{-1}离心 10 min，取上清液 100 μL 加入比色管中，再依次加入 4 mL 三级水，滴入 2 滴 2,4-二硝基酚作为显色剂，再滴入几滴 4 mol·L^{-1}NaOH 使溶液调至刚出现黄色，接着用 2 mol·L^{-1}H_2SO_4 调至无色。加 1 L 钼锑抗显色试剂(含抗坏血酸)，并补水至 10 mL 定容，摇匀后静置反应 30 min，于分光光度计 700 nm 处测定吸光值。同时以未接种的空白培养基作相应处理的作为对照。通过磷标准曲线，可查出接菌处理各培养液中可溶性磷的浓度。

3. 培养液 pH 测定

用 pH 计检测并记录培养液 pH，以研究菌株溶磷能力与菌株产酸能力间的关系。

4. 磷标准曲线的绘制

在分析天平上称取经 105℃烘至恒重的磷酸二氢钾 1.098 5 g，加约 200 mL 水溶解，加 5 mL 浓硫酸(防腐)，最后用水定容到 1 L，此溶液为浓度 250 mg·L^{-1}的磷母液，可长期保存。将一定量磷母液稀释 10 倍得浓度为 25 mg·L^{-1}的磷标准工作液。分别吸取上述磷标准工作溶液 0、100、200、300、400、500、600、700、800、900、1 000 μL 于比色管中，加水稀释至约 4 mL，滴入 2 滴 2,4-二硝基酚作为显色剂，再滴入几滴 4 mol·L^{-1}NaOH 使溶液调至刚出现黄色，接着用 2 mol·L^{-1}H_2SO_4 调至无色。加 1 L 钼锑抗显色试剂(含抗坏血酸)，并补水至 10 mL 定容，摇匀后静置反应 30 min，于分光光度计 700 nm 处测定吸光值。以测得的吸光度为纵坐标，磷浓度(μg·mL^{-1})为横坐标，绘制成磷标准曲线。

(四)ACC 脱氨酶特性

将纯化的菌株同时接种于含 3 mL DF、ADF、NDF 液体培养基中摇床 150 r·min^{-1}振荡培养 72 h 后，观察同一菌株分别于 DF、ADF、NDF 3 种不同培养基中的生长情况，并用分光光度计于 $OD_{600\ nm}$测定菌株长势。当菌株于 ADF 培养基中的生长势明显好于 DF 培养基时，说明该菌株能够以 ACC 为唯一氮源进行生长，即该菌株能够产生 ACC 脱氨酶。

四、注意事项

钼锑抗显色试剂要现配现用。

ACC 溶液需过滤除菌。

Ⅲ　分离菌株的生理生化特性

一、实验原理

微生物分类鉴定通常可分为：①细胞的形态和习性水平；②细胞组分水平；③蛋白质水平；④核酸水平。生理生化特征一直是细菌分类鉴定中经典且不可或缺的主要步骤与特征。

不同的微生物具有不同的酶系统，其新陈代谢类型就不同。细菌代谢类型的多样性，具体表现在生化反应多样性，生化反应用以测定不同微生物对营养物质的利用，以及其代谢产物的异同，作为细菌分类鉴定的重要依据。

通常采用的生理生化方法有：①VP实验：在葡萄糖蛋白胨水培养基中，某些微生物能将葡萄糖分解为丙酮酸，丙酮酸缩合、脱酸转变成乙酰甲基甲醇，强碱条件下，乙酰甲基甲醇与氧产生二乙酰，二乙酰与蛋白质中的含胍基成分作用，生成红色化合物的为VP阳性反应，无红色化合物则为VP阴性反应。②吲哚实验：微生物中含有的色氨酸酶能将蛋白胨中的色氨酸分解成吲哚，无色的吲哚加入对二甲基氨基苯甲醛后，形成红色的玫瑰吲哚。③明胶液化实验：细菌蛋白酶(胞外酶)可将明胶水解，由原来的固态变为液态，即为明胶液化(20℃以下也不凝固)，据此可判断其有无分解蛋白质的能力。常用穿刺法和平板法进行该实验。④淀粉水解实验：微生物如能产生淀粉酶(胞外酶)，可将培养基中的淀粉水解为麦芽糖、葡萄糖等，再被细胞吸收利用。淀粉水解后，遇碘不再变蓝。依此可以判断某细菌有无分解淀粉的能力。⑤甲基红试验(MR)：一些细菌能发酵葡萄糖，在分解葡萄糖过程中产生丙酮酸，进一步由于糖代谢途径不同，可产生乳酸、琥珀酸、乙酸、甲酸等大量酸性产物，可使培养基pH下降至4.5以下，使甲基红指示剂变红。⑥接触酶试验(过氧化氢酶)：具有过氧化氢酶的细菌，能催化过氧化氢生成水和新生态氧，继而形成分子氧出现气泡。

二、实验用品

1. 供试菌株

实验Ⅰ中分离纯化获得的菌株。

2. 器材

接种针，接种环，培养皿，三角瓶，高压灭菌锅，直尺，量筒，显微镜，酒精灯，载玻片，吸水纸，擦镜纸等。

3. 培养基

明胶培养基：蛋白胨5 g，明胶150 g，水1 L，pH 7.2；淀粉水解培养基：牛肉膏3 g，蛋白胨5 g，淀粉2 g，水1 L，pH 7.2；葡萄糖蛋白胨水液体培养基(VP实验或甲基红(MR)实验)：蛋白胨5 g，葡萄糖5 g，NaCl 5 g，水1 L，pH 7.2；1%胰胨培养基(吲哚实验)：胰蛋白胨10 g，水1 L，pH 7.2；休和利夫森二氏半固体培养基。

4. 试剂

结晶紫染色液；Lugol氏碘液；番红染色液；香柏油；二甲苯；凡士林；石蜡油；3%过氧化氢；对二甲基氨基苯甲醛；95%乙醇；浓HCl；40%NaOH；碘液；6%α-萘酚纯酒精液；广泛pH试纸；甲基红；乙醚；吲哚试剂：对二甲基氨基苯甲醛8 g，95%乙醇760 mL，浓HCl 160 mL；甲基红试剂：甲基红0.02 g，95%乙醇60 mL，蒸馏水40 mL；VP试剂：甲液为40%NaOH(40 gNaOH溶解于60 L水中，置于小瓶中保存备用)，乙液为6% α-萘酚纯酒精液(称取6 g α-萘酚溶解于100 mL无水乙醇中)。

三、实验步骤

(一)革兰氏染色

1. 制片

在一张载玻片上,涂布待检测菌株制成涂片后,干燥、固定。为保证染色结果的准确性,可同时在同一载玻片上,分别涂布枯草杆菌和大肠杆菌作为标准对照组制成涂片后,干燥、固定。

2. 染色

待载玻片冷却后按下列步骤进行染色。

初染:结晶紫染色 1 min→水洗

媒染:碘液 1 min→水洗

脱色:95%酒精脱色 30～40 s→水洗

复染:番红染色 2～3 min 或石炭酸复红染色 0.5 s～1 min→水洗→干燥

3. 镜检

在油镜下观察,被染成紫色者即为革兰氏阳性(G^+);被染成红色者是革兰氏染色阴性(G^-)。

(二)葡萄糖氧化发酵实验

用接种针无菌操作蘸取少量菌苔,穿刺接种于休和利夫森二氏半固体培养基,每株菌株接种 4 支。其中 2 支用灭菌的凡士林石蜡油(熔化的 2/3 凡士林中加入 1/3 液体石蜡)封盖,0.5～1 cm 厚,以隔绝空气为闭管(注意:培养基内部不要混有空气,否则会干扰观察发酵产酸的结果)。另 2 支不封油为开管。同时还要有不接种的闭管和开管作为对照。适温(28～37℃)培养 3～14 d 后观察结果。只有开管产酸变黄者为氧化型;开管和闭管均产酸变黄者为发酵型。

(三)VP 试验

(1)接种　取葡萄糖蛋白胨水培养基 2 支,用接种环无菌操作,接种分离菌株,并注明菌株编号、日期、实验者,放恒温培养箱培养 2 d。

(2)检查　2 d 后取出,取培养液 1 mL,加入几滴 VP 试剂甲液,再加约等量的 VP 试剂乙液,用力震荡,15 min 后观察实验结果。出现红色为 VP 试验阳性。记录实验结果。

(四)吲哚试验

(1)接种　取 1%胰胨培养基 2 支,无菌操作,接种分离菌株,并注明菌株编号、日期、实验者,放恒温培养箱培养。

(2)检查　2 d 后取出,在培养液中先加入乙醚 1 mL(使呈明显的乙醚层),充分震荡,使吲哚溶于乙醚中,静置片刻,使乙醚浮到上面。这时再沿管壁加入吲哚试剂 5 滴,有红色环出现者为阳性。注意：加入吲哚后不再摇动，否则液体界面被混合，红色环不明显。记录试验结果。

(五)明胶液化试验

(1)接种　取培养 18～24 h 的幼龄菌株穿刺接种于明胶液化培养基中，以不接种做对照，放 20℃恒温箱培养。

(2)检查　2 d 后取出，观察菌株的生长情况及培养基是否液化、液化形状等。

(六)淀粉水解试验

(1)接种　取融化了的淀粉培养基，无菌操作倒平板，等冷凝后，用接种环无菌操作，挑取少许分离菌株点接于平板中，并于平皿底上注明菌株编号、实验日期、实验人员等信息，37℃恒温箱倒置培养 2～3 d。

(2)检查　打开平皿盖，滴加碘液，轻轻摇转平皿，使碘液均匀铺满整个平皿，如果在菌落周围出现无色透明圈，说明淀粉水解阳性，即淀粉被水解。透明圈大小表明菌对淀粉水解能力的大小。

(七)甲基红实验

(1)接种　取葡萄糖蛋白胨水培养基 2 支，用接种环无菌操作，接种分离菌株，并注明菌株编号、日期、实验者，放恒温培养箱培养。

(2)检查　2 d 后取出培养液，沿管壁加入甲基红试剂 1～2 滴，若由原来的橘黄色变为红色则为阳性反应。记录实验结果。

(八)接触酶实验

将培养 24 h 的分离物，以铂丝接种环取一小环涂抹于已滴有 3%过氧化氢的玻璃片上，如有气泡产生则为阳性，无气泡则为阴性。

四、注意事项

1. 吲哚试验中加入吲哚试剂后不再摇动，否则液体界面被混合，红色环不明显。

2. 淀粉水解试验中透明圈大小表明菌对淀粉水解能力的大小。

3. 如有的菌在 20℃不生长，则在 30℃培养生长后，观察结果时将培养物放入冰箱或冷水中降温，待对照管凝固后再记录。

Ⅳ　根际细菌对幼苗生长的影响

一、实验原理

根际促生细菌(PGPR)通过多种机制促进植物生长、增加作物产量。本实验以玉米为研究材料，研究所分离根际细菌对玉米幼苗生长的出苗数、株高、根数、生物量等指标的影响，进一步评价所分离菌株对玉米幼苗是否有促生长作用。

二、实验用品

1. 供试菌株

实验Ⅰ分离纯化的菌株。

2. 器材

光照恒温培养箱，滤纸（直径 9 cm），离心管，纱布，直尺，移液器，接种环等。

3. 培养基

NBRIP 固体培养基。

三、实验步骤

1. 种子催芽

将玉米种子冷水浸泡 0.5 h 后，用湿纱布包裹放置于 25～28℃恒温培养箱中催芽，待种子露白后用。

2. 菌悬液的制备

挑取分离筛选到的解磷菌株，无菌操作划线接种到 NBRIP 平板上，28℃培养 24～48 h，刮取 5～6 环 NBRIP 平板上的菌苔重悬于 10 mL 无菌水中，轻轻震荡使之混合均匀得菌悬液。

3. 平皿促生

每一无菌平皿中（含滤纸）放置经挑取的饱满且发芽一致的玉米种子约 6 粒，并加入菌悬液 3 mL，再补 10 mL 无菌水，以加等量（13 mL）无菌水的处理作为对照，25～28℃培养 4～7 d 后，测定玉米幼苗的发芽率、根长、茎长、根数及干鲜重。培养期间定期加入定量的无菌水，以维持种子正常发芽生长，每一菌株设置至少 3 个平皿重复。

4. 观察测量结果

测定玉米幼苗的发芽率、根长、茎长、根数及干鲜重。

$$出苗率=\frac{实际出苗数}{种子数}\times 100\%$$

生物量测定：将整株玉米幼苗从花盆中取出，用水冲净后，置于 80℃烘箱中烘 48 h 后，称重。

参考文献

1. 黄静，盛下放，何琳燕．具溶磷能力的植物内生促生细菌的分离筛选及其生物多样性[J]．微生物学报，2010，50(6)：710-716.

2. 杨慧，范丙全，龚明波，等．一株新的溶磷草生欧文氏菌的分离、鉴定及其溶磷效果的初步研究[J]．微生物学报，2008，48(1)：51-56.

3. 赵海泉．微生物学实验指导[M]．北京：中国农业大学出版社，2014.

执笔人：孙乐妮

实验二十八 食用菌菌丝分离、原生质体制备及再生

一、实验目的

食用菌是可食用的、具有肉质或胶质子实体的大型真菌，通常也称菇、菌、蕈、耳、芝等，90%以上的食用菌属于担子菌纲。食用菌因其味道鲜美、营养丰富而深受广大消费者的喜爱。现有70多种食用菌可进行人工栽培，我国是世界上最大的食用菌生产和出口国，市场常见的食用菌有双孢蘑菇、平菇、金针菇、黑木耳等。食用菌的生产发展很大程度上依赖于菌种，选育优质高产、适应食用菌产业化生产需要的菌种显得尤为重要。

食用菌菌种除直接购买外还可以通过组织分离法、孢子分离法以及菇木分离法等获得。利用组织分离法获取食用菌菌种是一种操作方便，比较常用的菌种获取技术。原生质体融合技术用于食用菌育种能有效克服生物间性因子的障碍、实现远缘杂交，可有目的地选育具有优良性状的新型菌种等，利用该技术已选育出在生产上广泛应用的优良食用菌新品种。

本实验以新鲜采集的或从市场上购买的新鲜食用菌子实体为材料，利用组织分离法获取食用菌菌丝、进而制备原生质体并进行菌丝再生，通过本实验可以使学生掌握基本的食用菌菌丝获取、原生质体制备及再生技术。

二、实验技术路线

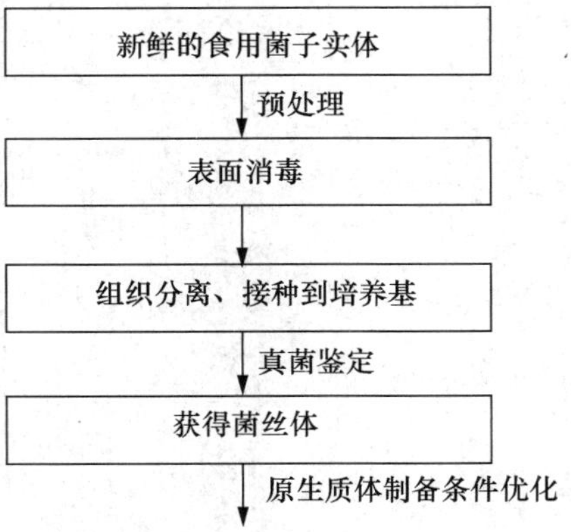

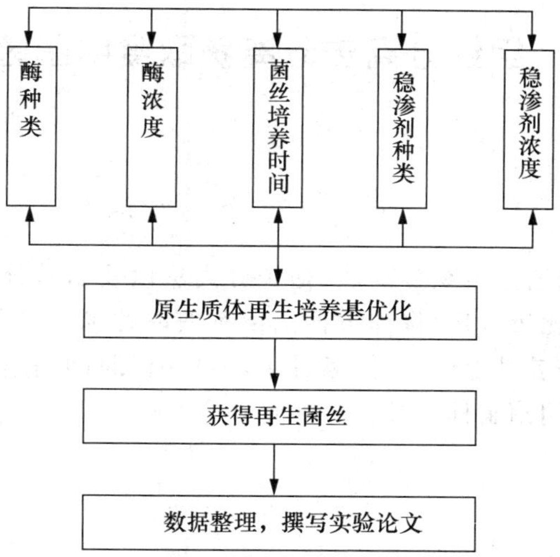

三、实验材料预处理

新鲜采集的或从市场上购买的新鲜食用菌子实体在未处理前短期放置于4℃保鲜。

四、实验内容

1. 组织分离法获取食用菌菌丝。
2. 食用菌菌丝原生质体制备。
3. 食用菌菌丝原生质体再生。
4. 食用菌菌种保藏。

五、数据记录、处理、作图

1. 分离获得菌丝及其菌落形态：分别利用数码显微镜及照相机记录组织分离法获得的真菌菌丝及其菌落形态。

2. 原生质体形态观察：利用数码显微镜观察、记录不同酶解时期菌丝及原生质体形态。

3. 实验数据记录：利用血球计数板统计并计算原生质体产率，根据再生菌落数量计算原生质体再生率，绘制图表。

六、撰写实验论文

论文撰写参考常见论文格式，撰写论文讨论部分考虑下面两个问题。

1. 分离获得菌丝及其菌落的形态与不同酶解时期菌丝及原生质体的形态。
2. 原生质体产率与原生质体再生率的计算。

Ⅰ 组织分离法分离获取食用菌菌种

一、实验原理

食用菌菌种一般可以通过组织分离法、孢子分离法以及菇木分离法等技术分离后获得。其中,组织分离法是一种比较常用、操作方便的菌种获取技术。将食用菌部分子实体表面消毒后转接到合适的固体培养基上,在一定条件下经过一段时间的培养,加以筛选鉴定后可能获得纯培养的、优良的食用菌菌种。

二、实验用品

1. 食用菌

采集的或市场上购买的新鲜食用菌。

2. 食用菌菌种分离培养基的制备

取去皮马铃薯 200 g,切成小块,加水 1 000 mL 煮沸 30 min,滤去马铃薯块,将滤液补足至 1 000 mL,加葡萄糖 20 g,琼脂 15 g,溶化后分装,121℃灭菌 30 min 后用平皿制备成固体培养基备用。

三、实验步骤

1. 清洗

食用菌子实体先用自来水洗去表面的灰尘、污物等。

2. 消毒

将洗好的食用菌晾干,用 75%的酒精擦拭表面,再用无菌蒸馏水冲洗 3 次,最后用消毒的干纱布擦干表面。

3. 取样及接种

分别从食用菌菌柄和伞盖处切取小块组织用于培养菌丝(尽量取内部组织)。具体取材方法如下:

菌柄:用灼烧过的解剖刀将菌柄表面一层切去,并小心在内部切下 3～5 块长宽 3～5 mm、厚度 1～2 mm 的小块。将这些小组织块置入事先灭菌过的培养皿中,再向培养皿中加入适量无菌水进行漂洗。漂洗过后将组织块置入另一个灭过菌的培养皿再次漂洗。漂洗 3～5 次之后,将冲洗过的组织块置于灭过菌的培养皿中备用。

伞盖:用灼烧过的解剖刀从伞盖外缘向内 5 mm 处开始向内侧切取边长 5 mm 左右的伞盖组织。将该组织块伞盖最上端的部分切去,得到多片分开的菌褶。将菌褶置入灭过菌的培养皿中重复菌柄组织的漂洗冲洗步骤,得到洗涤后的组织块置于灭过菌的培养皿中备用。

将上述制备的组织块接入 PDA 培养基平板上。每块平板接种一块组织块,接种标记后放入 28℃恒温培养箱中培养。

4. 纯化

每隔 1 d 检查一次培养箱中的平板，将感染杂菌的平板从培养箱中取出。第 7 天时，将没有杂菌的平板取出并使用该平板上的菌丝作为母种再次接种。每个母种边缘部位的菌丝接种几个小块分别到新培养基，并重复之前的纯化步骤 2～3 次，确保菌种中没有杂菌。根据生物学特征对每次分离转接的菌丝进行初步鉴定。

5. 菌种保藏

取纯化后长势良好的菌丝接种到 PDA 试管斜面上，置 4℃进行保藏，定期转接。

四、注意事项

1. 选择的食用菌子实体务必新鲜，否则利用组织分离法可能长不出菌丝。

2. 环境、用具需严格消毒，分离转接时要严格遵守无菌操作要求。

3. 保持培养箱内空气干净，并定期消毒，当有其他霉菌污染时，应及时将污染的培养皿取出。

4. 制作切片时，谨慎操作，防止刀片伤人。

Ⅱ　食用菌原生质体制备及再生

一、实验原理

原生质体是指在人为条件下，去除原有细胞壁或抑制新生细胞壁后所得到的仅有一层细胞膜包裹着的圆球状对渗透敏感的细胞(真菌、细菌的细胞等)。由于原生质体缺乏细胞壁的保护作用，需要配制合适渗透压的溶液或培养基加以保护。食用菌原生质体制备主要通过收集菌丝，然后利用单一分解酶或分解酶类组合在等渗溶液中去除细胞壁，游离出大量的呈圆形的单一无壁细胞。将原生质体接种在合适的等渗培养基上进行一段时间的培养即可再生出食用菌菌丝。原生质体制备及再生受多种因素的影响，如菌丝菌龄、温度、分解酶种类浓度、渗透剂种类浓度、再生培养基组成等。对于不同种类的食用菌，其原生质体制备及再生条件可能不同，需要摸索条件加以优化。

二、实验用品

1. 食用菌菌丝

实验Ⅰ分离的或保藏的食用菌菌丝。

2. 去除真菌细胞壁所需的酶(类)

起始实验一般可采用 0.6 mol・L^{-1}KCl 作为稳渗剂配制纤维素、蜗牛酶、溶壁酶等分解酶(在此基础上进一步优化稳渗剂的种类浓度)。

3. 器材

显微镜、血球计数板。

4. 再生培养基的组成

RE1 培养基：蛋白胨 2%，葡萄糖 2%，琼脂 2%，KH_2PO_4 0.3%，$MgSO_4$ 0.15%，维生素 B_1 0.003%，KCl 0.6 mol·L^{-1}，酵母膏 1%；

RE2 培养基：马铃薯 20%，葡萄糖 2%，琼脂 2%，KH_2PO_4 0.3%，$MgSO_4$ 0.15%，维生素 B_1 0.003%，KCl 0.6 mol·L^{-1}，酵母膏 1%；

RE3 培养基：蔗糖 2 g/100 mL，葡萄糖 2%，琼脂 2%，KH_2PO_4 0.3%，$MgSO_4$ 0.15%，维生素 B_1 0.003%，KCl 0.6 mol·L^{-1}，酵母膏 1%；

RE4 培养基：马铃薯 20%，葡萄糖 2%，琼脂 2%，KCl 0.6 mol·L^{-1}，酵母膏 1%；

RE5 培养基：蔗糖 20%，葡萄糖 2%，琼脂 2%，KCl 0.6 mol·L^{-1}，酵母膏 1%；

RE6 培养基：马铃薯 20%，葡萄糖 2%，琼脂 2%，KH_2PO_4 0.3%，$MgSO_4$ 0.15%，维生素 B_1 0.003%，KCl 0.6 mol·L^{-1}。

三、实验步骤

1. 菌种的活化

将分离或者保藏的菌种接种到 PDA 固体培养基上 28℃培养 5～7 d。

2. 菌丝的培养

从 PDA 固体培养基边缘挑取少量菌丝置于 PDA 液体培养基中，28℃，150 r·min^{-1} 培养。

3. 原生质体制备及显微镜观察

收集 0.2 g 湿菌丝，无菌水洗涤 2 次，0.6 mol·L^{-1} KCl 稳渗剂洗涤 3 次，加入 1 mL（20 mg·mL^{-1}）的溶壁酶液，30℃静置酶解 4 h 后用灭菌的四层擦镜纸包裹的注射器过滤，将所得的滤液放入一个无菌的 EP 管中用于再生。

接种菌丝于 PDA 液体培养基 28℃分别培养 3 d、4 d、5 d、6 d，分析菌龄对原生质体制备的影响。

分别用 0.4 mol·L^{-1}、0.5 mol·L^{-1}、0.6 mol·L^{-1}、0.7 mol·L^{-1} 的 KCl 溶液作为稳渗剂，分析渗透压对原生质体制备的影响。

显微镜下观察统计球形原生质体得率并显微拍照，根据破碎情况确定最适等渗浓度。

4. 原生质体再生

取 100 μL 上述原生质体，分别轻轻涂布于 RE1、RE2、RE3、RE4、RE5、RE6 等 6 种再生培养基上，以不含稳渗剂的低渗培养基为对照，计算再生率，寻找较为合适的再生培养基。28℃培养，第 7 天后每隔 1 d 计数一次。观察菌丝生长速度，菌丝密度等生物学特征。

5. 菌丝形态观察

根据原生质体再生菌落特征，初步区分再生菌种与培养过程中的污染菌，显微镜观察进一步确认。

6. 菌丝转接及菌种保藏

挑取单菌落，分别转接到 PDA 平皿上，观察生物学特征。具有优良特性的个体作为候选菌种进行保藏，用于以后进一步的食用菌栽培验证实验。

四、注意事项

1. 环境、用具需严格消毒，分离转接时要严格遵守无菌操作要求。

2. 保持培养箱内空气干净，并定期消毒，当有其他霉菌污染时，应及时将污染的培养皿取出并加以处理。

参考文献

1. 柳勇．食用菌菌种保藏新方法[J]．适用技术与发展，1990(1)：27.

2. 徐年声．菌种保藏方法的初步研究[J]．食用菌，1992(1)：14-15.

3. 周国英，刘军昂，李倩茹．松乳菇菌种分离及菌丝生长特性的研究[J]．浙江林学院学报，2003，20(2)：158-161.

执笔人：韩国民

实验二十九　平菇和金针菇菌种制作及栽培

一、实验目的

1. 掌握食用菌母种、原种、栽培种的制作方法。
2. 学习并掌握平菇菌砖式栽培、盆栽和塑料袋脱袋栽培的技术和方法。
3. 掌握金针菇袋栽技术。

二、实验技术路线

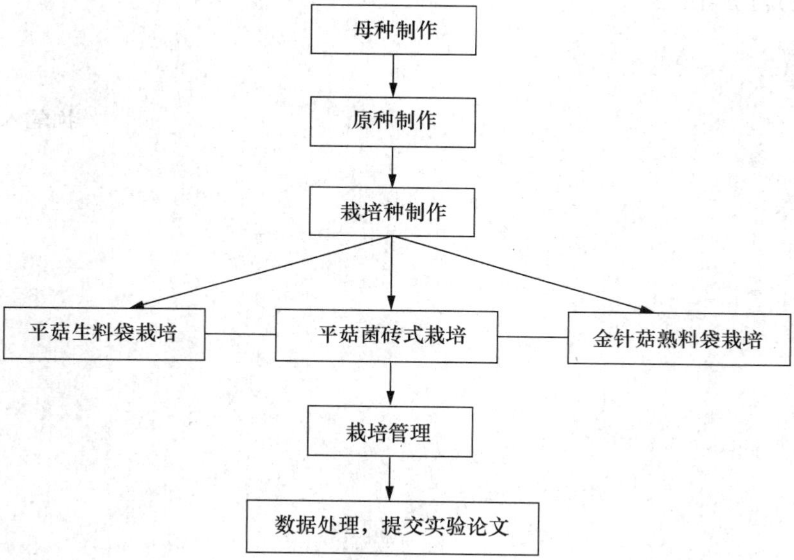

三、实验材料预处理

棉籽壳使用之前要阳光曝晒 1～2 d，菌种要活化。

四、实验内容

1. 食用菌菌种制作。
2. 平菇栽培技术。

3. 金针菇袋栽技术。

五、数据记录

详细记录食用菌管理过程中温度、湿度等环境参数。

六、撰写实验论文

论文撰写参考常见论文格式，撰写论文讨论部分考虑以下问题。
根据实验记录，分析各主要参数对食用菌产量的影响。

Ⅰ　食用菌菌种制作

一、实验原理

食用菌菌种就是指人工培养的，保存在一定基质内，供进一步繁殖的食用菌纯菌丝体，其产量、品质在食用菌生产中起着决定性的作用，直接关系到食用菌生产的成败。因此，培育和使用优良菌种是食用菌生产的关键环节。

按照菌种繁殖过程中的级别，食用菌种分为三级：一级菌种（称母种、试管种），指从自然界分离得到，或通过菌种选育得到的保藏在试管内的食用菌纯菌丝体及其在试管斜面上培养获得的继代培养物；二级菌种（称原种），指母种在以棉籽皮、木屑、粮粒等做成的培养基上扩大繁育而成，保存在瓶（塑料袋）内的菌种；三级菌种（称生产种或栽培种），指在棉籽皮、玉米芯、木屑等培养基上，将原种扩大培养，直接用于生产的菌种，一般保存在菌种袋内。

二、实验用品

1. 菌种

平菇（*Pleurotus ostreatus*）、金针菇（*Flummulina velutipes*）。

2. 器材

棉籽壳，麸皮，石膏粉，过磷酸钙，生石灰，小麦粒等。

三、实验步骤

1. 母种制作

配制 PDA 斜面培养基：取去皮马铃薯 200 g，切成小块，加水 1 000 mL 煮沸 30 min，滤去马铃薯块，将滤液补足至 1 000 mL，加葡萄糖 20 g，琼脂 20 g，加热融化后，试管分装，加试管塞并包扎，121℃灭菌 30 min。将试管从灭菌锅取出后一端稍高放置形成斜面状态，冷却即为斜面培养基。接种保藏的母种于斜面培养基，25℃培养 7～10 d。

2. 原种制作

配制麦粒种培养基：取 3 kg 麦粒，淘净去浮粒，浸泡 8～12 h，放入锅内煮沸 20 min 左右，使麦粒充分吸水，但不煮开花为宜，然后捞出，稍凉后，拌入 1%石膏粉，分装三角瓶至 200 mL 刻度，塞塞子，包扎好，121℃灭菌 1 h，冷却后接种，25℃培养 15～20 d。

3. 栽培种制作

配方：棉籽壳 78%，麸皮 20%，石膏粉 1%，过磷酸钙 1%，料水比 1∶1.3 左右。

制作方法：将棉籽壳和麸皮称好，加水(约 1∶1.25)充分搅拌，使吸水均匀(0.5～1 h)，然后把其余成分加入剩下的水中，溶解后均匀拌入料中，此时用手紧握培养料，指缝间有水渗出而不下滴为宜。然后装袋，包扎，121℃灭菌 1 h，冷却后接种原种，25℃培养 30 d 左右即为栽培种。

四、注意事项

制备平菇、金针菇母种、原种、栽培种时要使用无菌操作技术，防污染。

Ⅱ 平菇栽培技术

一、实验原理

平菇(侧耳属 *Pleurotus*)是世界上栽培量最大的食用菌之一，在我国发展速度较快、种植面积较广，具有重要的经济价值。平菇肉质肥厚，风味独特，营养丰富，味道鲜美适口。平菇抗逆能力强，既可用熟料、发酵料、半熟料，也可用生料栽培，其原料来源十分广泛，木屑、作物秸秆、蔗糖渣、甜菜渣、木糖、肥料等工业生产的下脚料都可以用来栽培平菇。平菇栽培相对容易，出菇快，生产周期短，产量高。

二、实验用品

1. 菌种

平菇(*Pleurotus ostreatus*)。

2. 器材

棉籽壳，麸皮，石膏粉，过磷酸钙，生石灰等。

三、实验步骤

1. 培养料配制

培养料配方和配制方法同平菇栽培种，但不需要灭菌。菌砖式栽培、盆栽和塑料袋脱袋栽培平菇方法与此相同。

2. 平菇菌砖式栽培

地面或床面先铺一层塑料薄膜，放好木模，最下面铺薄薄一层封底菌种，加 5 cm 厚的培养料，再依次铺一层菌种、一层培养料、封面菌种、报纸，把培养料和菌种压制成菌砖。也可以使用穴播或撒播进行播种，上面再用塑料薄膜盖好。25℃左右，培养 20～30 d 后，菌丝长满整个菌砖，即可将塑料薄膜掀开，并喷水保持湿度。

3. 箱栽、盆栽

即利用木箱、纸箱、陶盆、搪瓷盆、塑料盆等做容器，将培养料装入容器，接种方法同菌砖栽培，上面盖好塑料薄膜。木箱、纸箱在底部和四周也要铺一层塑料薄膜，以保湿和防止木材霉烂。发菌阶段，应把容器放在 25℃左右的地方培养。出菇阶段应把容器移到阴凉通风、有光线的地方。必要时，可把培养料从容器中搬出，因为菌丝相互连接，整个培养料已成为一个整体、不会散块，所以可以放在适当的地方培养，以增加出菇面积。

4. 塑料袋脱袋栽培

用聚丙烯或农用塑料薄膜，制成 35 cm×70 cm 或 20 cm×35 cm 的袋子，装入已播上菌种的培养料，放在 25℃左右的地方培养。待菌丝长满袋后，再移至阴凉处，除去塑料袋，进行水分管理，并注意通风和透光。经 20 d 菌丝就会长满袋。

5. 发菌期的管理

即播种后到出现菌蕾时，菌丝体生长发育阶段的管理。主要是调温保湿和防止杂菌。平菇播种后 2 d，菌种开始萌发并逐渐向四周延伸发展，料温随即逐步升高，此时每天都要多次检查培养料内的温度变化，注意控制料温 28℃以下，料温过高会烧死菌丝。若料温继续升高，应迅速掀开薄膜，通风降温，等温度下降后，再盖上薄膜，尽力将温度保持在 25℃左右。料温稳定后，就不必掀动薄膜。发现杂菌污染，可用 15％的石灰水或 0.3％多菌灵擦拭。空气相对湿度保持在 65％左右。在正常情况下，播种后 20～36 d 菌丝就长满整个培养料。

6. 出菇期的管理

菌丝长满培养料后，每天打开菇房门窗和塑料薄膜 2 h 左右，然后再盖好，这样可加大料面温差，促使子实体形成。还要根据料面湿度喷水，将室内空气相对湿度调至 80％。达到生理成熟的菌丝体，在适宜的环境条件下，会很快扭结成白色小米粒状的菌蕾堆(即子实体原基)。这时，可向空间喷水雾，保持室内空气相对湿度在 85％左右，切勿向料面喷水，以免影响菌蕾发育。同时，揭掉料面上盖的报纸，支起塑料薄膜，这样既通风又保湿，保持温度在 15～18℃。菌蕾堆形成后，迅速生长，2 或 3 d 菌柄延伸，顶端有灰黑色或褐色扁圆形的原始菌盖时，掀掉覆盖的薄膜，可向料面喷少量水，保持菇房和料面的湿度、温度、空气和光线。室内空气相对湿度应保持 85％～90％。喷水次数掌握在阴雨天少喷或不喷，晴天干旱多喷、轻喷，一般每天喷 2 或 3 次。此外，还要加强通风透光。平菇整个生长期，从播种到第一批菇采收需要 35～40 d。

7. 采收

无论采用哪一种方法栽培平菇，当平菇的菌盖基本展开，颜色由深灰色变为淡灰色或灰白色，孢子即将弹射之时，就是平菇的最适收获期。采收方法是:用左手按住培养料，右手握住菌柄，轻轻旋转拉下。也可用刀子在菌柄基部紧贴斜面处割下。采收时，不论大小 1 次采收完。每茬菇采收后，要将床面残留的死菇、菌柄清理干净，以防腐烂。盖上薄膜，停止喷水4～5 d，随后轻轻喷水保持料面潮湿。大约经 10 d，料面再度长出菌蕾。仍按第一批菇的管理方法管理。一般情况下，播种 1 次可采收 3～4 茬菇。

四、注意事项

平菇的菌砖在生长过程表面不能积水，否则会导致烂料，氧气不足，易染病害。

Ⅲ 金针菇袋栽技术

一、实验原理

金针菇的子实体由细长而脆嫩的菌柄和形似铜钱的菌盖组成，呈乳白色或金黄色，其盖滑，柄脆。金针菇含有多种营养成分，人体所需的 8 种氨基酸在其中含量较高，尤以赖氨酸和精氨酸的含量特别丰富，能促进儿童的健康成长和智力发育，故称为“增智菇”。金针菇是我国最早进行人工栽培的食用菌之一，自 20 世纪 80 年代开始利用木屑、棉籽壳、甘蔗渣等原料进行塑料袋栽培，大大提高了金针菇的产量及经济效益。

二、实验用品

1. 菌种

金针菇(*Flummulina velutipes*)。

2. 器材

棉籽壳，麸皮，石膏粉，过磷酸钙，生石灰，玉米渣等。

三、实验步骤

金针菇栽培工艺流程：称取培养料→拌料、装袋、灭菌→接种、养菌→栽培管理。

(一)栽培料配制、装袋

培养料配方和配制方法同金针菇栽培种。装袋后，121℃灭菌 1～2 h。

(二)接种、养菌

接种时 2 或 3 人一组，互相配合用接种铲取菌种并迅速移入料袋内，最好放入接种孔内，然后封口即可。整个接种过程要求干净利落。发菌期间温度应控制在 22～23℃，后期降至18℃，相对湿度小于 70%，每天通风 1 或 2 次。接种后定期检查，淘汰污染的菌袋。接种后

30～35 d即可长满料袋，再培养5 d后菌丝达到生理成熟。

(三)栽培管理(搔菌法管理技术)

搔菌是指将培养料表面的老菌皮和菌种一起去除的方法，通过搔菌去掉老菌皮和菌种，培养基表面长出新菌丝，新菌丝生命力强，分化子实体的能力也强。

(1)搔菌　去掉菌袋的棉花塞，将塑料袋上端部分完全撑开，接着从袋口处将塑料袋往下卷至距培养料表面3～4 cm处，用铁丝制成的搔菌耙将培养料表面的老菌皮和菌种一起弃除，不要将培养料耙除。

(2)催蕾　催蕾是金针菇栽培管理工作中最关键的一环，它关系到金针菇产量的高低和质量的优劣。为促进搔菌后原基的形成，培养室的相对湿度应控制在85%～90%。具体的管理方法是：搔菌后将菌袋放在培养架上，马上在塑料袋袋口上覆盖无纺布、纱布、塑料薄膜或报纸等，喷水保湿。搔菌保湿4～5 d后，培养基表面出现一层白色绒毡状物，而且出现琥珀色水滴，这是原基出现的先兆。琥珀色水滴出现后，要加强通风，增加氧气量。所以，在保持湿度为85%～90%的前提下，以培养基表面不干为原则，进行适当的通风换气对子实体的正常发生是十分重要的。

(3)菇体的生长和管理　菇蕾长满培养料表面后，很快会分化出菌柄和菌盖，即形成子实体。在金针菇子实体发育初期给予一定的低温、通风和黑暗条件，子实体会生长得整齐。将温度降至4～6℃，采取覆盖与揭开通风交替进行的管理方式。子实体发育初期二氧化碳浓度控制在1 000～2 000 $\mu L \cdot L^{-1}$之间，子实体生长期间基本不需要光线，因此，栽培室应保持黑暗或微弱光线。当菌柄长度达到3～4 cm时，进入生长阶段。此阶段子实体的适合温度为6～8℃，自然条件下栽培，只要室温保持在4～16℃，子实体都可以正常生长。这时要及时将卷下的塑料袋往上提，一般情况下分两次提高。提高后的塑料袋口必须高于子实体5 cm左右，栽培室的相对湿度应保持在80%左右，当子实体长至15 cm左右时，相对湿度应控制在75%～80%，这样，子实体较干燥，颜色浅，菌盖不易开伞，便于销售和贮藏。

第一茬菇采收后，培养室的温度低于15℃时，只要将培养料表面的残存菇柄清理干净，再将塑料袋口卷至离培养基表面2～3 cm处，盖上覆盖物，喷水后揭开覆盖物通风。5～6 d培养基的表面就会出现菇蕾，生长发育管理方法与第一茬菇管理方法类似。

四、注意事项

1. 金针菇生长过程要保证二氧化碳的含量，促进菌柄延长。
2. 整个栽培过程要注意控温、控湿、防污染。

参考文献

1. 赵海泉．微生物学实验指导[M]．北京：中国农业大学出版社，2014.

2. 张俊兰．食用菌内生菌的分离鉴定及其代谢产物的初步研究[D]．福建农林大学，2010.

3. 陶佳喜,王宝林,邱世锋. 鄂东大别山区食用菌无公害生产及综合防治技术[J]. 北方园艺,2007(2):169-171.

4. 于磊,李灿,董希玲,等. 袋料香菇栽培关键技术[J]. 河南林业科技,2007,27(4):50-52.

执笔人:陈晓琳

实验三十 抗菌药物的体外抑菌及体内抗菌测定

一、实验目的

本实验旨在对抗菌药物在体外及宿主血液组织中的抑菌效果进行评估，通过实验了解常用抗菌药物的抗菌作用及抗菌范围，并掌握药物抑菌能力的检测方法，同时观察宿主血液组织、细菌、药物三者相互作用，从而丰富和加深学生对抗菌药物药理作用的认识。

二、实验技术路线

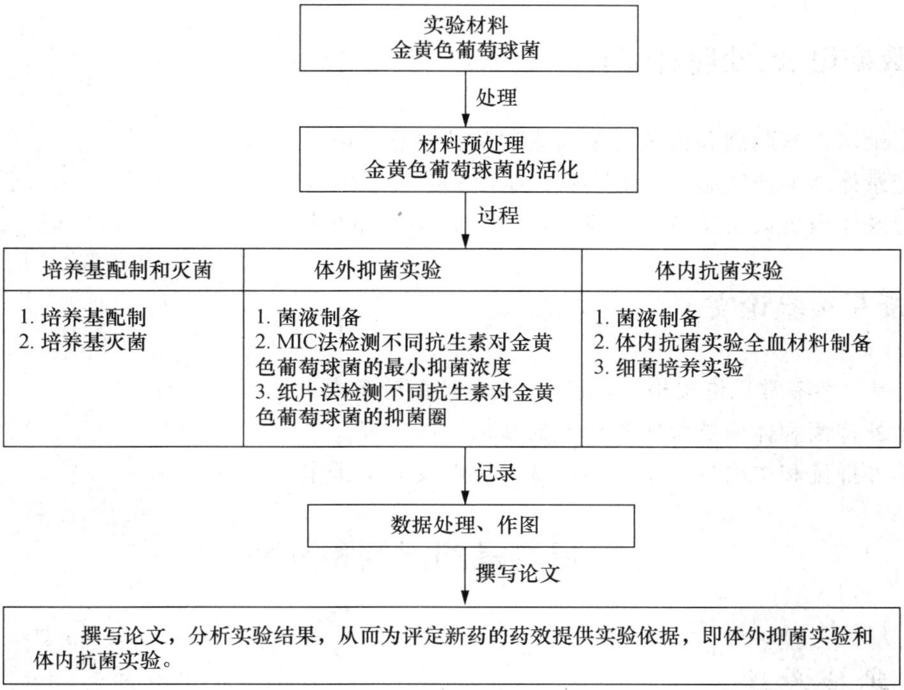

三、实验材料预处理

1. 金黄色葡萄球菌(*S. aureus*，8325)的活化

将实验室冷冻保藏的金黄色葡萄球菌在无菌工作台中接到 LB 培养基中，37℃摇床培养

12 h。

2. 氯霉素溶液配制

精确称量 0.15 g 氯霉素，将其溶解于足量的无水乙醇中，并定容至 10 mL，然后分装于 1.5 mL 无菌离心管中，保存于 −20℃冰箱中备用。

3. 苯唑西林溶液配制

精确称量 0.64 g 苯唑西林，将其溶解于足量的蒸馏水中，并定容至 10 mL，然后通过 0.22 μm 滤器过滤除菌后分装于 1.5 mL 无菌离心管中，保存于 −20℃冰箱中备用。

4. 庆大霉素溶液配制

精确称量 0.10 g 庆大霉素，将其溶解于足量的蒸馏水中，并定容至 10 mL，然后通过 0.22 μm 滤器过滤除菌后分装于 1.5 mL 无菌离心管中，保存于 −20℃冰箱中备用。

四、实验内容

1. 培养基配制和灭菌。
2. 体外抑菌实验。
3. 体内抗菌实验。

五、数据记录、处理、作图

1. 记录培养基配制和灭菌的基本流程及其注意事项。
2. 记录体外抑菌实验的 MIC(最小抑菌浓度)值和抑菌圈大小(mm)。
3. 记录体内抗菌实验各实验组的存活菌落数并画图比较。

六、撰写实验论文

论文撰写参考常见论文格式，撰写论文讨论部分考虑下面两个问题。

1. 体外抑菌和体内抗菌实验技术的基本操作过程。
2. 体外抑菌和体内抗菌实验的注意事项以及无菌操作。

Ⅰ　培养基的配制和灭菌

一、实验原理

培养基是根据植物生长发育的需要进行设计和配制的，配制好的培养基由于含有丰富的营养物质，有利于微生物的生长繁殖，因此配制好的培养基要立即进行灭菌。采用高压灭菌锅对培养基进行灭菌的主要原理是在高温高压下使微生物的蛋白质变性，从而达到杀灭微生物的目的。

二、实验用品

1. 器材

烧杯，药匙，电子天平，培养瓶，记号笔，量筒，玻璃棒，pH 计等用具。

2. 试剂

琼脂粉，NaCl，酵母粉，蛋白胨，0.1 $mol\cdot L^{-1}$ HCl，0.1 $mol\cdot L^{-1}$ NaOH。

三、实验步骤

(一)培养基的配制

1. 培养基配方

LB 液体培养基：蛋白胨 1.0 g，酵母膏 0.5 g，NaCl 0.5 g，蒸馏水 100 mL，pH 7.2，高压灭菌 0.1 MPa，20 min；LB 固体培养基：蛋白胨 1.0 g，酵母膏 0.5 g，NaCl 0.5 g，蒸馏水 100 mL，琼脂粉 2.0 g，pH 7.2，高压灭菌 0.1 MPa，20 min。

2. 配制方法

(1)洗涤各种玻璃器皿、量筒、烧杯、玻璃棒。

(2)将所需的试剂按顺序放好。

(3)准确称量 20 g 琼脂粉，5 g NaCl，5 g 酵母粉，10 g 蛋白胨(LB 固体培养基)或 5 g NaCl，5 g 酵母粉，10 g 蛋白胨(LB 液体培养基)，将其置于 1 000 mL 烧杯中，然后向烧杯中加入约 800 mL 的蒸馏水，并用玻璃棒不断搅拌。

(4)用 1 $mol\cdot L^{-1}$ HCl 或 1 $mol\cdot L^{-1}$ NaOH 将培养基的 pH 调至 7.2。用酸、碱调节 pH 时，应用玻璃棒不断搅拌后，再用 pH 计测试培养基的 pH。

(5)用蒸馏水将培养基补至 1 L。然后将培养基分装入三角瓶中(注意：切勿将培养基倒在瓶口或瓶外壁上)。

(6)培养基分装完后，应随即用棉塞盖上并用报纸将其包好，并用记号笔注明培养基的名称、配制日期，待灭菌用。

(二)培养基的灭菌

(1)把分装好的培养基及其他需灭菌的各种实验材料(如培养皿，枪头，离心管，棉签)等，放入手提式高压灭菌锅的消毒桶内，将外层锅内加入适量的水，以水位与锅内三角搁架平行为宜。注意加水量不可过少，以防灭菌锅烧干而引起炸裂事故。然后盖上锅盖，并将盖上的排气软管插入消毒桶壁的排气槽内后，上好螺丝，拧紧后，接通电源加热。

(2)当灭菌锅盖上的压力表指针移至 0.05 MPa 时，打开放气阀门排除锅内冷空气，待压力表指针回复到零位后，关闭放气阀门继续加热。连续放气两次后，当灭菌锅的压力表指针移至 0.1 MPa(121℃)时，通过调节放气阀，控制热源，使压力表保持在该压力 15～20 min。

(3)灭菌所需时间到后，应先切断电源，让灭菌锅内温度自然下降；待灭菌锅压力表的压力降低至“0”时，才能打开排气阀，旋松螺栓，开启锅盖，取出已灭菌的培养基。

四、注意事项

1. 配制培养基的过程中注意调节 pH。
2. 灭菌锅使用过程中应防蒸汽烫伤，有些高温分解的激素要过滤灭菌等。

Ⅱ　体外抑菌实验

一、实验原理

抗菌药物一般是指具有抑菌或杀菌活性的药物，包括各种抗生素、磺胺类、咪唑类、硝基咪唑类、喹诺酮类等化学合成药物。由细菌、放线菌、真菌等微生物经培养而得到的某些产物，或用化学半合成法制造的相同或类似的物质，也可化学全合成。抗菌药物在一定浓度下对病原体有抑制和杀灭作用。

药物的体外抑菌实验，是指在体外测定药物抑制或杀灭细菌能力的实验。它是常用抗菌实验的方法，其中最常用的方法有系列稀释法和琼脂扩散法。

稀释法有液体培养基连续稀释法和固体稀释法（斜面法）两种，这两种方法都可以用来测定药物的最小抑菌浓度（MIC）：该药物能抑制细菌生长的最低浓度，通常用 $\mu g \cdot mL^{-1}$ 或 $U \cdot mL^{-1}$ 表示。其结果判断方法为凡无肉眼可见细菌生长的药物最低浓度即为该菌的最小抑菌浓度（MIC）。

琼脂扩散法是将抗菌药物加至接种试验菌的平板表面，抗菌药物在琼脂胶内向四周自由扩散，其浓度随扩散距离增大而降低。在药物一定的扩散距离内，由于药物的抗菌效应，试验菌不能生长，此无菌生长的范围称为抑菌圈。抑菌圈的大小与药物的抑菌效应成正比。琼脂扩散法常有纸片法、管碟法、打洞法和挖沟法。一般药敏实验常采用纸片法，我们可以根据抑菌圈的大小，来判断菌种对药物的敏感性，是敏感、中度敏感还是耐药。

世界卫生组织规定了抗菌药物的敏感性评定标准，在标准实验条件下根据抑菌圈的大小来判断，见表 30-1。

表 30-1　标准实验条件下根据抑菌圈大小评定抗菌药物的敏感性指标

项目		复方新诺明(SXT)	左氧氟沙星(LEV)	庆大霉素(CN)	苯唑西林(OXA)	氯霉素(CM)
MIC/($\mu g \cdot mL^{-1}$)	敏感(S)	≤2/38	≤1	≤4	≤2	≤8
	中度敏感(I)	—	2	8	—	16
	耐药(R)	≥4/76	≥4	≥16	≥4	≥32
纸片法(KB)/mm	敏感(S)	≥16	≥19	≥15	≥13	≥18
	中度敏感(I)	11～15	16～18	13～14	11～12	13～17
	耐药(R)	≤10	≤15	≤12	≤10	≤12

二、实验用品

1. 材料

金黄色葡萄球菌(*S. aureus*,8325)。

2. 器材

细菌培养管,电热恒温培养箱,摇床,超净工作台,高压灭菌锅,酒精灯,接种环,灭菌枪头(蓝、黄),灭菌离心管(EP管),灭菌棉签,镊子。

3. 试剂

70%酒精,灯用酒精,已灭菌好的LB液体培养基,氯霉素、苯唑西林、庆大霉素溶液及含有复方新诺明(SXT)、左氧氟沙星(LEV)、庆大霉素(CN)、苯唑西林(OXA)的抗生素滤纸片。

三、实验步骤

(一)菌液制备

挑取少量金黄色葡萄球菌GBS1菌株,接种于LB液体培养基中,置37℃过夜培养。第二天将菌液按1∶10稀释备用。

(二)MIC法检测不同抗生素对金黄色葡萄球菌的最小抑菌浓度

(1)上述制备好的菌群稀释液与LB培养基按1∶100稀释。

(2)取无菌EP管30支,分成3排,第1排12支,第2排9支,第3排9支。每一排中,除第1管加入1 mL LB培养基外,其余每管加入LB培养基0.5 mL。

(3)向第1排第1管加入抗菌药物苯唑西林(苯唑西林浓度为6.4 mg · mL^{-1})10 μL混匀,然后吸取0.5 mL至第2管,混匀后再吸取0.5 mL至第3管,如此连续倍比稀释至第11管,并从第11管中吸取0.5 mL弃去,第12管为不含药物的生长对照。

(4)向第2排第1管加入抗菌药物氯霉素(氯霉素初始浓度为15 mg · mL^{-1})4 μL混匀,然后吸取0.5 mL至第2管,混匀后再吸取0.5 mL至第3管,如此连续倍比稀释至第8管,并从第8管中吸取0.5 mL弃去,第9管为不含药物的生长对照。

(5)向第3排第1管加入抗菌药物庆大霉素(庆大霉素初始浓度为10 mg · mL^{-1})4 μL混匀,然后吸取0.5 mL至第2管,混匀后再吸取0.5 mL至第3管,如此连续倍比稀释至第8管,并从第8管中吸取0.5 mL弃去,第9管为不含药物的生长对照。

(6)然后置37℃培养箱培养24 h,待观察。

(三)纸片法检测不同抗生素对金黄色葡萄球菌的抑菌圈

(1)将制备好的LB琼脂平板底面用记号笔划线平均分成4份,然后用灭菌好的棉签试子蘸取上述制备好的菌群稀释液,在管壁上旋转挤压几次,去掉过多的菌液。用棉签试子涂布整个培养基表面,反复几次,每次将平板旋转60°,最后沿平板周边绕两圈,保证涂布均匀。

(2)待平板上的水分被琼脂完全吸收后开始贴抗生素滤纸片。用无菌镊子取纸片一张,贴在琼脂平板每份的中央(注:LEV 与 SXT 对称放置,OXA 与 CN 对称放置)。用镊子尖轻压,使其贴平,纸片一旦贴上就不能再拿起,因为纸片中的药物已经扩散到琼脂中。置 37℃ 培养箱培养 24 h,待观察。

(四)记录实验结果

表 30-2 体外抑菌实验的 MIC(最小抑菌浓度)值记录

	苯唑西林(OXA)	氯霉素(CM)	庆大霉素(CN)
MIC			

表 30-3 抑菌圈大小(mm)记录

	苯唑西林(OXA)	庆大霉素(CN)	左氧氟沙星(LEV)	复方新诺明(SXT)
抑菌圈(mm)				

表 30-4 根据结果(1)、(2),对细菌的药物敏感性进行判断(用√选)

	OXA	CN	LEV	SXT	CM
耐药(R)					
中度敏感(I)					
敏感(S)					

四、注意事项

1. 在超净工作台上接种时,应尽量避免说笑、打喷嚏。

2. 打开报纸时,注意不要污染瓶口,并进行瓶口灼烧灭菌。

3. 操作细心,保证无菌环境,手臂切勿从培养基、无菌材料、切割用的无菌纸、接种器械上方经过,以避免再度污染。

4. MIC 法体外检测药物抑菌能力的实验操作中,倍比稀释操作的准确性对结果的影响至关重要,应严格按照二倍稀释法进行操作。

5. 纸片法体外检测药物抑菌能力时,应注意 4 个药物纸片之间的间距适中,防止间距过近而导致抑菌圈相互重叠影响测量。

Ⅲ 体内抗菌实验

一、实验原理

药物的体内抗菌实验又称为动物实验、治疗试验或保护力试验。当抗菌药物进入机体后,其效力的发挥要受体内各种因素的影响。如血液及组织内的蛋白质或磷脂、浓汁内的核酸均与药物结合,降低药物的活性;坏死组织内的酸性环境也能影响药物的活性。机体内的微生物代谢活动较低,对药物的敏感性降低,有时还可以形成细胞壁缺陷型细菌,对某些药物不敏感。机体内各组织中药物的吸收、分布不同，使药物的浓度难以恒定。

二、实验用品

1. 材料

金黄色葡萄球菌（*S. aureus*，8325）。

2. 器材

细菌培养管，电热恒温培养箱，摇床，超净工作台，高压灭菌锅，酒精灯，接种环，9 cm 灭菌培养皿，灭菌枪头（蓝、黄），灭菌离心管（EP 管），涂布器。

3. 试剂

70%酒精，灯用酒精，已灭菌好的 LB 液体培养基，氯霉素和苯唑西林溶液以及全血。

三、实验步骤

（一）菌液制备

挑取少量金黄色葡萄球菌 GBS1 菌株，接种于 LB 液体培养基中，置 37℃过夜培养。第二天将菌液按 1∶10 稀释备用。

（二）体内抗菌实验全血材料制备

取无菌试管 3 支，分别加入 300 μL 的全血。向其中两支试管中分别加氯霉素 3 μL（氯霉素浓度为 1.5 $mg \cdot mL^{-1}$）和苯唑西林 3 μL（苯唑西林浓度为 6.4 $mg \cdot mL^{-1}$）然后向 3 支试管中分别加入 3 μL 的上述菌群稀释液。置 37℃摇床震荡培养。（记为 0 h）

（三）细菌培养实验

（1）取无菌 EP 管 12 支，放 3 排，每排 4 支，分别标记为 1（10^{-1}）、2（10^{-2}）、3（10^{-3}）、4（10^{-4}）。然后向每支 EP 管中加入 900 μL 无菌水。

（2）将上午培养的全血及细菌混合液取出（此时已培养约 4 h）。

（3）向第 1 排第 1 管加入含氯霉素的混合液 100 μL 混匀，然后吸取 100 μL 至第 2 管，混匀后再吸取 100 μL 至第 3 管，如此连续稀释至第 4 管。

（4）向第 2 排第 1 管加入含苯唑西林的混合液 100 μL 混匀，然后吸取 100 μL 至第 2 管，混匀后再吸取 100 μL 至第 3 管，如此连续稀释至第 4 管。

（5）向第 3 排第 1 管加入无抗生素的混合液 100 μL 混匀，然后吸取 100 μL 至第 2 管，混匀后再吸取 100 μL 至第 3 管，如此连续稀释至第 4 管。

（6）取制备好的 LB 琼脂平板 3 组共 9 个，每组 3 个，分别记为 2（10^{-2}）、3（10^{-3}）、4（10^{-4}）。分别取含氯霉素的相应浓度的稀释液、含苯唑西林的相应浓度的稀释液和无抗生素的相应浓度的稀释液 100 μL，按顺序依次涂布于上述 3 组平板中，分别标记为氯霉素组、苯唑西林组和无抗生素组。

(7)待平板晾干后，置 37℃培养箱静置培养 20～24 h。

(四)记录实验结果

记录体内抗菌实验各实验组的存活菌落数，并以稀释度为横坐标、以菌落数为纵坐标，画图比较。

表 30-5　实验结果记录

稀释度	10^{-2}	10^{-3}	10^{-4}
无抗生素组			
氯霉素组			
苯唑西林组			

四、注意事项

1. 在超净工作台上接种时，应尽量避免说笑、打喷嚏。

2. 操作细心，保证无菌环境，手臂切勿从培养基、无菌材料、切割用的无菌纸、接种器械上方经过，以避免再度污染。

3. 体内抗菌实验时，应注意在全血组织中加入抗生素药物后充分混匀，以减少实验误差。

4. 体内抗菌实验时，用移液器吸取全血组织时，应轻柔慢速吸取，防止因液体黏稠而产生气泡导致实验误差。

参考文献

1. 赵海泉．微生物学实验指导[M]．北京：中国农业大学出版社，2014.

2. 李榆梅．微生物学[M]．北京：中国医药科技出版社，1999.

3. 郭晓奎．医学微生物实验技术[M]．北京：人民卫生出版社，2010.

执笔人：薛　挺

实验三十一　农药降解菌的分离、鉴定及其性能分析

一、实验目的

农药是人类施用于自然环境中数量最大的一类化学物质，分为杀虫剂、除草剂、杀菌剂、植物生长调节剂等。施用的农药，只有约10%喷洒于农作物上，大部分进入了土壤、水体，造成污染，影响农产品的品质与安全，威胁生存环境和身体健康。作为应对，一方面开发高效低毒低残留的化学(生物)农药，另一方面则是找到高效、快速降解农药残留的制剂。生态系统中，微生物对农药的分解起着重要的作用。因其成本低廉、高效、无二次污染等特点，利用微生物降解环境中农药残留逐渐成为有机农药残留物生物修复的研究热点。

本实验以土壤为材料，采用富集培养结合稀释涂布平板、划线法，分离筛选农药降解菌，并研究菌株的降解性能及分类地位，进一步扩大农药降解菌的菌种资源。

二、实验技术路线

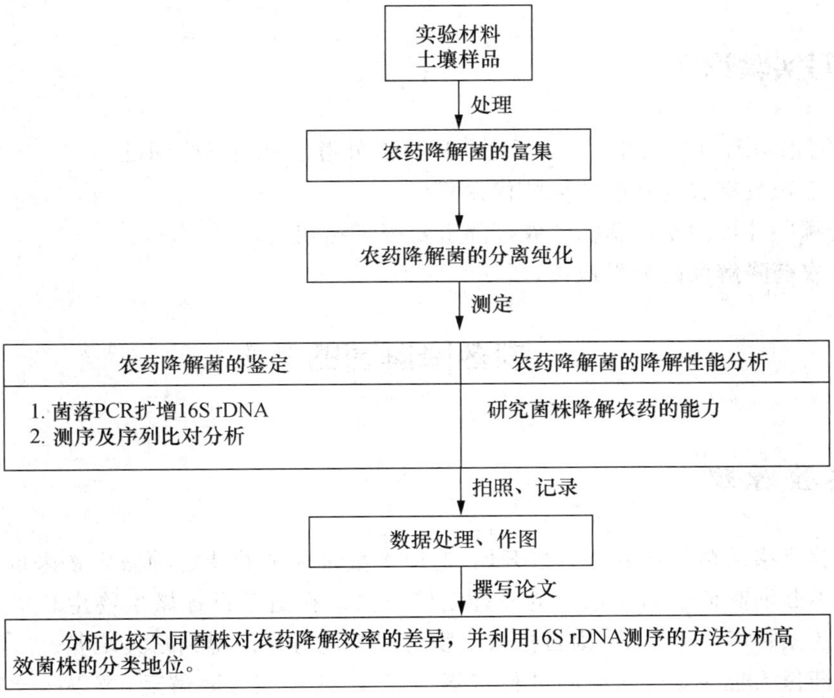

三、实验材料预处理

采集土样：经常使用豆磺隆的菜园土壤 2.0 g 或者以取自烟嘧磺隆农药生产厂污水处理系统中的活性污泥作为最初的接种物 5 g，放入无菌自封袋中，带回实验室冰箱 4℃保存备用，并尽快用于实验。

四、实验内容

1. 农药降解菌的富集。
2. 农药降解菌的分离纯化。
3. 农药降解菌的鉴定。
4. 农药降解菌的降解性能分析。

五、数据记录、处理、作图

1. 用 1.0%琼脂糖凝胶电泳检测 16S rDNA 的 PCR 扩增结果，并拍照保存。
2. 测序的 16S rDNA 序列在 NCBI 网站进行网上数据库比对，并下载相近序列，利用 MEGA6.0 软件构建系统进化树。
3. 计算所分离的细菌对特定农药的降解率并作图分析。
4. 分析记录不同因素对农药降解菌降解性能的影响。采用软件 SPSS，按 turkey 多重比较方法分析试验数据的差异显著性，并利用 Excel 或其他软件作图。

六、撰写实验论文

论文撰写参考常见论文格式，撰写论文讨论部分考虑下面三个问题。

1. 如何筛选具有农药降解功能的优良菌株？
2. 比较哪些外界因素对菌株的农药降解效率影响较大，为什么？
3. 常见农药降解菌的分类地位。

Ⅰ 农药降解菌的富集

一、实验原理

富集培养是指从微生物的混合群开始，对原本数量很少的特定种微生物采取某些措施使其数量比例不断增高而引向纯培养的一种培养方法。在适于目标微生物生长而不适于其他微生物生长的条件下继续培养，则目标微生物将成为优势种而得到富集培养。

可将农药作为唯一碳源对样品进行富集培养，待底物完全降解后，再以一定接种量转接到新鲜的含农药的富集培养液中，如此连续移接培养数次。同时在每次转接时将农药的浓度逐步提高，便可得到降解该农药占优势的菌株培养液，采用稀释涂布法或平板划线法进一步分离培养，便可能得到能降解高浓度农药的微生物。

二、实验用品

1. 材料

豆磺隆/氯氰菊酯，受污染的土壤样品。

2. 器材

恒温摇床，移液器，接种环，涂布棒。

3. 培养基

富集培养基，基础培养基。

三、实验步骤

1. 培养基的配制

富集培养基(LB)：蛋白胨 10 g，NaCl 5 g，酵母膏(粉)5 g，蒸馏水 1 L，pH 7.0。

基础培养基：葡萄糖 5.0 g，KH_2PO_4 0.5 g，K_2HPO_4 0.5 g，NaCl 0.2 g，$MgSO_4 \cdot 7H_2O$ 0.2 g，$CaCl_2$ 0.1 g，蒸馏水 1 000 mL，pH 7.0。

2. 农药降解菌富集培养

取经常使用豆磺隆的菜园土壤 2.0 g(或者以取自烟嘧磺隆农药生产厂污水处理系统中的活性污泥作为最初的接种物 5 g)，于 100 mL 富集培养基中，豆磺隆浓度为 100 $mg \cdot L^{-1}$，置于 30℃，180 $r \cdot min^{-1}$ 摇床培养。以后每隔大约 1 周，以接种量 10% 接入新鲜培养液中，并逐渐提高豆磺隆用量，至培养液中的豆磺隆浓度达到 500 $mg \cdot L^{-1}$，并在每次转接提高农药浓度时，吸取定量富集液稀释涂布平板，然后用基础培养基代替富集培养基，每隔 1～2 周移种一次，豆磺隆的浓度仍为 500 $mg \cdot L^{-1}$。如此驯化 2 周以上，最后用平板划线法在含豆磺隆 100 $mg \cdot L^{-1}$ 的基础培养基上分离好氧性降解菌。

四、注意事项

农药有毒，务必注意安全。

Ⅱ 农药降解菌的分离纯化

一、实验原理

平板划线分离法是指把混杂在一起的微生物或同一微生物群体的不同细胞用接种环在

固体平板培养基表面通过分区划线稀释而得到由单个细胞经培养生长形成的单菌落，通常把这种单菌落当作待分离微生物的纯种。有时这种单菌落并非都是由单个细胞繁殖而来的，故必须反复划线分离多次才可得到纯种。

划线的形式有多种，可将一个平板分成四个不同面积的小区进行划线，第一区（A 区）面积最小，作为待分离菌的菌源区，第二和第三区（B、C 区）是逐步稀释的过渡区，第四区（D 区），则是关键区，使该区出现大量单菌落以供挑选纯种用。为了得到较多的典型单菌落，平板上四区面积的分配应是 D＞C＞B＞A。

二、实验用品

1. 材料

实验Ⅰ中的菌落平板。

2. 器材

培养箱，水浴锅，无菌培养皿，接种环。

3. 培养基

基础培养基，牛肉膏蛋白胨培养基。

4. 试剂

农药（豆磺隆/氯氰菊酯）。

三、实验步骤

（一）融化培养基

牛肉膏蛋白胨琼脂培养基放入水浴中加热至融化。

（二）倒平板

待培养基冷却至 50℃左右，按无菌操作法倒 2 只平板（每皿 15 ～20 mL），平置，待凝固。

（三）作分区标记

在皿底将整个平板划分成 A、B、C、D 4 个面积不等的区域。各区之间的交角应为 120℃左右（平板转动一定角度约 60℃），以便充分利用整个平板的面积，而且采用这种分区法可使 D 区与 A 区划出的线条相平行，并可避免此两区线条相接触。

（四）划线操作

(1)挑取含菌样品　选用平整、圆滑的接种环，按无菌操作法挑取少量菌种。

(2)划 A 区　将平板倒置于煤气（酒精）灯旁，左手拿出皿底并尽量使平板垂直于桌面，有培养基一面向着酒精灯（这时皿盖朝上，仍留在酒精灯旁），右手拿接种环先在 A 区划 3～4 条连续的平行线（线条多少应依挑菌量的多少而定）。划完 A 区后应立即烧掉环上的残菌，以免因菌过多而影响后面各区的分离效果。在烧接种环时，左手持皿底并将其覆盖在皿盖上方（不要放入皿盖内），以防止杂菌的污染。

（3）划其他区　将烧去残菌后的接种环在平板培养基边缘冷却一下，并使 B 区转到上方，接种环通过 A 区（菌源区）将菌带到 B 区，随即划数条致密的平行线。再从 B 区作 C 区的划线。最后经 C 区作 D 区的划线，D 区的线条应与 A 区平行，但划 D 区时切勿重新接触 A、B 区，以免该两区中浓密的菌液带到 D 区，影响单菌落的形成。随即将皿底放入皿盖中。烧去接种环上的残菌。

（五）恒温培养

将划线平板倒置，于 37℃（或 28℃）培养 48 h 后，观察记录菌落的培养特征。

四、注意事项

平板划线分离过程中要严格无菌操作，防止杂菌污染。

Ⅲ　农药降解菌的 16S rDNA 鉴定

一、实验原理

16S rDNA 鉴定（16S ribosomal DNA identification）是指利用细菌 16S rDNA 序列测序的方法对细菌进行种属鉴定。主要步骤包括细菌基因组 DNA 提取、16S rDNA 特异引物 PCR 扩增、扩增产物纯化、DNA 测序、序列比对等步骤，是一种快速获得细菌种属信息的方法。原核生物 rRNA（核糖体 RNA）按沉降系数分为 3 种，分别为 5S、16S 和 23S rRNA，其核苷酸数分别为 120、1 540、2 900 个。16S rDNA 是细菌染色体上编码 16S rRNA 相对应的 DNA 序列，存在于所有细菌染色体基因中。16S rDNA 是细菌的系统分类研究中最有用和最常用的分子钟。

选用 16S rRNA 作为生物进化和系统分类研究具有以下优点：

①16S rRNA 普遍存在于原核生物中。②16S rRNA 在细胞中的含量较高、较易提取。③16S rRNA 的相对分子量大小适中，约 1 540 个核苷酸，所包含的信息量大，便于序列分析，适用于各级分类单元，是测量各类生物进化和亲缘关系的良好工具，已被广泛应用于微生物系统分类和进化研究中。④16S rRNA 核苷酸序列高度保守，在进化过程中变化很慢，它既含有高度保守的序列区域，又有中度保守和高度变化的序列区域，因而它适用于进化距离不同的各类生物亲缘关系的研究，可作为生物演变的时间钟。⑤可变区序列因细菌不同而异，恒定区序列基本保守，所以可利用恒定区序列设计引物，将 16S rDNA 片段扩增出来，利用可变区序列的差异来对不同菌属、菌种的细菌进行分类鉴定。

细菌 16S rDNA 片段扩增比较容易，很多细菌进行鉴定时可以直接使用菌落 PCR 或者菌液 PCR 获得扩增产物，一般可以不用制备基因组 DNA。只有 PCR 扩增遇到障碍时，才需制备纯度较高的基因组 DNA。

二、实验用品

1. 菌株

分离筛选的培养至对数生长期的菌体细胞。

2. 器材

电泳槽，电泳仪、紫外成像仪、移液器、无菌枪头（1 mL，200 μL，10 μL）、0.2 mL PCR 管、无菌牙签、生物信息学软件。

3. 试剂

无水乙醇、TE 缓冲液、Taq 酶，dNTPs，琼脂糖等。

引物：采用细菌 16S rDNA 通用引物，引物序列为：27F：5′-AGAGTTTGATCCTGGCT-CAG；1492R：5′-TACGGCTACCTTGTTACGACTT。

三、实验步骤

1. 菌落 PCR 扩增细菌 16S rDNA

扩增体系为：

挑取少许菌体作为模板	0.5 μL
10×PCR buffer	2.5 μL
dNTP(2.5 mmol·L^{-1})	2 μL
$MgCl_2$(25 mmol·L^{-1})	2 μL
Primer F(10 μmol·L^{-1})	1 μL
Primer R(10 μmol·L^{-1})	1 μL
Taq(5 U·μL^{-1})	0.2 μL
ddH_2O	15.8 μL
总体积	25 μL

PCR 程序：94℃ 4 min；94℃ 30 s，55℃ 1 min，72℃ 90 s 共 30 个循环；72℃ 10 min；4℃终止反应。

2. 电泳分析扩增结果

PCR 产物用 1%的琼脂糖凝胶电泳进行检测是否产生 1.5 kb 的条带。

3. 测序

填写测序单，送公司测序，等待测序结果

4. 序列比对、分析及系统进化树的构建

PCR 产物完成测序后，在 NCBI(http://blast.ncbi.nim.gov/Blast.cgi/)数据库进行比对，再从 RDP 数据库(http://rdp.cme.edu/seqmatch/seqmatch_intro.jsp)中下载相近的模式菌株序列，运用 ClustalX1.83 进行多重序列比对分析后，用 MEGA6.0 构建系统进化树。判断细菌种类。使用软件 sequin 将测序序列提交到 NCBI，获取 Genebank 登录号。

四、注意事项

16S rDNA 鉴定是基于 PCR 的鉴定方法，PCR 过程中容易污染，获得假阳性结果，应注意做好阴性对照。

Ⅳ　农药降解菌的降解性能分析

一、实验原理

土壤微生物对有机农药的降解起着重要的作用。微生物一般以两种方式降解农药：①以农药作为生长的唯一碳源、氮源和能源，使农药降解；②通过共代谢作用（微生物从其他化合物获得碳源和能源），使农药转化甚至完全降解。

本实验通过接种分离的供试菌株，研究菌株对农药降解能力。

二、实验用品

1. 菌株

上述实验所分离到的农药降解菌株。

2. 器材

紫外分光光度计，石英比色杯，接种环，移液器等。

3. 培养基

牛肉膏蛋白胨培养基，基础培养基。

4. 试剂

农药（豆磺隆或氯氰菊酯），二氯甲烷等。

三、实验步骤

（一）种子液的制备

在 LB 液体培养基中接种分离筛选的菌株，摇床 150 $r \cdot min^{-1}$ 震荡培养 24 h，以备后续实验接种用。

（二）菌株对供试农药的降解能力

向液体培养基中加入供试农药，使农药终浓度为 100 $mg \cdot L^{-1}$。将培养好的种子液用移液枪按 5%的接种量接种入含农药的液体培养基中，同时以添加 5%无菌培养基的作为对照处理。接菌处理与对照处理各设 3 个重复，30℃摇床震荡培养 5～7 d 后，取样测定接菌处理和对照处理各培养液中农药的残留量。

(三)农药浓度测定

1. 豆磺隆的测定

(1)豆磺隆标准曲线的制备　称取 0.004 0 g 豆磺隆标准品至 100 mL 容量瓶中，以 1.5～2 mL 二氯甲烷助溶解并用水稀释定容，即得浓度为 40 $\mu g \cdot mL^{-1}$ 的母液。分别取 40 $\mu g \cdot mL^{-1}$ 的母液 0、312、625、936、1 250、1 875、2 500、5 000 μL，并依次补足水至总体积 5 mL，即得浓度分别为 0、2.5、5、7.5、10、15、20 $\mu g \cdot mL^{-1}$ 的豆磺隆系列稀释液。于 235 nm 波长处测其吸光度，并以浓度(c)对吸光度(A)作标准曲线。

(2)样品中农药浓度测定　吸取 5 mL 培养液，8 000 $r \cdot min^{-1}$ 离心 10 min，取出上清液，调 pH 约 7.0 后，用紫外分光光度计于 235 nm 处比色测定农药残余量。或离心后用等体积的二氯甲烷(5 mL)萃取培养液，取有机相液体 4 mL 用于测量菌株分解后豆磺隆残余量。

2. 氯氰菊酯的测定

(1)氯氰菊酯标准曲线的制作　称取 0.010 g 氯氰菊酯加入容量瓶中，并用二氯甲烷作为有机溶剂定容至 100 mL，即得到浓度为 100 $mg \cdot L^{-1}$ 的氯氰菊酯母液。分别取 100 $mg \cdot L^{-1}$ 的氯氰菊酯母液 0、0.5、1、2、3、4、5 mL，并依次补足二氯甲烷至总体积 5 mL，得到一系列梯度浓度为 0、10、20、40、60、80、100 $mg \cdot L^{-1}$ 的氯氰菊酯二氯甲烷溶液，用紫外分光光度法于 278 nm 测定吸光度值，并以氯氰菊酯浓度为横坐标，吸光度值为纵坐标，绘制标准曲线，得到氯氰菊酯浓度(c)和吸光度值(A)之间的线性回归方程。将待测样品测定的吸光度值代入上述线性回归方程，计算测定样品中的氯氰菊酯浓度，并计算降解率。

(2)样品中农药浓度测定　吸取 5 mL 培养液，8 000 $r \cdot min^{-1}$ 离心后，取上清液 3～4 mL。以二氯甲烷作为萃取剂，将吸取的培养液上清液加入等体积二氯甲烷的玻璃比色管中，涡旋震荡 1 min 后，室温静置约 1 h，分层后弃上清液，保留下层有机相，因氯氰菊酯在 278 nm 处有特征吸收峰，可用紫外分光光度法于 278 nm 检测氯氰菊酯含量，并计算降解率。

$$降解率=\frac{未接种的空白样品农药残留量-接种样品农药残留量}{未接种的空白样品农药残留量}\times 100\%$$

四、注意事项

试验中应设置未接种的空白样品作为对照。

参考文献

1. 王永杰，李顺鹏，沈标，等．有机磷农药广谱活性降解菌的分离及其生理特性研究[J]. 南京农业大学学报，1999，22(2)：42-45.

2. 刘玉焕，钟英长．甲胺磷降解真菌的研究[J]. 中国环境科学，1999，19(2)：172-175.

3. 虞云龙．一株广谱性农药降解菌(*Alcaligenes* sp.)的分离与鉴定[J]. 浙江大学学报，1997，23(2)：111-115.

执笔人：韩国民，孙乐妮

实验三十二　产α-淀粉酶的黑曲霉上罐发酵技术和发酵动力学分析

一、实验目的

1. 掌握发酵设备的功能及实际操作等基本理论与技术，了解微生物发酵的常规方法和手段，牢固树立微生物代谢产物工业化的概念。

2. 培养学生观察、思考、分析问题和解决问题的能力。

3. 加深理解并巩固课堂讲授的发酵工程与设备理论。

4. 培养学生实事求是、严谨认真的科学态度，以及勤俭节约、爱护公物的良好作风。

二、实验技术路线

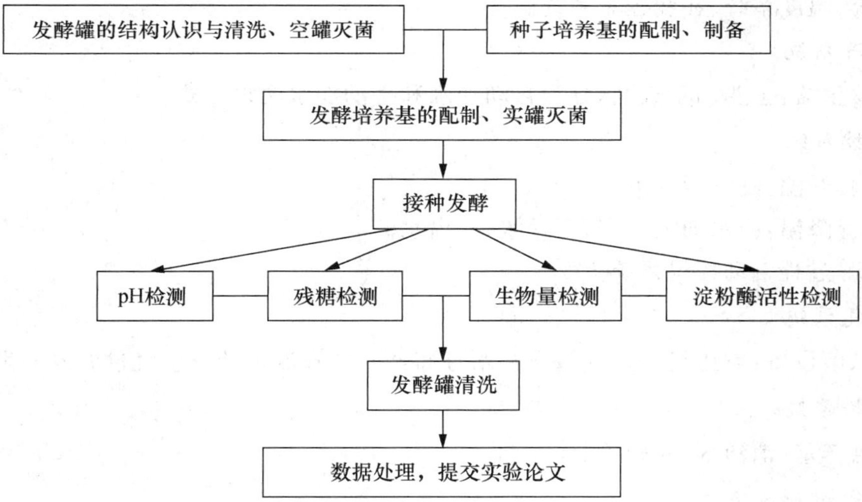

三、实验材料预处理

将实验室保存的产α-淀粉酶的菌种接入PDA斜面培养基，25℃培养至孢子成熟。

四、实验内容

1. 机械搅拌通风发酵罐的结构认识与空消。

2. 产 α-淀粉酶的黑曲霉上罐发酵技术。

3. 发酵过程中参数检测和发酵动力学分析。

五、数据记录、处理、作图

详细记录上罐发酵过程中 pH、生物量、酶活及残糖含量等数据。

六、撰写实验论文

论文撰写参考常见论文格式，撰写论文讨论部分考虑以下问题。

根据实验记录数据，利用数据处理软件建立发酵动力学模型。

Ⅰ　机械搅拌通风发酵罐的结构认识与空消

一、实验原理

实验室发酵罐体积在 5～150 L，主要由几大系统组成，即空气系统、蒸汽系统、补料系统、进出料系统、温度系统、在线控制系统。

1. 蒸汽系统

蒸汽发生器：主要用于灭菌，分为自动加水和手动加水两种方式。

2. 温控系统

(1)夹套升温：蒸汽通入夹套。

(2)夹套降温：冷水通入夹套，下进水，上出水。

(3)发酵过程自动控温系统。

3. 空气系统

空气除菌设备：空压机→贮气罐→油水分离器→空气流量计→空气过滤器→发酵罐

4. 补料系统

补加培养基、消泡剂、酸碱等。

5. 在线控制系统

温度控制系统，设定温度以及设定变温控制的温度范围。

pH 和溶氧控制系统，通过先标定、后设定进行在线控制。

泡沫位在线控制系统。

6. 进出料系统

进料口(接种口)、出料口(取样口)。

7. 管道

包括水流通管道、蒸汽流通管道和空气流通管道。

水流通：{冷却用水：水经过进水管道→发酵罐夹套→出水口；保温用水：关闭进出水管道阀门（水注满后）→加热保温}

蒸汽流通：蒸汽发生器→蒸汽管道→空气过滤器/发酵罐→{进入夹套；进入罐内}

空气流通：空压机→贮气罐→油水分离器→空气流量计→空气过滤器→发酵罐

二、实验用品

5 L 在位机械搅拌发酵罐、5 L 在位磁力搅拌发酵罐各一套。

三、实验步骤

(一)认识设备

认识灭菌设备、空气除菌设备、发酵设备及其附属设备，熟悉蒸汽管道、空气管道、循环水管道。

(二)空消

先开启蒸汽发生器，自有蒸汽产生并排掉管路中冷凝水后，按以下步骤进行：

(1)先关闭所有阀门，检查是否关紧密封，打开罐上方排气口。

(2)蒸汽先进空气系统，蒸汽→蒸汽过滤器→分过滤器，无论蒸汽走到哪一路得先放尾阀，放出冷凝水，排掉冷空气，待有蒸汽冲出后调小，打开主阀。

(3)再进罐体：由主路进罐，然后通入取料管路，再入补料系统（两边）。

(4)罐压升至所需温度（121℃）时开始计时，保温保压 30 min。

保压方式：①调节主汽路进汽阀门控制进汽量；②调节排汽口排汽量大小或尾阀放汽量。

(5)结束空消：①逆着蒸汽进路关，先关进罐阀。②同时准备好压缩空气确保蒸汽一停即充入无菌压缩空气以维持空气系统及罐内的正压。进罐空气阀的尾阀要一直微开启。

四、注意事项

蒸汽发生器压力大于 0.3 MPa 时方可进行灭菌；空消前应检查所有阀门是否关闭。

Ⅱ　产 α-淀粉酶的黑曲霉上罐发酵技术

一、实验原理

α-淀粉酶能随机作用于淀粉的非还原端，生成麦芽糖、麦芽三糖、糊精等还原糖，产物还原性末端葡萄糖单位碳原子为 α 构型；因其能降低淀粉浆黏度，又称之为液化酶。耐酸性 α-

淀粉酶在酸性条件下水解淀粉，其最适 pH 在 4.0 左右。日本研究者 YasujiMinoda 等首次利用黑曲霉生产耐酸性 α-淀粉酶，其后各国都对耐酸性 α-淀粉酶进行了研究。

二、实验用品

1. 器材

5 L 机械搅拌罐，高压蒸汽灭菌器，干热灭菌器，恒温培养箱，冰箱，水浴，涡旋仪，电磁炉，培养皿，三角瓶，小试管(15 mm×150 mm)，大试管(18 mm×180 mm)等。

2. 试剂

可溶性淀粉，蔗糖，柠檬酸氢二铵，KH_2PO_4，$CaCl_2$，$FeSO_4.7H_2O$，$MgSO_4 \cdot 7H_2O$，I_2，KI，K_2HPO_4 等。

三、实验步骤

1. 种子制备

接种黑曲霉于 PDA 液体培养基中，液体摇瓶培养。

2. 培养基配制、实消

发酵培养基配方：可溶性淀粉 75 g，蔗糖 75 g，柠檬酸氢二铵 80 g，KH_2PO_4 15 g，$CaCl_2$ 0.5 g，$FeSO_4 \cdot 7H_2O$ 0.5 g，$MgSO_4 \cdot 7H_2O$ 0.5 g，pH 5.0，消泡剂(植物油)2 mL，加水定容至 5 L。

关闭气路入罐阀，主汽路进汽→补料口进汽(方法同空消)→罐压升至 0.12 MPa (121℃)，保压、保温 30 min→实消结束。

3. 冷却接种与发酵

待培养基冷却至 28℃左右时，在加料口周围放一圈酒精棉球，点燃，在无菌条件下打开进料口，迅速接种。

将温度、搅拌转速、通气量等参数设定好后，进行发酵。

四、注意事项

注意节约蒸汽的用量；实消结束后要立即进行冷却。

Ⅲ 发酵过程中参数检测和发酵动力学分析

一、实验原理

微生物发酵动力学是研究各种环境因素与微生物代谢活动之间的相互作用随时间变化规律的科学。其特性一般以细胞生长速率、基质利用速率和产物生成速率的变化规律为指标,对培养过程进行有效控制,提高产品产率(细胞或其代谢物等),降低生产成本。

二、实验用品

酸度计,分光光度计,烘箱,电子天平,离心机等。

三、实验步骤

每隔 6 h 取一次样,检测其 pH、生物量、酶活及残糖含量等指标。

(一)pH 的测定

标准液校准 pH 计后,测定样品 pH。

(二)生物量的测定

每次取 20～30 mL 的发酵液,先用大离心机(5 000 $r \cdot min^{-1}$,3～5 min)离心,收集上清液用来测酶活和残糖(5 000 $r \cdot min^{-1}$ 上清液直接测残糖,再取出 1 mL,10 000 $r \cdot min^{-1}$ 离心后的上清液测酶活),沉淀用水清洗几次后再离心,然后将所得沉淀放入 100℃烘箱中,烘干(2 h 左右),然后测其干重,取平均值。

(三)酶活的测定

1. 试剂

(1)原碘液　称取 0.5 g I_2 和 5.0 g KI 研磨溶解于少量蒸馏水,定容至 100 mL,于褐色试剂瓶内保存,避免阳光直射。

(2)稀碘液　取原碘液 1 mL 稀释 100 倍(此溶液现配现用)。

(3)0.5%淀粉液　称取干燥过的可溶性淀粉 0.5 g,加 5 mL 缓冲液,搅拌混合,再徐徐倾入 70 mL 煮沸的缓冲液中,继续煮沸 2 min,冷却至室温,定容至 100 mL,此溶液需要当天配制。

(4)磷酸缓冲液(pH 6.0)　0.2 $mol \cdot L^{-1}$ K_2HPO_4(12.3 mL)+0.2 $mol \cdot L^{-1}$ KH_2PO_4(87.7 mL)。

2. 具体方法

取 5 mL 0.5%的可溶性淀粉溶液,在 40℃水浴中预热 10 min,然后加入适当稀释(pH 6.0 的磷酸盐稀释缓冲液)的酶液 0.5 mL,反应 5 min 后,用 5 mL 0.1 $mol \cdot L^{-1}$ H_2SO_4 终止反应。取 0.5 mL 反应液与 5 mL 碘液显色,在 620 nm 处测光密度。以 0.5 mL 水代替 0.5 mL 反应液为空白,以不加酶液(加同样体积的缓冲液)的管为对照(即取 5 mL 0.5%的可溶性淀粉溶液,在 40℃水浴中预热 10 min,然后加入 pH 6.0 的磷酸盐稀释缓冲液 0.5 mL,反应 5 min 后,用 5 mL 0.1 $mol \cdot L^{-1}$ H_2SO_4 终止反应。取 0.5 mL 反应液与 5 mL 碘液显色)。

3. 酶活力计算

$$\text{酶活力}(U \cdot mL^{-1}) = \frac{R_0 - R}{R_0 \times 50 \times D}$$

式中：R_0，R 分别表示对照和反应液的光密度，D 为酶的稀释倍数。调整 D 使 $(R_0-R)/R_0$ 在 0.2～0.7 之间。在 40℃、5 min 内水解 1 mg 淀粉的酶量定义为本实验的一个活力单位。

(四)残糖量的测定(硫酸-蒽酮法测残糖含量)

1. 原理

糖类与浓硫酸脱水生成糖醛或其衍生物，可与蒽酮试剂缩合产生颜色物质，反应后溶液呈蓝绿色，于 620 nm 处有最大吸收，显色与多糖含量有线性关系。

2. 试剂

(1)蒽酮试剂　溶解 0.2 g 蒽酮于浓硫酸(A. R. 95.5%)100 mL 中，当日配制使用。具体实验过程中，应视样品份数多少来准备蒽酮试剂的配制量。比如实测样品有 50 份，为了保证结果的可靠性，安排各份样品试验重复数为 3。因为每个试验点实测需要 4 mL 蒽酮试剂，所以至少应配制的体积为 $4\times3\times50=600$ mL。此时还应考虑预实验和实验差错所消耗蒽酮试剂量。

(2)标准糖试剂　葡萄糖溶液(可加数滴甲苯防腐)。

3. 操作及其注意事项

(1)标准曲线制作　分别取 0.1 $g\cdot L^{-1}$ 的葡萄糖溶液 0.05、0.10、0.20、0.30、0.40、0.60、0.80 mL 于试管中，用蒸馏水补到 1.00 mL，分别加入 4.00 mL 蒽酮试剂，迅速进入冰水浴中冷却，各管加完后一起浸入沸水浴中，管口加盖玻璃球，以防蒸发。自水浴重新煮沸开始计时，准确煮沸 10 min，冷却后进行比色。以光密度为纵坐标，糖的含量微克数为横坐标，制作标准曲线。或使用计算器进行一元回归得出计算式，以便于计算使用。

(2)样品含量测定　取糖浓度为 50 $\mu g\cdot mL^{-1}$ 左右的样品溶液 1.00 mL，一式 3 份分别置于不同试管中，对照加入 1.0 mL 蒸馏水，然后给各管加入蒽酮试剂，以标准曲线方法进行比色测定。根据标准曲线和样品浓度计算含量。

色氨酸含量较高的蛋白质对显色反应有一定的干扰。此外，试管在加入蒽酮试剂过程中，移液管尖端在试管中所停留的高度对于加入蒽酮试剂的速度影响较大，而且对反应产生颜色的深浅都会产生一定的影响。因此，实验操作应该注意。

(五)数据处理

利用数据处理软件如 DPS 等处理数据，建立发酵动力学模型。

(六)模型验证

根据建立的模型，预测最优参数组合，按照此参数组合发酵验证。

四、注意事项

1. 通蒸汽前先关闭所有阀门。

2. 粗过滤器不空消也不实消，要定期处理，所以必须关闭通向粗过滤器的阀门。

3. 活蒸汽，灭过头，即尾汽不能关死，要保证有活蒸汽放出，但不能太大，以免分压。

4. 罐体排汽口排汽，并保持罐内正压。

5. 空气过滤系统只空消，不实消，以免罐中物料冲入过滤器内。但空消一结束，即要通入无菌空气吹干管路并保压，避免染菌。

6. 进蒸汽时顺着蒸汽管路开阀门，结束时逆着进路关阀门，先开尾阀后开主阀，结束时先关主阀后关尾阀。

7. 蒸汽一停，即由无菌空气充入保持罐内正压。

参考文献

1. 赵海泉．微生物学实验指导[M]．北京：中国农业大学出版社，2014.

2. 阮森林．酸性α-淀粉酶产生菌的筛选及其酶学性质研究[D]．河南农业大学，2008.

3. 朱龙宝，汤斌，陶玉贵，等．黑曲霉固态发酵酸性α-淀粉酶的培养基优化研究[J]．安徽工程大学学报，2007，22(3)：12-15.

4. 石坚，孙君社，苏东海，等．黑曲霉液态发酵生产植酸酶的动力学研究[J]．中国农业大学学报，2003，8(2)：45-48.

执笔人：陈晓琳

实验三十三　啤酒发酵工程实训

一、实验目的

啤酒是以优质大麦芽为主料，大米、玉米等为辅料，啤酒花为香料，经制麦芽、糖化、发酵等工序制成的富含营养物质和二氧化碳的酿造酒。啤酒的酒精含量为3%～6%(*V/V*，体积分数)，具有酒花特殊的香气、爽口的苦味，消费面广量大，是世界上产量最大的饮料酒品种。本实验属啤酒发酵工程实训系列实验，模拟工厂化操作，从原料、菌种、发酵、灌装等各工艺过程进行实训，使学生掌握厌氧发酵的基本工艺流程、参数检测、过程控制和产品的质量评价，熟悉静止培养操作，观察啤酒发酵过程，掌握发酵过程中一些质保的分析操作技能。

二、实验技术路线

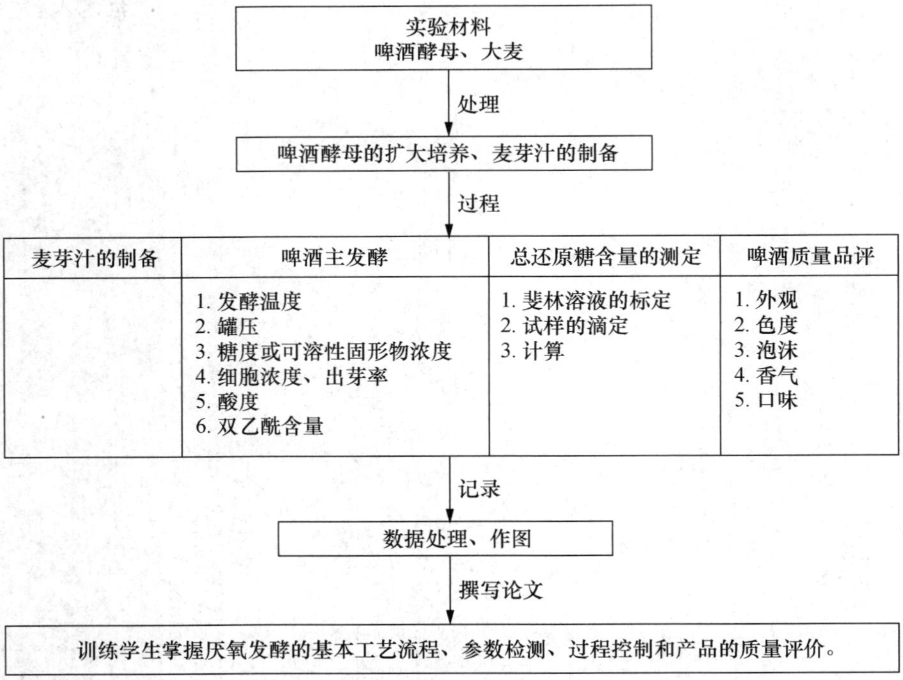

三、实验材料预处理

准备好以下实验材料：啤酒生产用酵母菌株，微生物兼性厌氧发酵实训成套设备：麦芽粉碎机、大米粉碎机、糖化系统、酵母扩培罐、400 L 发酵罐、清洗灌装辅助系统等，0～20°Bx 糖度表，10～30℃可调生化培养箱，麦芽汁发酵培养基；麦芽汁琼脂培养基；麦芽汁液体培养基：酵母扩大培养用。

四、实验内容

1. 啤酒酵母的扩大培养。
2. 麦芽汁的制备。
3. 啤酒主发酵。
4. 总还原糖含量的测定。
5. 啤酒质量品评。

五、数据记录、处理、作图

制作 14°Bx 麦芽汁，接种发酵并对发酵过程参数进行检测，对产品啤酒进行质量品评。

1. 制备出适合发酵的麦芽汁。
2. 画出发酵周期中发酵温度、罐压、糖度或可溶性固形物浓度、细胞浓度、酸度、双乙酰含量等指标的曲线图，并解释它们的变化。
3. 计算总还原糖量，以 100 mL 样品中含有的葡萄糖克数来表示。
4. 对不同小组发酵的啤酒和市售部分品牌啤酒进行自评和互评。

六、撰写实验论文

论文撰写参考常见论文格式，撰写论文讨论部分考虑下面两个问题。

1. 发酵周期中，发酵温度、罐压、糖度或可溶性固形物浓度、细胞浓度、酸度、双乙酰含量等指标变化原因。
2. 啤酒质量品评的基本方法。

Ⅰ　啤酒酵母的扩大培养

一、实验原理

在进行啤酒发酵之前，必须准备好足够量的发酵菌种。在啤酒发酵中，接种量一般应为麦芽汁量的 10%（使发酵液中的酵母量达 1×10^7 个酵母/mL），因此，要进行大规模的发酵，首先必须进行酵母菌种的扩大培养。扩大培养的目的一方面是获得足量的酵母，另一方面是使酵母由最适生长温度（28℃）逐步适应为发酵温度（10℃）。

二、实验用品

恒温培养箱，生化培养箱，显微镜等。

三、实验步骤

1. 麦芽汁培养基的制备

液体麦芽汁培养基：发芽麦芽干燥后磨碎，按4∶1(水∶麦芽)加水，在65℃水浴糖化3～4 h，8层纱布过滤得澄清麦芽汁，加水稀释到5°～6°Bx，pH自然(约6.4)，121℃灭菌30 min备用。

固体麦芽汁培养基：在以上液体培养基的基础之上，加入约2%琼脂，121℃灭菌30 min备用。

2. 菌种扩大培养

流程：斜面试管→液体试管→巴氏瓶→卡式罐→种子罐(放大倍数为5～10倍，前期培养温度为25～30℃，种子罐培养温度为9～12℃)。

四、注意事项

扩大培养过程中要求严格无菌操作，避免污染杂菌，接种量要适当。

Ⅱ　麦芽汁的制备

一、实验原理

麦芽汁的制备俗称糖化。即指将麦芽和辅料中高分子储藏物质(如蛋白质、淀粉、半纤维素等及其中间分解产物)经麦芽中各种水解酶类(或外加酶制剂)的作用降解为低分子物质并溶于水的过程。溶于水的各种物质称为浸出物，糖化后未经过滤的料液称为糖化醪，过滤后的清液称为麦芽汁，麦芽汁中的浸出物含量和原料干物质之比(质量分数)称为无水浸出率。麦芽汁的制备需要原料粉碎，糖化，醪液过滤，麦芽汁煮沸，麦芽汁后处理等几个过程才能完成。

二、实验用品

糊化锅，糖化锅，过滤槽，煮沸锅，回旋沉淀槽，薄板冷却器，麦芽汁充氧器，酵母添加器以及蒸汽发生器。

三、实验步骤

双醪一次煮出糖化法的工艺流程如下图所示：

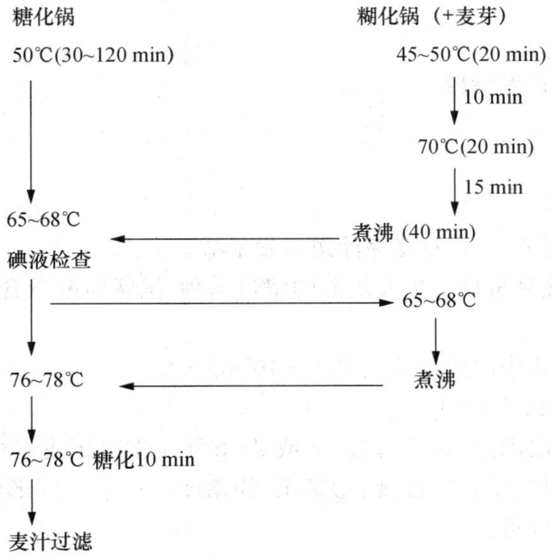

(1)根据设备容积及装料系数计算麦芽、大米以及糖化用水量。
(2)按照以上糖化工艺流程进行糖化。
(3)趁热过滤、回流 5～10 min。
(4)添加麦芽汁总量的 0.1%～0.2%的酒花，并进行强度为 8%～12%的煮沸。
(5)将麦芽汁冷却到主发酵温度附近，6～8℃。
(6)麦芽汁充氧，使其中的溶解氧达到 6～10 mg·L^{-1}。
(7)设备清洗。

四、注意事项

在糖化时要注意好糖化的温度，过高过低则会影响糖化的效率。

Ⅲ　啤酒主发酵

一、实验原理

酵母在无菌条件下与麦芽汁充分混合，在适宜的温度及其他条件下增殖，并发酵产生 CO_2，进而产生泡沫。主发酵又称前发酵，是发酵的主要阶段，在液体表面出现低泡期、高泡期和落泡期。在低泡期时酵母开始繁殖，但是 CO_2 产生少，在此期间不需严格降温，糖度下降不大；在高泡期酵母开始大量繁殖，CO_2 大量产生，产生大量泡沫，泡沫表面呈棕黄色为发酵旺盛期，糖度逐渐下降，并大量释放能量，须注意降温。发酵 4～5 d 后，发酵逐渐减弱，CO_2 气泡减少，泡沫回吸，为落泡期。啤酒主发酵结束，残糖量降低，酵母沉淀。

二、实验用品

带冷却装置的 400 L 发酵罐。

三、实验步骤

(1)将糖化后冷却至 6～8℃的麦芽汁送入发酵罐。

(2)按 0.8%～1%接种量接入扩大培养的酵母菌种，满罐时酵母含量应该在(1.5～2.0)×10^7个·mL^{-1}。

(3)麦芽汁充氧，使其中的溶解氧达到 6～10 mg·L^{-1}。

(4)主发酵(接种后 20 h)及测定。

接种后取样做第一次测定，以后每过 12 或 24 h 测 1 次直至主发酵结束。

共测定下列几个项目：①发酵温度；②罐压；③糖度或可溶性固形物浓度；④细胞浓度、出芽率；⑤酸度；⑥双乙酰含量。

四、注意事项

发酵过程要控制好温度、pH 和压力。

Ⅳ　总还原糖含量的测定

一、实验原理

还原糖可以将斐林试剂中的二价铜离子还原为一价铜。反应终点可由次甲基蓝指示，根据一定量的斐林试剂完全还原所需的还原糖量，可计算所加入样品中还原糖的含量。

二、实验用品

1. 器材

电炉、滴定管等。

2. 试剂

甲液：称取 3.493 9 g $CuSO_4 \cdot 5H_2O$，溶于 50 mL 水中。

乙液：称取 13.7 g 酒石酸钾，5 g NaOH，溶于 50 mL 水中。

0.1%标准葡萄糖液：精确称取 1 g 葡萄糖于 105℃烘至恒重，用水溶解后，加 5 mL 浓盐酸，用水定容至 1 000 mL。

1%美蓝指示剂：0.5 g 美蓝溶于 50 mL 蒸馏水中。

三、实验步骤

1. 斐林溶液的标定

取甲、乙液各 5 mL，置于 250 mL 三角瓶，加 10 mL 水。并加 0.1%标准葡萄糖溶液 20 mL，摇匀，于电炉上加热至沸，立即以 4～5 s 1 滴的速度继续用标准葡萄糖溶液滴定至蓝色消失，此滴定操作需在 1 min 内完成，总耗糖量记为 V_0 mL。

2. 试样的滴定

取甲、乙液各 5 mL，置于 250 mL 三角瓶，加入试样稀释液 V_1 mL，用标准葡萄糖溶液进行滴定，总耗糖量为 V mL。

3. 计算

$$\text{还原糖(以葡萄糖计)} = \frac{V_0 - V \times C \times n}{V_1} \times 100\%$$

式中：V_0，斐林试剂标定值(mL)；V 为斐林试剂测定值(mL)；C 为标准葡萄糖液浓度($g \cdot mL^{-1}$)；n 为试样稀释倍数；V_1 为试样稀释液体积(mL)。

四、注意事项

1. 斐林试剂甲液和乙液应分别储存，用时才混合，否则酒石酸钾钠铜络合物长期在碱性条件下会慢慢分解析出氧化亚铜沉淀，使试剂有效浓度降低。

2. 斐林试剂热滴定法滴定时必须是在沸腾条件下进行，其原因一是加快还原糖与 Cu^{2+} 的反应速度；二是亚甲基蓝的变色反应是可逆的，还原型的亚甲基蓝会被空气中的氧氧化为氧化型。此外，氧化亚铜也极不稳定，易被空气中的氧所氧化。保持反应沸腾可防止空气进入，避免亚甲基蓝和氧化亚铜被氧化而增加消耗量。

3. 滴定时不能随意摇动锥形瓶，更不能把锥形瓶从热源上取下来滴定，以防止空气进入反应溶液中。

V　啤酒质量品评

一、实验原理

啤酒的感官品评是一门科学，国内外研究很多。感官品评不需要复杂的仪器设备，随时可以进行，是啤酒厂一项不可替代的极为重要的技术工作，是控制啤酒质量的重要手段之一。我国一般是从外观、色度、泡沫、香气、口味五个方面来评价啤酒感官质量的。

二、实验用品

啤酒，玻璃杯等。

三、实验步骤

(1)将啤酒冷却至10～12℃。

(2)开启瓶盖，将啤酒自3 cm高处缓慢倒入玻璃杯内。

(3)在干净、安静的环境内，按啤酒质量标准：外观、色度、泡沫、香气和口味5个方面进行品评。

四、注意事项

1. 参加品评人员应熟悉啤酒生产工艺，有较为灵敏的味觉和嗅觉，熟悉啤酒风味和特点及某些成分不同比例组合气味的特点；应熟悉啤酒在不同储存时段和不同存放条件下的风味变化特点，能判断出所品评啤酒的风味口感及品质状况。

2. 品评室应舒适安静，不受外界干扰，室内光线柔和，不允许有任何异味存在。

3. 凡参加品评的酒样，均应密码品尝，以1、2、3……号码示之，最后公布结果，应严加保护，不得混淆弄错，斟酒应注意斟酒高度和速度保持一致。

参考文献

1. 张晓鸣，袁信华，章克昌．理化处理对啤酒酵母自溶的影响[J]．无锡轻工大学学报，2001，20(2)：154-157.

2. 李环，陆佳平，王登进．DNS法测定山楂片中还原糖含量的研究[J]．食品工业科技，2013，34(8)：75-77.

3. 刘媛媛，王强，刘红芝．酵母产细胞壁多糖分批发酵条件优化与发酵动力学[J]．食品与生物技术学报，2010，29(6)：941-947.

执笔人：倪敬田

实验三十四 苹果酒酿造工艺实训

一、实验目的

作为果酒之一的苹果酒，以苹果为主要原料，经预处理、破碎、榨汁、成分调整、发酵、陈酿、调配而成。此工艺也可用于酿造葡萄酒、蓝莓酒、桑葚酒等各种果酒。通过该实训，训练学生了解酵母在食品生产中的应用，掌握苹果酒的酿造工艺，在实验室规模上实践工业化发酵生产，为进一步的工业化生产提供实践基础。

二、实验技术路线

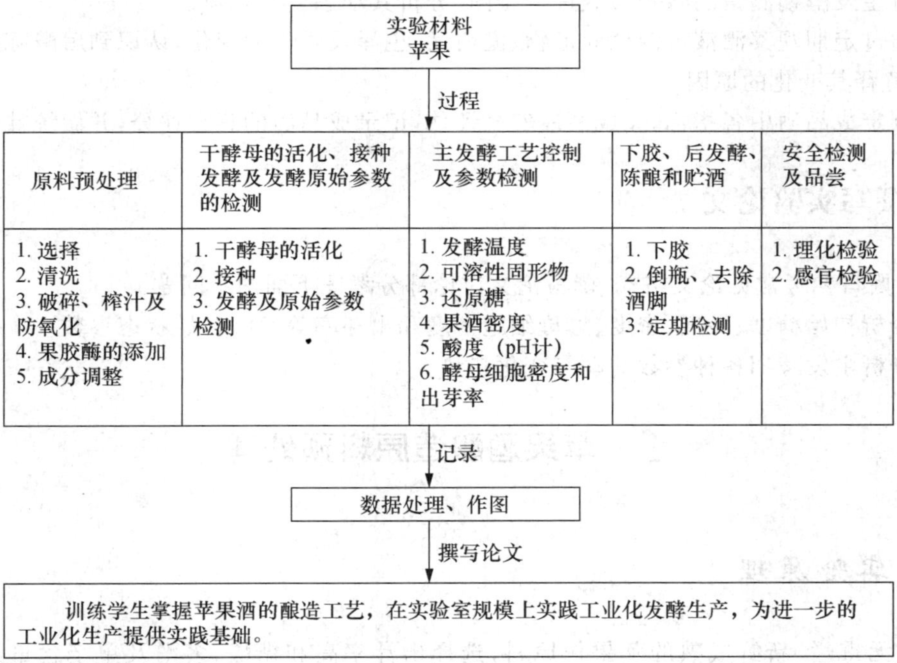

三、实验材料预处理

准备好以下实验材料：成套果酒发酵设备或大三角瓶（1～2 L），果酒厌氧发酵成套设备（除梗破碎机、酵母扩培罐、400 L厌氧发酵罐、灌装机、打塞机、缩帽机等），活性干酵母，果胶酶，异维生素C钠（抗坏血酸钠），苹果酸，二氧化硫（SO_2）。

四、实验内容

将新鲜苹果经分选、清洗、榨汁后，加入一定量的活性干酵母进行发酵，后经陈酿、过滤、催熟得到苹果酒。具体包括以下实验内容：

1. 苹果酒酿造原料预处理。
2. 活性干酵母的活化、接种发酵及发酵原始参数的检测。
3. 苹果酒主发酵工艺控制及参数检测。
4. 苹果酒下胶、后发酵、陈酿和贮酒。
5. 成品苹果酒安全检测及苹果酒品尝。

五、数据记录、处理、作图

准备一定的苹果汁，接种酵母进行发酵，并对发酵成熟的苹果酒进行品评和灌装。

1. 每组制备一定量的苹果汁，并进行成分调整，以备发酵。
2. 记录发酵初始状态参数(初始糖度、酸度、密度、酵母细胞密度和出芽率)。
3. 将主发酵期测得的各种参数进行绘图，分析其动态变化趋势。
4. 通过定期观察酒液可溶性固形物、澄清度、色泽及香气的变化，认识到后酵陈酿的重要作用，并解释其变化的原因。
5. 测定成品酒中各指标，完成酒液安全评估，记录成品酒的感官评分，并做统计分析。

六、撰写实验论文

论文撰写参考常见论文格式，撰写论文讨论部分考虑下面两个问题。

1. 分析初始糖度、酸度、密度、酵母细胞密度和出芽率等发酵初始状态参数。
2. 分析主发酵期各种参数的动态变化趋势。

Ⅰ　苹果酒酿造原料预处理

一、实验原理

选择无霉烂、新鲜成熟的苹果作原料，选择出汁率高和糖酸、多酚及单宁含量适中的品种。将清洗好的苹果切成小块放入异维生素C钠溶液中浸泡，因为苹果中含有多酚氧化酶，苹果中的酚类物质在空气中极易变色，所以切开的苹果应立即放入护色剂中浸泡。SO_2在果酒中有杀菌、澄清、抗氧化、增酸的作用，为了使榨取的果汁澄清并杀死果汁中的微生物，所以在榨汁的过程中要加入一定量的SO_2。

二、实验用品

1. 器材

除梗破碎机。

2. 试剂

异维生素 C 钠，SO_2，果胶酶，苹果酸，白砂糖等。

三、实验步骤

(1)选择新鲜苹果、出汁率高的果实，剔除霉烂的果实。

(2)清洗：用自来水清洗干净，沥干。

(3)破碎、榨汁及防氧化：用 0.5%～1%异维生素 C 钠溶液浸泡切开的苹果小片，防止氧化褐变，采用压榨机榨汁。

(4)果胶酶的添加：按照 0.02 $g \cdot L^{-1}$用量添加果胶酶，静置过夜 24 h，除去残渣。

(5)果汁成分调整：用白砂糖将糖度调整为约 20%，用苹果酸将酸度调整为 1.5～2 $g \cdot L^{-1}$，作为初始的发酵糖度和酸度。

四、注意事项

1. 在苹果原料的处理过程中应注意防止氧化。

2. 有机酸能促进酵母繁殖和抑制腐败菌的生长并增加果酒香气，赋予果酒鲜艳的色泽。但酸度过量不但影响发酵的正常进行，而且使酒质变劣。因此，发酵前应注意调整酸度。

Ⅱ　活性干酵母的活化、接种发酵及发酵原始参数的检测

一、实验原理

酵母是活的单细胞微生物，将其干燥后称为干酵母，干酵母处于休眠状态，只有遇到适合的温度和水才会活化，最好有糖水更适合活化。为监控发酵过程，要进行可溶性固形物、还原糖、果酒密度、酸度、酵母细胞密度和出芽率等发酵初始参数的监测。

二、实验用品

1. 器材

1 000 mL 和 500 mL 三角瓶(每组一套)，水浴锅，手持式糖度计，比重计，酸度计，超净工作台等。

2. 试剂

活性干酵母，纯水，酵母营养剂，斐林试剂。

三、实验步骤

1. 干酵母的活化

用豆芽汁培养液或5%葡萄糖水，按照酵母与培养液1∶20的比例称取干酵母，在36～38℃恒温水浴锅中活化30～45 min，恢复酵母活性。

2. 接种

按照0.02～0.2 g·L^{-1}干酵母，将活化后的干酵母接种到16℃苹果汁中。

3. 发酵及原始参数检测

在16℃的恒温培养箱中进行苹果酒主发酵（或是带有温控装置的发酵罐中，在16℃发酵）。进行发酵初始参数的监测，主要有可溶性固形物（手持式糖度计）、还原糖（斐林法）、果酒密度、二氧化碳失重（发酵罐中试发酵，该项不测）、酸度、酵母细胞密度和出芽率。

四、注意事项

1. 要准确把握活性干酵母的添加量。

2. 要详细记录发酵初始状态参数（初始糖度、酸度、密度、酵母细胞密度和出芽率），为后续参数测量奠定基础。

Ⅲ　苹果酒主发酵工艺控制及参数检测

一、实验原理

主发酵期即为酒精发酵阶段，这段时间温度控制在15～22℃，持续5～20 d。当酒精累计接近最高，品温逐渐接近室温，二氧化碳气泡减少，液汁开始清晰，即为主发酵结束，也是前发酵结束。

二、实验用品

1. 器材

手持式糖度计，温度计，比重计，还原糖测定装置（斐林法），滴定管。

2. 试剂

斐林试剂。

三、实验步骤

每隔 12 h 或 24 h 进行发酵液参数的测量，主要有发酵温度、可溶性固形物(手持式糖度计)、还原糖(斐林法，见前啤酒发酵工程实验)、果酒密度(比重计)、二氧化碳失重(发酵罐中试发酵，该项不测)、酸度(pH 计)、酵母细胞密度和出芽率(血球计数板)。发酵至还原糖含量降低至 0.5%以下，下胶、终止发酵，整个过程约 10 d。

四、注意事项

进行定期取样时要注意消毒器具，避免污染。

Ⅳ　苹果酒下胶、后发酵、陈酿和贮酒

一、实验原理

将主发酵结束的苹果酒进行倒瓶并定期处理(虹吸法)除酒胶，除酒胶后的酒液尽量装满瓶(防止氧化)，以后定期进行倒瓶处理。初次倒瓶后再补加 SO_2，以防止果酒氧化和抑菌等。倒瓶的目的是去除酵母等沉积物，有利于后发酵过程中酵母菌对糖的利用。

后发酵和陈酿有利于残糖的继续发酵，前发酵结束后，原酒中还残留少量的糖分，这些糖分在酵母的作用下继续转化成酒精和 CO_2，有利于澄清作用，前发酵结束后还留部分的酵母及其他果肉纤维悬浮于酒液中，在低温缓慢发酵中，酵母及其他成分逐渐沉降。陈酿有降酸和改善风味的作用，使酒的口味变得柔和，风味上更趋完善。

二、实验用品

1. 器材

手持式糖度计，浊度计等。

2. 试剂

明胶，皂土，PVPP(交联聚乙烯吡咯烷酮)，SO_2。

三、实验步骤

(1)下胶：下胶之前，先做小型实验，确定使用的胶体和下胶的用量。加入胶体之后，充分搅拌均匀，过夜 24 h，倒瓶(罐)。

(2)定期倒瓶、去除酒脚，补加 30～50 $mg \cdot L^{-1}$ SO_2。

(3)定期检测可溶性固形物的变化，进行陈酿和贮酒。

(4)观察酒液澄清度和色泽的变化。

四、注意事项

1. 下胶时要注意使用的胶体类型和下胶的用量。
2. 定期检测可溶性固形物的变化，注意观察酒液澄清度和色泽的变化。

V 成品苹果酒安全检测及苹果酒品尝

一、实验原理

成品苹果酒的理化检验主要依据 GB/T 15038—2006 进行。

感官分析系指评价员通过用口、眼、鼻等感觉器官检查产品的感官特性，即对果酒产品的色泽、香气、滋味及典型性等感官特性进行检查与分析评定。

二、实验用品

手持式糖度计，浊度计，蒸馏装置，滴定管等。

三、实验步骤

(一)理化检验

测定成品酒中相关参数，如总糖、总酸、挥发酸、酒精度、游离 SO_2、总 SO_2 含量、单宁、甲醇等(详见 GB/T 15038—2006)。

(二)感官检验：外观、香气、味

1. 感官检验实验室要求

3 个独立的区域：办公室、样品准备室、检验室。

隔音、整洁，不受外界干扰，无异味，具有令人心情愉快的自然色调。

2. 环境条件

室温：保持在 20～22℃；

湿度：保持在 60%～62%；

换气：空气流速保持在 0.1～0.2 m/s；

照明：多数检验不要求特殊的照明，照明的目的是为了有充分的、舒适的照明度，故要设置一个良好的照明系统。为了掩蔽色彩和其他外观上不相干差异，可根据实际情况采用特殊的照明效果。

3. 样品数量

保证有 3 次以上的品尝次数，数量不宜过多，否则会使品评员产生味觉和嗅觉疲劳。

4. 品尝实验时间的选择

感官检验宜在饭后 2～3 h 内进行。检验前 0.5 h 内不得吸烟,不得吃强刺激性食物。

5. 其他

一杯温水,用于漱口。如果样品的余味很浓、很辛辣、很油腻,则可用茶水漱口。

6. 品尝方法实验设计

多个样品或者具有多个指标的强度及其差别(表 34-1)。品尝员对样品认真品尝后,进行标度(表 34-2)。

表 34-1 评分标准:分别色、总体香气、总体后味 *F* 检验

标度值	2	1	0	−1	−2
色	金黄色	黄色	浅色	无色	棕色
澄清度	透明有光泽	相对不完全透明	不清晰	浑浊,底部有颗粒	丝状物等
果香	果味浓	果味适中	有果味	无果味	
酒香	酒香浓郁	酒香怡人醇和	酒香气淡	无	
总体香气	果味浓 酒香浓郁	果味适中 酒香怡人醇和	有果味 酒香气淡纯正	无果味 刺激性强	
酸度	酸高并且口感新鲜	适中	酸较强	酸度过高	
甜味	口感饱满圆润	口感较饱满欠圆润	无甜味	无甜味口感较硬	
苦味	有收敛性	有收敛性	有立体感	有少许苦味	苦味适中
酒味	醇厚	酒味适中	有刺激感	无酒精味	
后味	绵长	可口	回味短	回味淡	
总体口味	丰满 醇厚 圆润	口味结实 有酒体感	轻弱 娇嫩	瘦弱	
典型性	强	独特	一般	无	

表 34-2 感官检验评分表

特征		A	B	C	D	E
外观	色					
	澄清度					
香气	果香					
	酒香					
	总体香气					
味	酸度					
	甜味					
	苦味					
	酒味					
	后味					
	总体口味					
典型性						
总分						

四、注意事项

1. 通过测定成品酒中总糖、总酸、挥发酸、酒精度、游离 SO_2、总 SO_2 含量、单宁、甲醇等相关参数，进行理化指标检验。

2. 品酒时要注意选择合适的地点、合宜的时间，严格按照评分标准进行。

参考文献

1. 王绍树．食品微生物实验[M]．天津：天津大学出版社，1996.

2. 赵海泉．微生物学实验指导[M]．北京：中国农业大学出版社，2014.

3. 陈志周，张子德，牟建楼，等．苹果酒生产技术研究[J]．食品科技，2005(6)：64-66.

4. 杨辉，陈合，石振海．果胶酶在苹果酒生产中的应用[J]．食品与发酵工业，2003，29(12)：110-112.

5. 高学玲等．苹果酒发酵工艺学综合实验[M]．合肥：安徽农业大学茶与食品科技学院，自编，2007.

执笔人：倪敬田

实验三十五　动物免疫基因的鉴定及功能分析

一、实验目的

高等动物不仅拥有先天性免疫系统，还具有特异性的获得性免疫系统，但昆虫等无脊椎动物主要依赖先天性免疫系统——细胞免疫应答和体液免疫应答，而抗菌肽是体液免疫应答的重要组分。抗菌肽依据结构不同可分为α-螺旋抗菌肽、富含半胱氨酸抗菌肽、富含脯氨酸抗菌肽及富含甘氨酸抗菌肽。作为非特异性免疫因子中的一种，抗菌肽在保护动物抵御外来病原物侵染方面发挥着重要作用，不仅对细菌具有杀灭作用，而且对病毒、真菌、癌细胞以及寄生物也具有杀灭作用，目前已经在农业及医药等领域得到了应用。

本实验将对动物免疫基因进行鉴定和功能分析，使学生熟悉动物免疫应答过程，掌握RNA的提取、基因克隆、PCR、蛋白体外表达及活性分析等多种生物学技术方法，为今后从事相关领域的基础科学研究及抗菌肽的应用奠定基础。

二、实验技术路线

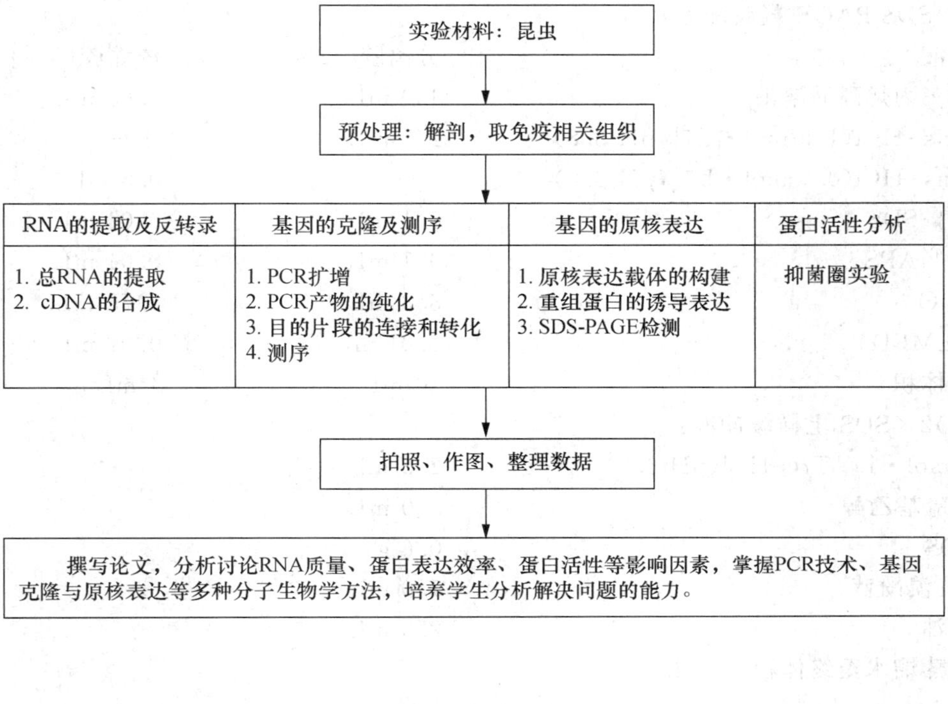

三、实验材料预处理

(一)供试昆虫处理

供试昆虫为家蚕或柞蚕，取健康个体于生理盐水中进行解剖，收集免疫相关组织(血淋巴或脂肪体)，随后用无 RNase 的蒸馏水冲洗净后，除去多余水分，装入无 RNase 的 Eppendorf 管中，备用。

(二)试剂配制

(1)50×TAE 缓冲液：242 g Tris 碱、57.1 mL 的冰乙酸(17.4 mol·L^{-1})、200 mL 的 0.5 mol·L^{-1}EDTA(pH 8.0)，蒸馏水补足到 1 L。

(2)6×溴酚蓝/二甲苯青/聚蔗糖凝胶上样液：2.5 mL 1%溴酚蓝、2.5 mL 1%二甲苯青 FF、1.5 g 聚蔗糖(400 型)，蒸馏水补足到 10 mL。

(3)EB(溴化乙锭)：将 1 g 溴化乙锭溶于蒸馏水中，至终体积为 100 mL。

(4)LB 培养基：在 950 mL 去离子水中加入 10 g 胰蛋白胨、10 g NaCl 和 5 g 酵母提取物，调 pH 至 7.0，去离子水定容至 1 L，在 15 psi(1.05 kg/cm^2)高压蒸汽灭菌 20 min。

(5)IPTG(20%)：用 8 mL 蒸馏水溶解 2 g IPTG 配成 20%的溶液，定容至 10 mL，用 0.22 μm 过滤器过滤除菌，−20℃保存。

(6)X-gal：溶解 20 g 的 X-gal 于 1 mL 的二甲基甲酰胺(DMF)中，用铝箔包裹后，于 −20℃保存。

(7)SDS-PAGE 凝胶配方：

溶液	分离胶(12%)	浓缩胶(5%)
30%丙烯酰胺溶液	4.0 mL	0.65 mL
Tris -HCl(1.5 mol·L^{-1}，pH 8.8)	2.5 mL	—
Tris -HCl(0.5 mol·L^{-1}，pH 6.6)	—	0.5 mL
10%SDS	0.1 mL	0.04 mL
10%APS	0.1 mL	0.04 mL
H_2O	3.3 mL	2.75 mL
TEMED	0.01 mL	0.01 mL
总体积	10 mL	4 mL

(8)2×SDS 上样缓冲液：

1 mol·L^{-1} Tris-HCl(pH 6.8)	2.5 mL
β-巯基乙醇	1.0 mL
SDS	0.6 g
1%溴酚蓝	1.0 mL
甘油	2.0 mL

加蒸馏水至终体积 10 mL。

(9)电泳缓冲液：

Tris 碱	6.07 g
甘氨酸	14.12 g
SDS	1.0 g

加蒸馏水至终体积 1 000 mL。

(10)凝胶染色液：

考马斯亮蓝 R-250	1 g
甲醇	500 mL
冰乙酸	100 mL

加蒸馏水至终体积 1 000 mL，摇匀备用。

(11)凝胶脱色液：

甲醇	250 mL
冰乙酸	70 mL

加蒸馏水至终体积 1 000 mL，摇匀备用。

四、实验内容

1. 总 RNA 的提取。
2. cDNA 第一链的合成。
3. 抗菌肽基因的 PCR 扩增。
4. PCR 产物的纯化。
5. 目的片段的连接和转化。
6. 测序及序列分析。
7. 原核表达载体的构建。
8. 原核表达及 SDS-PAGE 检测。
9. 抗菌肽活性分析。

五、数据记录、处理、作图

1. RNA 的质量电泳图及浓度。
2. PCR 扩增及基因克隆结果图。
3. 记录克隆获得的基因序列及序列分析数据。
4. 原核表达载体的构建及双酶切鉴定图。
5. 重组蛋白表达的 SDS-PAGE 检测图。
6. 抗菌肽活性分析效果。

六、撰写实验论文

论文撰写参考常见论文格式，并讨论以下几个问题：

1. 引物设计需要考虑哪些因素？

2. RNA 提取的关键注意事项有哪些？

3. PCR 扩增过程中有哪些需注意的关键环节？

4. 原核表达过程中容易出现哪些问题，应如何应对或解决？

5. 如何提高抗菌肽的活性和表达效率？

Ⅰ 总 RNA 的提取及 cDNA 制备

一、实验原理

Trizol 试剂是即用型细胞和组织总 RNA 提取试剂。在匀质化或溶解样品中，Trizol 试剂可保持 RNA 的完整性，同时能破坏细胞及溶解细胞成分。加入氯仿离心后，裂解液分离成水相和有机相，存在于水相中的 RNA 通过异丙醇沉淀回收。该方法简单、快速，可避免蛋白质和 DNA 污染，并能保持 RNA 的完整性。

采用甲醛变性琼脂糖凝胶电泳和 NanoDrop1000 型微量紫外分光光度计分别检测其质量并测定其浓度。以提取的高质量 RNA 为模板，在逆转录酶的作用下利用 Oligo(dT)$_{18}$ Primer 或者 Random Primer 合成 cDNA。

二、实验用品

1. 器材

PCR 仪，Tanon-1600 凝胶成像系统，NanoDrop1000 型微量紫外分光光度计，微量移液器，高速冷冻离心机，机械微波炉，－20℃/－70℃冰箱，制冰机，高压蒸汽灭菌锅，电子天平，恒温震荡器，稳压稳流电泳仪，电泳槽，超纯水机，超净工作台，研钵，液氮罐，离心管，Eppendorf 管等。

2. 试剂

逆转录试剂盒，电泳缓冲液，RQI RNase-free DNase，溴化乙锭(EB)，液氮，异丙醇，无水乙醇，70%乙醇，氯仿，琼脂糖，DEPC 水，ddH$_2$O 等。

三、实验步骤

(一)总 RNA 的提取

将昆虫于生理盐水中进行解剖，收集脂肪体组织，蒸馏水洗净，用滤纸吸去多余的水分，立即放入液氮中研磨成粉末状，加入 Trizol 试剂按其说明书进行 RNA 的提取：

(1)在液氮中将 50 mg 脂肪体迅速研磨，加入 1 mL 的 Trizol 试剂，混匀后转移到 1.5 mL 离心管中；

(2)加入 200 μL 的氯仿，剧烈震荡 30 s；

(3)室温条件下 12 000 r · min^{-1}离心 5 min；

(4)将上清液小心转移到 1.5 mL 离心管中，加入等体积的异丙醇，室温下放置 5 min；

(5)室温条件下 12 000 r · min^{-1}离心 5 min，小心移去上清液；

(6)用 70%酒精洗涤沉淀 2 次，每次 700 μL，12 000 r · min^{-1}室温离心 2 min；

(7)沉淀置于室温下，使酒精完全挥发；

(8)加 30～50 μL DEPC 水溶解沉淀后，用 RNase-free DNase 进行消化去除基因组 DNA。

(9)利用甲醛变性琼脂糖凝胶电泳和微量紫外分光光度计检测其质量及完整性。

(二)第一链 cDNA 的合成

以上述步骤中获得的总 RNA 为模板，经反转录酶 RTase Reverse Transcriptase M-MLV (RNase H-)按说明书合成第一链 cDNA，具体操作步骤如下：

(1)在冰上放一个灭菌离心管，分别加入以下反应混合物：

Total RNA	1 μg
Oligo(dT)$_{18}$引物(0.5 μg/μL)	1 μL
RNase free H_2O	至 12 μL

(2)混匀后短暂离心并将离心管置于 70℃保温 15 min，随后立即在冰上冷却 3 min；

(3)把上述离心管放在冰上，分别加入下列成分：

5×M-MLV buffer	4 μL
RNase inhibitor(20 U/μL)	1 μL
10 mmol · L^{-1}dNTP mix	1 μL
RTaseM-MLV(RNaseH-)(200 U/μL)	1 μL
RNase free H_2O	至 20 μL

(4)轻轻混匀后离心 3～5 s，42℃保温 1 h；

(5)在 70℃保温 15 min 以停止反应，冰上冷却，－20℃保存备用。

四、注意事项

1. RNA 提取所用器具必须在 160℃干热灭菌 2 h 以上；不能干热灭菌的器材须用 0.1%的 DEPC 溶液在 37℃下处理 12 h 以上，经高温高压灭菌后使用。

2. 整个实验操作过程中一定要戴一次性手套和口罩，避免样品与外源污染物接触。

3. 实验过程中所用部分试剂具有刺激性和毒性，严格按照实验教师指导操作。

Ⅱ　抗菌肽基因的克隆及测序

一、实验原理

PCR(polymerase chain reaction)即聚合酶链式反应，其特异性依赖于与靶序列两端互补的寡核苷酸引物，是体外酶促合成特异 DNA 片段的一种方法。该反应由高温变性、低温退火

(复性)及适温延伸等反应组成一个周期,循环进行使目的DNA得以迅速扩增,具有特异性强、灵敏度高、操作简便、省时等特点。根据昆虫抗菌肽基因的序列,利用DNASTAR和Primer等软件设计扩增引物,随后进行靶基因的PCR扩增,获得的目的基因片段送生物技术公司测序鉴定。

二、实验用品

1. 器材

PCR仪,Tanon-1600凝胶成像系统,微量移液器,离心机,机械微波炉,制冰机,稳压稳流电泳仪,电泳槽,超纯水机,超净工作台,离心管,Eppendorf管等。

2. 试剂

引物,电泳缓冲液,溴化乙锭(EB),ddH_2O,Tag酶,dNTP,DNA Marker,DNA凝胶回收试剂盒,Trans-T1感受态细胞,T4 DNA ligase,X-gal,IPTG,Ampicillin,LB琼脂平板培养基,LB液体培养基等。

三、实验步骤

(一)抗菌肽基因的PCR扩增

(1)引物设计　依据昆虫抗菌肽基因序列,用DNASTAR或Primer 5软件设计一对引物。以上述实验中获得的cDNA为模板,进行PCR扩增。

(2)PCR反应体系　按表35-1中各组分加入离心管中,混匀后进行PCR反应。

表35-1　PCR反应体系

溶液	体积/μL	终浓度
10×扩增缓冲液	2.5	1×
10 $mmol \cdot L^{-1}$ dNTP混合液	0.8	0.2 $mmol \cdot L^{-1}$
正向引物(25 $\mu mol \cdot L^{-1}$)	1	1 $\mu mol \cdot L^{-1}$
反向引物(25 $\mu mol \cdot L^{-1}$)	1	1 $\mu mol \cdot L^{-1}$
5 U Tag酶	0.3	1~5 U
模板DNA	0.8	1 pg~1 μg
ddH_2O	18.6	

(3)PCR反应程序　如表35-2所示。

表35-2　PCR反应程序

循环数	变性	复性	聚合
首循环	95℃,10 min		
35个循环	95℃,30 s	55℃,60 s	72℃,35 s
末循环			72℃,5 min

(二)PCR 产物的纯化

PCR 产物的纯化用的是 Axygen 的 DNA 凝胶回收试剂盒，步骤如下：

(1)在紫外灯下切下含有目的 DNA 的琼脂糖凝胶，用滤纸吸净凝胶表面液体并切碎，计算凝胶重量，该重量作为一个凝胶体积(如 100 mg=100 μL 体积)；

(2)加入 3 个凝胶体积的 buffer DE-A，混合均匀后于 75℃加热，间断混合(每 2～3 min)，直至凝胶块完全熔化(6～8 min)；

(3)加 0.5 个 buffer DE-A 体积的 buffer DE-B，混合均匀，当分离的 DNA 片段小于 400 bp 时，加入 1 个凝胶体积的异丙醇；

(4)吸取步骤(3)中的混合液，转移到 DNA 制备管，12 000 *g* 离心 1 min，弃滤液；

(5)将制备管置回 2 mL 离心管，加 500 μL buffer W1，12 000 r · min^{-1}离心 30 s，弃滤液；

(6)将制备管置回 2 mL 离心管，加 700 μL buffer W2，12 000 r · min^{-1}离心 30 s，弃滤液，以同样的方法再用 700 μL buffer W2 洗涤一次，12 000 r · min^{-1}离心 2 min；

(7)将制备管置于洁净的离心管中，在制备膜中央加 25～30 μL Eluent，室温静置 1 min，12 000 r · min^{-1}离心 1 min 洗脱 DNA，－20℃保存备用。

(三)目的片段的连接和转化

(1)在微量离心管中加入 4.5 μL 上述步骤(二)中回收的 DNA 片段，0.5 μL pMD19-T Vector，5 μL Ligation mix；16℃反应过夜；

(2)将以上连接液(5 μL)加入 50 μL Trans-T1 感受态细胞中，冰中放置 30 min；

(3)42℃加热 45 s 后，再在冰中放置 1 min；

(4)加入 890 μL LB 培养基，37℃震荡培养 1～2 h；

(5)在含有 X-gal、IPTG、Amp 的 LB 琼脂平板培养基上培养，形成单菌落，挑选白色菌落液体培养；

(6)用菌落 PCR 法鉴定载体中插入的目的片段，阳性克隆送公司测序。

四、注意事项

1. 引物设计应充分考虑后续实验的需要，确认目的基因中不含与酶切位点相同的序列。
2. PCR 产物纯化时应迅速切下含有目的 DNA 的琼脂糖凝胶，避免紫外线长时间照射。
3. EB 等有毒试剂应严格在教师指导下操作，注意安全。

Ⅲ　抗菌肽基因的原核表达

一、实验原理

原核表达即通过分子生物学手段将外源目的基因与表达载体连接以构建重组质粒并导

入表达菌株，使其在特定原核生物或细胞内表达的方法。实验选用 PGEX 表达载体及大肠杆菌原核表达系统，即将重组基因转化入 Rosseta 菌株，采用异丙基硫代-*β*-*D*-半乳糖苷（IPTG）诱导其在宿主菌内进行表达，并利用 SDS-PAGE 检测表达的重组蛋白。

二、实验用品

1. 器材

微量移液器，离心机，制冰机，高压蒸汽灭菌锅，核酸/蛋白电泳仪，电泳槽，超纯水机，超净工作台等。

2. 试剂

质粒 DNA 小量试剂盒，限制性内切酶，DNA Marker，甲醇，冰乙酸，考马斯亮蓝 R-250，丙烯酰胺，*β*-巯基乙醇，溴酚蓝，甘油，甘氨酸，Tris 碱，TEMED，SDS，过硫酸铵 APS，核酸及 SDS-PAGE 电泳缓冲液，溴化乙锭（EB），ddH_2O，BL21（DE3）感受态细胞，X-gal，IPTG，Kanamycin，LB 液体培养基等。

三、实验步骤

（一）原核表达载体的构建

将实验Ⅱ中阳性克隆菌液扩大培养，用质粒 DNA 小量试剂盒提取质粒，步骤如下：

（1）取 1～4 mL 在 LB 培养基中过夜的菌液，12 000 $r \cdot min^{-1}$离心 1 min，弃尽上清液；

（2）加 250 μL buffer S1 悬浮细菌沉淀，充分混匀，不应留有小的菌块；

（3）加 250 μL buffer S2，温和混合均匀使菌体充分裂解，直至形成透亮的溶液；

（4）加 350 μL buffer S3，温和并充分地上下翻转混合 6～8 次，12 000 $r \cdot min^{-1}$离心 10 min；

（5）吸取步骤 4 中的离心上清液并转移到制备管，12 000 $r \cdot min^{-1}$离心 1 min，弃滤液；

（6）将制备管置回离心管，加 500 μL buffer W1，12 000 $r \cdot min^{-1}$离心 1 min，弃滤液；

（7）将制备管置回离心管，加 700 μL buffer W2，12 000 $r \cdot min^{-1}$离心 1 min，弃滤液，以同样的方法再用 700 μL buffer W2 洗涤一次，弃滤液；

（8）将制备管置回 2 mL 离心管中，12 000 $r \cdot min^{-1}$离心 1 min；

（9）将制备管移入新的 1.5 mL 离心管中，在制备膜中央加 60～80 μL Eluent，室温静置 1 min，12 000 $r \cdot min^{-1}$离心 1 min，－20℃保存备用。

（10）将制备好的质粒与表达载体均以实验Ⅱ中所选用的限制性内切酶进行双酶切。酶切产物均进行琼脂糖凝胶电泳，并切胶回收目的条带。后连接转化至大肠杆菌，涂布含 15 μg/mL Kanamycin 的 LB 平板，37℃过夜培养。利用菌落 PCR 法筛选阳性克隆，并将阳性克隆菌液送生物公司测序，测序正确即表明重组表达载体构建成功。双酶切反应体系（总体积 25 μL）如下：2.5 μL 10×buffer，限制性内切酶各 1 μL，15 μL 质粒或载体，5.5 μL ddH_2O。

(二)重组质粒的诱导表达

将重组质粒转化 Rosseta 宿主菌，涂布含 15 μg/mL Kanamycin 的 LB 平板筛选阳性克隆。选取含阳性克隆的菌液按 1∶50(V/V)的比例接种到 50 mL 含抗生素的 LB 液体培养基中。37℃震荡培养至 OD_{600} =0.8 左右时，加入 IPTG 诱导表达，于 37℃，200 r · min^{-1} 的条件下诱导表达，同时设不加 IPTG 的菌液及诱导的空载为对照。5 h 后 12 000 r · min^{-1} 离心 1 min，收集沉淀。

(三)SDS-PAGE 检测

(1)取上述菌液各 1 mL 至 1.5 mL Eppendorf 管中，12 000 r · min^{-1} 离心 5 min，弃上清液。将处理的样品加入等量的 2×SDS 上样缓冲液，100℃加热 5 min，5 000 r · min^{-1} 离心 1 min，取上清液。

(2)取 10 μL 诱导与未诱导处理后的样品分别加入样品池中进行 SDS-PAGE 电泳。

(3)电泳时浓缩胶中电压 80 V，分离胶中电压 100 V，电泳至溴酚蓝到电泳槽下方边缘停止。

(4)将凝胶小心从电泳槽中取出，考马斯亮蓝染色液室温染色 30 min。

(5)从染色液中将胶取出，放入脱色液，脱色摇床上过夜直至蛋白条带清晰可辨。

四、注意事项

1. 选择合适的温度及 IPTG 浓度进行重组蛋白的诱导表达。

2. 诱导过程中注意设置未经 IPTG 诱导的菌液及诱导的空载质粒为阴性对照，以保证实验结果的可靠性。

Ⅳ　抗菌肽活性分析

一、实验原理

抑菌圈法是测定抗菌肽活性的一种方法。该方法利用待测物质在琼脂板中扩散，使其周围的细菌生长受到抑制而形成透明圈，根据抑菌圈的大小判定待测物质抑菌效果。抑菌圈法操作简便，成本低廉，是抑菌实验的常用方法。

二、实验用品

1. 器材

培养皿，高压蒸汽灭菌锅，三角烧瓶，超净工作台，空气恒温培养箱，测量尺，打孔器，移液器等。

2. 试剂

LB 液体培养基，LB 固体培养基，BSA，生理盐水等。

三、实验步骤

(1)将大肠杆菌菌株接入新鲜的 5 mL 液体 LB 培养基(不含抗生素)中,37℃,200 $r \cdot min^{-1}$ 摇菌至对数期;

(2)取 2 mL 菌液于 10 000 $r \cdot min^{-1}$ 离心 1 min,吸去上清液;

(3)用无菌生理盐水悬浮沉淀,10 000 $r \cdot min^{-1}$ 离心 1 min,吸去上清液;

(4)将沉淀菌体用生理盐水再次悬浮并混匀;

(5)测定菌液 OD 值,并将菌液用生理盐水调至终浓度为(1～4)×10^7 CFU/mL;

(6)取适量菌液加入约 0.75%琼脂的 LB 液体培养基中混匀;

(7)将混匀的混合物倒入培养皿中于室温下待其凝固;

(8)用打孔器在凝固的培养基上打孔,并根据实验样品数确定孔的数量;

(9)在不同孔中分别加入不同浓度梯度的抗菌肽,同时设置 BSA 作为阴性对照;

(10)将加好样品的平板置于 4℃冰箱放置 2～3 h,待培养基充分吸收样品;

(11)最后将平板置于 37℃培养箱中培养过夜,观察结果并拍照。

四、注意事项

1. 菌体数量会影响实验效果,实验前应通过梯度浓度实验选择适宜的菌体浓度。
2. 打孔的过程中应尽量保证孔的完整性和形状规则。

参考文献

1. 克里斯托弗·豪(Howe. C.). 基因克隆与操作[M]. 北京:科学出版社,2010.
2. 李燕,张健. 分子生物学实用实验技术[M]. 西安:第四军医大学出版社,2011.
3. 李玉花. 蛋白分析技术实验指南[M]. 北京:高等教育出版社,2011.

执笔人:朱保建

实验三十六　动物组织器官的生理与功能

一、实验目的

动物中最大的一个门类即无脊椎动物中的节肢动物门，其中昆虫是地球上种类最多的动物类群。随着农业可持续发展的需求和生物防治理念的深入，昆虫越来越成为农业害虫生物防治中的重点研究对象。本实验通过对不同昆虫的解剖观察，让学生了解节肢动物门昆虫纲动物的基本特征及内部组织结构。同时，通过昆虫不同组织器官的生理和功能研究，进一步探讨昆虫的生理功能，既让学生掌握了应用生物学相关的实验操作方法，也为今后农业昆虫的生物防治及应用奠定了理论基础。

二、实验技术路线

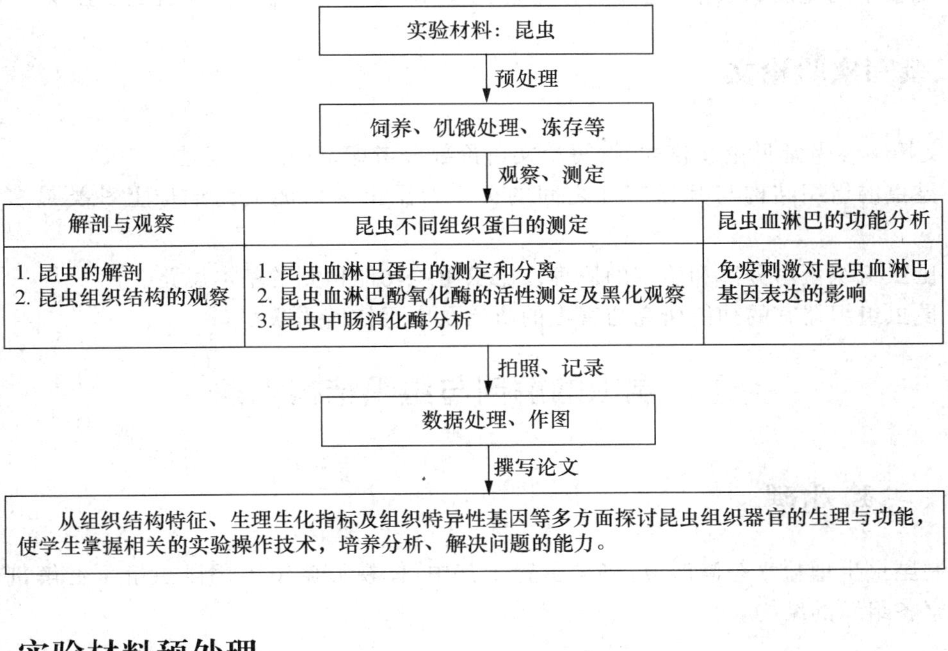

三、实验材料预处理

昆虫的搜集及饲养。

四、实验内容

1. 昆虫的解剖与组织结构观察。
2. 昆虫血淋巴蛋白的测定和分离。
3. 昆虫血淋巴酚氧化酶的活性测定及黑化观察。
4. 昆虫中肠消化酶分析。
5. 免疫刺激对昆虫血淋巴基因表达的影响。

五、数据记录、处理、作图

1. 观察昆虫的外部形态与内部结构,并拍摄显微镜下昆虫各组织的图片,思考昆虫结构对环境的适应。

2. 比较不同昆虫血淋巴中蛋白的含量,聚丙烯酰胺电泳分离昆虫血淋巴中的蛋白,比较不同昆虫血淋巴中蛋白的种类,拍照并保存。

3. 整理不同昆虫血淋巴酚氧化酶活性测定的数据,作图表示其酚氧化酶的活性变化,观察昆虫黑化现象。

4. 鉴定昆虫中肠中重要的消化酶。

5. 观察不同免疫刺激下,昆虫血淋巴免疫基因转录水平的变化,探讨昆虫血淋巴的功能。

六、撰写实验论文

论文撰写参考常见论文格式,撰写论文讨论部分考虑下面三个问题。

1. 昆虫的组织结构与其适应性之间的关系。昆虫为何能成为地球上种类最多的动物类群?

2. 昆虫组织蛋白分离和鉴定的原理。昆虫组织功能预测的基本思路。

3. 昆虫组织器官的功能研究与害虫的防治及应用如何关联?

Ⅰ　昆虫的解剖与组织结构观察

一、实验原理

配制昆虫生理盐水等渗溶液,将昆虫置于其中,体视显微镜下用昆虫解剖针解剖昆虫并仔细观察各组织的结构。

二、实验用品

1. 材料

昆虫活体或浸制标本。

2. 器材

体视显微镜，昆虫解剖针，解剖剪，手术镊，大头针，蜡盘，载玻片，培养皿。

3. 试剂

昆虫生理盐水（NaCl 7.0 g、$CaCl_2$ 0.1 g、KCl 0.2 g、$MgCl_2$ 0.1 g、$NaHCO_3$ 0.15 g、NaH_2PO_4 0.2 g、葡萄糖 7.0 g、蒸馏水 1 000 mL）。

三、实验步骤

(1)外部形态观察：解剖前，仔细观察昆虫的头、胸、腹三部分结构，并记录结构特征。

(2)内部结构观察：以蝗虫为例，一手持蝗虫（背部向上），另一手用解剖剪剪去其足和翅。从腹部末端尾须处开始，沿气门上方向前将体壁剪开，再剪开头部和前胸间的颈膜和腹部末端的背板。将蝗虫背面向上置于蜡盘中，用解剖针固定并加入生理盐水，在体视显微镜下，用解剖针继续小心解剖需要观察的各组织和器官。

(3)依次观察蝗虫的循环系统、呼吸系统、生殖系统、消化系统、排泄系统和神经系统。如组织被脂肪体覆盖，可将其置于培养皿中小心用生理盐水晃动和清洗。

(4)拍照记录并说明昆虫各组织的结构特点。

四、注意事项

1. 因昆虫个体较小，解剖时务必细心和耐心。
2. 解剖时动作要柔和，以免损伤周围组织而破坏了组织的完整性。

Ⅱ 昆虫血淋巴蛋白的测定和分离

一、实验原理

昆虫血淋巴是血液和淋巴液的混合物，既是昆虫体内输送营养物质的介质，也参与了昆虫的先天免疫反应。昆虫的血淋巴中含有多种蛋白质和酶类，如卵黄原蛋白、多肽激素储存蛋白、脂蛋白等。采用 Bradford 法对血淋巴中总蛋白进行测定，同时，通过 SDS 聚丙烯酰胺凝胶电泳分析和分离总蛋白。

Bradford 法：考马斯亮蓝 G-250 在酸性条件下和蛋白质结合，使得染料最大吸收峰从 465 nm 变为 595 nm，在一定的线性范围内，反应液 595 nm 处吸光度的变化量与反应蛋白量成正比，测定 595 nm 处吸光度的增加即可进行蛋白定量。本试剂盒含配制好的考马斯亮蓝染液和牛血清白蛋白（BSA）溶液作为蛋白质标准溶液。该法操作简便快捷，反应灵敏，可测定微克级蛋白质含量。

SDS 聚丙烯酰胺凝胶电泳（SDS-PAGE）：聚丙烯酰胺凝胶是由丙烯酰胺和交联剂 N，N′-亚甲基双丙烯酰胺在催化剂过硫酸铵（APS），N，N，N′，N′ 四甲基乙二胺（TEMED）作用下，聚合交联形成的具有网状立体结构的凝胶，并以此为支持物进行电泳。SDS-PAGE 可根据不同蛋白质分子所带电荷的差异及分子大小的不同所产生的不同迁移率将蛋白质分离成若干条区带。

二、实验用品

1. 材料

昆虫活体或血淋巴保存液。

2. 器材

离心机，分光光度计，通风橱，剪刀，2 mL 离心管，蛋白电泳槽，变压器，培养皿，移液器等。

3. 试剂

苯基硫脲(PTU)；考马斯亮蓝染液；牛血清蛋白 BSA；PBS 缓冲液(pH 7.2～7.4)：137 mmol·L^{-1} NaCl，2.7 mmol·L^{-1} KCl，10 mmol·L^{-1} Na_2HPO_4，1.76 mmol·L^{-1} KH_2PO_4 等。

SDS-PAGE 凝胶配方：

溶液	分离胶(12%)	浓缩胶(5%)
30%丙烯酰胺溶液	4.0 mL	0.65 mL
Tris-HCl(1.5 mol·L^{-1}，pH 8.8)	2.5 mL	—
Tris-HCl(0.5 mol·L^{-1}，pH 6.6)	—	0.5 mL
10% SDS	0.1 mL	0.04 mL
10% APS	0.1 mL	0.04 mL
H_2O	3.3 mL	2.75 mL
TEMED	0.01 mL	0.01 mL
总体积	10 mL	4 mL

2×SDS 上样缓冲液：

1 mol·L^{-1} Tris-HCl(pH 6.8)	2.5 mL
β-巯基乙醇	1.0 mL
SDS	0.6 g
1%溴酚蓝	1.0 mL
甘油	2.0 mL
加蒸馏水至终体积	10 mL

电泳缓冲液：

Tris 碱	6.07 g
甘氨酸	14.12 g
SDS	1.0 g
加蒸馏水至终体积	1 000 mL

凝胶染色液：

考马斯亮蓝 R-250	1 g
甲醇	500 mL
冰乙酸	100 mL

加蒸馏水至终体积 1 000 mL，摇匀备用。

凝胶脱色液：

甲醇	250 mL
冰乙酸	70 mL

加蒸馏水至终体积 1 000 mL，摇匀备用。

三、实验步骤

(一)血淋巴的提取

用剪刀直接从昆虫足的基部剪取切口，使血淋巴从切口流出，装入事先放有少量 PTU 的 2 mL Eppendorf 离心管中，3 000 *g* 低速离心 5 min，取上清液备用。

(二)总蛋白的测定

(1)考马斯亮蓝染液在使用前应平衡温度至室温并温和颠倒混匀，预热分光光度计。

(2)将 0、10、20、30、40、50、60 μL 牛血清白蛋白(BSA)标准溶液(1 mg/mL)分别加入试管中，加入 PBS 补足到 150 μL。

(3)将适当体积的样品加入试管中，并用 PBS 补足到 150 μL。

(4)向各试管中加入 2.85 mL 考马斯亮蓝染液，混匀，室温放置 5～10 min。

(5)用分光光度计测定 595 nm 处的吸光值，并记录读数；以不含 BSA 的样品的光吸收值作为空白对照。

(6)绘制标准曲线，计算样品中的蛋白浓度。如果得到的蛋白浓度不在标准曲线范围内，稀释样品后重新测定。

(三)总蛋白的分离

(1)将提取的血淋巴加入等量的 2×SDS 上样缓冲液，100℃加热 5 min，12 000 *g* 离心 1 min，取上清液。

(2)取 15 μL 处理后的样品加入样品池中进行 SDS-PAGE 电泳。

(3)电泳时浓缩胶中电压 80 V，分离胶中电压 100 V，电泳至溴酚蓝到电泳槽下方边缘停止。

(4)将胶小心从电泳槽中取出，考马斯亮蓝染色液室温染色 2 h。

(5)从染色液中将胶取出，放入脱色液，脱色摇床上过夜直至蛋白条带清晰可辨。

四、注意事项

1. 血淋巴很容易黑化，操作过程尽量快速，并可事先加入 PTU。

2. TEMED、β-巯基乙醇等试剂有毒性,请在通风橱中尽快操作。

Ⅲ 昆虫血淋巴酚氧化酶的活性测定及黑化观察

一、实验原理

酚氧化酶(PO)在昆虫先天免疫系统中非常重要,酚氧化酶所催化的黑色素的合成在昆虫外骨骼骨化、伤口愈合及免疫防御中均起重要的作用。左旋多巴(*L*-DOPA)在PO作用下可生成多巴色素,而多巴色素在波长490 nm处有一高吸收峰,可根据测定多巴色素的生成量来测定昆虫血淋巴中PO的活性大小。

二、实验用品

1. 材料

昆虫活体或血淋巴冻存液。

2. 器材

离心机,离心管,酶标仪,剪刀,温箱,分光光度计。

3. 试剂

L-DOPA,TBS,藤黄微球菌。

三、实验步骤

(1)血淋巴的提取。用剪刀直接从昆虫足的基部剪取切口,使血淋巴从切口流出,装入2 mL Eppendorf离心管中,3 000 *g* 低速离心5 min,取上清液备用。

(2)血淋巴酚氧化酶(PO)的活性测定。取5 μL血淋巴上清液加到10 μL TBS(含1 μg藤黄微球菌)的酶标板中,25℃放置10 min,后加入200 μL *L*-DOPA($0.02\ mol\cdot L^{-1}$)底物继续温浴30~60 min,动态法检测$A_{490\ nm}$值,1 min读一次,共15~30 min。酶活性单位(U)定义为每分钟变化的0.001 OD的量。每个样品重复3~5次,处理数据,计算昆虫血淋巴酚氧化酶活性。

(3)观察昆虫的黑化程度。

四、注意事项

本实验即测定血淋巴的黑化,操作过程中勿加入PTU。

Ⅳ 昆虫中肠消化酶分析

一、实验原理

中肠是昆虫重要的消化和吸收组织，主要分泌大量的消化酶，对食物进行消化，同时也在昆虫先天免疫中发挥着重要的作用。本实验通过酶促反应前后，反应液中因底物消耗和生成物出现导致的变化特征，来观察昆虫中肠中有哪些主要的消化酶。

二、实验用品

1. 材料

昆虫活体。

2. 器材

体视显微镜，昆虫解剖针，解剖剪，手术镊，大头针，蜡盘，培养皿，离心机，试管，水浴锅，温箱，精密 pH 试纸(pH＝3.8～5.4)，研钵等。

3. 试剂

昆虫生理盐水（NaCl 7.0 g、$CaCl_2$ 0.1 g、KCl 0.2 g、$MgCl_2$ 0.1 g、$NaHCO_3$ 0.15 g、NaH_2PO_4 0.2 g、葡萄糖 7.0 g、蒸馏水 1 000 mL)；0.1%淀粉溶液；碘(0.3 g 碘和 1.5 g 碘化钾，溶于 100 mL 蒸馏水中)；20%甘油；班奈迪试剂：A 液(硫酸铜 1 g 溶于 20 mL 蒸馏水中)，B 液(柠檬酸三钠 10 g、碳酸钠 5.8 g，加水 30 mL，加热至溶解)，将 A 液缓慢倒入 B 液中，并不停搅拌，加水至 58 mL；中性油脂：取普通食用油，加入 10%碳酸钠溶液，摇匀，直至调为中性，后用乙醚重新提取，蒸发去除乙醚后剩下的液体即为中性油脂；乳化剂；溴麝香草酚；2%NaOH 溶液；甲苯；白明胶溶液：明胶 4 g，加 1%碳酸钠溶液 20 mL，加热溶解，冷却后调至中性即可(加入 2 滴酚酞指示剂)；中性甲醛溶液：取 10 mL 甲醛溶液，加蒸馏水 20 mL，滴 2 滴酚酞指示剂，并用 1 $mol \cdot L^{-1}$ NaOH 滴定至出现红色。

三、实验步骤

1. 昆虫解剖和酶液制备

参考“Ⅰ 昆虫的解剖与组织结构观察”中的方法，对昆虫进行解剖，取出中肠，在生理盐水中清洗干净，置于研钵中，加入约 1 mL 20%甘油研磨，装入 2 mL Eppendorf 离心管中，3 000 *g* 离心 5 min，取上清液备用。

2. 淀粉酶测定

取 2 支试管，各加入 1 mL 0.1%淀粉溶液，其中 1 支试管加蒸馏水 4～5 滴作对照，剩下 1 支加入昆虫消化液 4～5 滴，摇匀后 37℃水浴，每 10 min 从 2 支试管中取 1 滴温育液，滴于载玻片上，加 1 滴碘试剂，观察颜色反应，并记录加入消化液的试管出现红色和无色所需的时间范围。

3. 转化酶测定

取2支试管，各加入5%蔗糖液2 mL，其中1支试管加4～5滴蒸馏水作对照，剩下1支加入昆虫消化液4～5滴，摇匀后37℃水浴1 h，取出，各加2 mL班奈迪试剂，放入沸水中煮数分钟，观察各试管的颜色变化，有无砖红色沉淀。

4. 脂肪酶测定

取2支试管，各加入中性油脂1 mL，乳化剂0.5 mL，生理盐水0.8 mL，混匀。再加少许溴麝香草酚，如呈黄色，可用2%NaOH溶液调至蓝色，其中1支试管加入蒸馏水4～5滴作对照，另外1支试管加入昆虫消化液4～5滴，摇匀后分别加1滴甲苯，37℃温育24 h，观察各试管内的颜色变化。

5. 类胰蛋白酶的测定

取2支试管，各加入白明胶溶液4.5 mL，其中1支试管加0.5 mL蒸馏水作对照，剩下1支加入昆虫消化液0.5 mL，摇匀后37℃温育24 h，再分别加入中性甲醛1.5 mL，摇匀后用pH试纸测定各管液体的酸度，并观察液体的凝结程度。

四、注意事项

1. 脂肪酶的检测务必控制好温浴液体的pH。
2. 淀粉酶的测定，可根据酶活力的大小适当调整检测的间隔时间。

V 免疫刺激对昆虫血淋巴基因表达的影响

一、实验原理

半定量PCR是一种常用的特异定量DNA的检测方法，操作简便快捷。通过确定基因产物PCR扩增至最大值的最低循环数(达到平台期)，来比较不同样品间基因PCR扩增产物数量，以此确定样品中目标基因的相对数量。

对昆虫进行不同的免疫刺激后，提取昆虫血淋巴的总RNA，参照逆转录试剂盒说明书合成第1链cDNA，设计引物，逆转录-聚合酶链反应法(RT-PCR)扩增目的基因片段。以18S rRNA基因作为内参，进行昆虫血淋巴免疫相关基因半定量分析。RT-PCR扩增后，琼脂糖凝胶电泳检测不同免疫刺激处理组中，相关免疫应答基因转录水平的表达差异，探讨昆虫血淋巴的免疫功能。

二、实验用品

1. 材料

昆虫活体或冻存各组织。

2. 器材

PCR 仪，Tanon-1600 凝胶成像系统，微量移液器，微量注射器，高速冷冻离心机，微波炉，高压蒸汽灭菌锅，电子天平，紫外分光光度计，稳压稳流电泳仪，电泳槽，超纯水机，超净工作台。

3. 试剂

大肠杆菌，白僵菌，藤黄微球菌，DNA Marker，琼脂糖，DEPC 水，反转录酶 RTase M-MLV (RNase H-)试剂盒，Taq 酶，dNTP，RQI RNase-free DNase，Trizol 试剂，PBS 等。

常用溶液的配置：

①50×TAE 缓冲液：242 g Tris 碱、57.1 mL 的冰乙酸(17.4 mol·L^{-1})、200 mL 的 0.5 mol·L^{-1}EDTA(pH 8.0)，蒸馏水补足到 1 L。

② 6×溴酚蓝/二甲苯青/聚蔗糖凝胶上样液：2.5 mL 1%溴酚蓝、2.5 mL 1%二甲苯青 FF、1.5 g 聚蔗糖(400 型)，蒸馏水补足到 10 mL。

③ EB(溴化乙锭)：将 1 g 溴化乙锭溶于蒸馏水中，至终体积为 100 mL。

三、实验步骤

(一)昆虫免疫刺激处理

大肠杆菌、白僵菌和藤黄微球菌事先溶于 PBS 中(1×10^5 个细胞/μL)，试验组取 10 μL 注射昆虫，而仅注射 10 μL PBS 的作为对照组，处理后昆虫均于 25℃继续饲养，然后按照 1 h、4 h、12 h 和 24 h 的时间间隔收集其血淋巴。

(二)总 RNA 提取

(1)将不同处理时间收集到的血淋巴，加入 1 mL 的 Trizol 试剂，混匀后转移到 1.5 mL 离心管中，用枪头反复抽吸，以剪切基因组 DNA。

(2)加入 200 μL 的氯仿，剧烈震荡 30 s。

(3)台式离心机上，12 000 r·min^{-1}室温离心 5 min。

(4)将上清液小心转移到 1.5 mL 离心管中，加入等体积的异丙醇，室温下放置 5 min。

(5)台式离心机上，12 000 r·min^{-1}室温离心 5 min。

(6)小心移去上清液，防止 RNA 沉淀丢失。

(7)用 70%酒精洗涤两次，每次 700 μL，12 000 r·min^{-1}室温离心 2 min。

(8)尽可能彻底地吸走上清液，防止 RNA 沉淀丢失。

(9)在室温下使酒精完全挥发。

沉淀用 30～50 μL DEPC 水溶解后，用 RQI RNase-free DNase 进行消化，以去除基因组 DNA 污染。甲醛变性琼脂糖凝胶电泳和微量紫外分光光度计检测其质量及完整性。－80℃保存备用。

(三)cDNA 第一链的合成

以上述获得的总 RNA 为模板，经反转录酶 RTase M-MLV(RNase H-)按说明书合成第

1 链 cDNA,具体操作步骤如下：

(1)在冰上放一个灭菌离心管,分别加入以下反应混合物：

Total RNA	1 μg
Oligo(dT)18 引物(0.5 μg/μL)	1 μL
RNase free H_2O	至 12 μL

(2)用枪头缓慢抽打混匀,离心 4～6 s。

(3)将离心管置于 70℃ 保温 15 min,立即在冰上冷却 3 min。

(4)把离心管放在冰上,分别加入下列成分：

5×M-MLV buffer	4 μL
RNase inhibitor(20 U/μL)	1 μL
10 mmol·L^{-1}dNTP mix	1 μL
RTaseM-MLV(RNaseH-)(200 U/μL)	1 μL
RNase free H_2O	至 20 μL

(5)轻轻混匀后离心 3～5 s。

(6)42℃保温 1 h。

在 70℃保温 15 min 以停止反应,冰上冷却,－20℃保存备用。

(四)基因的半定量检测

选取几个与昆虫免疫应答密切相关的基因,以昆虫 18S rRNA 基因作为内参,设计半定量引物,分别对不同免疫处理组昆虫血淋巴中的基因进行半定量 RT-PCR 扩增,琼脂糖凝胶电泳检测选取的基因在昆虫血淋巴中转录水平的表达变化。

PCR 反应体系见表 36-1。

表 36-1　PCR 反应体系

溶液	体积	终浓度
10×扩增缓冲液	2.5 μL	1×
10 mmol·L^{-1}dNTP 混合液	0.8 μL	0.2 mmol·L^{-1}
正向引物(25 μmol·L^{-1})	1 μL	1 μmol·L^{-1}
反向引物(25 μmol·L^{-1})	1 μL	1 μmol·L^{-1}
5 U Tag 酶	0.3 μL	1～5 U
模板 DNA	0.8 μL	1 pg～1 μg
补 水(ddH_2O)	～25 μL	

PCR 反应程序见表 36-2。

表 36-2　PCR 反应程序

循环数	变性	复性	聚合
首循环	95℃,10 min		
15～20 个循环(待定)	95℃,30 s	55℃,60 s	72℃,80 s
末循环			72℃,10 min

四、注意事项

1. RNA 提取过程要严谨迅速，戴手套和口罩操作，切勿说话，以防 RNA 酶污染。
2. 做半定量 PCR 检测时要反复进行平台期确定的预实验，以确保结果的准确性。

参考文献

1. 曹传旺，高彩球．昆虫生化与分子生物学实验技术[M]．哈尔滨：东北林业大学出版社，2009.
2. 詹永乐．动物生物学实验教程[M]．合肥：安徽科学技术出版社，2007.
3. 樊东．普通昆虫学及实验[M]．北京：化学化工出版社，2012.
4. 李燕，药立波．精编分子生物学实验技术[M]．北京：世界图书出版公司，2018.

执笔人：钱　岑，朱保建

实验三十七　丝蛋白的制备、功能与应用

一、实验目的

蚕丝是一种优良的纺织原料，同时也是一种重要的生物材料，在军工、交电、医药、食品、化妆品等领域有着重要的应用。实验通过分离、制备家蚕丝素蛋白和丝胶蛋白，测定其组成、结构及功能，要求学生掌握丝素蛋白的溶解方法、丝胶蛋白回收的方法；掌握蚕丝蛋白乳化活性、乳化稳定性和乳化能力的测定方法，了解影响蛋白乳化性能的因素；学习和掌握延流法制备丝素蛋白薄膜的方法，了解红外分光光谱仪检测丝素蛋白薄膜材料的方法；掌握丝素蛋白药物缓释载体的制备，了解丝素蛋白药物缓释的应用；学习掌握丝素蛋白水解工艺及影响因素，掌握蚕丝蛋白在化妆品中的应用；掌握丝胶蛋白粉制备及丝胶蛋白粉物理性能的测定方法。通过实验，掌握蚕丝蛋白的组成、结构及功能，为开发利用蚕丝生物材料提供基础。

二、实验技术路线

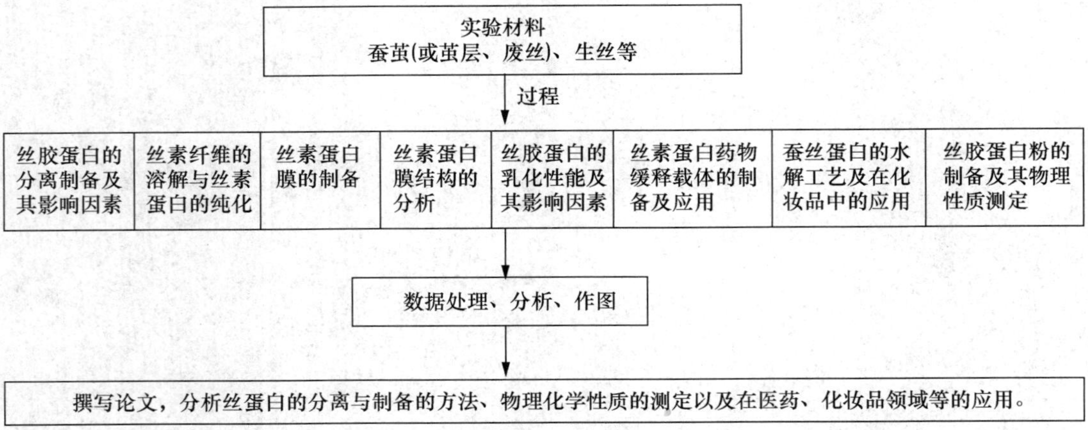

三、实验材料预处理

蚕茧主要由茧层和蛹体组成。一般鲜茧中茧层重量只占18%～24%。鲜茧中含有大量水分，通常100 kg鲜茧烘到适干茧时要除去水分60 kg左右。正常情况下鲜茧茧层含水率在13%～15%，蛹体含水率在73%～77%。所以，蚕茧干燥主要是除去蛹体中的水分，而茧层仅失去少量水分。

蚕茧干燥的主要工艺条件有热空气的温度、湿度、风速、铺茧量和干燥时间等五项。其中

温度、湿度、风速对蚕茧干燥速度和干茧品质影响较大。蚕茧干燥过程分为预热、等速干燥和减速干燥 3 个阶段：①预热阶段，是对鲜茧加热，热能通过茧层透入茧腔内杀死蛹体，使蛹体水分进入蒸发期。②等速干燥阶段，是蛹体水分蒸发量最多、蒸发速度最快的时期。③减速干燥阶段，是茧中水分逐渐减少，蒸发速度相应变慢的时期。这个时期内，茧的温度逐渐升高到接近热空气的温度。

经烘干的蚕茧冷却后，即包装入库贮藏。干茧储藏时注意防潮、密闭和换气等条件，以防止霉变和虫、鼠为害。蚕茧在热水中，丝胶蛋白能被热水溶解，而丝素纤维不能被热水溶解，只发生吸水膨润。在稀碳酸钠溶液中，丝胶蛋白被溶解破坏，而丝素纤维不被溶解破坏。利用在热水和稀碳酸钠溶液中的反应，可以将蚕丝蛋白中的丝素纤维和丝胶蛋白进行分离。

四、实验内容

1. 丝胶蛋白的分离制备及其影响因素。
2. 丝素纤维的溶解与丝蛋白的纯化。
3. 丝素蛋白膜的制备。
4. 丝素蛋白膜结构的分析。
5. 丝胶蛋白的乳化性能及其影响因素。
6. 丝素蛋白药物缓释载体的制备及应用。
7. 蚕丝蛋白的水解工艺及在化妆品中的应用。
8. 丝胶蛋白粉的制备及其物理性质测定。

五、数据记录、处理、作图

1. 记录并分析丝胶蛋白粉的物理性质。
2. 记录并计算丝胶蛋白溶液浓度。

六、撰写实验论文

论文撰写参考常见论文格式，撰写论文讨论部分考虑下面 8 个问题。

1. 分离丝胶蛋白的原理。
2. 丝素纤维溶解与丝素蛋白纯化的原理。
3. 丝素蛋白薄膜的制备、性能及应用。
4. 分析丝素蛋白膜结构及其影响因素。
5. 丝胶溶液浓度乳化性能及其影响因素。
6. 丝素蛋白药物缓释的原理及应用。
7. 丝胶蛋白粉物理性质及应用。

Ⅰ 丝胶蛋白的分离制备及其影响因素

一、实验原理

茧丝是由丝素与丝胶组成的。在热水中，丝胶蛋白能被溶解，而丝素纤维不能被热水溶解，只发生吸水膨润。在稀碳酸钠溶液中，丝胶蛋白被溶解破坏，而丝素纤维不被溶解破坏。利用在热水和稀碳酸钠溶液中的溶解效应，可以将蚕丝蛋白中的丝素纤维和丝胶蛋白进行分离。

二、实验用品

1. 材料

蚕茧(或茧层、废丝)。

2. 器材

电子天平、烧杯、纱布、温度计、滴管、烘箱、电炉、计时器、玻璃棒。

3. 试剂

碳酸钠、蒸馏水、盐酸、氢氧化钠、甲基橙指示剂、酚酞指示剂、pH 试纸。

三、实验步骤

1. 称取茧层样品

取茧层约 50 g，先在 80℃恒温下干燥至恒重(30 min)，冷却至室温后，立即在电子天平上称取 6 g 洁净茧层备用。

2. 称取碳酸钠试剂

在电子天平上称取两份 2.5 g 碳酸钠试剂备用。

3. 配制 0.5%质量浓度的碳酸钠沸水溶液

在 1 000 mL 的烧杯中，放入 600 mL 的蒸馏水，再加入 3 g 碳酸钠试剂，用玻璃棒搅拌使碳酸钠溶解，然后放在电炉上加热至沸腾。

4. 脱胶

将 600 mL 0.5%碳酸钠溶液分成 6 等份，分别将 1 g 茧层加入上述 100 mL 0.5%碳酸钠沸水溶液中(即浴比为 1∶100)，继续煮沸 20、40、60、80、100、120 min，其间常用玻璃棒搅拌，然后小心倾去溶液，并用蒸馏水洗涤脱胶丝、拧干，得一次脱胶丝。再以相同的方法进行第二次脱胶，脱完后仍用蒸馏水洗涤、拧干，得二次脱胶丝(脱胶完全)，即获得纯纤维状丝素。然后，将脱胶丝(纯纤维状丝素)放入烘箱中烘干，计算脱胶率(表 37-1)。

$$\text{脱胶率}=1-\frac{\text{干脱胶丝}}{\text{原茧层量}}\times 100\%$$

表 37-1　不同煮茧时间丝胶蛋白脱胶率的影响

项目	时间/min						
	0	20	40	60	80	100	120
煮前重量/mg							
煮后重量/mg							
丝胶溶失率/%							

5. 不同的条件对丝胶蛋白的分离与制备影响(表 37-2)

(1)酸性环境与丝胶溶失　取蒸馏水 100 mL,先加入甲基橙 2～3 滴,再滴入盐酸数滴,使甲基橙变为红色(pH 在 3～4 之间)。按前法准备茧层。然后,将其置于上述已配好的蒸馏水中煮沸 60 min;取出茧层后的烘干、称量、计算等操作同上。

(2)中性环境与丝胶溶失　将茧层浸入相同体积、相同温度的中性水中,煮沸 60 min,计算丝胶溶失率。其余操作同前。

(3)碱性环境与丝胶溶失　取蒸馏水 100 mL,先加入酚酞数滴,再滴入 NaOH 数滴(溶液刚好变为红色为度)。其余操作同前。

表 37-2　不同煮茧环境丝胶蛋白对脱胶率的影响

煮茧环境	丝胶溶失率/%	特点、体会
酸性		
中性		
碱性		

四、注意事项

1. 煮茧的条件对丝胶蛋白分离与制备的影响。
2. 不同品种蚕茧中的丝胶蛋白含量有所不同。

Ⅱ　丝素纤维的溶解与丝素蛋白的纯化

一、实验原理

蚕茧是一种重要的生物资源,蚕丝蛋白是一种生物大分子,其降解产物为 18 种氨基酸和不同分子量的多肽,具有重要的生物功能。蚕丝蛋白主要由 70%～80%的丝素纤维和 20%～30%的丝胶蛋白组成,而丝素纤维与丝胶蛋白是有结构性能差异的两类蛋白质。丝素是一种纤维状蛋白,与丝胶相比,结构稳定,不溶于水中,但易溶于一定浓度的溴化锂、氯化钙等中性盐溶液中。一般根据对热水和化学试剂的不同反应而分别提取加以利用。本实验利用中性盐将丝素纤维溶解。透析袋是一种半透膜,只有小分子量的物质能够透过,而大分子量的物质不能透过,利用半透膜的这一性质,可以除去氯化钙等小分子物质,将氯化钙等中性盐溶解的丝素溶液提纯，得到大分子量的纯丝素蛋白溶液。

二、实验用品

1. 材料

蚕茧（或茧层、废丝）。

2. 器材

电子天平、烧杯、玻璃棒、电炉、手套、小漏斗、纱布、透析袋等。

3. 试剂

碳酸钠、碳酸氢钠、氯化钙、EDTA、乙醇、蒸馏水等。

三、实验步骤

1. 称取茧层样品

在电子天平上称取 5 g 纤维状丝素蛋白（二次脱胶丝）备用。

2. 丝素蛋白溶解液的配液

（1）配制 50％质量浓度的氯化钙溶液　在电子天平上称取 100 g 氯化钙粉末，放入 250 mL 的烧杯中，再加入 100 mL 的蒸馏水，把烧杯放在电炉上加热，并用玻璃棒搅拌使氯化钙溶解。

（2）配制 $CaCl_2/H_2O/EtOH$ 三元混合溶剂　溶解丝素蛋白的溶剂按照摩尔比 1∶8∶2 配制 $CaCl_2/H_2O/EtOH$ 三元混合溶剂，并用滤纸过滤，得到所需的澄清三元溶剂。

3. 丝素蛋白溶解

（1）将 5 g 丝素纤维加入氯化钙溶液中（浴比 1∶25），煮数分钟，其间常用玻璃棒搅拌，使丝素纤维完全溶解，停止加热。然后，用纱布粗过滤即得含氯化钙丝素溶液。

（2）将 5 g 丝素纤维加入三元混合溶剂中（浴比 1∶5），为避免无水乙醇加热过程中挥发，可以将混合溶液用保鲜膜密封。当水浴温度达到 80℃时，加入的丝素蛋白开始溶解。溶解 30 min 之后，将丝素蛋白溶液置于通风处使其逐渐冷却至室温。

4. 透析袋处理

把透析袋剪成适当长度（20 cm）的小段，注意戴手套。在 2％（W/V）碳酸氢钠和 1 mmol/L EDTA（pH 8.0）中将透析袋煮沸 15 min。用蒸馏水彻底清洗透析袋。冷却后存放于 4℃，必须确保透析袋始终浸没在溶液内。用前在透析袋内装满水然后排出，将之清洗干净。

5. 丝素蛋白的纯化（透析脱盐）

将上述溶解的丝素蛋白溶液倒入透析袋中，在自来水中流水透析 24 h，之后再置于去离子水中静水透析 48 h，且每 12 h 更换一次去离子水，目的是除去丝素蛋白溶液中的杂质和金属离子，防止丝素蛋白溶液发生凝胶。透析结束后将溶液进行抽滤，即得到丝素蛋白溶液，将其置于 4℃的冰箱中冷藏保存备用。

四、注意事项

1. 丝素蛋白的溶解条件对其功能及性质的影响。
2. 丝素蛋白的水解程度对其功能及性质的影响。

Ⅲ　丝素蛋白膜的制备

一、实验原理

丝素是一种生物大分子，可以用来制备各种生物材料。丝素的形状可以形成纤维状、溶液状、膜状和凝胶状等。丝素膜可以用于机体缺损组织修复的材料，但纯丝素膜的机械性能较差，因而不适合直接应用。为此，可以通过添加交联剂或其他有机高分子来提高其机械性能。制备丝素蛋白膜的最常用方法是延流法，即将丝素蛋白溶液平铺在聚乙烯薄膜上干燥，便可以形成各种厚度的丝素蛋白膜，具体的厚度以实际需求而定。

二、实验用品

1. 材料

丝素蛋白溶液。

2. 器材

聚乙烯板、移液枪、玻璃棒、小剪刀、镊子、烘箱等。

3. 试剂

氯化钙、无水乙醇等。

三、实验步骤

1. 制备(延流法)

取聚乙烯薄板置于水平位置，用移液枪分别取 1、2、3、4、5 mL 丝素蛋白溶液，置于聚乙烯板上，用玻璃棒将其均匀摊开，置于室温下让其风干，制得室温丝素蛋白膜；另取 1、2、3、4、5 mL 丝素蛋白溶液，置于聚乙烯板上，用玻璃棒将其均匀摊开，置于 60℃ 烘箱中烘干，制得丝素蛋白膜。

2. 乙醇处理

将已成型的丝素膜置于烧杯中，酒精浸 0.5～1 min 后捞出、风干，即成有一定强度的丝素膜。

四、注意事项

1. 丝素蛋白膜制备的影响因素。
2. 丝素蛋白膜的机械性能及应用领域。

Ⅳ 丝素蛋白膜结构的分析

一、实验原理

红外光透过物质后，会发生特定的吸收，从而产生吸收光谱。不同的物质具有不同的吸收光谱，因而红外光谱可以用来进行物质二级结构的定性和定量分析，是鉴定化合物和测定分子结构的有效方法之一。红外光透过蛋白质薄膜后，产生两个重要的特征吸收带，酰胺Ⅰ带（Amide Ⅰ）和酰胺Ⅱ带（Amide Ⅱ），酰胺Ⅰ带主要位于1 700～1 600 cm^{-1}，而酰胺Ⅱ带主要位于1 600～1 500 cm^{-1}。当酰胺Ⅰ带的吸收峰位于1 650 cm^{-1}或酰胺Ⅱ带吸收峰位于1 546 cm^{-1}时，蛋白质的二级结构主要为α-螺旋；当酰胺Ⅰ带的吸收峰位于1 633 cm^{-1}或酰胺Ⅱ带吸收峰位于1 530 cm^{-1}时，蛋白质的二级结构主要为β-折叠；当酰胺Ⅰ带的吸收峰位于1 655 cm^{-1}或酰胺Ⅱ带吸收峰位于1 535 cm^{-1}时，蛋白质的二级结构主要为无规卷曲。

因此，可以根据酰胺Ⅰ和酰胺Ⅱ的吸收位置来定性地判定丝素蛋白膜的二级结构及不同材料膜的判别。

二、实验用品

1. 材料

丝素蛋白膜。

2. 器材

小剪刀、镊子、红外光谱仪等。

三、实验步骤

(1)将傅立叶转换红外光谱仪打开，预热30 min后，打开电脑。

(2)测定空气的红外光谱图作为背景。

(3)取一小片很薄的在室温条件下制备的丝素蛋白膜置于光谱仪（FT-IR，ATR）中进行测定，即获得室温丝素蛋白膜的红外光谱图。

(4)测定完毕，取出室温丝素蛋白膜。

(5)再取一小片很薄的在60℃条件下制备的丝素蛋白膜置于光谱仪（FT-IR，ATR）中进行测定，即获得60℃条件下制备的丝素蛋白膜的红外光谱图。测定完毕后，取出丝素蛋白膜。

(6)观察两种丝素蛋白膜的红外光谱图，辨别其特征峰酰胺Ⅰ和酰胺Ⅱ的谱带位置，确定两种丝素蛋白膜的二级结构。

四、注意事项

1. 丝素蛋白的制备条件对丝素蛋白结构的影响。
2. 丝素蛋白结构对丝素蛋白膜功能的影响。

Ⅴ　丝胶蛋白的乳化性能及其影响因素

一、实验原理

丝胶蛋白具有良好的吸放湿性能、抗氧化性、紫外线吸收性、黏着性，且具有非常好的营养及保健功能。因此，丝胶蛋白在化妆品、食品添加剂、医药、生物材料、功能材料等领域具有良好的应用前景。蛋白质的功能性主要有乳化性、水合性、吸油性、胶凝性、溶解性、起泡性、黏性、结团性、组织性、结膜性、调色性等，而乳化性是蛋白质最重要、最基本的功能之一。蛋白质乳化性是指蛋白质能使油与水形成稳定的乳化液而起乳化剂的作用，主要包括乳化活性(emulsifying capacity，EA)、乳化稳定性(emulsifying stability，ES)和乳化能力。影响蛋白乳化性能的因素很多，如蛋白质浓度、pH、离子强度、温度等。丝胶蛋白是一种两亲性的蛋白，它既具有亲水性又具有疏水性，这决定了丝胶蛋白具有能显著降低油、水或空气、水界面张力的特性即乳化性。

二、实验用品

1. 材料

家蚕削口茧、大豆色拉油。

2. 器材

电动均浆器、分光光度计、水浴锅、电子分析天平、烘箱等。

3. 试剂

Tris、HCl、碳酸钠、SDS(十二烷基硫酸钠)、牛血清白蛋白、考马斯亮蓝 G-250、乙醇、H_3PO_4、蒸馏水等。

三、实验步骤

(一)丝蛋白的制备

丝胶蛋白的制备见实验Ⅰ。

(二)丝胶蛋白浓度的测定

取称量皿洗净放入烘箱烘干后取出，在室温条件下称量出其质量 M_1，加入一定体积 V 的丝胶溶液，称出丝胶溶液和称量皿的质量 M_2，然后放入烘箱烘至恒重取出，在室温条件下称出此时称量皿的质量 M_3。则：

$$丝胶蛋白浓度(g \cdot L^{-1})=\frac{M_3-M_1}{V}$$

丝胶蛋白浓度也可以参照 BCA 法、Bradford 法等测定。

(三)乳化活性、乳化稳定性、乳化能力的测定方法

丝胶蛋白的乳化活性和乳化稳定性的测定参照 Pearce 等方法略有改动，取 10 mL 0.2%(W/V)待测样品蛋白液，加入适量大豆色拉油，10 000 r·min^{-1}、25℃下搅拌 1 min，分别在搅拌后 0 min 和 10 min 取样。用微量取样器取出底部的乳状液 40 μL，以 0.1%(W/V)SDS(pH 7.0)溶液稀释 500 倍后放入比色皿中，立即测定其在 500 nm 处的吸光值，以相同浓度的 SDS 溶液为参比液，以 0 时刻的吸光值 A_0 表示乳化活性(EA)。用 10 min 后的吸光值计算出的乳化稳定性指数(ESI)表示乳化稳定性(ES)：

$$ESI=\frac{A_0 \times \Delta t}{\Delta A}$$

式中：A_0 为 0 时刻的吸光值；Δt 为时间差(min)；ΔA 为 Δt 内的吸光值差。

分别配制质量浓度为 1.0 g·L^{-1}、2.0 g·L^{-1}、3.0 g·L^{-1}、4.0 g·L^{-1}、5.0 g·L^{-1} 的丝蛋白溶液，测定不同浓度下丝蛋白的乳化活性和乳化稳定性(乳化性能)。利用缓冲液将丝蛋白溶液调配成 pH 为 2.2、2.8、3.4、4.0、4.6、5.2、5.8、6.4、7.0、7.6、8.2、8.8、9.4、10.0 等不同 pH 值的待测溶液，测定不同 pH 时丝蛋白的乳化活性、乳化稳定性和乳化能力。将丝胶蛋白和大豆色拉油按比例混合后，分别加热到 20℃、30℃、40℃、50℃、60℃、70℃、80℃、90℃，测定在不同加热温度下丝胶蛋白的乳化性能。称取一定质量的 NaCl 盐，分别配制成离子浓度为 0.2 mol·L^{-1}、0.4 mol·L^{-1}、0.6 mol·L^{-1}、0.8 mol·L^{-1}、1.0 mol·L^{-1}的 NaCl 溶液，然后用不同浓度的 NaCl 溶液将丝胶蛋白配制成百分比为 0.2%的待测溶液，测定不同离子浓度时丝胶蛋白的乳化性能。

乳化能力测定：取 20 mL 蒸馏水，加入 30 mL 的色拉油，10 000 r·min^{-1}搅拌 1 min，于 3 000 r·min^{-1}离心 5 min。

乳化能力＝被乳化层的体积/离心管中的液体总体积×100%

(四)数据整理

丝胶溶液浓度测定的结果填入表 37-3。

表 37-3　丝胶蛋白溶液浓度测定

称量皿质量 M_1/g	丝胶溶液的质量 (M_2-M_1)/g	丝胶蛋白的质量 (M_3-M_1)/g	丝胶溶液的百分比浓度/%	丝胶溶液的体积比浓度/$(g \cdot L^{-1})$

分别记录乳化活性、乳化稳定性、乳化能力的数据，进行统计分析，并作图。

四、注意事项

1. 丝蛋白的乳化性能的影响因素。
2. 丝蛋白的乳化性能对应用的影响。

Ⅵ　丝素蛋白药物缓释载体的制备及应用

一、实验原理

丝素蛋白是一种天然高分子材料，其来源丰富，价格低廉，且具有良好的生物相容性和生物可降解性能，是一种临床应用前景极为广阔的医用生物高分子材料。丝素蛋白在其控制条件下极易形成粉末、纤维、凝胶、膜及多孔海绵等多种状态，是一种优良的固定化酶载体。同理，丝素蛋白载体还可以负载生物活性物质（如酶、抗体、核酸、细胞等），该活性载体进入生物体内，以一定的速率缓释包裹的活性物质，经过分子识别，发生生物学反应。医学上很多药物特别是抗肿瘤药物都具有很强的毒性，为了避免药物的副作用伤害人体，提高药物的生物利用度。丝素蛋白相对于其他生物材料而言，具有如下更加优越的性能：由于其独特的氨基酸组成，可以通过某些氨基酸或者侧链的化学修饰改变蛋白质的表面性能；丝素蛋白可以在体内或体外缓慢降解，并且对生物体无毒害性，这就为其作为一种用于生物体内部的医用材料奠定了坚实的基础；与其他的天然纤维或者合成纤维相比，丝素蛋白具有优良的力学性能、柔韧性等，并可以通过各种不同的处理方式得到颗粒、薄膜、支架等不同形态，而处理过程并不是太复杂。目前，丝素蛋白在生物医药的缓、控释方面的应用已得到广泛的研究，包括丝素蛋白薄膜、丝素蛋白微球、丝素蛋白水凝胶、丝素蛋白多孔支架等。

目前，医学上为了避免药物的副作用伤害人体，提高药物的生物利用度，常常利用药物释放系统（drug delivery system DDS）。药物的控制释放是通过适当的传输方式，将药物适时、适量地应用到给定目标的过程，要求在传输过程中避免药物的分解及不必要的预期外效应。控释药物能够通过物理、化学甚至是生物方法来控制药物的释放过程，包括药物释放的速率、单位时间的释药量等。缓释药物属于控释药物中特定的一类，是延长释药时间，并保持具有较均一的血药浓度的控释药物。在药物缓释体系中，药物载体扮演着重要的角色，主要分为天然高分子材料、半合成高分子材料和全合成高分子材料3种。由于丝蛋白是天然高分子材料，来源丰富，且具有良好的生物相容性和生物可降解性，性质稳定，安全无毒，在药物载体材料中显得尤其重要。

二、实验用品

1. 材料

蚕茧或蚕丝。

2. 器材

电子天平、冷冻离心机、冷冻干燥机、电热恒温鼓风干燥箱、恒温加热磁力搅拌器、紫外分光光度计、电磁炉、恒温震荡器、电动匀浆器等。

3. 试剂

盐酸阿霉素、碳酸钠、无水乙醇、无水氯化钙、透析袋D10 mm、磷酸二氢钾、磷酸氢二钾、去离子水等。

三、实验步骤

(一)丝素蛋白(SF)溶液的制备

丝素蛋白(SF)溶液的制备见实验Ⅰ。

(二)丝素蛋白微球的制备

称取一定质量的磷酸二氢钾和磷酸氢二钾，配制成浓度为1.25 $mol \cdot L^{-1}$的不同pH的磷酸盐溶液。将一定浓度的丝素蛋白溶液按照体积比1∶5加入磷酸盐溶液中，混合体系变得浑浊。将该体系在冰箱4℃下冷藏4 h后，室温静置12 h，发现混合体系上层澄清，底下有白色沉淀物。将混合体系的白色沉淀物用离心机离心分离得到丝素蛋白微球，将丝素蛋白微球用蒸馏水离心洗涤3次，得到的产品置于冷冻干燥机中冷干，得到粉末产品备用。

(三)丝素蛋白缓释类凝胶的制备及性能

丝素蛋白水溶液在注射前的预处理(例如挤压、超声波、涡旋)，可以控制和缩短丝素蛋白凝胶化时间，制备一种可注射的丝素蛋白水凝胶。

1. 丝素蛋白溶液的浓缩

丝素蛋白(SF)溶液的制备中透析结束后将溶液进行抽滤，即得到丝素蛋白溶液，将其置于4℃的冰箱中冷藏保存备用。取上述所得的丝素蛋白溶液于60℃的恒温水浴锅中不断搅拌，且搅拌速度不要太快，以不形成旋涡为最佳转速，避免丝素蛋白水溶液在强烈搅拌下形成水凝胶。将丝素蛋白溶液缓慢搅拌浓缩，使丝素蛋白溶液浓度达到20%左右，浓缩液冷却至室温后，放置于4℃冰箱中冷藏保存备用。

2. 丝素蛋白凝胶的制备

将浓度为20%的丝素蛋白溶液稀释到不同的浓度（2.0%、1.5%、1.0%、0.5%），量取一定体积不同浓度的丝素蛋白溶液置于烧杯中并将其封口，然后在60℃恒温烘箱中静置，直到形成丝素蛋白水凝胶。

3. 丝素蛋白载药凝胶的制备

首先配置0.1 mg/mL的盐酸阿霉素（DOX）水溶液，将一定量的DOX溶液加入浓度为2.0%的丝素蛋白水凝胶中，分别稀释至浓度为1.5%、1.0%、0.5%。磁力搅拌器下连续搅拌12 h，目的是让DOX与丝素蛋白水凝胶充分接触，即得到载药的丝素蛋白类凝胶；或将盐酸阿霉素与丝素蛋白水凝胶混合液充分匀浆，形成乳化液。

4. 体外药物缓释性能

分别量取不同浓度的丝素蛋白载药凝胶于5 mL透析袋中，然后将透析袋两端密封，放于100 mL PBS（pH＝7.4）中，置于37℃水浴摇床中缓慢摇动，模拟体内释放。分别在0、2、4、6、8、10、12小时取样，在设定的时间点取缓释上清液3 mL，取出的上清液用分光光度计在482 nm处测试吸光值。最后根据预先测定的DOX标准曲线得到此时上清液中的DOX浓度值，从而测得样品在该时间点的药物释放效率。

DOX浓度标准曲线的测定方法如下：分别配制一系列不同浓度的DOX溶液（0.001、0.002、0.004、0.006、0.008、0.01 mg/mL），将已知浓度的DOX溶液用分光光度计测试在482 nm的吸收峰值并对DOX的浓度作图，即得到DOX浓度标准曲线。

四、注意事项

1. 丝素蛋白药物缓释载体制备的影响因素。
2. 丝素蛋白水解程度、结构对其药物缓释的影响。

Ⅶ　蚕丝蛋白的水解工艺及在化妆品中的应用

一、实验原理

随着人们生活水平提高，化妆品几乎成为人们日常生活中不可缺少的生活必需品，人们对化妆品的品质要求日渐趋向于天然、营养、无刺激性等。蚕丝蛋白主要由丝素蛋白和丝胶蛋白组成，是目前化妆品中最好的原材料之一，无毒副作用，与人体的亲和性好，对皮肤无刺激，无过敏反应，渗透力强。有资料显示：蚕丝蛋白10 s左右就可被人体细胞所吸收；还能吸收紫外线，具有抵御日光辐射的作用；丝肽还能抑制皮肤中黑色素的生成，相对分子质量小的丝肽对黑色素生成的抑制更为有效。蚕丝中含有多种氨基酸和蛋白质。

蚕丝中含有多种氨基酸和蛋白质。在碱性环境中，蚕丝蛋白中的氨基酸可与碱结合而游离成阴离子。改变溶液的pH，可使氨基酸呈电中性，即带相等的正、负电荷，此时溶液的pH

即为该氨基酸的等电点，这时水分子不仅能进入丝素的非结晶区，而且还能进入结晶区，这样就削弱了多肽链间的范德华力，溶剂的作用还可以使丝素大分子的多肽链部分发生断裂，强烈的碱性使丝素发生无限膨润而成黏稠溶液，同时又破坏了丝素紧密有序的聚集态结构，使之变为疏松无序的结构。这样蚕丝蛋白就水解了。

二、实验用品

1. 材料

优质上等蚕丝。

2. 器材

反应罐(小型常规 WDF 型反应釜)、温度计(0～100℃ 3 支)、真空抽滤机、天平、烧杯(500 mL、200 mL)、锥形瓶(200 mL)、量筒(500 mL、200 mL)、玻璃棒。

3. 试剂

植物油、维生素 C、维生素 E、甘油、透明质酸等。

三、实验步骤

(一)蚕丝水解

称取 10 g 蚕丝，将其放入搪瓷反应器中，加入适量去离子水后，加热、加碱，并不断地调节 pH，使蚕丝充分水解，然后常温冷却、调节浓度、脱色、除杂、过滤、贮存备用。其工艺过程如下：蚕丝→加水→加热→调 pH→水解→冷却→调节波美度→脱色→除杂→抽滤→贮存。

(二)不同因素对水解程度的影响

(1)pH 对蚕丝水解程度的影响　pH 的大小直接影响蚕丝水解率，设置不同的 pH，测定蚕丝在酸性、碱性条件下可水解程度。

(2)温度对反应程度的影响　pH 一定时，温度直接影响着丝蛋白的水解度和颜色。设置不同的温度，测定蚕丝在不同温度条件下可水解程度。

(3)反应时间对反应程度的影响　在 pH 一定的条件下(pH 7.0)，设置不同的反应时间，测定蚕丝在不同时间条件下水解程度。

(三)蚕丝蛋白化妆品制备工艺

蚕丝蛋白溶液添加到洗发膏、化妆水、面膜水、乳液等溶液或半固体化妆品中，研磨搅拌调和均匀，用量为 0.5%～2.0%。化妆水：建议使用率 0.1%～0.5%。凝胶或面膜：建议使用率 0.5%～2%。乳霜：建议使用率 0.5%～2%。

1. 蚕丝蛋白清爽保湿面霜配方

天然植物油	10 mL
维生素 E	2 mL

蚕丝蛋白溶液	1%(终浓度)
甘油	5 mL
纯露/纯水	补到 100 mL

2. 蚕丝蛋白保湿精华液配方

蚕丝蛋白溶液	2%(终浓度)
透明质酸原液	10 mL
纯露/纯水	补到 100 mL

3. 操作方法

油相→蚕丝蛋白溶液→水相→搅拌(恒温 85℃)→乳化→搅拌→冷却(加入化妆品添加剂)→包装。

四、注意事项

1. 蚕丝蛋白水解的影响因素。
2. 蚕丝蛋白作为化妆品的安全性。

Ⅷ　丝胶蛋白粉的制备及其物理性质测定

一、实验原理

桑蚕丝是一种天然的蛋白质纤维，主要含有丝胶和丝素两种蛋白，其中丝胶蛋白占20%～30%。丝胶蛋白是一种易溶性的球状蛋白，由 18 种氨基酸组成，其二级结构主要以无规卷曲结构为主和部分 β 构象，含有 74.61%的极性侧链氨基酸。研究表明，丝胶蛋白具有良好的吸放湿性能、抗氧化性、紫外线吸收性、黏着性，且具有良好的营养及保健功能，因此，丝胶蛋白在化妆品、食品添加剂、医药、生物材料、功能材料等领域具有良好的应用前景。长期以来，由于制丝及纺织工艺的需要，丝胶随着缫丝、制丝废水排放流走，没有得到很好的利用，这既是对资源的浪费，又给环境造成了污染。因此，近年来丝胶回收与利用备受关注，对缫丝废水中的丝胶进行回收不仅可以降低水的污染程度，达到污水处理的目的，而且还可以通过对丝胶的再利用，进一步降低生产成本。从丝绸废水中回收丝胶主要有离心法、冷冻法、酸析法、有机溶剂法、化学混凝法和超滤膜法等方法。

二、实验用品

1. 材料

蚕茧、食用油。

2. 器材

电动搅拌器、分光光度计、水浴锅、分析电子天平、PHS-2C 酸度计、高速冷冻离心机等。

3. 试剂

冰醋酸、无水乙醇、碳酸钠、丙酮等。

三、实验步骤

(一)蚕丝的脱胶

称取一定量(约 100 g)的茧壳,将其剪成面积约为 1 cm^2 的碎片,加浴比 1∶40 的 0.5%的碳酸钠溶液,精炼茧层 2 次,每次 30 min(第一次精炼后,加入一定量的水使得与第一次加水的量一致),处理后的丝胶溶液备用。

(二)丝胶蛋白的回收方法

酸析法回收丝胶蛋白,在丝胶溶液中加入冰醋酸,使其 pH 调至 3.8~4.5,静置一段时间后,放入离心机常温下以 5 000 $r \cdot min^{-1}$ 转速离心 10 min,然后再倾去上清液回收丝胶蛋白。有机溶剂沉淀法回收丝胶蛋白,采用无水乙醇或丙酮作为沉淀剂,将丝胶溶液和无水乙醇按 5∶1 的比例混合,让其充分反应,然后再放入离心机常温下以 5 000 $r \cdot min^{-1}$ 转速离心 10 min,再倾去上清液回收丝胶蛋白。

(三)丝胶蛋白粉物理性质的测定

将制得的丝胶蛋白放入烘箱烘干,研磨成丝胶蛋白粉末置于密封的塑料管中备用。然后分别测定它们的持水性、持油性、溶解性等物理特性。

1. 丝胶蛋白持水性的测定

称取 1 g 丝胶蛋白粉置于 50 mL 离心管内,加蒸馏水 30 mL,用磁力搅拌器搅拌使蛋白质溶液分散均匀,于 60℃恒温水浴中加热 30 min,然后在冷水中冷却 30 min,把样品管置于离心机 10 000 $r \cdot min^{-1}$ 条件下离心 15 min 后倾去上清液,称取离心管的质量(m_2),称取 50 mL 离心管的质量(m_1),则每克蛋白质的持水性(WCH)为:WCH=(m_2-m_1-1)/样品的质量。

2. 丝胶蛋白持油性的测定

称取 1 g 丝胶蛋白粉分散于 15 mL 食用油中,混合均匀,在 80℃水浴 1 h 后冷却至室温,再在 5 000 $r \cdot min^{-1}$ 转速下离心 30 min,弃去上清液,擦干离心管外壁附着的油和水分,称质量,则:持油率=(沉淀量/样品量)×100%。

3. 丝胶蛋白溶解性的测定

称取 1 g 丝胶蛋白,将其配成质量百分比为 10%的悬浮液,于 30℃水浴锅中震荡保温 1 h 后,再在 5 000 $r \cdot min^{-1}$ 转速下离心 30 min,倾出上清液并测量体积,然后将上清液置于平面皿中烘干,称取溶出蛋白的质量,则:溶解度=溶出蛋白的质量/样品蛋白质量×100%。

(四)数据整理

根据实验,进行数据整理,并填写表 37-4。

表 37-4　丝胶蛋白粉的物理性质

方法	持油性/%	持水性/g	溶解度/%

四、注意事项

1. 不同回收方法对丝胶蛋白性质及回收率的影响。
2. 丝胶蛋白的变性程度对其物理性质的影响。

参考文献

[1]王伟，齐鲁．丝胶蛋白材料的研究与应用进展[J]．丝绸，2009(11)：38-41.

[2]张雨青．蚕丝脱胶方法的比较分析[J]．蚕业科学，2002(1)：75-79.

[3]封平．蚕丝蛋白的结构及食用性研究[J]．食品研究与开发，2004，25(6)：51-54.

[4]张海萍，朱良均，闵思佳．蚕丝蛋白生物资源高分子材料的应用研究[C]．中国蚕学会第六届青年学术研讨会论文集．2009.

[5]张雨青．丝胶蛋白的药理及其在医用材料上的应用[J]．纺织学报，2003，24(03)：97-100.

[6]张凯．丝素蛋白的提取及丝素膜的制备、修饰与应用研究[D]．华东大学，2015.

[7]张海云．丝素蛋白药物缓释载体的制备及其性能研究[D]．北京理工大学，2015.

[8]王雪云，邓连霞，朱良均．丝绸工业废水中丝胶蛋白的回收利用[J]．丝绸，2011，48(08)：19-21.

[9]张瑶琴，陈忠敏，张艳冬，等．丝胶蛋白分子结构及其制取条件[J]．中国组织工程研究与临床康复，2011，15(3)：468-472.

[10]李明忠，吴徵宇，卢神州．多孔丝素膜的研制及性能研究[J]．丝绸，2001，1(3)：10-13.

[11]彭显能，陈新，武培怡，等．二维相关红外光谱研究再生蚕丝蛋白膜的构象与温度之间的关系[J]．化学学报，2004(21)：2127-2130.

[12]张小平．高分子量丝素蛋白的制备及其纺丝的研究[D]．苏州大学，2014.

[13]刘今强，邵建中．三官能团交联剂对蚕丝丝胶的固着[J]．纺织学报，2000，21(05：279-281.

[14]陈俊高，迟玉杰，王喜波．提高大豆分离蛋白乳化性的工艺优化及性质分析[J]．食品与发酵工业，2010(11)：67-72.

[15]杨新林，吴克友，于群．肝素共混丝素蛋白膜上 AT-Ⅲ的固定化及其体外抗凝血性能[J]．北京理工大学学报，2004，24(9)：837-840.

执笔人：魏国清

附录1 实验室规则与安全防护知识

一、实验室规则

(1)实验前须认真预习实验指导,明确实验目的和要求,了解实验的内容和基本原理,熟悉实验的步骤和操作方法。

(2)实验期间自觉遵守课堂纪律,上课不迟到、不早退、不无故旷课;自觉维护课堂秩序,保持实验室的安静,不得大声谈笑、喧哗。

(3)实验过程中随时注意保持实验台面、称量台、药品架、水池以及各种实验仪器内外的整齐整洁,仪器药品要井然有序,滤纸、废品等必须放入废物桶内。

(4)实验中要认真、严格地按操作规程进行实验,仔细观察,如实记录实验现象和数据,并认真分析问题、处理数据,独立、按时完成实验报告。

(5)使用精密、贵重仪器,必须了解其性能和操作方法,并在老师指导下严格按照操作规程操作。实验中因故损坏仪器、器皿,应及时报告,并要给予适当赔偿。

(6)试剂和各种物品必须注意节约,不要使用过量的药品和试剂;昂贵的 Sephadex、Sepharose 凝胶和 DEAE 纤维素等,用后必须及时回收,不得丢弃;公用试剂须按规定使用,用毕应立即盖严放回原处,以备他人使用;应特别注意保持药品和试剂的纯净,严禁瓶盖及药勺混杂。

(7)配制的试剂和实验过程中的样品,尤其是保存在冰箱和冷室中的样品,必须贴上标签、写上品名、浓度、姓名和日期等,放在冰箱中的易挥发溶液和酸性溶液,必须严密封口。不使用无标签(或标志)容器盛放的试剂、试样。

(8)实验室所用的易燃物品,如乙醚、石油醚、乙醇等低沸点有机溶剂使用时严禁明火,远离火源。若需加热,不可直接在电炉上加热,使用水浴。

(9)腐蚀和刺激性药品,如强酸、强碱、氨水、过氧化氢、冰醋酸等,取用时尽可能带上橡皮手套和防护眼镜,倾倒时,切勿直对容器口俯视,吸取时,应该使用橡皮球。

(10)废弃液体(强酸强碱溶液必须先用水稀释)可倒入水槽内,同时放水冲走。废纸、火柴头及其他固体废物和带有渣滓沉淀的废液都应倒入废品缸内,不能倒入水槽或到处乱扔。电泳后的凝胶和各种废物不得倒入水池,只能倒入废物桶。

(11)实验室内的一切物品,未经本室负责教师批准,严禁带出室外。借物必须办理登记手续。

(12)实验结束,需将药品试剂排列整齐,仪器要洗净倒置放好,实验台面抹拭干净,并检查水电(如水龙头是否关紧,电插头是否拔下);值日生处理废物,清扫地面;待老师检查验收后方可离开实验室。

二、实验室安全知识

生物学实验室是进行教学和科研的场所，稍有不慎，各种事故均可能发生，危及人体健康乃至生命，给国家财产造成重大损失。因此，必须十分重视生物学实验室的安全工作。

(一)远离火灾

生物学实验室经常使用大量的有机溶剂，如甲醇、乙醇、丙酮、氯仿等，而实验室又经常使用电炉、酒精灯等火源，因此极易发生着火事故。

预防火灾必须严格遵守以下操作规程：

(1)严禁在开口容器和密闭体系中用明火加热有机溶剂，只能使用加热套或水浴加热。

(2)不得在烘箱内存放、干燥、烘焙有机物。

(3)在有明火的实验台面上不允许放置开口的有机溶剂或倾倒有机溶剂。

(二)防止爆炸

生物学实验室防止爆炸事故是极为重要的，因为一旦爆炸其毁坏力极大，后果将十分严重。易燃物质蒸汽在空气中的爆炸极限见附表1-1。

附表1-1　易燃物质蒸汽在空气中的爆炸极限

名称	爆炸极限(体积百分数)	名称	爆炸极限(体积百分数)
乙醚	1.9～36.5	丙酮	2.6～13
甲醇	6.7～36.5	乙醇	3.3～19
氢气	4.1～74.2	乙炔	3.0～82

加热时会发生爆炸的混合物有：有机化合物＋氧化铜、浓硫酸＋高锰酸钾、三氯甲烷＋丙酮等。

防止爆炸必须严格遵守以下操作规程：

(1)不得随意混合化学药品，避免化学药品受热、受摩擦和撞击。

(2)严禁在密闭的体系中进行蒸馏、回流等加热操作。

(3)严禁在加压或减压实验中使用不耐压的玻璃仪器。

(4)严格控制易燃易爆气体大量逸入室内。

(5)安全使用高压气瓶，防止减压阀摔坏或失灵。

(三)严防中毒

生物学实验室常见的化学致癌物有：石棉、砷化物、铬酸盐、溴化乙锭等。

剧毒物有：氰化物、砷化物、乙腈、甲醇、氯化氢、汞及其化合物等。

中毒的原因主要是由于不慎吸入、误食或由皮肤渗入。

严防中毒必须严格遵守以下操作规程：

(1)使用有毒或有刺激性气体时，必须佩戴防护眼镜，并应在通风橱内进行。

(2)取用毒品时必须佩戴橡皮手套。

(3)严禁用嘴吸移液管,严禁在实验室内饮水、进食、吸烟,禁止赤膊和穿拖鞋。

(4)不要用乙醇等有机溶剂擦洗溅洒在皮肤上的药品。

(四)避免外伤

实验室常用到玻璃器皿,有时要割断玻璃管、胶塞打孔、用玻璃管连接胶管等操作,操作者疏忽大意或思想不集中造成皮肤与手指创伤、割伤屡有发生。

避免外伤必须严格遵守以下操作规程:

(1)使用金属器材或动力设备时,注意防止割伤、机械损伤。

(2)使用玻璃设备或拆装能发生破裂的玻璃仪器时,要用布片包裹,以免玻璃仪器破裂引起割伤、刺伤。

(3)清除碎玻璃不可使用抹布,以免涮洗抹布时划伤或者扎伤手部。量取浓酸、浓碱液体时需要格外小心。

(4)由破碎玻璃引起的伤,不能用手抚摸,也不能用水冲洗。

(五)安全用电

生物学实验室要使用大量的仪器、烘箱和电炉等,因此每位实验人员都必须能熟练地安全用电,避免发生一切用电事故。

安全用电必须严格遵守以下操作规程:

(1)实验室管理人员应经常性检查电源线路及插座,发现坏的接头、插头、插座和不良导线应及时更换。

(2)电炉、烘箱等电热设备不可过夜使用,仪器长时间不用要拔下插头,并及时拉闸。

(3)保险丝、电源线的截面积、插头和插座都要与使用的额定电流相匹配,三条相线要平均用电。

(4)电器、电线着火不可用泡沫灭火器灭火。

(5)如遇有人触电要先切断电源再救人。

(六)预防生物危害

生物材料如微生物、动物的组织、细胞培养液、血液和分泌物都可能存在细菌和病毒感染的潜伏性危险。

预防生物危害必须严格遵守以下操作规程:

(1)处理各种生物材料必须谨慎、小心,做完实验后必须用肥皂、洗涤剂或消毒液充分洗净双手。

(2)使用微生物作为实验材料时,尤其要特别注意安全和清洁卫生。

(3)被污染的物品必须进行消毒或者烧成灰烬。被污染的玻璃用具应在清洗和高压灭菌前立即浸泡在适当的消毒液中。

(4)进行遗传重组的实验室应根据有关规定加强生物伤害的防范措施。

三、实验室灭火方法

实验中一旦发生了火灾切不可惊慌失措,应保持镇静。首先立即切断室内一切火源和电

源,然后根据具体情况积极正确地进行抢救和灭火。常用的方法有:

(1)在可燃液体燃着时,应立刻拿开着火区域内的一切可燃物质,关闭通风器,防止扩大燃烧。若着火面积较小,可用石棉布、湿布、铁片或沙土覆盖,隔绝空气使之熄灭。但覆盖时要轻,避免碰坏或打翻盛有易燃溶剂的玻璃器皿,导致更多的溶剂流出而再着火。

(2)酒精及其他可溶于水的液体着火时,可用水灭火。

(3)汽油、乙醚、甲苯等有机溶剂着火时,应用石棉布或土扑灭。绝对不能用水,否则反而会扩大燃烧面积。

(4)金属钠着火时,可把沙子倒在它的上面。

(5)导线着火时不能用水及二氧化碳灭火器,应切断电源或用四氯化碳灭火器。

(6)衣服被烧着时切勿慌张奔跑,可用衣服、大衣等包裹身体或躺在地上滚动,以灭火。

(7)发生火灾时注意保护现场。较大的着火事故应立即报警。

四、实验室急救

在实验过程中不慎发生受伤事故,应立即采取适当的急救措施。

1. 玻璃割伤及其他机械损伤

首先对伤口进行检查,确认伤口内是否有玻璃或金属等碎片物。如有异物,应小心取出。用硼酸水洗净,再擦涂碘酒或红汞水,必要时辅以纱布包扎。如果因伤口较大或过深而大量出血,应迅速在伤口上部和下部扎紧血管进行止血,然后立即到医院诊治。

2. 烫伤

轻度烫伤可用90%~95%酒精消毒后,涂抹苦味酸软膏。对于一级烫伤,伤处红痛或红肿,可用医用橄榄油或用棉花蘸酒精敷盖伤处。对于二级烫伤,皮肤起泡,注意不要弄破水泡,防止感染。对于三级灼伤,伤处皮肤呈棕色或黑色,应先用干燥而无菌的消毒纱布轻轻包扎好,然后急送医院治疗。

3. 冻伤

迅速脱离低温环境和冷冻物体。把冻伤部位置于40℃(不要超过)的热水中浸泡20~30 min,使其尽快复温。严禁火烤、冷水浸泡、猛力捶打等方式作用于冻伤部位。

4. 化学试剂灼伤

若强碱(氢氧化钠、氢氧化钾等)、碱金属(钠、钾等)触及皮肤而引起灼伤,先用大量自来水冲洗,再用5%硼酸溶液或2%乙酸溶液涂洗。若强酸、溴等触及皮肤而引起灼伤时,立即先用大量自来水冲洗,再以5%碳酸氢钠溶液或5%氢氧化铵溶液洗涤。如果皮肤不小心粘上浓硫酸,切忌直接用水冲洗,应在用棉布吸取浓硫酸后再用大量水冲洗,接着用3%~5%的碳酸氢钠溶液中和,最后用水清洗,必要时涂上甘油;若有水泡,应涂上龙胆汁。如酚触及皮肤引起灼伤时,应先用浓度10%的乙醇反复擦拭,再用大量的水清洗,直至无酚味,然后用饱和硫酸钠湿敷。

5. 煤气中毒

若煤气中毒时,应到室外呼吸新鲜空气,若严重时应立即到医院诊治。

6. 水银中毒

水银容易由呼吸道进入人体,也可以经皮肤直接吸收而引起积累性中毒。严重中毒的征象是口中有金属味，呼出气体也有气味；流唾液，打哈欠时疼痛，牙床及嘴唇上有黑色的硫化汞；淋巴腺及唾腺肿大。若不慎中毒时，应送医院急救。急性中毒时，通常用碳粉或呕吐剂彻底洗胃，或者食入蛋白(如 1 L 牛奶加 3 个鸡蛋清)或蓖麻油解毒并使之呕吐。

7. 触电

如有人员触电，必须先断电后救人。如果离触电电源开关较近，要迅速断开开关；如果开关较远，可用干木棍、竹竿等绝缘物使人与电线脱离。挑开的电线应放置妥善，以免别人再触电。急救时急救者必须做好防止触电的安全措施，手或脚必须绝缘，切忌用手、脚等直接接触受害者。

附录2 玻璃仪器的洗涤及各种洗液的配制

实验中往往由于仪器的不清洁或被污染而造成较大的实验误差，甚至会出现相反的结果。因此，玻璃仪器的洗涤清洁工作非常重要。

一、初用玻璃仪器的清洗

对新购买的玻璃仪器，可先用 0.5%的去污剂洗刷后再用自来水洗干净，然后浸泡在1%～2%盐酸溶液中过夜(不少于 4 h)以去除玻璃表面的碱性物质，再用自来水冲洗，最后用蒸馏水冲洗 2～3 次，80～100℃烘箱内烘干或倒置晾干备用。

二、使用过的玻璃仪器的清洗

1. 一般玻璃仪器

如试管、烧杯、锥形瓶等(包括量筒)，先用自来水洗刷至无污物，再选用大小合适的毛刷蘸取洗涤灵稀释液或浸入洗涤灵稀释液内，将器皿内外(特别是内壁)细心刷洗，用自来水冲洗干净后，再用蒸馏水冲洗 2～3 次，烤干或倒置在清洁处，干后备用，凡洗净的玻璃器皿，不应在器壁上挂有水珠，否则表示尚未洗干净，应再按上述方法重新洗涤。若发现内壁有难以去掉的污迹，应分别使用洗涤剂予以清除，再重新冲洗。

2. 量器

如移液管、滴定管、量瓶等。使用后应立即浸泡于凉水中，勿使物质干涸。工作完毕后用流水冲洗，以除去附着的试剂、蛋白质等物质。晾干后浸泡在铬酸溶液中 4～6 h(或过夜)，再用自来水充分冲洗，最后用蒸馏水冲洗 2～4 次，风干备用。

3. 其他

具有传染性样品的容器，如病毒、传染病患者的血清等玷污过的容器，应先进行高压(或其他方法)消毒后再进行清洗。盛过各种有毒药品，特别是剧毒药品和放射性同位素等物质的容器，必须经过专门处理，确知没有残余毒物存在后方可进行清洗。

三、比较脏的器皿或不便刷洗的器械的清洗

比较脏的器皿或不便刷洗的器械(如吸管)先用软纸擦去可能存在的凡士林或其他油污，用有机溶剂(如苯、煤油等)擦净，再用自来水冲洗后控干，然后放入铬酸洗液中浸泡过夜。取出后用自来水反复冲洗直至除去洗液，最后用蒸馏水洗数次。

四、石英和玻璃比色皿的清洗

清洗比色皿时不可使用强碱，因为强碱会浸蚀抛光的比色皿。可用洗液或1%～2%的去污剂浸泡，然后用自来水冲洗。若使用绸布包裹的小棒或棉花球棒刷洗比色皿，效果会更好。对于有色物质污染的比色皿可用 3 mol·L^{-1}的盐酸-乙醇等体积混合溶液洗涤。清洗干净的比色皿内外壁应不挂水珠。

五、塑料器皿的清洗

聚乙烯、聚丙烯等制成的塑料器皿，在生物学实验中已用得越来越多。对于第一次使用的塑料器皿，首先用 8 mol·L^{-1}尿素(用浓盐酸调 pH=1)清洗，再依次用蒸馏水、1 mol·L^{-1}KOH 和蒸馏水清洗，然后用 3～10 mol·L^{-1}EDTA 除去金属离子的污染，最后用蒸馏水彻底清洗。以后每次使用时，可只用 0.5%的去污剂清洗，然后用自来水和蒸馏水洗净、晾干后即可使用。

六、干燥

对于实验室经常要用到的玻璃仪器，应在每次实验完毕后及时洗净、干燥备用。根据不同要求，应采取不同方法对玻璃仪器进行干燥。

1. 晾干

不急用或使用时对水分没有严格要求的玻璃仪器，可在蒸馏水冲洗后，于无尘处倒置以控去水分，自然晾干即可。

2. 烘干

将洗净的仪器控去水分，放在烘箱内烘干。设置烘箱温度为 105～110℃，烘 1 h 左右。也可以放在红外灯干燥箱中烘干。此方法适用于一般的玻璃仪器。带实心玻璃塞的仪器和厚壁仪器烘干时，要注意慢慢升温并且温度不可过高，以免破裂。量器、量具不可放于烘箱中烘干。

3. 热(冷)风吹干

对于急于干燥的仪器或不适于放入烘箱的较大的仪器可采用吹干的办法。通常在已控去水分的仪器中倒入少量乙醇、丙酮(或最后再用乙醚)进行摇洗，然后用电吹风以冷风吹仪器 1～2 min。待仪器内的大部分溶剂挥发后，再用电吹风吹入热风至仪器完全干燥。最后用冷风吹去仪器内残余蒸汽，防止其在容器内的冷凝。

七、洗涤液的种类和配制方法

1. 铬酸洗液(重铬酸钾-硫酸洗液，简称为洗液)

广泛用于玻璃仪器的洗涤。常用的配制方法有如下四种：

(1)取 100 mL 工业硫酸置于烧杯内，小心加热，然后小心慢慢加入 5 g 重铬酸钾粉末，边加边搅拌，待全部溶解后冷却，贮于具有玻璃塞的细口瓶内。

(2)称取 5 g 重铬酸钾粉末置于 250 mL 烧杯中，加水 5 mL，尽量使其溶解。慢慢加入浓硫酸 100 mL，随加随搅拌。冷却后贮存备用。

(3)称取 80 g 重铬酸钾，溶于 1 000 mL 自来水中，慢慢加入工业硫酸 100 mL(边加边用玻璃棒搅拌)。

(4)称取 200 g 重铬酸钾，溶于 500 mL 自来水中，慢慢加入工业硫酸 500 mL(边加边搅拌)。

2. 浓盐酸(工业用)

可洗去水垢或某些无机盐沉淀。

3. 5%草酸溶液

用数滴硫酸酸化，可洗去高锰酸钾的痕迹。

4. 5%～10%磷酸三钠($Na_3PO_4 \cdot 12H_2O$)溶液

可洗涤油污物。

5. 30%硝酸溶液

洗涤 CO_2 测定仪器及微量滴管。

6. 5%～10%乙二胺四乙酸二钠(EDTA-Na_2)溶液

加热煮沸可除去玻璃仪器内壁的白色沉淀物。

7. 尿素洗涤液

为蛋白质的良好溶剂，用于洗涤盛有蛋白质制剂及血样的容器。

8. 酒精与浓硝酸混合液

最适合于洗净滴定管，在滴定管中加入 3 mL 酒精，然后沿管壁慢慢加入 4 mL 浓硝酸(相对密度 1.4)，盖住滴定管管口，利用所产生的氧化氮洗净滴定管。

9. 有机溶剂

如丙酮、乙醇、乙醚等可用于洗涤油脂、脂溶性染料等污痕。二甲苯可洗脱油漆的污垢。

10. 氢氧化钾的乙醇溶液和含有高锰酸钾的氢氧化钠溶液

是两种强碱性的洗涤液，对于玻璃器皿的侵蚀性很强，清除容器内壁污垢，洗涤时间不宜过长。使用时应小心慎重。

附录3 试剂的配制与保存

一、实验室用的纯水

生物学实验中大部分用于溶解、稀释和配制溶液的溶剂是水，都必须先经过纯化，常用的为蒸馏水或去离子水。

分析要求不同，对水质的要求也不同，应根据不同要求，采用不同纯化方法制得纯水。

蒸馏水是将自来水在蒸馏装置中加热汽化，然后将蒸馏水冷凝即制得。由于杂质离子一般不挥发，所以蒸馏水中所含杂质比自来水少得多，比较纯净但仍有少量杂质。为了获得比较纯净的蒸馏水可以进行重蒸馏，如果要使用更纯净的蒸馏水，可进行第三次蒸馏或用石英蒸馏器再蒸馏。

去离子水是使用自来水通过离子交换树脂柱后所得的水。制备时，一般将水依次通过阳离子交换树脂柱、阴离子交换树脂柱及阴、阳离子树脂混合交换柱，其纯度比蒸馏水高。

二、化学试剂

(一)化学试剂的分级

试剂的纯度对分析结果准确度的影响很大，不同的实验分析对试剂纯度的要求也不相同。为正确使用试剂必须了解试剂的分类标准(附表3-1)。

附表3-1 化学试剂的分级

质量次序	1	2	3	4	5
级别	一级	二级	三级	四级	五级
中国标准	保证试剂 优先纯	分析试剂 分析纯	化学纯 纯	实验试剂 化学用	生物试剂 按说明用
符号	G. R.	A. R.	C. P.	L. R.	B. R.
瓶签颜色	绿色标签	红色标签	蓝色标签	棕色标签	黄色等标签

G. R. 试剂用于基准物质和精密分析工作。A. R. 试剂的纯度略低于 G. R. 试剂，适用于大多数分析工作，为实验室广泛使用。C. P. 试剂质量略低于 G. R. 试剂，适用于一般的科研和分析工作。此外，还有一些规格的试剂，如光谱纯试剂，其所含的杂质低于光谱分析法的检测限；色谱纯试剂是在最高灵敏度时以 10 g 以下无杂质峰来表示的；还有纯度较低的工业试剂。

(二)试剂的保管

物质的保存方法,与物质的物理、化学性质有关。实验室中大部分试剂都具有多重性质,在保存时要综合考虑各方面因素,遵循相应的原则。一般应遵循以下原则。

密封:多数试剂都要密封存放,这是实验室保存试剂的一个重要原则。突出的有以下3类:①易挥发的试剂,如浓盐酸、浓硝酸、浓溴水等。②易与水蒸气、二氧化碳作用的试剂,如无水氯化钙、苛性钠、水玻璃等。③易被氧化的试剂(或还原性试剂),如亚硫酸钠、氢硫酸、硫酸亚铁等。

避光:见光或受热易分解的试剂,要避免光照,置阴凉处。如硝酸、硝酸银等,一般应盛放在棕色试剂瓶中。

防蚀:对有腐蚀作用的试剂,要注意防蚀。如氢氟酸不能放在玻璃瓶中;强氧化剂、有机溶剂不可用带橡胶塞的试剂瓶存放;碱液、水玻璃等不能用带玻璃塞的试剂瓶存放。

抑制:对于易水解、易被氧化的试剂,要加一些物质抑制其水解或被氧化。如氯化铁溶液中常滴入少量盐酸;硫酸亚铁溶液中常加入少量铁屑。

隔离:如易燃有机物要远离火源;强氧化剂(过氧化物或有强氧化性的含氧酸及其盐)要与易被氧化的物质(炭粉、硫化物等)隔开存放。

通风:多数试剂的存放,要遵循这一原则。特别是易燃有机物、强氧化剂等。

低温:对于室温下易发生反应的试剂,要采取措施低温保存。如苯乙烯和丙烯酸甲酯等不饱和烃及衍生物在室温时易发生聚合,过氧化氢易发生分解,因此要在10℃以下的环境保存。

特殊:特殊试剂要采取特殊措施保存。如钾、钠要放在煤油中,白磷放在水中;液溴极易挥发,要在其上面覆盖一层水等。

(三)取用规则

1. 固体试剂的取用规则

要用干净的药勺取用。用过的药勺必须洗净和擦干后才能再使用,以免沾污试剂。

取用试剂后立即盖紧瓶盖。

称量固体试剂时,必须注意不要取多,取多的药品,不能倒回原瓶。

一般的固体试剂可以放在干净的纸或表面皿上称量。具有腐蚀性、强氧化性或易潮解的固体试剂不能在纸上称量,应放在玻璃容器内称量。

有毒的药品要在教师的指导下处理。

2. 液体试剂的取用规则

从滴瓶中取液体试剂时,要用滴瓶中的滴管,滴管绝不能伸入所用的容器中,以免接触器壁而沾污药品。从试剂瓶中取少量液体试剂时,则需要专用滴管。装有药品的滴管不得横置或滴管口向上斜放,以免液体滴入滴管的胶皮帽中。

从细口瓶中取出液体试剂时,用倾注法。先将瓶塞取下,反放在桌面上,手握住试剂瓶上贴标签的一面,逐渐倾斜瓶子,让试剂沿着洁净的试管壁流入试管或沿着洁净的玻璃棒注入烧杯中。取出所需量后,将试剂瓶扣在容器上靠一下,再逐渐竖起瓶子,以免遗留在瓶口的液体滴流到瓶的外壁。

三、溶液混匀方法

配制溶液时，必须经过充分搅拌或震荡混匀后，溶液方可使用。实验室常用的溶液混匀方法有以下几种。

1. 搅拌式混匀

适用于烧杯内溶液的混匀，如固体试剂的溶解和混匀。搅拌时必须使用两头都圆滑的玻璃棒。玻璃棒的粗细、长短与容器的大小和所配制溶液的多少必须呈适当的比例关系。在搅拌的时候，应该尽量使玻璃棒沿着器壁运动，避免空气的搅入或者溶液的飞溅。倾入液体时，必须沿容器的器壁慢慢倾入，以免产生大量气体。倾倒蛋白质溶液等表面张力低的液体时，更需缓慢仔细。

2. 旋转式混匀

适用于锥形瓶，大试管内溶液的混匀。震荡溶液时，手握住容器后以手腕、肘或肩作轴旋转容器，不应上下震荡。

3. 弹打式混匀

适用于离心管、小试管内溶液的混匀。可由一手持管的上端用另一手的手指弹动离心管。也可以用同一手的大拇指和食指持管的上端，用其余三个手指弹动离心管。手指持管的松紧要随着震动的幅度变化。还可以把双手掌心相对合拢，夹住离心管来回挫动。

4. 倒转混匀法

适用于容量瓶内或分液漏斗中溶液的混匀。倒持容量瓶摇动，用食指或手心顶住瓶塞，并不时翻转容量瓶；在分液漏斗中震荡液体时，应用一手在适当斜度下倒持漏斗，用食指或手心顶住瓶塞，并用另一手控制漏斗的活塞，一边震荡，一边开动活塞，使气体可以随时由漏斗泻出。

5. 震荡混匀法

适用于多个试管中内容物的同时混匀。使用震荡器使多个试管同时混匀，或将试管置于试管架上，双手持管架轻轻震荡，实现混匀目的。

附录4　常用缓冲溶液的配制

缓冲溶液指的是由弱酸及其盐、弱碱及其盐组成的混合溶液，能在一定程度上抵消、减轻外加强酸或强碱对溶液酸碱度的影响，从而保持溶液的 pH 相对稳定。在生化研究工作中，常常需要使用缓冲溶液来维持实验体系的酸碱度。

常用作缓冲溶液的酸类由弱酸及其共轭酸盐组合而成。常用的某些缓冲液列在附表 4-1 中。绝大多数缓冲液的有效范围在其 pK_a 值左右 1 pH 单位。

附表 4-1　常用缓冲液 pK_a

酸或碱	pK_{a1}	pK_{a2}	pK_{a3}
磷酸	2.1	7.2	12.3
柠檬酸	3.1	4.8	5.4
碳酸	6.4	10.3	—
醋酸	4.8	—	—
巴比妥酸	3.4	—	—
Tris(三羟甲基氨基甲烷)	8.3	—	—

选择实验的缓冲系统时，要特别慎重。因为影响实验结果的因素有时并不是缓冲液的 pH，而是缓冲液中的某种离子。选用下列缓冲系统时应加以注意。

(1)硼酸盐　这个化合物能与许多化合物(如糖)生成复合物。

(2)柠檬酸盐　柠檬酸离子能与 Ca^{2+} 结合，因此不能在 Ca^{2+} 存在时使用。

(3)磷酸盐　它可能在一些实验中作为酶的抑制剂甚至代谢物起作用。重金属离子能与此溶液生成磷酸盐沉淀，而且它在 pH 7.5 以上的缓冲能力很小。

(4)Tris　这个缓冲液能在重金属离子存在时使用，但也可能在一些系统中起抑制剂的作用。它的主要缺点是温度效应(此点常被忽视)。室温时 pH 7.8 的 Tris 缓冲液在 4℃时的 pH 为 8.4，在 37℃时为 7.4，因此一种物质在 4℃时制备到 37℃时测量其氢离子浓度可增加 10 倍之多。Tris 在 pH 7.5 以下的缓冲能力很弱。

1. 磷酸氢二钠-柠檬酸缓冲液(0.2 $mol \cdot L^{-1}$)

mL

pH	0.2 $mol \cdot L^{-1}$ Na_2HPO_4	0.1 $mol \cdot L^{-1}$ 柠檬酸	pH	0.2 $mol \cdot L^{-1}$ Na_2HPO_4	0.1 $mol \cdot L^{-1}$ 柠檬酸
2.2	0.40	19.60	3.2	4.94	15.06
2.4	1.24	18.76	3.4	5.70	14.30
2.6	2.18	17.82	3.6	6.44	13.56
2.8	3.17	16.83	3.8	7.10	12.90
3.0	4.11	15.89	4.0	7.71	12.29

续表

pH	0.2 mol·L⁻¹ Na_2HPO_4	0.1 mol·L⁻¹ 柠檬酸	pH	0.2 mol·L⁻¹ Na_2HPO_4	0.1 mol·L⁻¹ 柠檬酸
4.2	8.28	11.72	6.2	13.22	6.78
4.4	8.82	11.18	6.4	13.85	6.15
4.6	9.35	10.65	6.6	14.55	5.45
4.8	9.86	10.14	6.8	15.45	4.55
5.0	10.30	9.70	7.0	16.47	3.53
5.2	10.72	9.28	7.2	17.39	2.61
5.4	11.15	8.85	7.4	18.17	1.83
5.6	11.60	8.40	7.6	18.73	1.27
5.8	12.09	7.91	7.8	19.15	0.85
6.0	12.63	7.37	8.0	19.45	0.55

Na_2HPO_4 相对分子质量＝141.98；0.2 mol·L^{-1}溶液为 28.40 g·L^{-1}。

$Na_2HPO_4·2H_2O$ 相对分子质量＝178.05；0.2 mol·L^{-1}溶液含 35.61 g·L^{-1}。

2. 柠檬酸-柠檬酸钠缓冲液（0.1 mol·L^{-1}）

mL

pH	0.1 mol·L⁻¹ 柠檬酸	0.1 mol·L⁻¹ 柠檬酸钠	pH	0.1 mol·L⁻¹ 柠檬酸	0.1 mol·L⁻¹ 柠檬酸钠
3.0	18.6	1.4	5.0	8.2	11.8
3.2	17.2	2.8	5.2	7.3	12.7
3.4	16.0	4.0	5.4	6.4	13.6
3.6	14.9	5.1	5.6	5.5	14.5
3.8	14.0	6.0	5.8	4.7	15.3
4.0	13.1	6.9	6.0	3.8	16.2
4.2	12.3	7.7	6.2	2.8	17.2
4.4	11.4	8.6	6.4	2.0	18.0
4.6	10.3	9.7	6.6	1.4	18.6
4.8	9.2	10.8			

柠檬酸 $C_6H_8O_7·H_2O$，相对分子质量＝210.14；0.1 mol·L^{-1}溶液为 21.01 g·L^{-1}。

柠檬酸钠 $Na_3C_6H_5O_7·2H_2O$，相对分子质量＝294.12；0.1 mol·L^{-1} 溶液为 29.41 g·L^{-1}。

3. 醋酸-醋酸钠缓冲液（0.2 mol·L^{-1}）

mL

pH (18℃)	0.2 mol·L⁻¹ NaAC	0.2 mol·L⁻¹ HAC	pH (18℃)	0.2 mol·L⁻¹ NaAC	0.2 mol·L⁻¹ HAC
3.6	0.75	9.25	4.8	5.90	4.10
3.8	1.20	8.80	5.0	7.00	3.00
4.0	1.80	8.20	5.2	7.90	2.10
4.2	2.65	7.35	5.4	8.60	1.40
4.4	3.70	6.30	5.6	9.10	0.90
4.6	4.90	5.10	5.8	9.40	0.60

$NaAC \cdot 3H_2O$ 相对分子质量＝136.09；0.2 mol・L^{-1}溶液为 27.22 g・L^{-1}。

4. 磷酸盐缓冲液

(1)磷酸氢二钠-磷酸二氢钠缓冲液(0.2 mol・L^{-1})

mL

pH	0.2 mol・L^{-1} Na_2HPO_4	0.2 mol・L^{-1} NaH_2PO_4	pH	0.2 mol・L^{-1} Na_2HPO_4	0.2 mol・L^{-1} NaH_2PO_4
5.8	8.0	92.0	7.0	61.0	39.0
5.9	10.0	90.0	7.1	67.0	33.0
6.0	12.3	87.7	7.2	72.0	28.0
6.1	15.0	85.0	7.3	77.0	23.0
6.2	18.5	81.5	7.4	81.0	19.0
6.3	22.5	77.5	7.5	84.0	16.0
6.4	26.5	3.5	7.6	87.0	13.0
6.5	31.5	68.5	7.7	89.5	10.5
6.6	37.5	62.5	7.8	91.5	8.5
6.7	43.5	56.5	7.9	93.0	7.0
6.8	49.0	51.0	8.0	94.7	5.3
6.9	55.0	45.0			

$Na_2HPO_4 \cdot 2H_2O$ 相对分子质量＝178.05；0.2 mol・L^{-1}溶液为 35.61 g・L^{-1}。

$Na_2HPO_4 \cdot 12\ H_2O$ 相对分子质量＝358.22；0.2 mol・L^{-1}溶液为 71.64 g・L^{-1}。

$NaH_2PO_4 \cdot H_2O$ 相对分子质量＝138.01；0.2 mol・L^{-1}溶液为 27.6 g・L^{-1}。

$NaH_2PO_4 \cdot 2H_2O$ 相对分子质量＝156.03；0.2 mol・L^{-1}溶液为 31.21 g・L^{-1}。

(2)磷酸氢二钠-磷酸二氢钾缓冲液(1/15 mol・L^{-1})

mL

pH	1/15 mol・L^{-1} Na_2HPO_4	1/15 mol・L^{-1} KH_2PO_4	pH	1/15 mol・L^{-1} Na_2HPO_4	1/15 mol・L^{-1} KH_2PO_4
4.92	0.10	9.90	7.17	7.00	3.00
5.29	0.50	9.50	7.38	8.00	2.00
5.91	1.00	9.00	7.73	9.00	1.00
6.24	2.00	8.00	8.04	9.50	0.50
6.47	3.00	7.00	8.34	9.75	0.25
6.64	4.00	6.00	8.67	9.90	0.10
6.81	5.00	5.00	8.18	10.00	0
6.98	6.00	4.00			

$Na_2HPO_4 \cdot 2H_2O$ 相对分子质量＝178.05；1/15 mol・L^{-1}溶液为 11.876 g・L^{-1}。

KH_2PO_4 相对分子质量＝136.09；1/15 mol・L^{-1}溶液为 9.078 g・L^{-1}。

5. 巴比妥钠-盐酸缓冲液(18℃)

mL

pH	$0.04\ mol \cdot L^{-1}$ 巴比妥钠溶液	$0.2\ mol \cdot L^{-1}$ 盐酸	pH	$0.04\ mol \cdot L^{-1}$ 巴比妥钠溶液	$0.2\ mol \cdot L^{-1}$ 盐酸
6.8	100	18.4	8.4	100	5.21
7.0	100	17.8	8.6	100	3.82
7.2	100	16.7	8.8	100	2.52
7.4	100	15.3	9.0	100	1.65
7.6	100	13.4	9.2	100	1.13
7.8	100	11.47	9.4	100	0.70
8.0	100	9.39	9.6	100	0.35
8.2	100	7.21			

巴比妥钠盐相对分子质量=206.18;$0.04\ mol \cdot L^{-1}$溶液为 $8.25\ g \cdot L^{-1}$。

6. Tris-盐酸缓冲液(25℃)

50 mL $0.1\ mol \cdot L^{-1}$三羟甲基氨基甲烷(Tris)溶液与 X mL $0.1\ mol \cdot L^{-1}$盐酸混匀后,加水稀释至 100 mL。

mL

pH	X	pH	X
7.10	45.7	8.10	26.2
7.20	44.7	8.20	22.9
7.30	43.4	8.30	19.9
7.40	42.0	8.40	17.2
7.50	40.3	8.50	14.7
7.60	38.5	8.60	12.4
7.70	36.6	8.70	10.3
7.80	34.5	8.80	8.5
7.90	32.0	8.90	7.0
8.00	29.2		

羟甲基氨基甲烷(Tris)相对分子质量=121.14;$0.1\ mol \cdot L^{-1}$溶液为 $12.114\ g \cdot L^{-1}$。Tris 溶液可从空气中吸收二氧化碳,使用时注意将瓶盖严。

7. 碳酸钠-碳酸氢钠缓冲液($0.1\ mol \cdot L^{-1}$)

mL

pH		$0.1\ mol \cdot L^{-1}$	$0.1\ mol \cdot L^{-1}$
20℃	37℃	Na_2CO_3	$NaHCO_3$
9.16	8.77	1	9
9.40	9.12	2	8
9.51	9.40	3	7

续表

pH		0.1 mol·L^{-1} Na_2CO_3	0.1 mol·L^{-1} $NaHCO_3$
20℃	37℃		
9.78	9.50	4	6
9.90	9.72	5	5
10.14	9.90	6	4
10.28	10.08	7	3
10.53	10.28	8	2
10.83	10.57	9	1

$Na_2CO_3 \cdot 10H_2O$ 相对分子质量＝286.2；0.1 mol·L^{-1}溶液为 28.62 g·L^{-1}。

$NaHCO_3$ 相对分子质量＝84.0；0.1 mol·L^{-1}溶液为 8.40 g·L^{-1}。

Ca^{2+}、Mg^{2+}存在时不得使用。

附录5 常用酸碱指示剂及有机溶剂的性质

1. 常用酸碱指示剂的指示范围及配制方法

名称	变色(pH)范围	颜色变化	配制方法
0.1%百里酚蓝	1.2～2.8	红～黄	0.1 g 百里酚蓝溶于 20 mL 乙醇中,加水至 100 mL
0.1%甲基橙	3.1～4.4	红～黄	0.1 g 甲基橙溶于 100 mL 热水中
0.1%溴酚蓝	3.0～1.6	黄～紫蓝	0.1 g 溴酚蓝溶于 20 mL 乙醇中,加水至 100 mL
0.1%溴甲酚绿	4.0～5.4	黄～蓝	0.1 g 溴甲酚绿溶于 20 mL 乙醇中,加水至 100 mL
0.1%甲基红	4.8～6.2	红～黄	0.1 g 甲基红溶于 60 mL 乙醇中,加水至 100 mL
0.1%溴百里酚蓝	6.0～7.6	黄～蓝	0.1 g 溴百里酚蓝溶于 20 mL 乙醇中,加水至 100 mL
0.1%中性红	6.8～8.0	红～黄橙	0.1 g 中性红溶于 60 mL 乙醇中,加水至 100 mL
0.2%酚酞	8.0～9.6	无～红	0.2 g 酚酞溶于 90 mL 乙醇中,加水至 100 mL
0.1%百里酚蓝	8.0～9.6	黄～蓝	0.1 g 百里酚蓝溶于 20 mL 乙醇中,加水至 100 mL
0.1%百里酚酞	9.4～10.6	无～蓝	0.1 g 百里酚酞溶于 90 mL 乙醇中,加水至 100 mL
0.1%茜素黄	10.1～12.1	黄～紫	0.1 g 茜素黄溶于 100 mL 水中

2. 常用酸碱试液配制及其相对密度、浓度

名称	化学式	相对密度(20℃)	质量分数/%	质量浓度/(g·mL^{-1})	物质的量浓度/(mol·L^{-1})	配制方法
浓盐酸	HCl	1.19	38	44.30	12	
稀盐酸	HCl			10	2.8	浓盐酸 234 mL 加水至 1 000 mL
浓硫酸	H_2SO_4	1.84	96～98	175.9	18	
稀硫酸	H_2SO_4			10	1	浓硫酸 57 mL 缓缓倾入约 800 mL 水中,并加水至 1 000 mL
浓硝酸	HNO_3	1.42	70～71	99.12	16	
稀硝酸	HNO_3			10	1.6	浓硝酸 105 mL 缓缓加入约 800 mL 水中,并加水至 1 000 mL
冰醋酸	CH_3COOH	1.05	99.5	104.48	17	
稀醋酸	CH_3COOH			6.01	1	冰醋酸 60 mL 加水稀释至 1 000 mL
高氯酸	$HClO_4$	1.75	70～71		12	
浓氨溶液	NH_3H_2O	0.90	25%～27% NH_3	22.5%～24.3% NH_3	15	
氨试液(稀氢氧化氨液)		0.96	10% NH_3	9.6% NH_3	6	浓氨液 400 mL 加水稀释至 1 000 mL

3. 常用有机溶剂及其主要性质

名称	化学式	相对分子质量	熔点/℃	沸点/℃	溶解性	性质
甲醇	CH_3OH	32.04	−97.8	64.7	溶于水、乙醇、乙醚、苯等	无色透明液体。易被氧化成甲醛。其蒸汽能与空气形成爆炸性的混合物。有毒，误饮后，能使眼睛失明。易燃，燃烧时生成蓝色火焰
乙醇	C_2H_5OH	46.07	−114.10	78.50	能与水、苯、醚等许多有机溶剂相混溶。与水混溶后体积缩小，并释放热量	无色透明液体，有刺激性气味，易挥发。易燃。为弱极性的有机溶剂
丙醇	C_3H_7OH	60.09	−127.0	97.20	与水、乙醇、乙醚等混溶	无色液体，对眼睛有刺激作用。有毒，易燃
丙三醇（甘油）	$C_3H_8O_3$			180	易溶于水，在乙醇等中溶解度较小，不溶解于醚、苯和氯仿	无色有甜味的黏稠液体。具有吸湿性，但含水到20%就不再吸水
丙酮	C_3H_6O	58.08	−94.0	56.5	与水、乙醇、氯仿、乙醚及多种油类混溶	无色透明易挥发的液体，有令人愉快的气味。能溶解多种有机物，是常用的有机溶剂。易燃
乙醚	$C_4H_{10}O$	74.12	−116.3	34.6	微溶于水，易溶于浓盐酸，与醇、苯、氯仿、石油醚及脂肪溶剂混溶	无色透明易挥发的液体，其蒸汽与空气混合极易爆炸。有麻醉性。易燃，避光置阴凉处密封保存。在光下易形成爆炸性过氧化物
乙酸乙酯	$C_4H_9O_2$	88.1	−83.0	77.0	能与水、乙醇、乙醚、丙酮及氯仿等混溶	无色透明易挥发的液体。易燃。有果香味
苯	C_6H_6	78.11	5.5(固)	80.1	微溶于水和醇，能与乙醚、氯仿及油等混溶	白色结晶粉末，溶液呈酸性。有毒性，对造血系统有损害。易燃
甲苯	C_7H_8	92.12	−95	110.6	不溶于水，能与多种有机溶剂混溶	无色透明有特殊芳香味的液体，易燃，有毒
二甲苯	C_8H_{10}	106.16		137～140	不溶于水，与无水乙醇、乙醚、三氯甲烷等混溶	无色透明液体，易燃，有毒。高浓度有麻醉作用

续表

名称	化学式	相对分子质量	熔点/℃	沸点/℃	溶解性	性质
苯酚	C_6H_5OH	94.11	42	182.0	溶于热水，易溶于乙醇等有机溶剂。不溶于冷水和石油醚	无色结晶，见光或露置空气中变为淡红色。有刺激性和腐蚀性。有毒
氯仿	$CHCl_3$	119.39	−63.5	61.2	微溶于水，能与醇、醚、苯等有机溶剂及油类混溶	无色透明有香甜味的液体，易挥发，不易燃烧。在光和空气中的氧气作用下产生光气。有麻醉作用
四氯化碳	CCl_4	153.84	−23(固)	76.7	不溶于水，能与乙醇、苯、氯仿等混溶	无色透明不燃烧的质重液体。可用于灭火。有毒
二硫化碳	CS_2	76.14	−111.6	46.5	难溶于水，能与乙醇等有机溶剂混溶	无色透明的液体，有毒，有恶臭，极易燃
石油醚				30～70	不溶于水，能与多种有机溶剂混溶	是低沸点的碳氢化合物的混合物。有挥发性，极易燃，和空气的混合物有爆炸性
甲醛	CH_2O	30.03	120～170（多聚乙醛）		能与水和乙醇等混合。30%～40%的甲醛水溶液称为福尔马林，并含有5%～15%的甲醇	无色透明液体，遇冷聚合变混，形成多聚甲醛的白色沉淀。在空气中能逐渐被氧化成甲酸。有凝固蛋白质的作用。避光，密封，15℃以上保存。有毒
乙醛	CH_3CHO	44.05		20.8	能与水和乙醇任意混合	无色透明液体，久置聚合并发生浑浊或沉淀。易挥发。乙醛气体与空气混合后易引起爆炸
二甲亚砜	CH_3SOCH_3		18.5	189	能与水、醇、醚、丙酮、乙醛、吡啶、乙酸乙酯等混溶，不溶于乙炔以外的脂肪烃化合物	有刺激性气味的无色黏稠液体，有吸湿性。常用作冷冻材料时的保护剂。为非质子化的极性溶剂，能溶解二氧化硫、二氧化氮、氯化钙、硝酸钠等无机盐
乙二胺四乙酸	$C_{10}H_{16}N_2O_8$	292.25	240		溶于氢氧化钠、碳酸钠和氨溶液，不溶于冷水、醇和一般有机溶剂	白色结晶粉末，能与碱金属、稀土元素、过度金属等形成极稳定的水溶性络合物，常用作络合试剂
吐温80					能与水及多种有机溶剂相混溶，不溶于矿物油和植物油	浅粉红色油状液体。有脂肪味

附录6 常见蛋白质的相对分子质量和等电点参考值

1. 常见蛋白质的相对分子质量参考值

名称(英文)	相对分子质量
血清白蛋白(人)[serum albumin(human)]	68 000
血清白蛋白(牛)[serum albumin(bovine)]	67 000
过氧化氢酶[catalase]	232 000(4)
谷氨酸脱氢酶[glutamate dehydrogenase]	320 000
卵清蛋白(鸡)[ovalbumin(hen)]	43 000
甘油醛磷酸脱氢酶[glyceraldehydes phosphate dehydrogenase]	72 000(2)
胃蛋白酶(猪)[pepsin]	35 000
胰凝乳蛋白酶原[chymotrypsinogen]	25 700
胰蛋白酶[trypsin]	23 300
肌红蛋白[myoglobin]	17 200
血红蛋白[hemoglobin]	64 500(4)
核糖核酸酶[ribonuclease]	13 700
细胞色素 C[cytochrome C]	13 370
胰岛素[insulin]	11 466(2)
α-淀粉酶[α-amylase]	50 000(2)
琥珀酸脱氢酶[saccinate dehydrogenase]	97 000(2)(70 000,27 000)
脲酶[urease]	480 000(5)[240 000(2),83 000(3)]

2. 常见蛋白质的等电点参考值

名称(英文)	等电位点(pI)
血清白蛋白[serum albumin]	4.7～4.9
α-酪蛋白[α-casein]	4.0～4.1
β-酪蛋白[β-casein]	4.5
γ-酪蛋白[γ-casein]	5.8～6.0
κ-酪蛋白[κ-casein]	4.1
β-乳球蛋白[β-lactoglobulin]	5.1～5.3
肌红蛋白[myoglobin]	6.99
血红蛋白(人)[hemoglobin(human)]	7.07
血红蛋白(鸡)[hemoglobin(hen)]	7.23
血红蛋白(马)[hemoglobin(horse)]	6.92
细胞色素 C[cytochrome C]	9.8～10.0
胃蛋白酶[pepsin]	1.0
糜蛋白酶[chymotrypsin]	8.1

附录7 硫酸铵饱和度常用表

1. 调整硫酸铵溶液饱和度计算表(25℃)

硫酸铵初质量浓度,饱和度/%	硫酸铵终质量浓度,饱和度/%																
	0	20	25	30	33	35	40	45	50	55	60	65	70	75	80	90	100
	每 1 000 mL 溶液加固体硫酸铵的质量/g*																
0	56	114	114	176	196	209	243	277	313	351	390	430	472	516	561	662	707
10		57	86	118	137	150	183	216	251	288	326	365	406	449	494	592	694
20			29	59	78	81	123	155	189	225	262	300	340	382	424	520	619
25				30	49	61	93	125	158	193	230	267	307	348	390	485	583
30					19	30	62	94	127	162	198	235	273	314	356	449	546
33						12	43	74	107	142	177	214	252	292	333	426	522
35							31	63	94	129	164	200	238	278	319	411	506
45									32	65	99	134	171	210	250	339	431
50										33	66	101	137	176	214	302	392
55											33	67	103	141	179	264	353
60												34	69	105	143	227	314
65													34	70	107	190	275
70														35	72	153	237
75															36	115	198
80																77	157
90																	79

* 在 25℃下,硫酸铵溶液由初浓度调到终浓度时,每升溶液所加固体硫酸铵的克数。

2. 调整硫酸铵溶液饱和度计算表(0℃)

	硫酸铵终质量浓度，饱和度/%																
		20	25	30	35	40	45	50	55	60	65	70	75	80	85	90	100
硫酸铵初质量浓度，饱和度/%	每 100 mL 溶液加固体硫酸铵的质量/g*																
0	10.6	13.4	16.4	19.4	22.6	25.8	29.1	32.6	36.1	39.8	43.6	47.6	51.6	55.9	60.3	65.0	69.7
5	7.9	10.8	13.7	16.6	19.7	22.9	26.2	29.6	33.1	36.8	40.5	44.4	48.4	52.6	57.0	61.5	66.2
10	5.3	8.1	10.9	13.9	16.9	20.0	23.3	26.6	30.1	33.7	37.4	41.2	45.2	49.3	53.6	58.1	62.7
15	2.6	5.4	8.2	11.1	14.1	17.2	20.4	23.7	27.1	30.6	34.3	38.1	42.0	46.0	50.3	54.7	59.2
20	0	2.7	5.5	8.3	11.3	14.3	17.5	20.7	24.1	27.6	31.2	34.9	38.7	42.7	46.9	51.2	55.7
25		0	2.7	5.6	8.4	11.5	14.6	17.9	21.1	24.5	28.0	31.7	35.5	39.5	43.6	47.8	52.2
30			0	2.8	5.6	8.6	11.7	14.8	18.1	21.4	24.9	28.5	32.3	36.2	40.2	44.5	48.8
35				0	2.8	5.7	8.7	11.8	15.1	18.4	21.8	25.4	29.1	32.9	36.9	41.0	45.3
40					0	2.9	5.8	8.9	12.0	15.3	18.7	22.2	25.8	29.6	33.5	37.6	41.8
45						0	2.9	5.9	9.0	12.3	15.6	19.0	22.6	26.3	30.2	34.2	38.3
50							0	3.0	6.0	9.2	12.5	15.9	19.4	23.0	26.8	30.8	34.8
55								0	3.0	6.1	9.3	12.7	16.1	19.7	23.5	27.3	31.3
60									0	3.1	6.2	9.5	12.9	16.4	20.1	23.1	27.9
65										0	3.1	6.3	9.7	13.2	16.8	20.5	24.4
70											0	3.2	6.5	9.9	13.4	17.1	20.9
75												0	3.2	6.6	10.1	13.7	17.4
80													0	3.3	6.7	10.3	13.9
85														0	3.4	6.8	10.5
90															0	3.4	7.0
95																0	3.5
100																	0

* 在 0℃下，硫酸铵溶液由初浓度调到终浓度时，每 100 mL 溶液所加固体硫酸铵的克数。

附录8 常见植物生长调节物质及其主要性质

名称	化学式	相对分子质量	溶解性质
吲哚乙酸(IAA)	$C_{10}H_9O_2N$	175.19	溶于醇、醚、丙酮,在碱性溶液中较稳定,遇热酸后失去活性
吲哚丁酸(IBA)	$C_{12}H_{13}NO_3$	203.24	溶于醇、丙酮、醚,不溶于水、氯仿
α-萘乙酸(NAA)	$C_{12}H_{10}O_2$	186.20	易溶于热水、微溶于冷水,溶于丙酮、醚、乙酸、苯
2,4-二氯苯氧乙酸(2,4-D)	$C_8H_6Cl_2O_3$	221.04	难溶于水,溶于醇、丙酮、乙醚等有机溶剂
赤霉素(GA_3)	$C_{19}H_{22}O_6$	346.40	难溶于水,不溶于石油醚、苯、氯仿而溶于醇类、丙酮、冰醋酸
4-碘苯氧乙酸(PIPA)(增产灵)	$C_8H_7O_3I$	278.00	微溶于冷水,易溶于热水、乙醇、氯仿、乙醚、苯
对氯苯氧乙酸(PCPA)防落素	$C_8H_7O_3Cl$	186.50	溶于乙醇、丙酮和醋酸等有机溶剂和热水
激动素(KT)	$C_{10}H_9N_5O$	215.21	易溶于稀盐酸、稀氢氧化钠,微溶于冷水、乙醇、甲醇
6-苄基腺嘌呤(6-BA)	$C_{12}H_{11}N_5$	225.25	溶于稀碱稀酸,不溶于乙醇
脱落酸(ABA)	$C_{15}H_{20}O_4$	264.30	溶于碱性溶液如 $NaHCO_3$、三氯甲烷、丙酮、乙醇
2-氯乙基膦酸(乙烯利)(CEPA)	$ClCH_2PO(OH_2)$	144.50	易溶于水、乙醇、乙醚
2,3,5-三碘苯甲酸(TIBA)	$C_7H_3O_2I_3$	500.92	微溶于水,可溶于热苯、乙醇、丙酮、乙醚
青鲜素(MH)	$C_4H_4O_2N_2$	112.09	难溶于水,微溶于醇,易溶于冰醋酸、二乙醇胺
缩节胺(助壮素)(Pix)	$C_7H_{16}NCl$	149.50	可溶于水
矮壮素(CCC)	$C_5H_{13}NCl_{12}$	158.07	易溶于水,溶于乙醇、丙酮,不溶于苯、二甲苯、乙醚
B_9	$C_6H_{12}N_2O_3$	160.00	易溶于水、甲醇、丙酮,不溶于二甲苯
PP_{333}(多效唑)	$C_{15}H_{20}ClN_3O$	293.50	易溶于水、甲醇、丙酮
三十烷醇(TAL)	$CH_3(CH_2)_{28}CH_2OH$	438.38	不溶于水,难溶于冷甲醇、乙醇,可溶于热苯、丙酮、乙醇、氯仿

附录9 抗生素的贮存溶液及其工作浓度

抗生素	贮存液*		工作浓度/($\mu g \cdot mL^{-1}$)	
	浓度/($mg \cdot mL^{-1}$)	保存条件/℃	严紧型质粒	松弛型质粒
氨苄青霉素	50(溶于水)	−20	20	60
羧苄青霉素	50(溶于水)	−20	20	60
氯霉素	34(溶于乙醇)	−20	25	170
卡那霉素	10(溶于水)	−20	10	50
链霉素	10(溶于水)	−20	10	50
四环素**	5(溶于乙醇)	−20	10	50

*以水为溶剂的抗生素贮存液应通过 0.22 μm 滤器过滤除菌。以乙醇为溶剂的抗生素溶液无须除菌处理。所有抗生素溶液均应保存于不透光的容器中。

**镁离子是四环素的拮抗剂，四环素抗性菌的筛选应使用不含镁盐的培养基(如 LB 培养基)。

附录10 SDS-PAGE分离胶、浓缩胶配方表

1. SDS-PAGE 分离胶配方表

各种组分名称	各种凝胶体积所对应的各种组分的取样量							
	5 mL	10 mL	15 mL	20 mL	25 mL	30 mL	40 mL	50 mL
6%Gel								
H_2O	2.6	5.3	7.0	10.6	13.2	15.9	21.2	26.5
30%Acrylamide	1.0	2.0	3.0	4.0	5.0	6.0	8.0	10.0
1.5 mol・L^{-1} Tris-HCl(pH 8.8)	1.3	2.5	3.8	5.0	6.3	7.5	10.0	12.5
10%SDS	0.05	0.1	0.15	0.2	0.25	0.3	0.4	0.5
10%过硫酸铵	0.05	0.1	0.15	0.2	0.25	0.3	0.4	0.5
TEMED	0.004	0.008	0.012	0.015	0.02	0.024	0.032	0.04
8%Gel								
H_2O	2.3	4.6	6.9	9.3	11.5	13.9	18.5	23.2
30%Acrylamide	1.3	2.7	4.0	5.3	6.7	8.0	10.7	13.3
1.5 mol・L^{-1} Tris-HCl(pH 8.8)	1.3	2.5	3.8	5.0	6.3	7.5	10.0	12.5
10%SDS	0.05	0.1	0.15	0.2	0.25	0.3	0.4	0.5
10%过硫酸铵	0.05	0.1	0.15	0.2	0.25	0.3	0.4	0.5
TEMED	0.003	0.006	0.009	0.012	0.015	0.018	0.024	0.03
10% GeL								
H_2O	1.9	4.0	5.9	7.9	9.9	14.9	15.9	19.8
30%Acrylamide	1.7	3.3	5.0	6.7	8.3	10.0	13.3	16.7
1.5 mol・L^{-1} Tris+HCl(pH 8.8)	1.3	2.5	3.8	5.0	6.3	7.5	10.0	12.5
10%SDS	0.05	0.1	0.15	0.2	0.25	0.3	0.4	0.5
10%过硫酸铵	0.05	0.1	0.15	0.2	0.25	0.3	0.4	0.5
TEMED	0.002	0.004	0.006	0.008	0.010	0.012	0.016	0.02
12%GeL								
H_2O	1.6	3.3	4.9	6.6	8.2	9.9	13.2	16.5
30%Acrylamide	2.0	4.0	6.0	8.0	10.0	12.0	16.0	20.0
1.5 mol・L^{-1} Tris-HCl(pH 8.8)	1.3	2.5	3.8	5.0	6.3	7.5	10.0	12.5
10%SDS	0.05	0.1	0.15	0.2	0.25	0.3	0.4	0.5
10%过硫酸铵	0.05	0.1	0.15	0.2	0.25	0.3	0.4	0.5
TEMED	0.002	0.004	0.006	0.008	0.01	0.012	0.016	0.02
15%Gel								
H_2O	1.1	2.3	3.4	4.6	5.7	6.9	9.2	11.5
30%Acrylamide	2.5	5.0	7.5	10.0	12.5	15.0	20.0	25.0
1.5 mol・L^{-1} Tris-HCl(pH 8.8)	1.3	2.5	3.8	5.0	6.3	7.5	10.0	12.5
10%SDS	0.05	0.1	0.15	0.2	0.25	0.3	0.4	0.5
10%过硫酸铵	0.05	0.1	0.15	0.2	0.25	0.3	0.4	0.5
TEMED	0.002	0.004	0.006	0.008	0.01	0.012	0.016	0.02

2. SDS-PAGE浓缩胶(5%Acrylamide)配方表

各种组分名称	各种凝胶体积所对应的各种组分的取样量							
	1 mL	2 mL	3 mL	4 mL	5 mL	6 mL	8 mL	10 mL
H_2O	0.68	1.4	2.1	2.7	3.4	4.1	5.5	6.8
30%Acrylamide	0.17	0.33	0.5	0.67	0.83	1.0	1.3	1.7
1.0 mol·L^{-1} Tris-HCl(pH 6.8)	0.13	0.25	0.38	0.5	0.63	0.75	1.0	1.25
10%SDS	0.01	0.02	0.03	0.04	0.05	0.06	0.08	0.1
10%过硫酸铵	0.01	0.02	0.03	0.04	0.05	0.06	0.08	0.1
TEMED	0.001	0.002	0.003	0.004	0.005	0.006	0.008	0.01

附录11 色素在聚丙烯酰胺凝胶中的移动速度

1. 非变性聚丙烯凝胶电泳

胶浓度	溴酚蓝*	二甲苯青 FF*
3.5%	100 bp	460 bp
5.0%	65 bp	260 bp
8.0%	45 bp	160 bp
12.0%	20 bp	70 bp
20.0%	12 bp	45 bp

* bp 数是指和色素移动相同距离的 DNA 片段长度。

2. 变性聚丙烯凝胶电泳

胶浓度	溴酚蓝*	二甲苯青 FF*
5.0%	35 bp	130 bp
6.0%	26 bp	106 bp
8.0%	19 bp	70～80 bp
10.0%	12 bp	55 bp
20.0%	8 bp	28 bp

* bp 数是指和色素移动相同距离的 DNA 片段长度。

附录12 琼脂糖凝胶浓度与线性DNA的最佳分辨范围

琼脂糖浓度/%	最佳线性 DNA 分辨范围/bp
0.5	1 000～30 000
0.7	800～12 000
1.0	500～10 000
1.2	400～7 000
1.5	200～3 000
2.0	50～2 000

附录13 实验室常用培养基的配制方法

1. Ampicillin(氨苄青霉素)(100 mg · mL^{-1})

组分浓度:100 mg · mL^{-1} Ampicillin。

配制量:50 mL。

配制方法:

(1)称量 5 g Ampicillin 置于 50 mL 离心管中。

(2)加入 40 mL 灭菌水,充分混合溶解后,定容至 50 mL。

(3)用 0.22 μm 过滤膜过滤除菌。

(4)小份分装(1 mL/份)后,−20℃保存。

2. IPTG(异丙基-*β*-*D*-硫代半乳糖苷)(24 mg · mL^{-1})

组分浓度:24 mg · mL^{-1} IPTG。

配制量:50 mL。

配制方法:

(1)称 1.2 g IPTG 置于 50 mL 离心管中。

(2)加入 40 mL 灭菌水,充分混合溶解后,定容至 50 mL。

(3)用 0.22 μm 过滤膜过滤除菌。

(4)小份分装(1 mL/份)后,−20℃保存。

3. X-Gal(20 mg · mL^{-1})

组分浓度:20 mg · mL^{-1} X-Gal。

配制量:50 mL。

配制方法:

(1)称量 1 g X-Gal 置于 50 mL 离心管中。

(2)加入 40 mL DMF(二甲基甲酰胺),充分混合溶解后,定容至 50 mL。

(3)小份分装(1 mL/份)后,−20℃避光保存。

4. LB 培养基

组分浓度:

1%(*W*/*V*)	Tryptone(胰蛋白胨)
0.5%(*W*/*V*)	Yeast Extract(酵母提取物)
1%(*W*/*V*)	NaCl

配制量:1 L。

配制方法:

(1)称取下列试剂,置于 1 L 烧杯中。

Tryptone	10 g
Yeast Extract	5 g
NaCl	10 g

(2)加入约 800 mL 的去离子水，充分搅拌溶解。

(3)滴加 5 $mol \cdot L^{-1}$ NaOH(约 0.2 mL)，调节 pH 至 7.0。

(4)加去离子水将培养基定容至 1 L。

(5)高温高压灭菌后，4℃保存。

5. LB/Amp 培养基

组分浓度：

1%(*W/V*)	Tryptone
0.5%(*W/V*)	Yeast Extract
1%(*W/V*)	NaCl
0.1 $mg \cdot mL^{-1}$	Ampicillin

配制量：1 L。

配制方法

(1)称取下列试剂，置于 1 L 烧杯中。

Tryptone	10 g
Yeast Extract	5 g
NaCl	10 g

(2)加入约 800 mL 的去离子水，充分搅拌溶解。

(3)滴加 5 $mol \cdot L^{-1}$ NaOH(约 0.2 mL)，调节 pH 至 7.0。

(4)加去离子水将培养基定容至 1 L。

(5)高温高压灭菌后，冷却至室温。

(6)加入 1 mL Ampicillin(100 $mg \cdot mL^{-1}$)后均匀混合。

(7)4℃保存。

6. TB 培养基

组分浓度：

1.2%(*W/V*)	Tryptone
2.4%(*W/V*)	Yeast Extract
0.4%(*V/V*)	Glycerol
17 $mmol \cdot L^{-1}$	KH_2PO_4
72 $mmol \cdot L^{-1}$	K_2HPO_4

配制量：1 L。

配制方法：

(1)配制磷酸盐缓冲液(0.17 $mol \cdot L^{-1}$ KH_2PO_4，0.72 $mol \cdot L^{-1}$ K_2HPO_4)100 mL。溶解 2.31 g KH_2PO_4 和 12.54 g K_2HPO_4 于 90 mL 的去离子水中，搅拌溶解后，加去离子水定容至 100 mL，高温高压灭菌。

(2)称取下列试剂，置于 1 L 烧杯中。

Tryptone	12 g
Yeast Extract	24 g
Glycerol	4 mL

(3)加入约 800 mL 的去离子水，充分搅拌溶解。

(4)加去离子水将培养基定容至 1 L 后，高温高压灭菌。

(5)待溶液冷却至 60℃以下时，加入 100 mL 的上述灭菌磷酸盐缓冲液。

(6)4℃保存。

7. TB/Amp 培养基

组分浓度：

1.2%(*W*/*V*)	Tryptone
2.4%(*W*/*V*)	Yeast Extract
0.4%(*V*/*V*)	Glycerol
17 $mmol \cdot L^{-1}$	KH_2PO_4
72 $mmol \cdot L^{-1}$	K_2HPO_4
0.1 $mg \cdot mL^{-1}$	Ampicillin

配制量：1 L。

配制方法：

(1)配制磷酸盐缓冲液(0.17 $mol \cdot L^{-1}$ KH_2PO_4，0.72 $mol \cdot L^{-1}$ K_2HPO_4)100 mL。溶解 2.31 g KH_2PO_4 和 12.54 g K_2HPO_4 于 90 mL 的去离子水中，搅拌溶解后，加去离子水定容至 100 mL，高温高压灭菌。

(2)称取下列试剂，置于 1 L 烧杯中。

Tryptone	12 g
Yeast Extract	24 g
Glycerol	4 mL

(3)加入约 800 mL 的去离子水，充分搅拌溶解。

(4)加去离子水将培养基定容至 1 L 后，高温高压灭菌。

(5)待溶液冷却至 60℃以下时，加入 100 mL 的上述灭菌磷酸盐缓冲液。

(6)均匀混合后 4℃保存。

8. SOB 培养基

组分浓度：

2%(*W*/*V*)	Tryptone
0.5%(*W*/*V*)	Yeast Extract
0.05%(*W*/*V*)	NaCl
2.5 $mmol \cdot L^{-1}$	KCl
10 $mmol \cdot L^{-1}$	$MgCl_2$

配制量：1 L。

配制方法：

(1)配制 250 $mmol \cdot L^{-1}$ KCl 溶液。在 90 mL 的去离子水中溶解 1.86 g KCl 后，定容至

100 mL。

(2)配制 2 mol・L^{-1} $MgCl_2$ 溶液。在 90 mL 去离子水中溶解 19 g $MgCl_2$ 后,定容至 100 mL,高温高压灭菌。

(3)称取下列试剂,置于 1 L 烧杯中。

Tryptone	20 g
Yeast Extract	5 g
NaCl	0.5 g

(4)加入约 800 mL 的去离子水,充分搅拌溶解。

(5)量取 10 mL 250 mmol・L^{-1} KCl 溶液,加入烧杯中。

(6)滴加 5 mol・L^{-1} NaOH 溶液(约 0.2 mL),调节 pH 至 7.0。

(7)加入去离子水将培养基定容至 1 L。

(8)高温高压灭菌后,4℃保存。

(9)使用前加入 5 mL 灭菌的 2 mol・L^{-1} $MgCl_2$ 溶液。

9. SOC 培养基

组分浓度:

2%(*W/V*)	Tryptone
0.5%(*W/V*)	Yeast Extract
0.05%(*W/V*)	NaCl
2.5 mmol・L^{-1}	KCl
10 mmol・L^{-1}	$MgCl_2$
20 mmol・L^{-1}	Glucose

配制量:100 mL。

配制方法:

(1)配制 1 mol・L^{-1} Glucose 溶液。将 18 g Glucose 溶于 90 mL 去离子水中,充分溶解后定容至 100 mL。用 0.22 μm 滤膜过滤除菌。

(2)向 100 mL SOB 培养基中加入除菌的 1 mol・L^{-1} Glucose 溶液 2 mL,均匀混合。

(3)4℃保存。

10. 2×YT 培养基

组分浓度:

1.6%(*W/V*)	Tryptone
1%(*W/V*)	Yeast Extract
0.5%(*W/V*)	NaCl

配制量:1 L。

配制方法:

(1)称取下列试剂,置于 1 L 烧杯中。

Tryptone	16 g
Yeast Extract	10 g
NaCl	5 g

(2)加入约 800 mL 的去离子水,充分搅拌溶解。

(3)滴加 5 mol·L^{-1} NaOH,调节 pH 至 7.0。

(4)加去离子水将培养基定容至 1 L。

(5)高温高压灭菌后,4℃保存。

11. LB/Amp/X-Gal/LPTG 平板培养基

组分浓度:

1%(*W/V*)	Tryptone
0.5%(*W/V*)	Yeast Extract
1%(*W/V*)	NaCl
0.1 mg·mL^{-1}	Ampicillin
0.024 mg·mL^{-1}	IPTG
0.04 mg·mL^{-1}	X-GaL
1.5%(*W/V*)	Agar

配制量:1 L。

配制方法:

(1)称取下列试剂,置于 1 L 烧杯中。

Tryptone	10 g
Yeast Extract	5 g
NaCl	10 g

(2)加入约 800 mL 的去离子水,充分搅拌溶解。

(3)滴加 5 mol·L^{-1} NaOH(约 0.2 mL),调节 pH 至 7.0。

(4)加去离子水将培养基定容至 1 L 后,加入 15 g Agar。

(5)高温高压灭菌后,冷却至 60℃左右。

(6)加入 1 mL Ampicillin(100 mg·mL^{-1})、1 mL IPTG(24 mg·mL^{-1})、2 mL X-Gal (20 mg·mL^{-1})后均匀混合。

(7)铺制平板(30~35 mL 培养基/90 mm 培养皿)。

(8)4℃避光保存。

12. TB/Amp/X-Gal/LPTG 平板培养基

组分浓度:

1.2%(*W/V*)	Tryptone
2.4%(*W/V*)	Yeast Extract
0.4%(*V/V*)	Glycerol
17 mmol·L^{-1}	KH_2PO_4
72 mmol·L^{-1}	K_2HPO_4
0.1 mg·mL^{-1}	Ampicillin
0.024 mg·mL^{-1}	IPTG
0.04 mg·mL^{-1}	X-GaL
1.5%(*W/V*)	Agar

配制量:1 L。

配制方法：

(1)配制磷酸盐缓冲液(0.17 mol・L^{-1} KH_2PO_4，0.72 mol・L^{-1} K_2HPO_4)100 mL。溶解 2.31 g KH_2PO_4 和 12.54 g K_2HPO_4 于 90 mL 的去离子水中，搅拌溶解后，加去离子水定容至 100 mL，高温高压灭菌。

(2)称取下列试剂，置于 1 L 烧杯中。

Tryptone	12 g
Yeast Extract	24 g
Glycerol	4 mL

(3)加入约 800 mL 的去离子水，充分搅拌溶解。

(4)加去离子水将培养基定容至 1 L 后，加入 15 g Agar。

(5)高温高压灭菌后，冷却至 60℃左右。

(6)加入 100 mL 的上述灭菌磷酸盐缓冲液、1 mL Ampicillin(100 mg・mL^{-1})、1 mL IPTG(24 mg・mL^{-1})、2 mL X-Gal(20 mg・mL^{-1})后均匀混合。

(7)铺制平板(30～35 mL 培养基/90 mm 培养皿)。

(8)4℃避光保存。

13. 常用的 C_{17} 诱导培养基(pH 5.8)

KNO_3 1 400 mg・L^{-1}，$CaCl_2 \cdot 2H_2O$ 150 mg・L^{-1}，$MgSO_4 \cdot 7H_2O$ 150 mg・L^{-1}，NH_4NO_3 300 mg・L^{-1}，KH_2PO_4 400 mg・L^{-1}，$FeSO_4 \cdot 7H_2O$ 27.85 mg・L^{-1}，Na_2-EDTA 37.25 mg・L^{-1}，$MnSO_4 \cdot 4H_2O$ 11.2 mg・L^{-1}，$ZnSO_4 \cdot 7H_2O$ 8.6 mg・L^{-1}，H_3BO_3 6.2 mg・L^{-1}，KI 0.83 mg・L^{-1}，$CuSO_4 \cdot 5H_2O$ 0.025 mg・L^{-1}，$CoCl_2 \cdot 6H_2O$ 0.025 mg・L^{-1}，甘氨酸 2.0 mg・L^{-1}，烟酸 0.5 mg・L^{-1}，盐酸硫胺素 1.0 mg・L^{-1}，盐酸吡哆素 0.5 mg・L^{-1}，D-生物素 1.5 mg・L^{-1}，细胞激动素(2,4-D)2.0 mg・L^{-1}，细胞激动素(KT)0.5 mg・L^{-1}，蔗糖 90 000 mg・L^{-1}，琼脂糖 7 000 mg・L^{-1}。

14. 常用 W_{14} 诱导培养基

KNO_3 1 400 mg・L^{-1}，$MgSO_4 \cdot 7H_2O$ 150 mg・L^{-1}，$NH_4H_2PO_4$ 380 mg・L^{-1}，$MgSO_4 \cdot 7H_2O$ 200 mg・L^{-1}，$CaCl_2 \cdot 2H_2O$ 140 mg・L^{-1}，$MnSO_4 \cdot H_2O$ 8.0 mg・L^{-1}，H_3BO_3 3.0 mg・L^{-1}，$ZnSO_4 \cdot 7H_2O$ 3.0 mg・L^{-1}，KI 0.5 mg・L^{-1}，$CuSO_4 \cdot 5H_2O$ 0.025 mg・L^{-1}，$CoCl_2 \cdot 6H_2O$ 0.025 mg・L^{-1}，$Na_2MoO_4 \cdot 2H_2O$ 0.005 mg・L^{-1}，Na_2-EDTA 37.3 mg・L^{-1}，$FeSO_4 \cdot 7H_2O$ 27.8 mg・L^{-1}，水解乳蛋白 300 mg・L^{-1}，天冬素 15 mg・L^{-1}，甘氨酸 2.0 mg・L^{-1}，烟酸 0.5 mg・L^{-1}，细胞激动素(2,4-D)2.0 mg・L^{-1}，细胞激动素(KT)0.5 mg・L^{-1}，蔗糖 90 000 mg・L^{-1}，琼脂糖 4 000 mg・L^{-1}。

15. Hoagland's(霍格兰氏)营养液配方

$Ca(NO_3)_2 \cdot 4H_2O$ 945 mg・L^{-1}，KNO_3 506 mg・L^{-1}，NH_4NO_3 80 mg・L^{-1}，KH_2PO_4 136 mg・L^{-1}，硫酸镁 493 mg・L^{-1}，铁盐溶液 2.5 mL，微量元素液 5 mL，pH＝6.0。

铁盐溶液：$FeSO_4 \cdot 7H_2O$ 2.78 g，Na_2-EDTA 3.73 g，蒸馏水 500 mL，pH＝5.5。

微量元素液：KI 0.83 mg・L^{-1}，H_3BO_3 6.2 mg・L^{-1}，$MnSO_4$ 22.3 mg・L^{-1}，$ZnSO_4$ 8.6 mg・L^{-1}，Na_2MoO_4 0.25 mg・L^{-1}，$CuSO_4$ 0.025 mg・L^{-1}，$CoCl_2$ 0.025 mg・L^{-1}。

将上述营养液配成 10 倍或 20 倍浓度，用时稀释即可。注意用前调整 pH。

16. 在水稻遗传转化中使用的主要培养基配方

YN 培养基：N6＋2,4-D 2.5＋CH500＋Pro300＋3％Sucrose＋0.3％Phytagel,pH 6.0。

YYN 培养基：N6＋2,4-D 2＋CH800＋0.15％Sucrose＋0.15％glucose＋100 μmol·L^{-1} AS ＋0.6％Phytagel,pH 5.6。

GN 培养基：N6＋2,4-D 2＋CH1 000＋0.15％Sucrose＋0.15％glucose＋100 μmol·L^{-1} AS ＋0.6％Phytagel,pH 5.6。

NGN 培养基：N6＋2,4-D 2＋CH1 000 ＋0.15％Sucrose＋0.15％glucose,pH 5.4。

NGNM＋AS 培养基：N6＋2,4-D 2 ＋CH1 000 ＋0.15％Sucrose＋0.15％glucose＋100 μmol·L^{-1}AS,pH 5.4。

N6D2S：MS＋6-BA2＋KT2＋IBA0.2＋IAA0.2＋CH1 000＋Cn500＋Hn50＋3％Sucrose＋0.6％Phytagel,pH 6.0。

XFM 培养基：MS＋6-BA2＋KT2＋IBA0.2＋IAA0.2＋CH1 000＋Cn500＋Hn50＋3％Sucrose＋0.6％Phytagel,pH 6.0。

GM 培养基：1/2MS＋3％Sucrose＋0.3％Phytagel pH 6.0。

注：CH 为水解酪蛋白，PRO 为 *L*-脯氨酸，Cn 为羧苄青霉素，Hn 为潮霉素，AS 为乙酰丁香酮，Sucrose 为蔗糖，glucose 为葡萄糖，Phytagel 为植物凝胶，单位为 mg·L^{-1}。

参考文献

[1]李建武,肖能庚,余瑞芝. 生物化学实验原理和方法[M]. 北京:北京大学出版社,1994.

[2]张宽朝,金青. 生物化学实验指导[M]. 2版. 北京:中国农业大学出版社,2019.

[3]陈毓荃. 生物化学实验方法和技术[M]. 北京:科学出版社,2002.

[4]张志良,翟伟菁. 植物生理学实验指导[M]. 3版. 北京:高等教育出版社,2003.

[5]高俊凤. 植物生理学实验指导[M]. 北京:高等教育出版社,2006.

[6]周德庆. 微生物学实验教程[M]. 2版. 北京:高等教育出版社,2006.

[7]高俊山,蔡永萍. 植物生理学实验指导[M]. 北京:中国农业大学出版社,2018.